KB159913

임상노동

CLINICAL LABOR

임상노동 CLINICAL LABOR

지은이	멜린다 쿠퍼·캐서린 월드비
옮긴이	한광희·박진희
펴낸이	조정환
책임운영	신은주
편집	김정연
디자인	조문영
홍보	김하은
프리뷰	박서연·손보미
초판 인쇄	2022년 7월 21일
초판 발행	2022년 7월 25일
종이	타라유통
인쇄	예원프린팅
라미네이팅	금성산업
제본	바다제책
ISBN	978-89-6195-286-6 93300
도서분류	1.사회과학 2.생명과학 3.정치경제학 4.페미니즘 5.사회학 6.과학사회학 7.의료사회학 8.기술사회학 9.생명윤리
값	23,000원
펴낸곳	도서출판 갈무리
등록일	1994. 3. 3.
등록번호	제17-0161호
주소	서울 마포구 동교로18길 9-13 2층
전화	02-325-1485
팩스	070-4275-0674
웹사이트	www.galmuri.co.kr
이메일	galmuri94@gmail.com

Clinical Labor © 2014 by Duke University Press.

일러두기

1. 이 책은 Melinda Cooper and Catherine Waldby, *Clinical Labor : Tissue Donors and Research Subjects in the Global Bioeconomy* (Durham and London : Duke University Press, 2014)를 완역한 것이다.
2. 음역하는 외국어 고유명사는 현지 발음에 가장 가깝게 표기하였다.
3. 인명, 지명, 책 제목, 논문 제목 등 고유명사의 원어는 맥락을 이해하는 데 원어가 꼭 필요하다고 생각되는 경우를 제외하고는 본문에서 원어를 병기하지 않았으며 찾아보기에 수록하였다.
4. 단행본과 정기간행물에는 겹낫표(『 』)를, 논문에는 따옴표(「 」)를, 일부 단체, 기관명, 법안에는 가랑이표(〈 〉)를 사용하였다.
5. 영어판에서 이탤릭체로 강조된 것은 고딕체로 표기하였다. 단, 영어판에서 영어가 아니라서 이탤릭으로 강조한 것은 한국어판에서 강조하지 않았다.
6. 지은이 주석과 옮긴이 주석은 같은 일련번호를 가지며, 옮긴이 주석에는 제일 첫 부분에 *라고 표시했다.
7. 원서의 대괄호는 〔 〕를 사용하였고, 옮긴이가 덧붙인 내용은 [ ] 속에 넣었다.

차례

이 책은 한국의 독자들에게 전달되어야 한다. 왜냐하면 2005년 한국에서 일어난 황우석 스캔들은 우리가 임상노동을 개념화하는 데 큰 자극을 주었기 때문이다. 황우석과 그의 연구실은 세계 최초로 환자 맞춤형 줄기세포주를 만들기 위해 121명의 여성으로부터 2,000여 개 이상의 난모세포(난자)를 구했다. 대부분의 난모세포는 주로 일본의 불임환자에게 난자를 판매하던 여성에게서 구입한 것이었다. 황우석의 연구 사기 혐의가 폭로되었을 때, 전 세계는 생식 생명경제의 암울한 취약점을 인식하게 되었다. 생명경제는 여성의 신체는 물론, 난모세포 자극과 회수라는 힘겨운 과정을 견디는 그들의 각오에 의존하고 있었다. 지금까지 줄기세포 연구에 대한 공적인 논쟁의 초점은 전적으로 배아의 지위에 맞추어져 있었다. 하지만 그것을 만들고 제공한 여성은 논쟁의 장에서 다소 제외되어 있었다. 황우석 스캔들은 여성의 생식노동을 공공의 영역으로 옮겨 놓았고 생의학의 혁신 과정에서 여성의 신체가 차지하는 역할에 대한 페미니즘적 논평과 분석이 쏟아지게 만들었다.

우리는 황우석 스캔들에 대한 논평가들 중 하나였다. 이를 통해 우리는 생의학 혁신에 관여하는 다른 종류의 인간 참여를 하나의 노동 형식으로 규정할 수 있을지 고민하게 되었다. 이러한 거의 모든 종류의 참여(조직 제공, 임상시험 참여 등)는 선물gift이라는 형식으로 표현되었다. 이는 참여자가 생의학 연구의 공익에 자발적으로 제공하는 선물과도 같았다. 이와 비슷한 표현 방식이 가정에서 이루어지는 여성의 무보수 노동을 선물, 관대함, 사랑의 행위 등으로 묘사하는 데 활용되었다. 이는 여성의 가사노동 임금을, 그리고 국가 경제에 대한 여성의 가정적 기여를 인정하지 않는 행태와 관련된 오랜 논쟁과 유사했다.

여기에서 우리는 우리가 "임상노동"이라고 명명한 것을 분석할 수 있는 방법을 고민하기 시작했다. 우리는 20세기 중반의 노동 규제에 주목했다. 이러한 노동 규제는 정규직 노동자의 중심부를 위험으로부터 보호하면서, 동시에 인종으로 구분되는 인구와 이주민 인구를 주변부에 종속시켜 가장 극단적인 형태의 위험에 노출시켰다. 이러한 역학관계로 인해 주변부 또는 비시민권자는 미국 뉴딜 계획이 고안한 획기적인 〈사회보험법〉에서 소외되고 배제되었다. 특히 죄수, 가난한 공립 병원의 환자, 징집된 군인과 같이 공공시설에 수용된 주변적 인구들이 20세기 중반 대규모 임상시험에 동원되었을 때 이 시험은 형식을 갖추기 시작했다. 이러한 시험은 현대 실험 의학의 탄생을 알렸고, 일부 인구에게 체계적으로 노출된 위험이 치료제 생산에 기여하는 '희생 경제'의 한 사례로 나타났다. 희생 경제에서 생산된 치료제는 위험에 노출된 인구와는 전혀 다른 인구를 보호하기 위해 고안된 것이었다.

여성과 주변부 인구가 제공한 두 가지 선물 형식은 공통의 역사를 공유하고 있다. 그렇기 때문에 우리는 이 책을 포드주의 경제와 그것을 상징하는 인물들인 무임금 가정주부, 수감되거나 수용된 노동자들을 조사하면서 시작했고, 이어서 21세기의 외주화outsourcing(아웃소싱)와 단기고용 계약화contractualization에 대한 설명으로 확장했다. 이러한 전환은 가정 재생산 조건(가족을 만들기 위해, 공인되지 않은 익명의 계약된 기증자와 대리모는 물론 기타 가사 서비스에 의존하는 것)과 생의학적 혁신에 기여하는 기증자, (예를 들어서 1상 시험에서) 때때로 고용되는 기증자의 조건을 만들며 이루어진다. 생의학적 혁신에서 임상시험 참여는 금전적 거래를 수반하고 가장 불안정한 노동자들 대다수를 끌어들이고 있다. 하지만 참여의 경제적 차원은 보상이나 자발적 기증, 공익을 위한 기증이라는 윤리적 용어로 도배되어 있다.

영어와 이탈리아어로 출판된 이후, 이 책은 다양한 분야의 많은 문헌과 토론에서 언급되었다. 간략히 요약하자면, 생명윤리학에서는 동의의 본질, 인류학에서는 점차 증가하는 생식세포와 장기의 국제무역, 정치경제학과 노사관계에서는 새로운 종류의 가치와 노동에 대해서, 신유물론 연구 분야에서는 제약적 혁신의 구조와 생물학에 대한 역사적 분석의 역할과 관련된 논쟁, 여성 노동과 생식노동을 향한 페미니스트적 우려 그리고 새로운 종류의 불안정성을 이해하기 위한 활동가들과 사회학적인 관심의 주변에서 이 책이 언급되었다.

이 책이 발간된 이후 다수의 중요한 출간물이 발간되었고 과거와 현재의 임상시험 시장에 대한 우리의 서술에 세부적이며 복잡한 내용이 추가되었다. 역사 사회학자 로라 스타크(Stark 2017)는 포드주의 노동조합이 실업자들을 의약품 시험에 징발하는 방법을 탐구했고, 이를 통해 산업 노동과 의료 혁신의 역사가 밀접하게 연관되어 있을 것이라는 우리의 직관을 확인해 주었다. 의료 사회학자 질 피셔(Fisher 2020)는 오랜 기간 미국의 대중에게 드러나지 않은 채로 의료적 혁신 경제에서 지속적으로 노동을 공헌해 온 인구집단인 유급paid 1상 시험 대상자들의 경험을 상세히 분석한 연구서를 발간했다.

어떤 이들은 우리의 분석과 연관되어 있고 동시에 우리가 분석에서 비판적으로 언급한 정치적 행동주의 형식을 추구했다. 인도 뉴델리에 기반을 둔 여성과 건강 자원그룹 〈SAMA〉는 고위험 노동자로서 임상시험 대상자의 보상을 중재하고 대리모를 불안정한 노동의 한 형식으로 개념화하는 중요한 작업을 수행하고 있다.[1] 인도는 의료관광과 전 지구적 임상시험의 허브이며 임상노동이 전 세계로 확장되는 최전선이다. 우리는 노동운동과 보건운동의 혼성화를 목도하고 있으며, 이것은 역사적으로 다른 맥락에서 형성되어 경쟁하고 있는 임상노동 시장을 바라보는 데 통찰력을 제공한다.

우리가 이 책을 집필할 당시 중국과 인도는 점차 지구화되는 임상시험 산업의 가장 중요한 신흥 시장이었다. 하지만 현재 한국은 선택된 목적지로서 중국과 인도를 대체하고 있다. 최근 몇 년 동안 한국은 다른 아시아 국가들보다 더 많은 업계의 후원을 받아 임상시험을 수행했다. 그리고 현재 서울은 업계 최고 등급의 역외 장소로 평가받는다.[2] 우리는 이 책이 이와 같은 임상노동 시장의 발전을 개념화하는 데 도움이 되길 바란다. 그리고 이 책의 발간이 훗날 한국에서 일어날 정치적 논쟁에 기여하기를 기대한다.

2021년 8월

멜린다 쿠퍼·캐서린 월드비

---

1. 〈SAMA〉의 활동에 대한 자세한 내용은 웹사이트 http://www.samawomenshealth.in 를 참고하라. 임상시험과 대리모의 노동 구조에 대한 통찰은 Amar Jesani, S. Srinivasan, Sarojini N., Vaibhao Ambhore, Veena Johri, "Clinical Trial Related Injury," *Economic and Political Weekly* 50 no. 14 (2015)와 Sarojini Nadimpally, Veronika Siegl and Christa Wichterich, "Reproductive labour in fertility markets," *Global Labour Column* #323, Global Labour University (2019)를 참고하라. 두 논문 모두 〈SAMA〉 웹사이트에서 다운로드할 수 있다.

2. "Why South Korea is the Hottest Growth Spot for Clinical Trials," *Novotech* https://novotech-cro.com/news/why-south-korea-hottest-growth-spot-clinical-trials

:: 감사의 글

　이 책의 출간은 2006년 랭커스터 대학에서 열린 '바이오이코노미 및 바이오밸류 콘퍼런스'와 함께 계획되었다. 그 콘퍼런스에서 우리는 카우식 순데르 라잔의 작업을 접했다. 라잔은 컨퍼런스 이후 발간될 책이었던 『생명자본』을 토대로 발표했다. 이 발표를 통해 우리는 시장, 신자유주의, 그리고 생의학적 연구에 대한 각자의 작업에 잠재되어 있던 일련의 아이디어를 확고하게 만들 수 있었다. 컨퍼런스에 참석했던 연구자들은 모두 현재의 생명과학과 자본에 대한 다양한 비판적 연구에 관여해 왔다. 특히 우리는 체외 조직의 화폐화, 투기화, 금융화 그리고 기괴한 혼종성에 주목했다. 카우식 순데르 라잔의 발표를 들으면서 우리는 지금까지 이 영역의 연구들이 노동의 중요성을 간과해 왔음을 깨달았다. 지식경제에서 과학자들이 수행하는 전문적인 지적 노동과 이러한 노동의 중요성을 연구한 광범위한 작업들이 이미 존재했음에도 불구하고, 임상시험에서 체내 플랫폼을 제공하거나 신체 조직을 공급하는 사람들의 노동은 노동 그 자체로서 다뤄지지 않았다. 최근 급증한 생명과학과 자본에 대한 문헌들은 이러한 활동을 기존 노동의 한 부류로서 무의미하게 호명해 왔다. 또한 이러한 노동이 오늘날 전개 중인 생명경제에서 무엇을 의미하는지, 어떻게 다뤄지고 있는지, 이러한 노동의 가치가 무엇인지에 대해 엄밀히 묻지 않았다. 따라서 이러한 노동과 관련된 풀리지 않은 문제는 우리의 과업이 되었고, 이 책은 그 결과물인 셈이다.

우리는 이 책을 쓰면서 우리의 과업을 지지한 수많은 동료들과, 수많은 세미나, 컨퍼런스, 워크숍 등에서 발표된 작업에 빚을 졌다. 저자 중 한 명인 캐서린 월드비는 르네 알멜링, 워릭 앤더슨, 캐슬린 브라운, 닉 브라오, 캐서린 캐럴, 그레 클랜시, 아델 쿠라크, 래위 코넬, 게일 데이비스, 도나 디킨슨, 마리아 패닌, 피터 글래스너, 허버트 고트바이스, 에리카 하이메스, 엘리자베스 힐, 린다 호글, 클라우스 호이어, 이사벨 카핀, 줄리 켄트, 이언 케리지, 샤를로테 클로로케, 롭 미첼, 마이클 네이먼, 브렛 닐슨, 팻 오말리, 앤런 피터슨, 앤 폴록, 바바라 프레인색, 니콜라스 로즈, 브라이언 샐터, 로안 스켄, 카우식 순데르 라잔, 프레드릭 스베나오이스, 스티브 웨인라이트, 앤드루 웹스터, 클레어 윌리엄스에게 감사를 표하는 바이다. 또한 월드비는 개인적인 지지와 사랑을 보내준 그녀의 가족 데이비드, 발레리, 가반, 제니, 그리고 저작 과정에서 정신적으로 의지했던 반려자 폴 존스에게 감사를 표한다. 이 책의 주장을 형성하는 데 기여한 세미나는 셀 수 없이 많다. 하지만 2011년 4월 27일 영국 브리스틀 대학에서 열린 '생명자본과 생명 형평성 고등 연구소 심포지엄/세계 대학 네트워크', 2011년 5월 5일에서 6일까지 스웨덴 스톡홀름 쇠데르턴 대학에서 열린 '증여, 자원, 상품으로서의 몸 워크숍', 2012년 5월 21일에서 22일까지 호주 시드니 대학에서 열린 '임상노동과 신노동 연구 세미나' 등은 꼭 언급하고자 한다. 특히 월드비는 워크숍에 참여한 동료 연구자들에게 감사를 표한다.

이 책의 또 다른 저자인 멜린다 쿠퍼는 리사 앳킨스, 피오나 앨런, 워릭 앤더슨, 데이비드 브레이, 딕 브라이언, 매리나 쿠퍼, 루셋 시지크, 질 피셔, 루이스 프레클턴, 마크 간느, 엘리자베스 힐, 마르틴 코닝스, 랜디 마틴, 안젤라 미트로풀로스, 브렛 닐슨, 팻 오말리, 앤 폴록, 마이클 래퍼티, 브라이언 샐터, 케인 레이스, 카우식 순데르 라잔, 미구엘

바터, 제레미 워커, 테리 우로노프와의 관대한 대화와 지적인 지원에 감사를 표한다. 수많은 워크숍과 컨퍼런스가 이 책에 영향을 주었다. 여기에는 2007년 4월 13일부터 15일까지 캘리포니아 대학 어바인 캠퍼스에서 열린 "실험적 시스템, 국가 그리고 투기: 인류학", 2012년 5월 9일부터 12일까지 UCLA 여성학 연구소의 레이첼 리가 조직한 "생명(무한)회사"Life (Un)Ltd, 그리고 위에서 언급된 "임상노동과 신노동 연구 세미나" 등이 포함된다.

캐서린 월드비의 연구는 '호주연구위원회'로부터 '줄기세포 연구를 위한 인간 난자: 호주에서 기증과 규제'(LP0882054), '난자 경제: 수정, 보조생식 그리고 줄기세포 연구에서 인간 난자의 의미 변화'(FT100100176) 등의 후원을 받았다. 그녀는 또한 경제와 사회 연구위원회 국제 방문연구 펠로우십과 '유럽의 생식 의료: 전 지구적 맥락에서 발현하는 요구와 도전'(EU FP7) 프로젝트로부터 후원받았다. 멜린다 쿠퍼의 연구는 호주연구위원회로부터 "세계의 실험 노동자 – 발현 중인 중국과 인도의 생명경제에서 인간 연구 대상의 노동"(FT100100543)의 후원을 받았다. 이 작업을 위한 기타 추가적 기금은 시드니 대학 인문 사회과학대학 국제 사무국으로부터 지원받았으며, 사회학 및 사회정책학 학부의 우수한 연구 문화와 환경을 제공받았다.

5장의 일부분은 Catherine Waldby and Melinda Cooper (2010), "From Reproductive Work to Regenerative Labour: The Female Body and the Stem Cell Industries," *Feminist Theory* 11(1): 3~22의 초기 논문에서 개작한 것이다. 4장의 수정된 부분은 Catherine Waldby (2012), "Reproductive Labour Arbitrage: Trading Fertility across European Borders," in *The Body as Gift, Resource and Commodity: Exchang-*

ing Organs, Tissues, and Cells in the 21st Century, ed. Fredrik Svenaeus and Martin Gunnarson, Centre for Studies in Practical Knowledge, Sodertorn University, pp. 267~295로 발간되었다. 6장의 일부분은 고지된 동의와 불법행위법의 역사를 다룬 Melinda Cooper (2011), "Trial by Accident : Tort Law, Industrial Risks and the History of Medical Experiment," *Journal of Cultural Economy* 4(1) : 81~96로 발간되었다. 8장의 축약본은 Melinda Cooper (2012), "The Pharmacology of Distributed Experiment : User-Generated Drug Innovation," *Body and Society* 18(3~4) : 18~43로 발간되었다.

1부
임상노동이란 무엇인가?

1장

임상노동가치론

노동이란 무엇인가? 이 질문은 포스트포드주의 경제에는 점점 돌출적인 물음이 되고 있는데, 생산과 축적 양식이 21세기 산업 자본주의를 규정하고 있는 대량 생산 양식으로부터 멀어져가고 있기 때문이다. 포스트포드주의 경제는 서비스 부문이 지배한다. 지식 창조 및 문화산업, 금융 시장 및 정보 자본주의뿐만 아니라 신체에 대한 혁신 가치와 새롭게 규정된 신체에 대한 계약적 권리에 중점을 둔 새로운 생의학적 생산 양식이 이 서비스 부문에 속한다. 이들은 생산성의 양식이기도 한데 이것의 결과물은 더 이상 표준화된 대량 생산품이 아니라 쉽게 특정화할 수 없는 총체 – 브랜드 가격brand equity, 고객 충성customer loyalty, 상표권trade marks, 지적재산권 – 이다. 소진 가능한 기계와 엔트로피 에너지로서의 노동의 산업 모델(Walker 2007), 즉 쪼개진 시간과 동작 단위를 과학적으로 관리함으로써 작동하도록 하는 모델은 제1세계 경제 속의 대부분의 피고용자들의 활동을 더는 설명해주지 못한다.

제작이 이전의 산업 선진 경제로부터 탈중심화됨에 따라 이와 같은 다른 형태의 생산 방식의 확산은 기존의 경제학적 분석 범주에 의

문을 던지고 있다. 노동과정과 가치생산 사이의 연관을 어떻게 이해할 것인가 하는 질문이 부상하고 있다. 특히, 두 영역이 명백한 사용가치와 예측 가능한 규모의 경제를 지닌 대량 생산으로부터 분리되는 경우에 어떻게 이해해야 하는가 하는 질문이다. 경제의 금융화로 더 많은 비판적 관심은 자본 가치 창조(보다 최근에는 가치의 파괴)에서 투기가 맡은 한층 변덕스러워진 역할에 향하고 있지만 점점 더 많은 학자들이 노동 범주와 주체성, 그리고 노동 생산성 양식을 재고하기 위해 노력하고 있다. 아직은 소수의 연구자들만이 포스트포드주의적 생의학 경제의 말단에서 확산 중인 새로운 형태의 체화된 노동(대리모, 신체 조직의 공급과 판매, 임상시험 참여)을 연구해오고 있다. 이 책에서 우리는 이러한 형태의 노동을 생의학적 혁신 과정의 핵심으로 조사하고자 한다. 또한 이런 관점이 고전 맑스주의의 몇몇 기본 가정과 포스트포드주의적 노동 이론에 어떻게 도전할 수 있는지도 숙고할 것이다.

사회학 및 정치경제학 문헌의 대부분은 1970년대 말 이후 선진 경제를 유형화시킨 구조적 변화, 특히 포드주의 생산 모델의 특징인 남성 산업 노동자들에게 부여된 정규 풀타임 일자리 감소에 초점을 맞춘다. 프랑스 사회학자 뤽 볼탕스키와 이브 시아펠로(Boltanski and Chiapello 2005)는 포드주의 노동 체제와 포스트포드주의 유연 노동의 차이를 자세히 소개한다. 1980년대에서 1990년대에 기업은 경제 규제 완화와 공급 및 제조 사슬 초국화의 이점을 활용하기 위해 구조를 조정하기 시작했다. 이에 따라 기업들은 내부의 정규 노동력을 포기하고 저스트 인 타임, 적시 수요라는 저렴한 조건으로 노동력을 확보하고자 했다. 기업들은 점차 관리, 서비스, 심지어 전문적인 활동까지 외부 계약자 및 컨설턴트에게 하청을 주었고, 장기 노동계약을 고정된 기간 계약으로 대체했다. 일반적인 포스트포드주의적 노동자는 장기 용역계약으로 기업에 묶여 있는 피고용자가 아니라, 한 기업에서 다른 기업으로, 이 의뢰인에서 저 의뢰인으로 이동하며 용역 계약을 판매하는 독립 계약자이다. 표준 노동 일[¹]과 주가 간헐적인 호출 노동, 야근, 초과근무, 2주 9일 근무제, 주말 노동, 연간 노동시간 등으로 대체되면서 노동자에게 상시 노동 대기는 물론 불안정한 임금을 강요하는 새로운 계약 형식이 넘쳐나기 시작했다(Mitropoulos 2012). 포스트포드주의적 작업장은 장기 고용계약에서 벗어남으로써 사회 보험의 짐으로부터 자유로워졌고, 독립 계약자들에게 위험을 외주화할 수 있게 되었다. 비록 부분적일지라도, 한때 복지국가가 (부분적으로나마) 떠맡고 있던 삶 전반의 위험에 대비해 이제는 독립 계약자 스스로가 보험을 드는 책임을 지게 되었다. 이러한 조건 아래에서 임금은 그 자체로 일종의 투기사업과 같은 것이 되었다 — 많은 경우에 명시되지 않은 무급 노동시간으로 결정되어 불확정적이거나 성과지표의 달성 정도에 따라 달라지거나 (전통적 임금을 스톡옵션과 같은 것이 대체하면서) 주식 시장의 변동성에 완전히 통합되어 버렸다.

1970년대 중반의 오일쇼크와 불황으로부터 나타나기 시작한 조직 형식으로서, 포스트포드주의는 20세기 중반 케인스주의 시기를 건조한 정치와 경제 범주의 붕괴를 주도했다. 1960년대 후반부터 중산층 여성이 임금 노동력으로 회귀함에 따라, 그리고 풀타임의 무급 가정주부가 있는 홑벌이 가정이 붕괴함에 따라 포스트포드주의 경제는 재생산과 생산 영역의 경계를 흐릿하게 만들었다. 집안일, 성적 서비스, 돌봄 제공, 그리고 우리가 앞으로 보듯이, 생물학적 재생산 과정 자체가 가정의 사적인 공간에서 노동 시장으로 옮겨졌으며, 이제는 탈-산업적 축적 전략의 핵심을 이루고 있다. 시카고학파 경제학자 게리 베커에 의해 개발된 신가정경제학은 정통, 신고전주의 경제학의 제한된 분석틀 안에서 이러한 과정을 이론화하려 한 최초의 시도 중의 하나이다. 우연치 않게, 신가정경제학의 주창자들은 다양한 형태의 인간자본은 물론 혈액, 장기, 그리고 생식 조직상업 시장의 열렬한 옹호자들이기도 했다(Posner 1989 ; R. A. Epstein 1995 ; Becker and Elias 2007). 신가정경제학 이론가들과 이들의 비판자들 모두 관측했던 것처럼 포스트포드주의 경제는 20세기 중반의 사회국가social state가 설정해 두었던 상품화에 대한 경계를 받아들여서 생산과 사회적 재생산, 생산과 소비, 생산과 유통 사이에 놓인 경계를 더 이상 나가기 어려운 한계 지점으로까지 밀어 놓아 신체 기능의 가장 내밀한 부분까지 교환 가능한 상품과 서비스로 바꿔놓았다(Becker 1981 ; Radin 1996).

오늘날 광범위한 영역의 사회과학 및 인문학 문헌들은 "생명 그 자체"의 생명기술적biotechnical 과정(Rose 2007)이 상업적 거래 및 자본 축적의 네트워크에 연루되는 다양한 방식을 인지하고 있다. 이 문헌들은 제약 및 생의학 산업의 투기적 축적 전략(Parry 2004 ; Thacker 2005 ; Sunder Rajan 2007 ; Brown et al. 2011), 조직, 장기, 생식 세포, 그리고 DNA 등의 생명 상품화와 상업 시장의 논리(Franklin and Lock 2003 ; Parry 2004 ; Waldby and Mitchell 2006 ; Brown et al. 2011), 제약 및 유전 데이터의 전 지구적 시장(Thacker 2005 ; Petryna et al. 2006), 그리고 임상시험의 정치경제학(Fisher 2009 ; Petryna 2009) 등을 분석했다.

이런 문헌들과 함께 이탈리아 자율주의 또는 포스트노동자주의 맑스주의와 관련된 이론가들은 보다 일반적인 분석 수준에서 "생명시간(포드주의적 조건에서 비노동 또는 무급 재생산 노동을 위해 남겨 둔 시간)"이 자본 축적의 순환에 점점 더 얽혀 들어가는 방식을 보여준다. 그들의 주장에 따르면 포스트포드주의로의 이행은 노동시간과 생명시간 사이의 개념적, 실천적 경계들을 훼손시켜 "자본-노동"
을 "자본-생명"으로 전환시키기 시작했다(Lazzarato 2004). 최근 안드레
아 푸마갈리는 자율주의자들의 정치경제학에 대한 비평을 급진적으
로 만들기 위한 수단으로 "인지적 생명자본주의"cognitive biocapitalism라
는 용어를 제안했다. 푸마갈리에게 "인지적 생명자본주의는 생명경제
적 생산, 즉 생명경제인 것이다"(Fumagalli 2011 : 12). 포스트포드주의 자
본주의는 생명 그 자체를 노동으로 전환하고, 새로운 형태의 "생명노
동"biolabor을 구성하고자 "생산과 재생산의 분리를 극복"한다(12). 이런
상황에서 모든 "노동가치 이론"은 "생명 가치 이론"이 되어야 한다(12).
이 문헌이 시사하듯이 이 문헌의 극단적 일반론이 의미하는 것은 (재)
생산의 포드주의 조건하에서 "생명"은 정확히 무엇을 의미했는가와 같
은 가장 돌출적인 질문을 제기하는 데 실패했다는 것이다. 달리 말하
면, '젠더화되고 인종주의화된 노동 분업은 무엇이었는가?'라는 질문
을 제기하지 못했다. 그리고 '지식 집약적 생명과학 분야에서의 실질적
인 생명경제적 가치 생산이 어떤 의미로 재생산 현장이 조직되는 방식
에서 나타나는 광범위한 변화를 반영하고 있는가 혹은 이 변화와 상
호작용하는 것인가?'라는 질문도 제기하지 못했다.

　　이러한 비판적 문헌들과 함께 공공정책 담론은 "생명경제"가 주요
한 전략적 투자처임을 밝혀준다. 또한 생명경제가 "선진" 탈산업주의
경제와 중국 및 인도의 신흥 경제가 초기 팽팽한 경쟁을 벌이고 있는
상황에서 결정적 지점이라는 것이다. 경제협력개발기구(이하 OECD),
유럽연합, 그리고 이제는 미국까지, 모두가 농업, 의료, 그리고 산업적
생명과학이 통합된 "생명경제"를 토대로 탈산업적 경제성장의 새로
운 장기 파동을 촉진하고자 수립한 정책 지침을 발표했다(European
Commission 2005 ; OECD 2006 ; White House 2012). 이러한 지침들은 최소

40여 년 동안 묵은 담론을 되풀이하면서 농업, 운송, 의료 분야에서의 산업적, 석유화학적 생산 한계를 초월할 수 있는 생명 기반 기술의 새로운 세대를 요구하고 있다. 이 정책 어젠다의 대부분은 바이오 연료, 합성 생물학, 실험적 세포 치료 등의 아직 실현되지 않은 기술 혁신의 투기적 가치와, "선진" 경제를 경제적 침체에서 벗어나게 할 수 있는 이들 혁신의 잠재성에 초점을 맞춘다.

현재의 정책과 이론적 담론에서 보이는 "생명경제학적인" 개념적 인플레이션에도 불구하고, 몇몇 학자만이 실험 데이터 생산 혹은 세포 조직 이전을 통해 인간 대상의 체내in vivo 생물학이 포스트포드주의 노동과정에 편입되어 들어가는 물질적 방식 자체를 조사했다.[1] 우리는 이와 같은 형태의 체내 노동이 점차적으로 포스트포드주의 경제의 가치증식 과정에서 핵심적인 역할을 하고 있다고 주장한다. 제약 산업은 자신의 혁신 의무를 충족하기 위해 많은 수의 시험 대상을 필요로 하고, 제3의 공급자들 – 생식세포 판매회사와 대리모 – 로부터 불임 서비스를 받고자 하는 가정이 늘어나고 줄기세포 산업 부문에서 생식 조직들을 구하게 됨에 따라 보조생식 시장은 계속해서 확장한다. 생명과학 산업은 대규모의 아직 공인되지 않은 노동력에 의존한다. 이들이 제공하는 서비스는 실험적 약물 소비의 체내visceral 경험, 호르몬 변화, 어느 정도의 침습적 생의학 과정, 사정, 조직 추출, 임신으로 구성된다. 전 지구적 제약 산업의 진앙인 미국에서만 점점 늘어가는 숫자의 임시 노동자들이 돈을 벌기 위해 고위험 1상 임상시험에 참여하고 있다. 반면, 무보험 환자들은 다른 방법으로는 약값을 지

---

1. 여기에서 예외적인 연구는 생식세포 매매(Almeling 2011 ; Vora 2011)와 1상 시험 노동(Sunder Rajan 2008)이 포함된 특정한 부문에 대한 분석을 제공한 최근의 현장 연구이다.

불할 수 없는 약물치료를 받기 위해 임상시험에 참여하고 있다. 보조
생식기술의 확장과 함께, 난자와 정자와 같은 조직 판매 혹은 수태 대
리모gestational surrogacy와 같은 생식 서비스 또한 번창하는 노동 시장
의 사례로 등장했다. 이 시장은 계급과 인종에 따라 고도로 계층화
되어 있다. 우리는 이러한 노동 형식을 임상노동clinical labor이라 부를
것이다.

　이 용어는 새롭다. 왜냐하면, 일반적으로 조직 기증과 연구 참여
는 노동 형식으로 이해되거나 분석되지 않기 때문이다. 이러한 형태의
생산성은 오히려 생명윤리의 개념적, 제도적 분석틀을 통해 규제받고
있다.2 즉, - 혈액, 정액, 난자, 배아, 신장, 기타 "살아있는" 조직 형태를 넘겨
준- 조직 제공자는 그들이 비용을 지급받거나 그들의 조직이 상업화
되는 경우에도, 공공선을 위해 조직을 제공하는 이타적 기증자로 여
겨지고 있다(Tober 2001 ; Waldby and Mitchell 2006). 임상시험 참여자들
은 임금보다는 보상을 받는 자원자로서 이해된다. 명목상으로 기관
윤리위원회와 인간연구윤리위원회에 의해 지정되는 보상금은 낮게
유지되고 있는데 이는 경제적 이유로 이런 행위들이 개인에게 강제되
지 않도록 하기 위해서다. 그러나 실제로 보상금은 대개 비숙련 노동
자의 최저임금보다는 높다(Elliott 2008). 다수의 국가에서 그리고 국
제적으로 마련된 비준서 및 심의 과정에 성문화된 생명윤리의 사명
使命은 연구 대상과 조직 기증자를 시장의 힘으로부터 보호하는 것이
다.3 윤리적 연구의 지침 원칙으로서 기증 원칙, 자원주의, 고지된 동

---

2. 생명윤리는 광범위한 분야이자 규제 담론이다. 우리는 비판적이고 페미니즘적인 생명
　윤리학이 이 책에서 제기하고 있는 질문과 문제들을 추구해 왔음을 인정한다(예를 들
　자면 Elliot 2008 ; Dickenson 2007 ; Baylis and McLeod 2007).
3. 뉘른베르크 강령(Nuremberg Code 1949), 헬싱키 선언(World Medical Association
　1964), 벨몬트 보고서(National Commission for the Protection of Human Subjects of

의의 원칙들과 강압으로부터의 자유를 중요시하고 있다.[4] 조직 기증 및 인간 대상 실험에 대한 국가 규제는 기증자 또는 실험 자원자에게 급료 대신 보상금을 지급할 것을, 그리고 이러한 보상은 강제 또는 부당한 위압에 대한 변제가 아님을 명시한다.

그럼에도 불구하고 우리가 이 책에서 길게 설명할 것처럼, 생명윤리적 규제의 핵심 요소들은 비공식적 임상노동 시장의 관리 업무에도 적용가능함이 입증되었다. 우리가 조사한 다수의 사례에서 나타나듯이, 생물학적인 것에 임금이 지급될 수 없다는 윤리적 주장은 원시적(아직은 순전히 기능적인) 형태의 노동계약과 일관성이 없는 보상이 수월하게 이루어지도록 돕는 역할을 한다. 20세기 중반에도 생명윤리는 인간 대상 실험과 조직 기증을 예외적 노동 체제로 두는 데 기여하였다. 이 예외적 노동체제는 20세기 노동법이 규정하는 표준적 보호들로부터 면제되는 것을 정당화해준다. 모순적이게도 법령상의 노동계약이 제공하는 보호들이 점점 잔여물 처지가 되어감에 따라 임상노동의 불안전한 특성은 점차 오늘날의 시장에서 보이는 여타의 비공식 노동 부류들을 닮아가고 있다.[5] 따라서 우리는 이 책을 통해서 생

Biomedical and Behavioral Research 1978), 유럽 이사회 인권 및 생의학에 관한 의회(The European Convention on Human Rights and Biomedicine Council of Europe 1997)를 예로 들 수 있다.

4. 예를 들어 벨몬트 보고서에서 "고지된 동의"(informed consent)는 강압(coercion)과 부당한 영향력이 없는 조건을 필요로 한다. 강압은 한 사람이 타인의 승낙을 받아내기 위해 명백한 위협을 의도적으로 가할 때 발생한다. 이와 대조적으로 부당 위압(undue influence)은 승낙을 얻기 위해 과도하면서도 보증되지 않은, 부당하거나 부적절한 보상 또는 기타 제안을 통해 발생한다(National Commission for the Protection of Human Subjects of Biomedical and Behavioral Research 1978).

5. 이러한 유사성은 대중적인 시사 매체에서도 발견된다. 점점 더 많은 다큐멘터리와 뉴스에서 빈곤한 학생이나 새로운 실직자들이 금융 위기 이후 생계를 위해 난자를 매매하거나 1상 시험에 등록하는 사례를 선정적으로 보도하고 있다. 이러한 임상노동의 자명함은 특히 젊은이들이 직면한 새로운 경제 현실의 지표로 언론에서 다뤄진다. 그럼에도

명윤리 범주를 출발점으로 여기기보다 생명윤리를 분석의 장 안에 포함시키고자 한다. 이렇게 우리는 생명윤리와 노동법, 계약, 불법행위, 그리고 사회복지와의 역사적 관계, 그리고 노동자의 경제적 위험을 규제하는 친숙한 수단과 생명윤리가 교차하는 특별한 방식을 고려하여 생명윤리의 주장들을 재-맥락화할 것이다.

　우리는 환자가 조직을 기증하거나, 임상시험에 참여하는 모든 상황을 노동 범주로 설명할 수 없다는 것을 인정한다. 특히 잘 규제되고 보장된 치료 시스템에서 이러한 교환이 일어났을 경우가 그렇다. 예를 들자면 임상시험 지원자 또는 조직 기증자에게 마지막 안식처를 제공하고 돌봄을 완전하게 보장해주는, 확실한 등급의 병원에서 이루어지는 암 약물 임상 실험의 경우, 혹은 대부분의 신뢰할 수 있는 장기 기증의 경우가 그러하다. 그 대신 우리는 활동이 특정한 생명경제 부문의 가치화valorization 과정에 내재되어 있을 경우와 참가자와 그가 속한 공동체에 주어지는 치료적 이익이 부재하거나 부수적인 것이 되는 경우에는 이런 서비스 활동들을 '노동'으로 간주해야만 한다고 제안한다. 실제로, 대다수 임상노동은 정확히 위험을 인내하는 과정에 존재하며 대개 치료적이라기보다는 유해한, 예측 불가능한 실험적 효과에 노출되는 것으로 구성된다. 우리는 또한 임상노동이 건강관리와 교환의 형태로 수행되고, '노동복지'workfare에 비견될 만큼 '현물'in kind 보상으로 재구성되는 상황도 '노동' 용어를 사용할 수 있는 경우에 포함시킨다. 노동복지의 경우, 복지 혜택 지급은 노동 의무 이행 여하에 따라 이루어진다.

　우리의 연구는 가장 체계가 잡혀 있으며 규모에서도 거대한 초국

불구하고 이 문제는 대부분의 생명윤리적 분석에서는 불명료한 채로 남아 있다.

가적 임상노동 시장 두 곳에 주목한다. 이 두 시장은 한편으로는 (난자와 정자 판매, 그리고 수태 대리모를 포함하는) 보조생식노동, 다른 한편으로는 제약 약물 시험에 관여하는 인간 연구 대상의 노동을 대표한다. 지금까지의 추산에 따르자면 두 시장의 규모는 거대하다.[6] 임상노동은 탈산업경제에서 가장 특허집약적인 부문들 일부를 지탱해 주고 있지만 이 노동력 대부분은 비공식 서비스 노동의 가장 낮은 계층과 교차하고 있으며 포드주의적 대량 제조로부터 포스트포드주의적 정보 생산으로 이행하는 과정에서 주변화된 동일한 계급으로부터 수급되고 있다. 인간 연구 대상과 조직 판매자는 탈산업적인 생의학 경제에서 아직은 소규모이기는 하지만 중요한 지위를 차지하고 있다. 청소나 케이터링 등을 제공하는 서비스 노동자들과 지식경제의 기타 낮은 수준의 계약 노동 수행자들과는 달리(Sassen 2002), 이들의 노동은 제약 및 생의학적 산업의 가치 사슬에 완전히 내재화되어 있다. 단적인 예로 인간 연구 대상에게서 생성된 데이터는 약물 시판 승인 전 규제기관에 제출할 필요가 있는 시험용 신약 신청서에 편입된다. 난자

---

6. 여기에서 우리는 난모세포 매매나 정자 매매와 같은 덜 규제된 임상노동에 관한 정보가 적다는 점을 고려하여 미국의 보조생식 시장과 임상시험에 사용할 수 있는 수치를 간략히 요약하는 것으로 제한했다. 국립보건원(NIH)과 임상연구참여정보연구센터(CISCRP)에서 수행한 연구에 따르면, 2006년 약 80만 명의 미국인이 정부 후원 임상시험에 등록했으며, 기업 후원 임상시험(1상에서 3상까지)에는 약 90만 명이 등록한 것으로 나타났다(CISCRP 2011). 미국 불임 서비스 부문의 시장가치는 2008년 기준 44억 달러에 준하는 것으로 추정된다(Marketdata Enterprises 2009). 2008년 당시 미국에는 100개 이상의 정자은행과 483개의 불임 클리닉이 운영 중이었으며, 대다수는 소규모 개원의 또는 병원 기반 클리닉에서 운영되었다. 그 밖에 수십 개의 클리닉을 운영하는 하나의 대규모 체인 공급자인 인테그라메드(IntegraMed)도 있다. 질병통제예방센터(CDC)는 2009년에 117,697개의 기증 난자가 불임 여성에게 시술되었다고 보고했다(Centers for Disease Control and Prevention 2011). 보조생식기술(ART)을 보자면 142,000회의 IVF 시술을 통해 연간 5만 명 이상의 아이가 태어났다(Marketdata Enterprises 2009).

및 정자 판매자와 수태 대리모들은 살아있는 조직과 체내 서비스를 제공한다. 이로부터 공공 및 사설 불임 의학과 줄기세포연구의 성장 경제가 유지되고 있다.

그러나 이러한 거래 형식은 생명과학에서의 노동에 대한 경제적 분석에 포함되지 않았다. 이러한 연구들은 대개 실험실과 클리닉에서 의 전문적 노동 분업을 고려하였을 뿐, 혁신 과정을 지탱하는 체내 노동으로 분석을 확장하지 않았다(Arora and Gambardella 1995 ; Nightingale 1998 ; Gambardella 2005). 과학자의 인지적 노동을 살아있는 것에 대한 지적재산권 확립에 필수적인 기술 요소로서 다루도록 하는 고전적(로크적)인 노동가치론을 중심으로 생명과학 비즈니스 모델이 조직화되면 앞서 체내 노동에 대한 간과는 더 중요해진다. DNA를 분리하거나 체외 조직에서 세포주를 만드는 과학자의 발명 단계inventive step는 혁신 경제와 특허법에서 단순한dumb 생물학적 물질로부터 주목할 만한 상업적 가치와 소유권 모두를 만들어내는 순간으로 다루어진다(Boyle 1996). 생명과학 산업에서 조직 제공자와 실험 대상의 동원이 점차 물류 문제logistical problem로 불거지고 있음에도 불구하고, 이 설명에서 조직 제공자와 인간 연구 대상의 신체적 기여는 이미 사용 가능한 생물학적 자원, 주인 없는 물건[무주물]Res nullius과 같은, 공적 영역에 있는 물질처럼 표현된다.[7]

---

7. 관습법의 누구에게도 속하지 않는 무주물(res nullius) 교리에 따르면 사람은 자신의 신체에 대한 재산권이 없으며, 자신의 일부를 매매할 수 없다. 인체와 그 일부분은 상업과 계약의 범위를 넘어선 것으로 간주되고, 일단 신체 조직이 몸에서 분리된 후에는 누구에게도 속하지 않는 것으로 이해된다. 생명과학의 특허법은 존 로크에게서 파생된 재산권 개념에 의존한다. 재산권은 미개척된, 자연적인 토지 또는 재료에 노동력을 추가하여 유용한 실체로 변환시키면서 확립된다. 노동과 재산에 관한 로크의 개념은 월드비와 미첼(Waldby and Mitchell 2006)의 논문을 참고하라.

체내 생산과 관련된 이와 같은 구성적 맹점은 노동과정에 대한 현대의 비판적 연구에서도 찾을 수 있다. 포스트포드주의 산업에서 비물질, 인지, 또는 정동의affective 중심성을 지목하고 있는 가장 흥미로운 탈산업적 노동론마저, 결국에는 탈산업적 혁신 경제 내부에 존재하는 노동 분업을 외면하고 있다(Lazzarato 2002; Fumagalli 2007). 이 책에서 우리는 체내의 생물학적 과정(대사과정에서 정자 형성과 임신까지)을 노동관계로 기록하는 가치 생산의 법적, 사회적, 그리고 기술적 형식을 탐구하고자 한다. 다음 절에서 우리는 맑스의 노동가치론으로 돌아가, 오늘날의 생명생산bioproduction에 관한 질문을 다루는 데 이 노동가치론이 유용한지(그리고 한계가 있는지)를 고려할 것이다.

생명생산과 노동가치론

맑스는 『자본』 1권에서 "자유"로운 계약 임금노동은 제한된 기간 동안 "자신의 살아있는 몸에 존재하는 살아있는 힘"을 팔고자 하는 노동자가 있는 어느 곳에서나 발견된다고 서술하고 있다(Marx 1990 〔1867〕:272). 맑스는 노동력을 "가치의 원천일 뿐만 아니라 그것이 지닌 것보다 더 많은 가치의 원천"이라는 점에서 유일하며, "특이한 상품"curious commodity이라 묘사하고 있다(1990〔1867〕:301). 자본이 노동자의 삶을 유지시키기 위해서 필요한(이에 따라 노동시간에 최소 임금이 지급될 수 있는) "사회적 필요 시간"과 임금이 지급되지 않은 채 전용되는 노동시간을 구분할 때 최초의 시간적 분리temporal disjuncture 를 활용하는데 이 분리가 잉여가치의 원천이다. "사회적 필요노동시간" 은 진행 중인 정치적 투쟁의 결과에 따라 결정된다는 맑스의 주장은 노동의 수수께끼를 이해하는 데 결정적이다. 노동과 가격 사이의 관계를 규정하는 초월적 혹은 자연적 평형이라는 의미에서의 '가치법칙' 은 없다. 노동 가격의 계산은 역사적으로 우연하게 출현한 것으로 이해되고 있지만 노동 규율의 도구로서 훌륭하게 작동하고 있다.

여기에서 우리는 맑스 이전의 고전 자유주의적 학자들이 개발한 노동가치론의 연장 혹은 수정이 아니라 이 가치론에 대한 내재적 비판으로 맑스 가치론을 이해하는 이론가들을 따를 것이다(Rubin 1972 ; Elson 1979 ; Postone 1993). 애덤 스미스는 노동이 모든 사회적 부의 궁극적, 초역사적 원천임을 밝혔다. 반면 데이비드 리카도는 스미스의 이론을 수정하여, 노동시간이 교환가치의 원천이자 척도를 구성한다고 가정했다. 이와 대조적으로 맑스는 노동에 내재하는 가치, 우리가 시장의 물신주의에 반하여 인정하거나 가치 평가하고 싶어 하는 노동에 내재하는 가치는 없다고 보았다. 노동시간과 가격은 자동적으로 상응하지는 않는다. 리카도가 주장한 것처럼, 만일 가치가 노동시간으로 구성된다면, 그것은 노동의 모든 특정한 사용가치로부터 추상화되었을 때만 가능하다. "추상적인, 사회적으로 평균인" 시간으로서 일반적인 교환가능성이라는 특성에 의해서만 가능하다(Marx 1990 〔1867〕 : 129). 맑스는 『정치경제학 비판 요강』에서 "자본 개념을 발전"시키기 위해, "노동이 아니라 가치로부터, 정확히는 이미 발전된 순환 운동 내에 존재하는 교환가치로부터 시작할 필요가 있다"고 쓰고 있다 (1973 : 259). 노동 가치가 결정되는 것은 사용가치가 가격으로 변형되는 어떤 자연적인 과정을 통해서가 아니라 순환 속에 있는 화폐의 추상이라는 소급적 방식을 통해서이다.

그런데 맑스는 소급적 논리를 수립한 후, 노동 가치의 결정은 정치적 결단이며, 그것은 노동과 자본 간의 계속되는 갈등의 결과라고 주장했다. 노동의 가치는 분명한 "역사적, 도덕적 요소"를 포함하고, 어느 순간에나 노동을 통치하는 시간 측정의 특정한 형식으로 나타난다(Marx 1990 [1867] : 275). 착취가 본질적으로 시간적 훈육 형식이었기에 노동 투쟁은 당연히 역사적으로, 시간을 사회적으로 조직하는 것을 목표로 삼았다. 맑스주의자들이 전통적으로 지적해 왔듯이 노동일의 길이뿐만 아니라 생산 노동(작업)과 재생산 노동(생활) 간의 분할, 재해 시간 또는 위험의 사회적 분배 등을 목표로 하였다.

여기까지 우리는 맑스의 노동가치론에서 보이는 시간적 추상화의 중심성을 지적한 아이작 루빈과 모이시 포스톤과 같은 이론가들을 인용해 맑스를 독해했다. 하지만 우리는 노동의 추상적인 차원과 물질적인(실제로는 체화된) 차원을 독립적으로 각각 이론화할 수 없다고 주장함으로써 이들 이론가 관점과 차이를 둔다. 앞서 언급한 이론가들은 고전 자유주의의 실제론적 개념substantialist conceptions으로부터 맑스의 노동 이론을 구별하기 위해, 모든 생산 질서에서 구체적 노동과정에 부여되는 역사적으로 특수한 생리적physiological 형식으로부터, 추상노동 시간이라는 개념을 분리시키고자 했다. 하지만 그로 인해 그들은 그 자리에 환원적이며, 몰역사적인 "생리적인" 것이라는 개념을 복원시킬 수도 있는 위험에 노출되었다.[8]

어쨌든 간에, 우리는 맑스 가치 이론의 구조적 범주들을 19세기 중반을 특징짓는 노동의 생명 기술적 조건으로부터 그렇게 쉽게 추

---

8. 이런 움직임은 루빈(Rubin 1972)에게서 악명 높게 일어난다. 루빈은 노동의 "에너지적" 개념을 노동가치 이론에 대한 몰역사적 독해로 보고 기각한다. 루빈이 간과한 것은 "에너지" 개념 자체의 역사성이다. 이 개념은 산업 생산의 열역학과 밀접하게 관련되어 있으며 노동 규율의 범주로 확산되고 있었다. 달리 말하면, 어떻게 "에너지"(또 다른 예를 들자면 정동(affect))가 주어진 생산 질서에서 사회적으로 결정되는 노동가치의 척도를 구성하게 되는가를 조사하려면 노동의 물질적 추상에 대해서 역사적으로 민감한 관점이 필요하다는 것이다. 이러한 관점의 사례는 바틴(Vatin 1993)을 참고하라.

상할 수 없다고 본다. 맑스 사고의 단순한 은유적 측면을 표현하는 것이 아니라, 초기 산업 생산의 기술적 어휘는 가치 이론의 개념적 틀을 형성했다. 예를 들자면 죽은 노동과 살아있는 노동, 가변자본과 불변자본을 구별할 수 있게 했다. 이러한 구별은 자본의 기술적 또는 기계적 구성은 반드시 죽어있는 것inanimate이라는 가정, 그리고 자본의 인적 또는 가변적 구성 요소는 유기적 전체로 여겨지는 노동자 신체의 "살아있는 노동" 속에 존재한다는 가정에 기초한다. 초기 20세기 생의학의 발전은 한나 랜데커(Landecker 2007)가 "살아있는 기술"living technologies이라 부른 것들 ― 체외에서 배양될 수 있고 과학의 기술적 구성의 한 부분을 형성한다는 의미에서, 살아있으면서도 기계적인 체내 조직과 세포주 ― 을 발명함으로써 살아있는 것과 죽어있는 것이라는 범주에 근본적으로 도전했다. 20세기는 생산 과정을 신체 내부로 가져왔고, 장기, 혈액, 세포주를 신체 바깥의 순환에 주입했으며, 고전 맑스주의자들의 살아있는 것과 죽은 것 사이의 구분을 뒤죽박죽으로 만들었다(Cooper 2002). 이전의 작업에서 우리는 살아있는 상품(체외에서 이루어지는 상업적 장기, 혈액, 세포주 매매)과 살아있는 자본(잉여가치를 생성하는 특허 세포주)의 출현을 이론화했다(Waldby and Mitchell 2006 ; Cooper 2008). 이 책에서 우리는 무작위 대조군 연구Randomized controlled trials(이하 RCT)의 대량 실험화와 보조생식 서비스의 단기 고용 계약화를 통해 노동과정이 신체의 하위유기체적 수준으로 재배치되는 것을 추적할 것이다.

여기에서 우리는 궁극적인 사용가치와 모든 부의 원천이 살아있는 생물의 내재적 발생성generativity에 있을 수 있다고 여기는 고전적인 경제학, 맑스 이전 전통 경제학에서의 "생물학적" 노동가치론을 제안하는 것이 아니다. 이와 달리 우리는 "임상노동"을 추상적이고 시간적인 축적 명령이 신체의 수준에서 작동하도록 만드는 물질적 추상화 과정으로 이해한다. 맑스가 교환 가능한 노동의 특성이라고 규명한 (그리하여 자본주의적 축적 방식 아래에서의 노동의 정의적 특징인) 시간적 추상화는 생물학적인 몸에 개입해 온 20세기의 긴 역사 속에서도 발견할 수 있다. 20세기 초 농업 과학에의 대량 생산 방법의 도입, 신체 외부의 살아있는 세포주를 배양하기 위한 도구 개발, 실험적 임상 과학에서 통계의 활용, 1950년대 생물학적 시간을 정지 및 동결시키는 방법의 발명(저온생물학), 조직 기관 및 세포의 대량 저장을 위한 기반시설의 완성이 없었다면 우리는 "임상노동"을 물질적 추상화 과정이라 말할 수 없을 것이다(Clarke 1998 ; M. Edwards 2007 ; Gaudillière 2007 ; Landecker 2007). 유럽의 노동 과학과 미국의 테일러주의적 시간 관리 방법과 병행하여 개발된 위와 같은 개입들이 추상적이고 교환 가능한 혹은 통계적 시간의 긴급성에 생물학적으로 새로운 유연함을 부여해주었다. 동시에 포스트포드주의적 유연 전문화 방법의 도래와 함께, 이러한 생의학적 기반시설은 생물학적 시간성의 전개 속에서 우발적이며, 예측 불가능하고, 가소성을 띤 어떤 것을 분리하고 배양하는 데 기여했다. RCT는 사회통계를 대량화된 인구집단에 영향을 끼친 생의학적 사건들에 적용했다는 점에서 정확하게 테일러주의적이라고 할 수 있다. 그러나 이와 동시에 RCT는 또한 통계학의 정상 분포 곡선을 근거로 활용하여 예측 불가능한 또는 우발적인 생물학적 사건(예를 들면 예기치 않은 부작용)을 분리시키는 데도 기여했다. (이 책의 6장과 8장에서 살펴보겠지만) 생의학적 혁신 작업을 정의하게 된 것은 우연적 사건의 비표준적 시간성이었다. 줄기세포 생물학이 출현함에 따라 세포 발달은 미리 정해진 경로에 따라 점진적으로 제한된 분화 과정을 거치는 것이 아닌 것으로 이해되기 시작했다. 즉 줄기세포는 유연하고 배타적이지 않은 잠재력들이 모여 있는 원천으로서 배양되는 것으로 이로부터 실제로 어떤 것[근육, 피부 등]으로든 만들어질 수 있다. 이런 방식으로 맑스가 산업 생산 양식의 특징이라고 보았던 노동의 통계적 추상화는 사변적 유물론Speculative Materialism의 형식과 공존하고 있다. 이 유물론은 우연적 사건이 생물학적 시간 전개 속에서 구체화될 것을 요청하고 있다.9

여기에서 우리가 제시하고 있는 물질적 추상화 이론은 (맑스주의적 실재 추상real abstraction 이론가들(Colletti 1973)에게는 미안하지만) 본질적으로 변증법적인 것도 자연 재현적인 것도 아닌 실험적이며 개입주의적인 것이다. 최근 과학학에서의 "실천적" 전환이 제안하고 있듯이, 과학적 가설이 효과적이라면, 그것은 죽어있는inert 것에 투사하는 이론적 명제가 아니라 살아있는 것living matter에 이미 내재된 가능성을 머물게inhabiting 하고 조절modulating하는 방법으로서 효과적인 것이다(Hacking 1983; Simondon 1995; Rheinberger 1997b). 실험적 개입은 그것이 함께 작동하는 총체들(세포주, 대사과정, 조직 배양)에 이미 존재하는 시간성을 중지, 동결, 배양, 복제, 역전, 가속, 감속, 그리고 증폭하는 작용을 한다. 이들을 체내in vivo 상태였던 때와는 다른 것이 되도록 하거나 한나 랜데커(Landecker 2005)의 언급대로 "서로 다른 시간에 살도록" 한다. 생의학적 기술은 통제된 탈맥락화의 실천으로 이해할 수 있다. 이 실천은 살아있는 물질을 새로운 환경 조건에 노출시킴으로써 의도치 않은, 아직은 인식되지 않은 현실화를 유발한다. 그런

---

9. 우리는 "사변적 유물론"이라는 용어를 비판적 의미로 사용했다. 우리 관점에서 보면, "사변적 유물론"과 관련된 철학적 문헌의 대부분은 비판을 존재론으로 대체하여 자본의 "물질적 추상화"의 현대적 형태에 근접하는 데 실패하였다. 이와 같은 사례는 브라이언트와 동료들의 논문을 참고하라(Bryant et al. 2011).

점에서, 이러한 탈맥락화는 이미 존재하는 물질 추상들의 연속체에 대한 추상적이면서도 물질적인 개입이라고 할 수 있다. 예를 들면 유도만능줄기세포처럼 특정 세포에 다중multiple 분화를 조절하려는 시도와 같은 물질적 개입이다.

우리는 생명생산의 물질적이며 실험적인 차원의 중요성을 강조했다. 그렇다고 우리가 임상노동 시장의 창출이 그것의 기술적 조건으로 환원될 수 있다고 주장하고자 하는 것은 아니다. 이 책에서 자세히 살펴보겠지만, 물질적(기술적)인 전제들이 오래전부터 가능했을 때에도 20세기 초반 등장한 불법행위법tort law에서의 고지된 동의informed consent 개념, 그리고 20세기 후반에 등장한 가족법에 나오는 계약화와 같은 법적 혁신은, 생명공학적 가능성들이 노동으로 실현되는 시기와 방법을 결정하는 데서 중요한 역할을 했다. 이와 유사하게 1980년대 초 생의학적·약학적 혁신에 대한 금융 지원 양식의 출현은 기술적 혁명의 결과라기보다는 민간 기업, 연구 중심 대학 그리고 정책 엘리트 간의 정치적 책략에 따라 계획된 결과였다고 할 수 있다. 실제로 생명과학 비즈니스 모델의 금융화는 특허법, 증권법 그리고 소비자 보호 표준 영역과 관련된 일련의 핵심적인 규제와 법적 개입으로 가능했다.

우리는 생명윤리가 신체의 상품화에 대한 원칙적 반대를 견지할 때조차도, 그것을 생명과학의 정치경제를 규제하는 규범적·법적 인프라의 필수 요소로 이해한다는 점에서 기존의 접근과 거리를 둔다. 이러한 생명윤리가 자유주의적 또는 인권적 용법으로 입안되었는지 여부와는 상관없이, 우리는 생명윤리를 생명과학의 정치경제에 내재된 담론과 실천으로 이해할 것이다. 예를 들자면, 임상노동 시장에서 '고지된 동의'는 맑스가 고전 자유주의하에서 "자유" 임금 계약 원칙에 부여한 것과 동일한 역할을 맡는다고 우리는 주장한다. 이처럼 우리는 어느 정도 '윤리적'인 동의의 조건 또는 동의 대상에게 더 많은 자율성을 보장하는 등의 방식으로 '고지된 동의'를 개선하는 일에는 관심이 없다. 그 대신 우리는 '고지된 동의'를 임상노동 시장에 대한 가능한 규제 조건으로서 이해하고자 한다. 이는 클리닉에서의 상업적 거래를 지배하는 '불평등 교환'의 특정 형태를 정의하는 노동법과 사회보험의 20세기 발전과 함께 진화해왔다.

책의 구성

역사적이고 맥락적인 임상노동가치 이론을 충분히 구현하기 위해, 우리 연구에 장기 지속longue durée 분석을 도입할 것이다. 장기 지속은 전통적으로 정의되어 있는 대로의 근대 노동사와 임상노동의 그림자 역사 사이의 관계를 고려할 수 있도록 한다. 다음 장인 「임상노동의 역사적 계보」에서 우리는 20세기와 21세기 노동 조직화에서 나타난 주요한 변화를 생산 질서지음의 순간으로서뿐만 아니라 생명정치적 위험과 역량이 조직되는 순간 – 이는 질병, 사고, 그리고 재생산의 위험에 노출된 삶과 연관된다 – 으로서도 재구성할 것이다. 특히 우리는 노동 외주화로의 움직임, 서비스 위탁 계약, 그리고 인적자본론의 대두를 추적할 것이다. 인적자본론에서 노동자는 그들 고유의 생산적, 재생산적 역량을 소유한 기업가로 구성되고 있다. 이는 산업적인 법적 노동 보호 체제로부터, 재사유화된 계약 관계의 신자유주의적 체제로의 변환 과정에서 결정적인 선회점들이 되고 있다. 우리는 진화하고 있는 임상노동의 제도적, 법적 형식들이 가장 물질적인 방식으로 이러한 변환을 증언하고 있다고 주장한다.

다음으로 우리는 임상노동의 역사적, 현대적 조건을 보다 구체적으로 살펴볼 것이다. 재생산적이며 실험적인 노동은 포드주의 산업 모델과 케인스주의적인 복지국가의 주변부로부터, 즉 RCT 의약품검사 체제들에서, 그리고 무급의 주부 또는 유급의 가정고용인(조리사, 보모, 유모)에 의해 수행되는 다양한 재생산 서비스 형식들에서 출현하고 있다. 우리의 분석은 재생산적이며 실험적인 서비스들이 수직적으로 통합된 포드주의적 제도의 격리된 공간에서 포스트포드주의적 계약 노동의 분산된 공간으로 이동함에 따라 임상노동이 점진적으로 공간적 재구성을 겪게 되는 과정을 추적한다. 1980년대까지 임상시험은 대학 연구 병원 또는 감옥이라는 공간적 한계 속에서 수행되었다. 같은 기간, 주부의 무급 재생산 노동은 포드주의적 가정의 고립된 공간에서 일어났다. 이들 범주들의 노동은 저마다 "자유" 노동계약과 "부자유"unfree 노동계약 간의 경계를 흐리게 만들었고, 어느 정도 감금이라는 강제적 형식을 띠거나 국가 재정이 동반되었다.[10] 무급의

---

10. 이러한 작업을 통해 우리는 맑스가 의도한 바와 같이 비판적 의미에서 "자유임금노동"개념을 전개할 것이다. 우리는 맑스 노동 이론이 훗날 기술관료적(technocratic)이고 통계적인 요소로 해석되어 리카도 정치경제학의 연속처럼 보일 수 있으나, 그것이 아니라 자유주의 정치경제학을 향한 비판이었고, 따라서 계약의 자유와 관련된 자유주의 이론에 대한 비판이었다고 생각한다. 우리는 맑스가 "자유임금노동"이 19세기 자유주의자들의 비판적 범위를 벗어나 있었다는 바로 이 이유로 자유임금노동을 자신의 비판 대상으로 삼을 수 있었다는 점을 인정한다. 19세기 자유주의자들은 노예의 자유롭지 못한 노동을 비난하는 것은 반겼지만, 계약의 자유와 관련된 착취를 검토하기 직전에 멈춰서 버렸다. 하지만 맑스는 자유 임금 계약을 배타적 비판의 대상으로 삼으면서, 19세기 내내 산업 노동의 확장과 함께 지속된 다양한 형태의 자유노동(노예 계약, 도제 계약, 기혼 여성)을 등한시했다. 그의 자유노동에 대한 분석에서 가장 환원적인 지점은 이러한 형태의 자유노동이 오랜 역사의 행진에 의해서 극복될 운명에 있는 고대 봉건 질서의 잔재라고 일축한 것이다. 우리는 이와 달리 자유(free)노동과 부자유(unfree) 노동이 서로를 전제로 하며, 이들이 동일하게 자본주의 노동관계를 구성하고 있다고 주장한다. 이러한 질문과 관련된 광범위하고 분명한 논의는 반 데어 린덴(van der Linden 2008)의 논문을 참조하라.

재생산 노동은 간접적으로 가족 임금 제도화를 통해 국가 보조를 받았다. 감옥 기반 임상시험은 재소자 노동에 심각한 제한이 있었던 시절, 감옥에서 재소자들이 임금을 받을 수 있는 몇 안 되는 기회 중 하나였다. 또한 병원 기반 임상시험은 1960년대 중반 도입된 노년 및 빈곤층 대상의 사회보험(메디케어와 메디케이드)으로 국가 보조를 받았다. 이러한 실험 관련 형태의 가치 생성과 재생산 형태의 가치 생성은 가정, 병원, 전쟁터, 감옥 등의 주변부 공간에서 일어나서 공식적인 산업 노동의 현장과 분명히 분리되어 있었다.

그러나 1980년대 이래로, 포드주의적 임상노동의 제도적 공간은 지속적인 개혁 대상이 되었다. 포드주의에서 포스트포드주의로의 전환에서 문제가 된 것은 국가적 생산과 거대 기업의 수직적 해체뿐만 아니라, 한때 가정, 병원, 감옥 등의 한정된 공간에서 수행되었던 서비스의 수평적 계약화였다. 한때 내재화된, 내부로 존재하던 이들 서비스 노동력이 경우 경우마다 달리하여 임상노동을 체내 서비스 도급자 in vivo services contractor에게 위임시키는 계약 기반 외주화 양식으로 대체되었다. 우리는 이 시기 의무적 가사 생활에서 노동인구로 여성의 대규모 이탈이 일어났고 그로 인해 가족 임금 해체가 일어났음을 발견하였다. 주부의 무급 가정 노동이 계약 기반의 정서적, 성적, 돌봄 노동으로 전문화된 전체 서비스 영역으로 대체됨에 따라 생물학적 재생산 과정이 그 자체로 (법적, 기술적, 상업적) 파편화 형식의 대상이 되었다. 20세기 중반에 존재하던 동물 생식 기술 목록들이 체외수정과 기타 보조생식기술을 통해 인간 환자들에게 한 번 적용되자, 배란 과정, 정자형성, 수정, 임신이 가정 밖의 대리모와 생식세포 제공자에게 의지하는 제3공급third-party provision으로까지 개방되었다. 대다수의 사법권이 생식 서비스의 상업화를 금지했으나, 특히 미국과 같은 곳은 규제 입안을 거부했다. 결과적으로 특정 사법권에서는 전적으로 개인적인 계약법을 통해 틀 지어진 생식 서비스 부문의 출현을 목도하게 되었다. 이제는 포스트포드주의적 가족이라는 법적 총체를 위협하지 않으면서, 가족과 국가의 경계를 넘어 독립계약자에게 재생산 과정의 기능과 단계별 과정까지 외주화할 수 있다. 가족의 기술적 파편화와 이에 상응하여 가족을 법적으로 옹호하고자 하는 경향 사이의 모순은 이 책의 2부 '생식 작업에서 재생산 노동으로'에서 다룰 것이다.

이와 같은 시기 동안, 감옥 기반 임상시험의 금지, 이어진 관리의료managed-care의 영향을 받아 이루어진 대학 연구병원 개혁임상시험이 결합하여 임상시험을 사적 부문으로 밀어 넣었다. 이와 함께 2차 세계대전 이후 시기의 대규모 시설 기반 임상시험은 새로운 종류의 연구 기관인 임상시험 수탁기관CRO에 의해 중개되고 매개되는 사적 계약 기반 시험으로 꾸준히 대체되었다. 1상 시험, 최초의 인간 신체 내 시험에서 요구되는 장기 구금은 이제 민간 연구 단위에서 이루어진다. 반면 환자 대상의 후기 단계 임상시험은 제약 기업과 계약 관계에 있는 민간 전문의들에 의해 수행된다. 이러한 제도적 변화에 병행해서 임상시험 작업을 형성하는 계약 조건 또한 변화했다. 하지만 임상시험 대상의 인종적, 계급적 특성은 놀랍게도 그대로 남아있다. 이제 제약 산업은 감옥, 병원 등의 국가 보조 공간 밖에서 새로운 실험 노동의 연구 대상을 찾고 새로운 실험 노동 자원을 신자유주의적 노동과 복지 개혁이 만든 다양한 형태의 위험에 노출시키고 있다. 오늘날 임상시험 수탁기관은 습관적으로 1상 시험 연구 대상을 불완전고용자underemployed, 일용직 노동자, 전과자, 그리고 밀입국자들 사이에서 모집한다. 그야말로 가장 위험하고 임시적인 노동 조건을 일상적으로 견뎌온 노동자 계급 속에서 말이다. 환자 대상 후기 단계 시험은 임상시험에 참여할 의사가 있는 만성 질병 환자가 증가함에 따라 수행될 수 있게 되었다. 특히 만성 질병 환자면서 보험에 가입되어 있지 않아 임상시험에 참여하지 않고는 약을 구할 수 없는 환자들이 증가하고 있기 때문이다. 노동의 비정규화가 일반화되어 있는 포스트포드주의적 조건에서, 임상시험 노동은 어떤 노동에도 비견할 수 없는 임시 노동 — 가장 체내적인 위험을 감수할 수 있는 "자유"로 정의되는 노동이다. 이러한 실험 노동의 문제는 이 책의 세 번째 부분인 '실험 노동 : 임상시험과 위험 생산'에서 다룰 것이다.

각 부에서 우리는 20세기 생식 및 실험 임상노동의 출현 조건을 만들어 놓은 역사적 원인으로부터 시작할 것이다. 이어 임상노동의 초국화transnationalization를 다룰 것이다. 왜냐하면 생식 서비스와 임상시험 노동 모두 북유럽과 미국[11]의 국경들을 넘어 덜 비싼 장소를 찾아 역외로 옮겨갔기 때문이다. 그다음으로 우리는 생명경제 부문 중에서도 지속적 혁신으로 추동되고 있는 부문에서 임상노동이 분산적이고 확장적인 형태로 발전해나가는 과정을 살펴보고 줄기세포 산업의 '잉여' 생식 조직의 기증자로서의 여성의 역할과 제약적 혁신을 위한 자가 실험 자원self-experimental resources이 된 환자의 역할을 조사할 것이다. 이어서 우리는 임상노동의 역사적 조건과 정치경제, 그리고 현재의 궤적을 동시에 그려주는 임상노동에 관한 설명을 제공할 것이다. 우리는 이 형태의 노동이 지하경제의 예외적이거나 극단적인 형태가 아닌, 21세기 노동 조건을 상징하는 것임을 보여주고자 한다.

---

11. * 원어는 North America이다. 2022년 7월 20일 저자들과의 메일 교신을 통해 이 책에서 North America는 미국을 의미함을 확인하고 전부 미국으로 번역하였다.

2장

임상노동의 역사적 계보

산업적 질서, 인적자본, 그리고 위험의 외주화

오늘날 임상노동은 노동자가 생명정치적 위험을 감수하는 것과 관련하여 구성된다. 이는 생물학적 우연성의 경험과 취약한 계약주의에 내재해 있는 위험이다. 이런 형태의 노동을 가능케 하는 역사적 조건은 특정한 생의학적 발전에서 유래한다. 이에 대해서는 이 책의 이어지는 부분들에서 자세히 다룰 예정이다. 이들 조건은 또한, 가정household의 정치와 인구의 사회적 관리가 긴밀하게 겹쳐 있는 20세기 노동의 더 광범위한 역사로부터 출현한다. 이 장에서 우리는 포스트포드주의적 임상노동의 출현을 검토할 것이다. 포스트포드주의적 임상노동은, 남성 산업 노동자를 위해 법률에 마련된 20세기 중반의 노동 보호기제들이, "자체 서비스"services in the self를 수행하는 사적 계약자들로의 외주화를 특징으로 하는 20세기 후반의 훨씬 더 불안정한 노동체제로 이전해 가는 과정에서 출현하였다. 우리가 살펴볼 것처럼, 포스트포드주의적 임상노동은 어떤 의미에서는 항상 외주화된 노동으로 존재한다. 현대 임상노동의 규모를 결정하는 것은 경제-전반의, 실로 전 지구적인 전환이다. 이 전환은 노동을 기업체와 감옥, 가정, 병원 같은 유사 기관들 내부의 요소로 구성하지 않고, 그것을 외부 자원으로 재편해 가는 것이다. 노동자를 고용주와 구조적 불평등 관계에 놓여있는 집단적 행위자가 아닌 고유한 자신의 노동력을 지닌 개인 계약자로 구성해내는 것은 정통적인 노동 경제학에도 영향을 미쳐왔다. 앞으로 우리가 살펴볼 것처럼 인적자본론의 설계자였던 게리 베커와 시카고 대학의 동료들은 혈액, 고형장기solid organ, 그리고 대리모 서비스 등의 새로운 시장 또는 상상된 시장을 직접적으로 언급하면서 1960년대에 인적자본 개념을 정교화했다. 그러므로 노동력의 외주화와 새로운 임상노동 형식의 출현은 단순히 역사적으로 나란히 발전해온 것이 아니라 서로가 깊게 중첩되어 온 셈이다. 또한 이 둘은 새로운 축적 형식을 지닌 20세기 후반 신자유주의적 실험의 첨병 역할을 했다.

외주화(아웃소싱) 비즈니스 양식

1970년대에 테일러주의적 대량생산의 수익성이 한계에 도달한 이후, 기업들은 종신의 정규 노동력을 고용하고 국내에 위치하는, 수직적으로 통합된 대규모 공장을 대체할 유연한 대안들을 찾기 시작했다. 외주화는 일련의 비즈니스 전략을 묘사한다. 여기에는 2차 기업에 분절화된 생산 부품 일부를 떠맡기는 하도급 계약, 작업장을 유지하기 위한 서비스(청소, 케이터링)를 사내에서 공급받는 대신 서비스 기업을 활용하는 것, 노동력을 체계적으로 임시 고용하는 일이 속한다. 노동력의 상당 부분이 파견업체를 통해서 시한부 파트타임 노동계약이나 일용직, 시급제로 고용됨에 따라 기업에서 종신 정규직은 갈수록 잔여물이 된다(Hatton 2011). 종신 일자리와 결부되어 있던 예측 가능한 임금과 조건들이 이러한 임시 고용형식들에서는 사라진다. 그뿐만 아니라 임시 고용형식은 노동 수당, 실업보험, 건강보험(미국에서), 노동중재권 등과 같은 영구적 고용계약에 붙는 광범위한 법적 보호 체계도 결여하고 있다(Deakin and Wilkinson 2005).

외주화 전략은 거래에 필요한 유연하고 네트워크로 연결된 조직을 창출해 내는데, "이 조직 내에서는 군살을 뺀 기업들이 그들에게 부족한 자원을 다수의 하청업체들에서 구한다. 또한 고용의 측면에서 유순한 노동력도 이곳에서 구한다"(Boltanski and Chiapello 2005 : 218). 작은 기업도 프로젝트별로 필요한 전문지식, 공장, 그리고 노동력을 외주화하여 대규모 프로젝트를 수행할 수 있다. 외주화는 노동력을 효과적으로 외재화externalization 하고 기업들이 내적인 영구 노동력 풀pool 유지와 관련된 규제 및 재정적 비용에서 벗어날 수 있게 해준다. 대신 노동은 기업 외부에서 구할 수 있는 생산 자원으로, 수요와 공급을 조절하기 위해 선택적이고 간헐적으로 끌어낼 수 있는 자원으로 구성된다. 고용주와 피고용자의 임시적 관계는 작업 과정에서 정지 시간downtime을 줄이고 노동수요 변동의 불확실성에 대한 책임을 기업에서 노동자에게로 전가시킨다. 기업의 상품에 대한 시장의 변동에 따라, 임시직 노동자는 고용되거나 해고될 수 있고, 법적으로 사용 기한 고지 없이 더 적은 혹은 더 많은 노동시간을 부과받을 수 있으며 노동일의 길이에 대한 제한도 거의 없다. 이에 대해 볼탕스키와 시아펠로는 "직접적으로 생산적이지 않은 것은 어떤 것이든 비노동 시간으로 폐기되고, 노동력 유지비용은 노동자 스스로에게, 또는 실직이나 직업적 장애 발생 시 국가에게 전가"된다고 요약한다(Boltanski and Chiapello 2005 : 246).

그런데 우리는 노동 임시화를 넘어 외주화의 논리를 통해 노동관계가 보다 근본적으로 재질서화되고 있는 모습을 발견할 수 있다. 미국, 영국, 호주, 및 기타 선진 산업 국가의 현행 규제 조건에서 고용주와 피고용자의 관계를 설정하는 고용계약은 서비스 공급자와 맺는 거래 계약으로 손쉽게 교체될 수 있다. 법학자 주디 퍼지가 언급하듯이 "기업의 수직적 해체와 내부 노동 시장의 붕괴는 피고용자들로 취급되던 개인이 노동보호 범위 밖에 위치한 개인 계약자로 쉽게 전환될 수 있음을 〔의미한다〕"(Fudge 2006 : 612). 퍼지는 종래의 노동법 및 상법에서 '독립 계약자'는 스스로를 자가 고용한 것으로 간주되는데, 이는 고용주와 종속적인 용역관계 계약을 맺은 '피고용자'와 완전히 대립하는 것으로 그려진다고 지적한다. 그러나 이러한 대립은 역사적으로나 현대 노동 시장에 대한 묘사로서나 편향적이다. 이는 고용주와 직원 사이에서 법적으로 구성된 관계로서 지속되는 근로계약contract of service이, 상품 또는 용역을 공급하는 프로젝트 기반 상업 계약인 용역계약contract for services으로 얼마만큼 대체 가능한지를 은폐하는 경향이 있다. 여기에서 우리가 우려하는 이런 종류의 임상노동들, 즉 상업화된 제3자의 생식력 공급 노동과 임상시험 참여와 같은 임상노동들은 미국에서만큼은 적어도 용역계약으로 편성되고 있다. 이들 임상 노동은 대리모 의뢰부모에게 생식세포와 임신대리인 역을 제공하는 여성과 남성들, 그리고 임상시험 수탁기관을 대신해 임상시험을 수행하는 연구 대상자들에게 특별한 의미를 부여하고 있다. 이 함의들을 파악하려면 공식적인 고용계약(피고용자와의 근로계약)과 독립 계약자와의 용역계약이, 생명정치적 기술로서, 그리고 생명의 위험과 경제적 위험을 조직하고 분산시키는 방법으로서 작동하는 다양한 방식을 이해할 필요가 있다. 그뿐만 아니라 우리는 생산에 있어서의 이러한 상이한 계약 조건들이, 20세기를 경유하면서 재생산의 사회적 조직화와 상호작용해온 방식, 그리고 직장과 가정 사이의 관계와 상호작용해온 방식을 살펴볼 것이다.

위험, 노동, 재생산, 그리고 위탁계약

사이먼 디킨과 프랭크 윌킨슨은 노동법을 역사적으로 분석하여 근로계약과 용역계약 사이의 차이는 역사적으로 불확정적이었음을 보여준다. 영국에서 이 차이는, 1880년대에서부터 (영국의 전후 복지국가를 수립한) 〈국민보험법〉이 등장한 1946년 사이의 오랜 기간이 지나면서 확실한 내용을 갖추게 되었다. 그리고 1970년대 이후 복지국가의 쇠락과 함께 이 차이는 해소되기 시작했다.

초기 산업화와 공장 제조업으로의 발전이 진행되던 시기에 미국과 영국 어느 곳에서도 고용주와 피고용자 간의 직접적, 개별적 노동계약은 일어나지 않았다. 공장 노동은 복잡한 내적, 사적 계약, 때때로는 구두 계약이나 작업장 고유의 관습과 관행으로 이루어진 복잡한 체계를 통해 조직되었다(Stanley 1998; Deakin and Wilkinson 2005). 장인artisans은 특수한 직무 수행을 위해 공장주와 계약을 맺었고, 그들은 스스로 숙련공, 견습공, 작업반, 친족 등 공장주와는 아무런 관계가 없는 이들을 소집하여 모집하고 하도급 계약을 맺었다. 동시에 자유주의와 계약적 개인주의의 역사가 정점에 이른 19세기 내내 관습법적 결정은 노동자들의 상해 또는 퇴직에 대한 보상 요구를 수용하지 않았다. "공동 고용자"fellow servant 규칙에 따라 기업 내부에서 노동자에 의해 다른 노동자가 상해를 입었을 경우, 공장주는 이에 대한 직무상 대리책임에서 면제되었다. 영국과 미국에서 금속 주조 공장과 같은 위험한 산업에서 일하는 노동자들은 '동의 후 책임 없음'volenti non fit injuria, 즉 "동의한 자에 한하여 손해도 없다"는 법적 원칙에 따라 "자발적으로 위험을 수용한" 것으로 판결되었다. 이러한 법적 해석에 따라 노동자들은 스스로 보상 권리를 포기한 것으로 여겨졌다(O'Malley 2009). 우리는 이 책의 3장에서 일부 임상노동의 형식을 검토하면서, 특히 임상시험 노동을 구축하기 위해 자발적 수용의 원칙이 어떻게 여전히 활용되고 있는지를 살펴볼 것이다.

1880년대 이후 영국에서는 사회 입법의 물결이 시작되었다. 이는 점점 증가하는 조직된 노동 소요와 노동조합주의의 대두에 대한 응답이었다. 이는 관습법상의 고용주 책임 면제 관행을 전복하기 시작했다. "고용 관계에서 발생한 사회 및 경제적 위험에 대해 고용주가 책임을 져야 한다는 원칙이 구체화되기 시작"했다(Deakin and Wilkinson 2005:86~87). 20세기 전반부에 도입된 일련의 〈노동자 재해보상법〉과 〈국민보험법〉은 "고용주에게 작업장 관련 상해 및 질병에 대한 책임을 부과했고, 문제가 되는 위험을 분산시키고자 고용주 책임 보험을 광범위하게 사용하도록 촉구했다. 사회보험은 질환, 실직, 그리고 노령 등의 이유로 수입이 중단되는, 노동인구 전반이 경험하고 있던 일반적 위험을 국영 보험 기금을 마련하여 분산"시켰다(Deakin and Wilkinson 2005:87). 이러한 조치를 통해서, 기업은 현대 고용계약에서 사실상 제3자를 대표하는 국가의 명령에 따라 사회적·경제적 위험을 재분배하는 장소가 되었다. 이러한 역사적 과정에서 출현한 종신 고용계약에서 고용주는 제한 없는 복종 의무와 근로service 의무를 피고용자에게 부과할 권리를 갖는 대신, 그들에게 포괄적인 사회 보호를 제공해야 한다. 전후 복지국가의 토대가 된 입법인 1946년 영국 〈국민보험법〉은 근로계약과 용역계약의 차이를 공고히 했다. 왜냐하면 고용주의 상해 보험 및 사회보험에 대한 책임을 결정하기 위해, 모든 기여자들은 피고용자 또는 자가 고용자self-employed로 분류될 필요가 있었기 때문이다. 이러한 영구적 고용계약의 공고화는 또한 포드주의, 수직적으로 통합된 기업의 부상을 앞당겼다. 오래된 내부 계약 체제는 사내의 관료주의적 감독으로 대체되었으며, 규제 순응 비용의 증가로 대기업이 유리해지기 시작했다. 일단 "기업이 사회적·경제적 위험의 재분배 메커니즘의 일부가 되자 고용주에게 부과된 규제적·재정적 비용이 증가하고 그로 인해 고용주가 작은 생산 단위를 포기하고 보다 큰 기업을 선호하는 규모의 경제가 만들어졌다. 복지국가는 생산이 점차 수직적으로 통합되면서 중요한 고용주의 역할을 맡기 시작한 공적 부문의 출현과 함께 영향력을 확장했다"(Deakin and Wilkinson 2005:87). 따라서 고용계약과 용역계약의 중요한 차이점은 국가는 고용계약을 통해 일련의 사회적 의무와 위험 분담 전략을 시행한 반면, 용역계약은 법원의 판결로 계약, 소유, 불법행위를 규제하는 사법private law의 영역에 남겨지게 되었다는 점이다.

그러나 미국에서 노동 규제에 대한 국가의 역할, 특히 연방 정부의 역할은 상대적으로 약했고 부분적이었다. 20세기에 들어설 때까지 사적인 개인 계약은 노동관계 질서에서 핵심적인 역할을 했다. 최저임금, 최장 노동시간, 그리고 노동자 보상 법규를 도입하고자 한 개별 주정부의 시도는 일련의 대법원 판결로 좌절되었고 사적 계약은 계속 유지되었다. 대법원은 영국과 호주의 기준에 맞춘 최저임금 및 노동조건 입법을 도입하기 위해 노력한 진보 운동과 노동 운동을 반복해서 좌절시켰다. 대법원은 이 운동들이 남북전쟁 후의 재건 수정안인 헌법 14조에 명시된 계약 제공의 자유를 위반했다고 판단했다.[1] 에이미 스

---

1. 법원은 남북전쟁 이후 재건 시기에 개정된 수정헌법 제14조 적법 절차 조항을 계약의 자유를 정식 기술하고 있는 것으로 해석했다.

탠리는 미국의 노예제 폐지와 19세기 후반 노동관계 사이의 연관성을 밝히면서 "본격적인 산업 자본주의는 오직 미국에서만 글자 그대로 동산 노예제chattel slavery를 정리하고 타도하면서 발전했다 … 남북전쟁 후 남과 북에서의 노동문제는 … 인간 소유의 원칙과 계약 자유의 이상 사이에 있었던 대립으로 인해 … 이데올로기적으로 틀 지어졌다"라고 서술했다(Stanley 1998 : 60~61). 달리 말하면, 계약의 자유는 특정한 자유 시민사회와 자유주의적 사회 질서의 이상 속에 존재하는 핵심 메커니즘이었다. 대법원은 국가가 노동을 보호하게끔 만드는 진보적 시도에 대항하여 이러한 자유의 이상을 집행했다. 우리가 살펴볼 것처럼, 노동 조직화에서 사적 계약은 정치적으로나 경제적으로나 중심에 있었으며 완전히 대체된 적은 없었고 이런 사적 계약의 중심성은 미국의 임상노동 조건 형성에 결정적인 영향을 미치고 있다.

그럼에도 불구하고 몇몇 개별 주들은 착취 조건에서 일하는 여성에게 최저임금을 보장하도록 하는 데 성공했다. 남성과 달리 여성은 계약 관계에서 동등한 당사자가 아니기 때문에 사회적 보호를 필요로 한다는 것을 근거로 이를 관철시켰다. 여성의 최저임금은 독신 여성을 보조하기에 충분한 정도로 제정되었지만 "생계부양자" 지위에 있는 이들의 요청은 배제되도록 고안되었다(Lipschultz 1996). 한편 1910년 이후 고용주는 기업 보험 및 복지 조치를 통해 전투적인 노동자들과 진보주의자들의 노동 조건 개선에 대한 요구를 들어주고자 했다. 이는 연금, 건강 보장, 실직 수당 등을 제공하는 새로운 집단 보험 정책을 만들어가는 방식으로 전개되었다. 고용주와 산업 부문의 이해가 수렴하면서 기업 형태의 산업 보험 부문이 성장하게 되었고 '에퀴터블', '메트로폴리탄 생명' 같은 동부 연안의 거대 보험회사가 번창하게 되었다. 고용주와 산업 부문 각각의 당사자들이 사회보험과 국가의 노동 규제 발전을 미연에 방지하려고 했기 때문이다. 덜 숙련된 노동자와 아프리카계 미국인 노동자들은 이런 제도에서도 배제되었다. 대신에 이들은 형편없이 관리된 공제회나 노동조합이 운영하는 보장제도에 의존하고 있었는데, 이들은 대공황 초기에 대부분 붕괴되어버렸다 (Klein 2003).

프랭클린 델러노 루즈벨트 행정부가 뉴딜 정책의 일환으로 〈국가산업부흥법〉(1933)과 〈사회보장법〉(1935)을 도입하면서 비로소 연방정부가 국가적 수준에서 노동을 규제하고 기초적인 수준의 사회보장을 하기 위해 개입하기 시작했다. 루즈벨트가 새로운 대법관을 지명한 후 〈공정근로기준법〉이 1938년 통과되었고, 마침내 여남 모두의 국가 최저임금 및 최저 조건이 설정되었다(Mutari and Figart 2004; Neumark and Wascher 2008). 이렇게 미국에서도 사회보험 조항과 국가 복지 그리고 노동 규제 사이의 관계가 형성되었다. 그럼에도 불구하고 민간 산업 복지 부문은 기업복지 수당을 원했던 고용주에게 추가적인 보호를 계속해서 제공했다(Klein 2003).

영국적 복지국가, 미국적 뉴딜 정책 그리고 고용의 법적 조직화가 20세기 중반 생명정치가 구성되는 데 주요한 계기로 기능했다는 것은 분명하다. 각각은 체화된 위험(사고, 건강 악화, 노령)과 시장적 위험(실직)을 분산 관리하여 국가가 노동자의 생명력과 안전에 투자하는 데 관여하고 있다. 그럼에도 불구하고 미국에서 이러한 위험 관리는 개별 기업과 산업 부문 내부의 관계에 더욱 의존했다. 영국에서 국가의 규제적 역할이 전 국민 사회보험과 국민건강보험에 대한 공헌으로 나타난 반면, 미국에서 국가와 연방정부의 규제적 역할은 한층 약화되어 있었다. 미국 사회 보험 모델은 보다 배타적이었고, 특히 아프리카계 미국인의 수급권 문제에서 분열되었다. 로버트 리버먼은 1935년

〈사회보장법〉에 대해 다음과 같이 적는다. "〈사회보장법〉은 미국 복지국가 건설에서 가장 중요한 단일 법안"이었지만, 그럼에도 불구하고 "그것은 미국인을 계급적으로 분류했다. 사회보장의 대상 인구를 직업 및 업무 지위로 분류하면서 말이다. 그리하여 〔사회보장법〕은 미국인을 인종적으로 분류했다"(Lieberman 1998:5). 우연이었든 고의였든지 간에, 법안의 모든 정책은 인종 중심의 배제를 포함하고 있었다.2

이러한 사회적 타협들은 노동 보호권의 특정한 위계질서, 그리고 생산 활동의 특정한 형식들의 가치화를 제도화했다. 이러한 타협은 백인 남성의 산업적 신체와 대량 생산 작업장에서 발생하는 위험과 노출을 효과적으로 보호했고, 표준화된 숙련도, 전문화된 시간 소비와 할당된 생산량으로 양화할 수 있는 특정 형태의 노동력을 가치화했다. 이렇게 하여 산업적 고용 계약은 맑스의 노동가치론에서 가장 원형적인 요소들을 견고하게 해 두었다. 맑스의 노동가치론은 생산적(남성, 산업, 임금 지급)인 것과 비생산적인 것(여성, 가정, 서비스 기반), 즉 재생산으로 분류된 것들을 첨예하게 구분하고 있다(Marx 1990〔1867〕).3 생산과 비생산의 분류체

---

2. 리버먼은 "인종적 분리와 차별적 지역 노동 시장을 모두 유지시키기 위해 헌신했던 남부 민주당원들은 뉴딜 기간 동안 북부 도시 민주당원들은 물론 노동조합원들과 함께 다수당 연합에 참여했다. 그들은 사회민주주의적 국민사회계획과 고용정책을 요구했다. 이러한 연합은…국민 복지국가를 만들었고 국가의 목표에 국가를 구성하는 계급 집단, 산업 노동자와 남부 백인 농장주를 두었다. 연합은 인종 불평등을 기반으로 새로운 제도를 구축했다.…[이 법은 배제를 만들어냈다], 몇몇 사례에서 대다수의 아프리카계 미국인들이 종사하고 있는 [농업 및 가사노동] 직업들을 배제함을 통해, 또 다른 직업에서는 다수의 아프리카계 미국인들이 충족시킬 수 없는 엄격한 직업 자격 기준을 요구함으로써, 그리고 다른 곳에서는 지역 자율을 보장함으로써 배제를 만들어냈다"고 서술해두었다(Lieberman 1998:24~25).
3. 우리가 여기에서 언급하는 내용은 맑스의 『자본』 제1권에서 설명된 노동가치 이론의 "정전 성격의 정규" 판본이다. 물론 맑스는 다른 저작에서 자본주의 노동관계 안에서 작용하는 계약적 조건과 사회적 조건의 전체 스펙트럼들을 보다 미묘하게 이해할 것을 제안해두고 있음을 우리도 인식하고 있다. 예를 들어, 맑스는 그의 잉여가치 이론에

계 바깥에 존재했던 다른 형식의 생산은 보호 또는 가치평가 체계로부터 배제되었다. 왜냐하면 이런 형식들이 공식적 노동계약의 조항에 포함되지 않았기 때문이다.

우리가 이러한 보호 밖에 놓인 노동 종류들을 검토한다면 노동 영역들에 대한 이런 첨예한 구분이 명확해질 것이다. 미국의 사례를 들자면 소매업, 농업 노동 또는 가사 서비스, 여성과 아프리카계 미국인이 다수 포함된 직업들에는 〈공정근로기준법〉 조항이 적용되지 않았다. 또한, 이 조항은 더 높은 임금과 향상된 노동 조건을 획득하기 위해 단체 교섭력을 유지하기를 선호하는 고도로 조직화된 노동조합이 존재하는 부문에도 사실상 적용되지 않았다. 이 조항의 주된 초점은 백인 남성 미숙련 노동력으로, 그들에게 최저생활 조건을 제공하였다. 그러면서 노조로 조직된 노동자들에게는 생계 임금을 위한 협상을 허용하였다. 아프리카계 미국인과 백인 여성의 경우 노동조합에 포함되지 않았으므로 생계 임금을 확보할 수 있는 어떠한 방법도 주어지지 않았다(Mutari and Figart 2004). 백인 여성들이 미약하나마 국가 수준의 최저생활 임금법의 적용을 받고 있었던 반면에 아프리카계 미국인은 실질적으로 법적 보호를 받을 수 있는 방안을 갖고 있지 못했고 생계 임금은 대다수의 흑인 남성이 가용할 수 있는 것이 아니었다.

서 애덤 스미스에 대항하여, "생산적(잉여가치를 창출하는)" 노동이 상품의 물질적 생산을 넘어 확장되고, "개인적 서비스"의 공정을 닮은 수행을 포함한다고 주장한다. 이러한 정의에 따르면, 가장 미천한 가사적(domestic), 성적(sexual)인 하위 노동 형식("요리사", "매춘부" 등의 하인 집단)에서 전문적, 관료적, 또는 과학적인 최상위 노동 형식("국가 공무원, 군인, 예술가, 의사, 사제, 판사, 변호사")에 이르는 모든 종류의 서비스 노동은 만일 이들이 잉여가치를 창출하는 노동관계로 들어온다면 "생산적" 노동으로 잠재적으로 여겨질 수 있다. 이에 대해서는 맑스(Marx 1969 : 165, 174)를 참조하라. 그러나 여기에서도 맑스는 가정 내에서 개인적 차원에서 수행되는 작업을 봉건적 잔재로 분류함으로써, 자본주의 생산 질서 내에 가사 노예들이 여전히 존재하고 있다는 점을 설명하는 데 실패한다.

법적 노동 보호는 20세기 들어 영국(과 그 밖의 국가들)에서 진화했으나 기혼 여성은 정규직 고용, 숙련 고용, 산업적으로 노동 조합화된 작업장과 관련된 혜택에서 관례적으로 그리고 제도적으로 배제되었다. 이들은 가사와 출산에 주된 책임이 있는 것으로 여겨졌기 때문이다.[4] 1900년대 초반부터 고용규제에 대한 "구빈법적"Poor law 모델을 대신하여 사회보장이 출현하면서 남성 노동자는 본인과 그의 부양가족을 보조하는 생계 임금 소득자로 자리 잡게 된다. 기혼 여성은 자신의 소득과 사회보장 권리를 남성 생계부양자로부터 얻고 자신들의 일차적 책임은 가사에 놓이게 되었다. 윌리엄 베버리지는 1946년 영국 〈국민보험법〉을 마무리 짓는 과정에서 기혼 여성이 국가 노동력의 재생산자로서 노동 시장으로부터 고립되어야 하며, 남편의 노동계약으로부터 소득과 사회 보험을 얻는 파생적 수급권을 갖도록 할 것을 분명히 해두었다. 그는 "이 법은 기혼 여성을 직업을 지닌 사람들 중에 특수 계급에 속하는 것으로 취급하고 남성과 여성을 하나의 팀으로 취급한다. 여기에는 이러한 이해가 놓여 있다. 즉, 대다수의 기혼 여성은 임금이 지급되지는 않지만 필수적인 일에 종사하고 있는 것으로 간주해야만 한다는 것이다. 이 일은 기혼 여성들에 의해 수행되지 않으면 그녀의 남편들은 임금을 받으며 일을 할 수 없을 뿐만 아니라 국가 역시 지속될 수 없게 한다"고 적었다(Deakin and Wilkinson 2005 : 172에서 인용). 따라서 미국과 영국의 경우, 대체적으로 여성은, 특히 자녀의 사회적·생물학적 재생산에 관여하고 있는 여성들은 완전한 노동자 지위에서 부작위不作爲에 의해 또는 법령에 따라 배제되었다(Stanley

---

4. 호주의 연방조정중재법원(Commonwealth Court of Conciliation and Arbitration)은 1907년 하베스터 판결에서 최초로 남성 가장의 생계비용 지급을 결정했다.

1998). 재생산 과정(가정의 사회적 재생산뿐만 아니라 임신, 출산 그리고 양육)은 가정과 사적 공간에 고립되었고 남편의 임금과 복지 수급권을 통해 보조금 지원을 받았다. 미국에서 아프리카계 미국인들은 산업 노동 부문의 보호 및 노동조합화의 혜택에서 배제되었고, 그로 인해 그들은 열악한 보수를 지급받고 대개 규제 밖에 있는 농업 또는 가사 서비스에 한정되어 고용되었다.

지금까지의 설명에서처럼, 20세기 중반의 고용계약이 대다수(백인) 남성 노동자를 포함하면서 재생산에 종사하는 여성들을 배제하도록 고정시키고 일반화했던 역사적 특수성이 결정적으로 변화한 것은 분명하다. 기업들이 수직적 통합 모델에서 외주화 모델로 이동함에 따라, 남성 가장과 그가 부양하는 아내를 중심으로 형성된 사회적 보호가 중요성을 상실함에 따라, 그리고 국가가 전쟁 후부터 완전고용 정책에서 한발 물러서고 노동시장에 대한 규제를 완화함에 따라, 종신 고용계약은 점점 주변화되었다. 게다가, 1970년대 이후 신자유주의적인 통치 모델들과 전 지구적 경쟁을 국가들이 수용하면서, 정부가 국민 전반을 대상으로 경제적, 사회적 위험을 관리하는 방식이 변화했다. 탈복지적 "경쟁" 국가는 국가 전체에서 경제적 위험 및 건강 위험을 사회화하도록 설계된 제도를 부분적으로 해체했고, 대부분이 개인적 수준의 위험관리로 위임되었다(Cerny 1997 ; Ericson et al. 2000). 탈복지국가는 노동자를 사회화된 위험 관리체계에서 배제시키는 노동 형식을 확산시켰고 이를 통해 노동 유연성을 적극적으로 장려했다.

따라서 노동계약은 국가의 보호나 영구적 고용계약에 내재되어 있던 기업의 책임성을 소환하지 않아도 성립될 수 있다. 퍼지(Fudge 2006)는 "독립 계약자"라는 용어에는 다른 이를 고용한 사업주는 물론, 누구도 고용하지 않은 "1인 사업자"own-account도 속한다고 지적한다. 2000년 영국에서 1인 사업자는 전체 자영업자의 65.5%를 차지했고, 그들의 소득은 피고용자 평균보다 유의미하게 낮았다(Fudge 2006). 또한 외주화로 인해 기업은 질병 또는 사고에 대한 책임 의무에서 벗어났다. 독립 계약자들은 이러한 우연한 위험에 대비해 스스로 적절한 보험에 가입하고 개별적으로 책임을 진다. 따라서 독립 계약자들은 종종 생산 과정에서 가장 위험한 상황을 처리하기 위해 투입된다(Boltanski and Chiapello 2005).

노동시장의 역학과는 유리되어 재생산 노동을 가정에 고립시켰던 포드주의적 가정의 공간적 배치 또한 역전되었다. 1980년대 초반부터 진전된 산업 경제를 통해서 도입된 다양한 형식의 평등 고용법은 고용 권리 측면에서 여성의 제도적 불평등을 해체하고 기혼 여성과 독신 여성 사이의 분열을 축소시키는 것처럼 보였다. 1960년대 백인 여성들이 고용된 노동력의 대열에 합류하기 위해 포드주의적 가정에서 대거 탈출했을 때, 포스트포드주의는 가정이라는 사적 공간에서 무보수 노동으로 수행되던 서비스(돌봄, 음식 준비, 청소)를 중심으로 노동시장을 새롭게 재구조화해 "사적인 것"을 일거리work로 만들었다. 같은 시기 동안, 전례 없던 수의 아프리카계 미국인 여성들이 더 나은 보수를 받는 사무직, 화이트칼라 일자리로 이동해감에 따라 백인 가정에 고용된 가사노동자라는 일자리에서 떠났고 아프리카계 여성과 백인 여성의 임금 격차는 점진적으로 축소되었다(Wallace et al. 1980). 우리가 살펴볼 것처럼, 선진 산업 경제는 젠더적으로나 인종적으로 계층화된 서비스 경제에 여성을 통합시킴으로써 포드주의 가족 임금의 해체를 자신의 내부로 받아들였다. 이와 함께, 보조생식기술을 매개로 하여 생식 생물학은, 불안정한 서비스 노동의 새로운 형태들 속으로 점점 더 촘촘하게 얽혀 들어갔다.

요약하자면, 노동의 외주화로 인해 영구적 고용계약과 관련된 위험 분담 전략이 사라졌고 위험에 대한 책임은 기업에서 계약자에게로 이동했다. 이러한 위험에는 노동 수요 변동으로 인한 경제적 위험, 사고 또는 질병으로 생산성을 상실할 위험, 그리고 단체 교섭권과 법적 의무의 상실로 인한 수익성 위험 등이 포함된다. 따라서 외주화는 불안정한 노동의 상징이며 유동적인 수입에 동반되는 양적 위험은 물론 건강보험에 대한 불확실한 접근, 취약한 신체의 불안정한 삶precarious life을 야기한다 : 취약한 신체는 건강의 상실, 노화, 질병 등에 우연적으로 노출되고 사고에도 개방되어 있다(Butler 2004). 동시에 특정한 사회 집단, 특히 여성들, 미국에서는 여성과 아프리카계 미국인들이 노동 조합화된 남성 노동자들에게 제공된 보호에서 역사적으로 배제되어 왔다. 또한 노동시장은 임신한 여성들에게 보조금을 지급하면서 고용계약으로부터 배제시켰고, 말 그대로 그들을 "보호"의 대상으로 만들었다. 지금까지 언급된 불안정한 노동 집단은 임상노동의 핵심 행위자들이라고 할 수 있다. 임상노동에 참여한 사람들은 "생물학적 자본"을 소유한 독립 계약자로서 행동하지만 어떠한 노동 보호도 없이 노동한다. 그들은 생의학적 혁신 경제의 경제적 위험과 신체적 위험을 모두 감수해야만 한다.

임상노동과 인적자본의 한계

외주화의 생명정치를 충분히 설명하기 위해서 우리는 그것의 철학적이며 경제적인 이론 표현을 고려해야 한다. 외주화된 노동을 옹호하는 가장 유창한 대변인은 시카고학파의 인적자본 이론가들이다.

1950년대 후반, 그들은 당시에는 아직 도래하지 않았던 생물학적 "서비스" 계약과 노동관계의 사유화에 필요한 개념적 발판을 제공하는 일련의 명제들을 분명히 표현하기 시작했다.[5] 인적자본으로서의 노동이라는 생각이 노동 경제학과 동의어가 되었고 이 개념은 교육받고 훈련을 받은 혹은 "유연한" 노동력에 대한 투자가 사회적으로 바람직함 desirability을 주장하는 온건한 용어로서 주로 사용되었다. 그런데 여기서 우리는 게리 베커와 그의 동료들이 법경제학 운동에서 했던 원래의 주장들로 돌아가볼 것이다. 그들은 생물학적 조직과 그 외의 다른 신체적 서비스 시장이라는 문제에 일관되게 관심을 가지며 이러한 시장을 노동의 사유화와 재생산의 계약화 양자 모두와 직접적으로 연결 짓기 때문이다. 현대 서비스 경제에서 임상노동이 갖는 상징적 지위를 충분히 인식하기 위해서 시카고학파가 깊게 관심을 가졌던 생물학적 상품을 비판적으로 살펴볼 것을 제안한다.

리처드 팃머스(Titmuss 1997〔1970〕)는 이제는 고전이 된 1970년의 저작에서 혈액의 선물관계를 옹호했다. 점차 신자유주의적 발상의 영향력이 증가하고 있었던 당시 영국의 상황에 부분적으로 동조하여 그는 인간 조직의 비상업화가 복지국가의 시험지가 될 것이며 상품화 가능한 인간관계와 상품화할 수 없는 인간관계 사이에 규범적인 구분이 존재함을 표시하는 지표 역할을 할 것이라고 주장했다. 그렇기 때문에 시카고학파의 경제학자나 법 이론가들이 아주 빠르게 생물학적인 것의 상업화를 예측하고 인간 조직 시장의 완전한 계약화를 주장한 것은 놀랄 만한 일이 아니었다. 법적, 경제적 운동을 주도한 인물

---

5. 시카고학파 신자유주의와 관련된 다양한 이론가들에 대한 자세한 설명은 혼과 동료들의 논문(Horn et al. 2011)을 참고하라.

인 리처드 포스너와 리처드 엡스타인은 둘 다 대리모 계약의 전면 시행을 요구하였다. 심지어 엡스타인은 대리모 희망 부모에게 대리모 아이를 양도하는 것을 강제하는 수단으로 특정이행specific performance에 대한 예외적 계약 방법을 권고하기까지 했다. 한편 게리 베커는 사체 또는 살아있는 기증자로부터의 장기 공급을 증가시키기 위해 금전적 보상을 실행할 것을 지지했다(Posner 1989 ; R. A. Epstein 1995 ; Becker and Elias 2007). 또한 시카고학파 경제학자들은 미국 연방 약물규제를 광범위하게 공개적으로 비판(이제는 아주 익숙한 비판)한 최초의 인물들이었다. 과도하게 엄격한 소비자 보호법이 신약후보군들이 지속적으로 감소하는 원인이 되고 있다는 이유로 비판에 앞장섰다(Nik-Khah 〔2014〕 ; Landau 1973 ; Peltzman 1974, 1988〔1973〕를 참조). 노동 경제학에서의 신자유주의적 "대항–혁명"으로 종종 언급되던 것이 케인스주의와 신-제도주의적 관점이 산업 분야를 지배했던 1950년대 초반에는 주변부에서 등장하기 시작해서 마침내 1980년대에 경제 분석의 지배적 관점으로 자리 잡게 되었다(Kaufman 2010:128). 이론 전선에서 초기 시카고학파 신자유주의자들은 당시 지배적이었던 케인스주의적 국가 개입주의 이론에 대항해 신고전주의적 경쟁 가격 이론을 부활시키고자 했다. 정치적 영역에서 그들은 케인스주의적인 그리고 신제도주의적인 산업 관계의 약속을 이루고 있던 뉴딜 정책의 다양한 노동보호 정책과 사회보호 정책을 무효로 만들기 위해 분투했다. 실제로 이러한 시카고학파 신자유주의자들의 노력은 케인스주의적 사회 영역(교육, 건강, 감옥)을 재민영화하고 포드주의적 가정의 집안 영역을 계약 서비스들의 저장고로 재구성하여 사회 서비스 비용을 소비자에게 전가하는 것을 의미했다. 게리 베커는 원 시카고학파 이론가들 중에서 가장 명성을 얻으면서 일관되게 신고전주의 가격이론 분석을 가정 영역으로 확장하고자 한 이론가였다(그는 스스로 자신의 전집을 "신 가정경제학"New household economics이라 불렀다〔Mitropoulos 2012〕). 베커 자신의 발언에 따르면 그가 사회경제학 분야에 수차례 개입했던 것은 자신이 20세기 후반 일어난 경제적 사건 중 가장 중요한 변동을 목도했다고 생각했기 때문이다. 즉, 1960년대 후반부터 1970년대까지, 대규모 중산층 여성들이 노동력으로 복귀하고 가족 평균 규모가 줄어들고 시민권 운동으로 사회 공간에서의 인종차별 완화가 일어나면서 "가정"household 관계의 전면적 혁신이 일어났기 때문이다. 1981년 출간된 에세이 선집에서 베커는 "서구 세계의 가정은 지난 30여 년간의 사건으로 인해 누군가는 파괴되었다고 말할 만큼 급진적으로 바뀌었다"고 언급한다(Becker 1981 : 1). 앞에서 우리가 언급했듯이, 포드주의/케인스주의 복지국가는 공식적 노동이라는 남성적 영역과 재생산이라는 여성적이고 임금이 지급되지 않는 돌봄의 영역(가계 임금을 통해 보조되는) 사이에서 엄격한 성적 분업 체계를 확립했다. 그뿐만 아니라 미국에서 복지국가는 아프리카계 미국인을 가계 복지 정책에서 명백히 배제함으로써 성립되었다. 베커가 직장 내 차별의 경제적 효과에서 자녀 양육과 배우자 선택의 비용편익 분석에 이르는 연구와 같은 수많은 일상생활의 경제학 연구를 통해 이론화하고자 했던 것은 이러한 복지국가적 구조물 전체의 내부폭발implosion이었다. 포드주의적 가정의 해체에 대한 베커의 응답은 모든 사회 관계, 가정 관계 그리고 친밀한 관계가 실제로는 아니더라도 이론적으로는 합리적인 경제 분석의 공간에 통합되어야 한다고 주장하는 것이었다. 베커의 작업은 계약을 맺은 "서비스"라는 일반 개념을 선호하여 생산적인 것과 비생산적인 것, 생산적 노동과 재생산적 노동 사이의 모든 규범적 구분을 철수시키는 것이었다. 이런 관점에서는 가정에서 무보수 노동으로 수행되던 모든 종류의 활동들이 잠재적 자산으로, 미래에 투자 수익을 창출하기 위해 판매되고, 가치화되고, 평가될 수 있는 서비스들로 여겨질 것이다. 이런 변화의 논리에 따라 신체 내부(의 장기, 속성, 노출 등)는 여타 시장 자산들과 대등하게 경쟁적 가격 계산의 대상이 될 수 있다. 시카고학파 신자유주의자들은 재생산 서비스와 가정의 계약화에 주의를 기울이면서 동시에 복지국가적인 위험의 사회화와 그것이 수반한 소비자 보호 형식에 대한 초기 비판의 강도를 높여갔다. 법경제학 이론가들은 우연적 위해accidental harms에 대한 소송 수단으로서 민사적 불법행위법private tort law이 효율적이지 않다는 점을 어느 정도 인정했다. 하지만 그들은 사회보험의 도덕적 해이가—개인이 위험을 수용하고 감내할 자유로 이해되고 있는— 시장의 자유에 대한 참을 수 없는 모욕이 되고 있다고 지속적으로 주장했다(Landes and Posner 1987; O'Malley 2009: 150~54). 소비자보호운동이 절정에 이른 1960년대부터 1970년대 사이에 신자유주의 이론가들은 (사회복지에서 기업 책임법, 무과실 보험no-fault accident insurance에 이르는) 모든 집합적인 공공 위험관리 모델을 끊임없이 공격했다. 그들은 이런 위험관리 모델이 소비자 책임성이라는 이상을 해치고 있다고 단언했다. 그들은 사회적, 산업적 위험을 관리하는 수단으로 사회보험의 복지국가적 이상을 대신해 민사적 불법행위 소송으로 회귀할 것을 요구했다. 이와 동시에 그들은 사회 보장의 금융화 같은 완전히 새로운 사유화된 위험 관리 방법의 도입을 옹호했다. 시카고학파의 법경제학 운동이 지지한 위험의 철학은 19세기 [민사소송으로 이어질 수 있는] 불법행위의 원칙인 "동의한 자에 한하여 손해도 없다"volenti non fit injuria[동의 후 책임 없음]으로 요약된다. 우리는 아래에서, 시카고학파가 미국 연방 약물 규제를 비판하는 관점에 이 원칙이 지속해서 영향을 미쳤다고 주장할 것이다.

　의심할 여지 없이 현대 노동 경제에 대한 시카고학파의 관점은 1970년대 이후부터 그 자체로 정부 정책에 다방면으로 상당한 영향력을 행사했기 때문에 이 관점은 서술상으로는 빈틈이 없었다. 비록 신고전주의적 균형 분석이라는 단순한 용어로 치장하고 있었지만, 시카고학파의 법경제학은 노동 시장의 변화하는 구성요소들(성적, 인종적), 장기 피고용자의 독립 개인 계약자에 의한 점진적인 대체, "용역계약" 시장의 점진적 확장을 반영하고 점차 확장하고 있던 당시 노동 시장의 변화 구도를 반영했다. 그러나 시카고학파 신자유주의자들은 그들이 묘사하고 있는 변화에 대해서 결코 불가지론의 입장을 보이지는 않았다. 그들의 분석은 시민권 운동과 페미니즘 운동으로 발생한 가정과 노동시장 사이의 경계 변동에 주목하면서도 부상하고 있는 서비스 부문의 특징인 성적, 인종적 분업을 완화하는 어떤 종류의 국가 입법(예를 들자면 차별금지법)에도 소리 높여 반대했다(R. A. Epstein 1983, 1984). 또한 그들은 서비스 부문의 우세가 매우 뚜렷한 오늘날의 경제에서 노동의 계약적 본질이 변화하는 것에 대응하고자 하는 어떠한 형태의 노동 집단주의(그들의 용어에 따르면 "카르텔화")에도 반대했다. 그들은 노동 집단주의를 대신해 19세기 노동관계에서 지배적이었던 사적 계약과 불법행위법으로의 회귀를 옹호했다. 정확히 이런 종류의 법이 임상 서비스 영역에서 뚜렷해지고 있었다. 여기에서 주목해야 할 점은, "인적자본" 이론이라는 분석틀 자체가 모든 독립 계약자(자본가와 노동자, 실험대상과 기업가)들 사이의 형식적인 평등을 가정하고, 모두를 기업가의 형상으로 동일시함으로써 포스트포드주의적 조건에 적합한 어떤 종류의 노동 정치도 무력화하고자 했다는 점이다(Becker 1976). 시카고 경제학파의 설립자였던 나이트

(Knight 1933)는 이러한 전략을 최초로 실천했다. 그는 1930년대에 자본이 가치 창출의 유일한 요인이 된 이래로 토지, 자본, 노동이라는 생산의 3요인들 간의 전통적인 구분은 그 근거를 잃었다고 주장했다. 나이트 이후 시어도어 슐츠와 게리 베커가 이 주장을 일반화했다. 그들은 노동자를 그들 고유의 인적자본에 대한 투자자로서, 즉 자기 기업가an entrepreneur of the self로 재구성했다. 그러나 이윤 창출을 위해 비물질적이고 금전적인 위험(이러한 위험 대부분은 금융투자자를 보호하는 새로운 법에 의해 보험으로 보증되도록 되어 있다)을 감수하는 사람들과 혁신의 물질적이며 신체적인 위험을 감수하는 대가로 임금 또는 수당을 받는 사람들 사이에는 실질적인 차이가 있다. 생의학적 혁신 경제가 작동하는 현재의 상태를 규정하는 것은 이런 비물질적인 위험 감수자와 신체적인 위험 감수자 사이의 노동 분할이라는 것이 우리의 주장이다.

결론

우리 분석의 목표는 생의학적 혁신에서 발생하는 위험에 내재된 위계를, 그리고 이와 별도로 위험의 물질적 본질을 조사하는 과정을 거쳐 노동을 [경제 이론의] 방정식에 다시 산입하는 것이다. 특히 우리의 분석은 시카고학파의 법학자와 경제학자 들이 오래된 19세기 노동법의 두 가지 원칙으로 회귀할 것을 주장하고 있다는 점에 주목한다. 이 원칙의 하나는 대리모 법의 사례에 도입할 것을 주장하는 계약의 "특정이행"specific performance이며, 다른 하나는 생의학적 실험 사례에서의 "동의 후 책임 없음" 원칙이다. 우리가 3장에서 다룰 것처럼, "특정이행"은 고전 자유주의의 계약 개념으로부터 예외적으로 벗어나는 것을 의미하는데, 금전적 보상의 가능성을 무효로 만들고 계약 내용의 실질적이고 물리적인 이행을 강제할 권리를 발동시킨다. 또한 6장과 8장에서 다룰 것처럼, '동의 후 책임 없음' 원칙의 행사는 '고지된 동의'의 윤리적 구조를 뒷받침하고 있고 실험 대상을 논쟁의 여지가 없는 위험의 감내자bearer로 구성하고 있다. 우리는 이들 표면적으로 격세유전적인 법형식들이 포스트포드주의적 인간 서비스 경제의 구조를 이룬다고 주장한다. 왜냐하면, 이 법형식들이 계약 자유의 핵심에 체화된 속박의 필요성이 있음을 강조하고, 혁신의 투기적 위험을 유지시키는 체화된 위험의 위계들을 가시화하기 때문이다. 나이트(Knight 1940〔1921〕)는 잘 알려져 있듯이 보험에 가입할 수조차 없는 위험uninsurable risks을 받아들이는 사람으로 자본가를 정의한다. 이와 반대로 우리는 생의학적 혁신 경제가, 보험으로 보장받을 수 없는 체화된 위험을 임상노동자에게 이양하면서 유지되고 있다고 주장한다. 현대 생의학적 경제의 불평등한 교환은 한편으로는 혁신의 투기적 위험과 다른 한편으로는 임상노동으로부터 초래된 투기적이지만 체내적인 위험 사이의 비대칭성으로 결정된다.

2부
생식 작업에서 재생노동으로

"노동"이라는 용어는 일반적으로 서로 구별되는 것으로 여겨지거나 심지어 전통적인 정치경제학에서는 대립하는 것으로 여겨지는 행위의 두 가지 형식과 연관되어 있다. 여성은 출산을 할 때 노동에 "투입"^{go} into되지만, 노동자들은 생산을 위해 노동한다. 첫 번째 종류의 노동은 [신체의] 생물학적 생산성을 극적으로 보여주며 두 번째 종류의 노동은 경제에서의 생산성을 뒷받침해준다. 인간의 생식 생물학적 노동은 자녀를 생산하는 것이고 전통적으로 친족관계와 가족구조 속에 놓이게 된다. 그러므로 이것은 시장적 관계 밖에 위치하고 팔릴 수 없는hors commerce 것으로 여겨진다. 이와 대조적으로 노동자의 노동은 시장에서 판매된다. 그러나 이어질 부분에서 우리는 오늘날 인간의 생식 생물학적 노동이 생명경제의 몇몇 핵심 부문에 위치하고, 정확히 경제적인 노동 형식이 되었음을 주장할 것이다.

어떤 의미로 인간 생식[1]과 생산의 통합이 새로운 것은 아니다. 페미니스트와 탈식민주의 역사가들이 보여준 것처럼, 전 산업적 플랜테이션 경제에서 농장주에게 소유된 여성 노예의 생식적 역량은 수익성의 핵심 원천이었다. 셰릴 해리스는 1662년 버지니아 식민 의회가 백인 남성에 의해 임신된 흑인 여성의 자녀를 생모의 지위에 따라 노예 또는 자유민으로 분류하는 법령을 채택했고, 이 발의는 다른 식민의회에서도 급격히 채택되었다고 지적한다. 그녀는 "이러한 규정은 자녀의 지위가 아버지에 의해 결정된다는 일반적인 관습법적 추정을 역전

---

1. * 이 책에서 "reproduction"은 자본주의적 재생산과 생식이라는 중의적 의미로 활용된다. 지난 1장에서 해당 단어는 주로 19세기 후반에서 20세기 중반까지 공고했던 포드주의적 생산 양식에서 백인 남성의 산업 노동을 보조하는 가사노동을 설명하기 위해 활용되었다. 반면 저자들은 2장부터 포스트포드주의적 생산 양식에서 일종의 상품 또는 노동력으로 거래되고 있는 여성의 생식 기능에 주목하고 있다. 따라서 해당 단어를 문맥에 따라 "생식"으로 번역했다.

시킴으로써, 자신이 소유한 노동력의 재생산을 촉진하였다"고 말했다 (Harris 1993 : 37). 힐러리 베클스는 바베이도스 여성의 노예사를 기록 하면서 "남성 노예나 노동자와는 달리, 노예 여성은 노동, 매춘, 생식 등의 세 가지 소득 흐름을 생성할 수 있기 때문에 가치 있는 것으로 여겨졌다"고 지적한다(Beckles 1989 : 144). 노동계급 여성이 돈을 받고 부유한 자들의 아이에게 젖을 먹였던 유모의 업무는 비공식 노동 시 장에서 거래되는 생식 생물학의 역량을 보여주는 또 다른 초기 사례 이다(Golden 2006). 하지만 20세기 초반에 등장한 대규모 공공건강 캠 페인은 모유 수유를 직접적인 모성 돌봄의 필수 요소로 설파했고, 그 이후부터 중산층 여성은 유모 고용을 그만둔다(Waldby 1984).

이어지는 장에서 우리가 탐구할 것은 이러한 초기 역사에서 형성 된 생식노동 형식이다. 이 시기에 형성된 생식노동 형식은 특히 탈식민 적이며, 계급적인 권력관계가 연루된 범위에서 형성된 것이다. 그럼에 도 불구하고, 우리가 검토하는 실천들 ─ 수태 대리모 시장, 생식세포 시 장, 그리고 줄기세포 연구를 위한 생식 조직(배아, 제대혈, 태아 조직, 난자) 시 장 ─ 은 일련의 독특한 현대적 사회-기술 조건으로부터 출현하였다. 이러한 조건 중 하나는 보조생식기술Assisted Reproductive Technology, ART 에 근거한 임상 산업의 왕성한 발전이다. 보조생식기술은 20세기 축 산 관리를 위해 개발된 생식기술을 인간의 불임 치료에 응용하면서 도입되었다(Clarke 1998). 이후 보조생식기술은 생식 생물학을 규정하 고 표준화하였으며 몇몇 요소들을 생체 밖ex vivo의 것으로 만들었다. 이제 수정은 체외의 실험관in vitro에서 이루어지며, 배아와 난자는 여 성의 몸과 절연되어 전 지구적 공간에서 그리고 상이한 주체들 사이 에서 유통된다.[2] 두 번째 조건은 생식의 탈국유화denationalization이다. 가족의 선물경제 속에 격리되어 가부장의 지원을 받았던 포드주의적 생식 모델은 규제 없이 노출된 전 지구적 불안정 노동 시장으로 이동했다. 요약하자면, 생식노동 형식의 발전으로 전 지구적 생식 시장이 형성되었고 이 시장은 엘리트 인구의 이동성에 의해 유지되는데 이들은 도시 빈민층의 계층 이동성의 제한과 상호작용한다(Vora 2008). 또한 이 시장은 전 지구적 바이오 경제의 이점들을 취하고자 하는 경쟁 국가들에 의해 유지되고 있다(Salter 2008).

3장과 4장에서 우리는 불임의 외주화와 관련된 노동을 탐색한다. 생식 생명과정의 요소들 — 특히 생식세포 생산, 임신, 출산 — 은 대리모 의뢰 부모와 다양한 종류의 불임 브로커들에 의해 계약을 통해 "제3의 공급자"에게 위탁되고 이들은 그 대가로 보수를 받는다. 불임의 외주화는 생식 생물학을 구성과정으로 분해하는 보조생식기술의 산업적 논리에 의해 활성화된다. 그러나 이는 또한 특정한 종류의 국가 정책과 입법 환경을 필요로 하며, 그것은 (아직은) 특정한 지역에서만 발전되고 있다. 우리는 미국 캘리포니아주와 유럽연합에서 번창하는 난자 시장과 인도에서 발전 중인 상업적 수태 대리모 시장에 주목한다. 캘리포니아주는 여러 면에서 현대 생식노동 시장의 전 지구적 혁신을 주도하고 있다. 그곳에서 현대 생식노동 시장의 가치 형식과 재산 관계가 발전되고 정제되고 있다. 미국의 다른 주정부들이 수태 대리모와 난자 판매에 안전한 상업적 환경을 조성하는 과업에서 후퇴하는 사이, 캘리포니아 생식 비즈니스 모델은 생식 관광객들을 놓고 가격 경쟁이 벌어지는 과도기 경제 지역으로 수출되고 있다. 생식 관광객들은 세계 도처로 여행을 떠나며 다양한 인종성을 보이는데, 가장 수

---

2. 정액 또한 보조생식기술에서 중요한 물질이다. 하지만 대다수의 경우 체외로 정자를 채취할 때 기술적 개입을 필요로 하지 않는다.

익성 있는 생식시장은 백인성whiteness의 재생산 시장이고 이런 열망이 불임 외주화의 지정학 모양을 상당한 정도로 결정한다.

5장에서 우리는 생식적 생의학의 진전에 따라 기술적으로 가능해진 또 다른 형식의 노동을 검토할 것이다. 그것은 줄기세포 산업에서 일어나는 여성의 생산 활동이다. 줄기세포 연구는 생식 생명과정 biology [3]이 지닌 역량이 단순한 유기체 생산을 넘어 재생 조직 생산, 장기부전 치료와 퇴행성 치료에의 임상 적용으로까지 확대될 수 있도록 한다. 여성은 대량의 인간 배아, 난자, 태아 조직 그리고 제대혈을 필요로 하는 새로운 줄기세포 산업에서 주요한 조직 공급자가 된다. 방대한 모집 메커니즘은 서로 다른 여성 인구들을 이 생산 활동에 넣고 있는데, 우리는 이 메커니즘을 살펴볼 것이다. 이 메커니즘의 범위는 조혈모세포 조직 은행을 통한 "잔여" 배아의 신중히 규제된 선물경제에서부터, 생식 과학의 한계에도 불구하고 그것들의 희소가치를 유지시키려는 입찰 주도bid-driven 난자 매매 모델에 이르기까지 방대하다. 우리는 불임 외주화 노동을 줄기세포 노동과 구분 짓는 것이 무엇인지 그리고 줄기세포 과학이 여성의 생식 생명과정에서 보이는 생산성의 한계를 재매입renegotiating [4]하는 방식을 알아볼 것이다.

---

3. * 문맥에 따라 "biology"를 "생물학", "생명과정", "생물과정"으로 번역했다.

4. * 재매입은 자산을 판매하고, 그 자산을 다시 사는 행위를 일컫는다. 재매입 자산은 원래 고객에게 판매했던 자산과 실질적으로 같은 자산이 구성요소가 된 다른 자산이다. 그런 의미에서 재생의학은 불임 혹은 난임 여성의 생식의학적 치료행위로부터 줄기세포를 공급받는다는 점에서 재매입과 유사한 행위를 하고 있다.

3장

불임 외주화

계약, 위험 그리고 보조생식기술

불임 외주화는 생식세포(난자와 정자)의 공급, 또는 대리 임신 및 출산과 같은 생식적 생명과정의 구성요소를 제3자에게 비용을 지불하고 위탁하는 상업적 계약화를 말한다. 정자은행, 불임 클리닉, 난자와 대리모 브로커를 포함하는 고도로 수익성 있는 이 생명경제 부문은 부모 희망자와 같은 고객을 대신해 이들 계약들을 확보한다. 불임 외주화는 20세기 농업 과학에서 원래 동물군의 관리를 위해 개발된 일련의 기술들 ─ 인공수정, 배란 주기 호르몬 조작, 배아 이식, 배아 및 정자 동결 ─ 이 1970년대와 1980년대에 인간 불임 문제 해결을 위해 점차 적용되면서 **생물학적으로** 가능하게 되었다(Clarke 2007). 비용을 지급받은 제공자와 구매하고자 하는 수급자 사이의 정자 이전을 중개하는 상업 정자은행은 불임 외주화를 향한 최초의 사업 시도였다. 지금은 이러한 은행들은 기증자 프로필과 정자 저장품의 자본 가치를 유지하기 위한 복잡한 선별과 검사 과정을 갖추어 고도로 기업화되었으며 때때로 초국적 기업으로 존재한다.

여성 생식능력의 확보는 남성의 생식능력과 비교해 기술적으로나 사회적으로나 더 큰 문제가 되고 있다. 우리가 살펴볼 것처럼, 이는 정자 생산보다 더 많은 기술 및 생화학적 침습을 포함하며, 더 많은 신체적 위험을 제공자에게 노출시킨다. 이러한 이유로 난자 조달 및 수태 대리모의 상업적 외주화는 다수의 법적 관할권 내에서 금지되거나 고도로 제한된다. 캘리포니아주는 역사적으로 여성 생식력 외주화에 대해 가장 관대한 법적 환경과 상업적 환경을 갖고 있는데, 우리는 다음 장에서 이 비즈니스 모델의 진화 과정을 검토할 것이다(Spar 2006). 더 최근에는 특정한 기업 경쟁자들이 보다 저렴한 국제 장소에서 영업을 준비하기 시작했다. "백인" 난자 판매가 일어나는 남부, 동부 유럽 그리고 구 소비에트연방(Waldby 2008)과, 대리모 시장의 인도가 이들 지역들이다. 이러한 발전에 대해서는 4장에서 탐구할 것이다.

이 장에서 우리는 생식, 임상노동의 독특한 형태로서 불임 외주화의 발전을 검토할 것이다. 불임의 외주화는 기술 목록repertoire이자 계약 도구들의 집합으로, 개별 당사자들뿐 아니라 (유전적으로 그리고 국가적으로) 상이한 인구 범주와 상이한 경제 계급들에게로 재생산 위험과 능력을 재분배한다. 이러한 생식 노동에 종사하는 여성은 신체적인 수고로움을 견뎌내야 하는 부담만이 아니라 신체 위험의 상당한 부담을 져야 하며, 여성 생식 노동 시장의 어느 부문에 속하느냐에 따라 유의미한 보수, 적절한 임상적 처치, 법적 보상에 얼마만큼 접근할 수 있는지가 다르기 때문에 위험의 정도 또한 달라진다.

정자은행

최초의 영리적 정자은행은 1960년대 후반 미국에서 시작되었다(Daniels and Golden 2004). 그들의 영업 모델은 오래된 임상 실습 전통을 상업적으로 재질서화reordering하였다. 19세기 이래 의사들은 환자 남편의 정액으로 수정을 보조해 왔다. 20세기 이후 생식 과학reproductive science이 개별적인 의학 분야로 발전하면서(Clarke 1998), 생식 생리학적 지식과 남성 불임의 원인에 대한 지식이 향상되었다. 이에 따라 의사들은 때때로 의대생과 레지던트 들이 포함된 다른 외부 정액 공급자로부터 정액을 조달하여 수정을 보조하기 시작했다. 재생 가능하며regenerative, 사정 가능한ejaculable 정액의 생물학은 성관계 외부의 난자보다 운반을 훨씬 용이하게 만들었다. 의사들은 쉽게 접근할 수 있는 학생들 또는 남성 가족에게 의존했고 신선한 정액 관리를 위해 빠른 회전 시간을 활용했다. 이런 실습을 옹호하는 의사들은 의사가 보조한 수정으로 보다 지능적인 남성의 정액을 전파하여 유전자 풀의 우생학적 성분들을 향상시킬 것이라고 주장하면서, 혼인관계를 벗어난 자위와 수정의 부도덕성 비판에 항변했다(Daniels and Golden 2004).

하지만 영리 정자은행은 이러한 대면 임상관계와 정자 조달 및 보관의 물류체계를 광범위하게 재조직했다. 사업으로서 정자은행의 생존 가능성은 20세기 가축 육종에서 이루어진 광대한 물류와 품질 보증 혁신을 자신들의 사업에 얼마나 잘 적응시키느냐에 달려 있었다. 인공수정 기술은 2차 세계대전 이후 축산업을 변화시킨 과학적 축산관리 실천의 핵심이었다.

영국에서 인공수정 연구는 우유 공급의 질과 계절별 가용성을 향상하기 위한 국가 보건 전략의 일환으로 공공의 지지를 받았다. 1930년대 소의 정액을 보존하고 운반하는 기술은 저마다 작은 무리로 산재해있던 다수의 젖소들을 수정시키고, 번식력이 아주 높은 황소에 대한 가축 무리들의 노출 빈도를 높이고자 개발되었다. 1940년대 무렵, 극저온학cryogenics이 발전하면서 소 정액의 물류는 직접적인 국가의 통제 아래 이루어졌다. 우유마케팅위원회와 농무부의 후원으로 인공수정 프로그램이 중앙집중적으로 계획되고 운영되었다(Wilmot 2007). 국가의 의무적인 인공수정 지원은 정자 생리학, 생화학, 저장 및 품질 관리 기술에 관한 더 기초적인 생물학적 연구로 범위를 넓혔다. 이들 발전은 인간 생식 생물학에 주목하고 있던 임상의와 생식 과학자들에게도 큰 관심사가 되었고 20세기를 관통하는 혁신을 특징짓는 동물 생식 및 임상 생식 과학자들 간의 다공적인 교섭porous traffic 의 일부분이 되었다(Clarke 1998).

소의 인공수정은 인간 및 동물 생식의 공간적 관계와 생물학적 비율을 바꾸어 놓은 전후 기간의 장대한 기술 혁신 목록에 기입된 최초의 기술이었다. 인공수정은 직접적인 물리적 접촉 없이 수정을 가능하게 만들었고, 개별 단위당 수정 숫자를 늘려 놓았고 단위들이 지리적 공간을 넘어 확산되도록 하였다. 1947년 자연 상태에서 수컷 소는 연간 30에서 40마리의 암소를 수정시킬 수 있었지만 인공수정이 활용되면서 한 마리의 소는 100에서 1,000마리의 소를 수정시킬 수 있었다. 1979년에는 그 비율이 1마리당 5만 마리로 증가했다(Clarke 1998). 인공수정은 더 나은 종우種牛를 선별하고 보다 많은 암소에게 생식세포를 노출시킴으로써 품질을 향상하고 보증할 수 있게 되었다.

아델 클라크의 주장처럼, 생식 기술의 발전과 함께 축산 관리에서 산업적 규모의 경제를 달성하고 가축의 유전적 조성을 개선하기 위해서 인공수정이 계획된 것이다. 인공수정은 산업적인 대량 생산 라인에 따라 동물을 재생산하기 위한 최초의 기술이었다. 또한 그것은 생물활동biology을 테일러주의에 따라 효과적으로 재편하며, 생명 과정 living processes을 하위 구성요소로 파편화하고 이들을 표준화했다. 손실을 줄이고 수율을 극대화할 수 있도록, 효율성을 향상하기 위해 각각의 요소들의 상호교환 가능성을 높였다. 생식 과정은 보다 예측 가능하고 기술적 배치에 개방적이도록 만들었다(Clarke 2007 : 330). 장-폴 고디예르가 프랑스와 영국의 사례를 언급하였듯이, 2차 세계대전 동안 그리고 전후에도 과학적 관리가 생식을 국가 발전의 도구로 활용할 수 있도록 만들었다.

> 생산량 증가, 품질 관리, 합리화의 에토스는 전쟁의 승패를 판가름하는 요인이 되었고, 전후에는 경제 성장과 사회적 진보의 조건으로 영속적으로 남아있었다. 따라서 당시의 생식 통제에 대한 강조는 인간과 동물의 관리를 산업적 사육과 동일시하여 보다 일반적인 생명 생산성을 추구한 것이라고 할 수 있다. 공장의 과학적 관리 및 합리화 모델에서 전래된 표준과 동질성의 문화는 이런 관점에서 보면 단순히 생산량을 증가시키는, 즉, 더 많은 수의, 더 건강한 그리고 더 빠르게 성장하는 새로운 생명newborns을 낳는 것만큼이나 중요했다 (Gaudillière 2007 : 525).

요컨대, 동물 재생산이 현대적이며 산업적인 생산으로 개조된 것이다.

기업이 이러한 물류적인 효율성 혁신을 점차 인간의 정자 조달과 저장에 적용하면서 상업적 정자은행이 발달했다. 1950년대부터 소의 정액에 냉동보존 기술이 활용되었으나 인간 정액은 한 번 동결 및 해동되면 생존력을 상실하는 것으로 밝혀졌다. 미국의 개인 정자은행은 1970년대 중반까지도 액체 질소 극저온 기술의 개발로 인간 정액의 유전적 생존력과 생식력potency을 이전보다 더 잘 보존시키기는 했으나 안전한 수익 기반을 창출하지는 못했다. 의사들은 1980년대까지 환자에게 신선한 정액을 제공하고 있었으나 AIDS의 출현으로 냉동 정액에 대한 환자의 선호도와 미국 식품의약국FDA의 권고 사이의 균형에 결정적인 변화가 일어났다. 동결된 정자는 기증자가 HIV 검사를 받는 동안, 신뢰할 만한 검사 결과가 나올 때까지 걸리는 6개월의 시간 동안 보관이 가능해졌다(Almeling 2011).

냉동보존은 정자를 사용하기 위한 시공간적 제약을 제거했고, 정자은행에서 정액을 축적하고 분배할 수 있게 만들었다. 축적과 분배는 의사의 기증자 알선과 정자의 신선도 관리 같은 개인적 관계를 넘어 정자의 거래를 가능하게 했다. 더 이상 의사가 기증자와 수혜자 사이의 면대면 중개인이 될 필요가 없다. 이제는 상업화된 정자은행이 마치 생산자와 소비자 사이의 경제 대리인처럼 생식세포의 수요와 공급을 매개하여 정자 시장을 형성하고 관리한다.

정자 생산자는 상이한 규제 관할권 내에서 저마다 다르게 구성된다. 정자 기증은 가장 제한이 덜한 보조 수정의 형태다. (유럽연합과 호주, 캐나다, 뉴질랜드, 미국 등을 포함한) 39개 국가의 보조 수정에 대한 유럽의 연구에 따르면 단 한 곳에서만 정자 기증을 금지하고 있었다(Council of Europe 1998). 그럼에도 불구하고, 인간 조직 매매에 대한 역사적 금지가 지금까지도 유효하다는 것은 대다수의 서유럽 및 영연방 관할권에서 규제들이 의료 시스템 내부에서의 자발적 기증이라는 지위를 유지하기 위해서 기증자에게 지불할 수 있는 금액 한도를 설정했고, 이를 보상이라 정의했음을 의미하는 것이었다. 이에 대한 내용은 4장에서 불임 보상 문제로 다룰 예정이다.

이와 대조적으로 미국에서는 1984년 제정된 〈국가장기이식법〉에 따라 혈액과 함께 정액, 난모세포 등을 재생 가능 조직으로 분류하고 해당 법률의 고형 장기 판매 금지 대상에서 제외시켰다. 따라서 정액 및 난자 공급자는 모두 자유롭게 매매할 수 있다. 대부분의 정자은행과 난자 알선 기업은 생식세포 제공자를 독립 계약자로 모집한다.[1] 국세청 분류 코드에서 독립 계약자는 "공중에게 서비스를 제공하는, 독립적인 거래, 사업, 또는 전문 직종에 종사하는 사람들", 그리고 자신의 "작업 수단과 방법"을 통제할 수 있고 "도급으로 수당을 지급받는 사람들"로 묘사된다.[2] 앞서 논의한 것처럼 생식세포 공급자(기증자)는 생식노동력 자체를 제공하기 위해 모집되지 않는다. 대신 그들은 유전자 자원 공급자로서 계약상 기업에 의해 고용되어 수요가 있을 때마다 자신의 역할을 수행하도록 되어 있다. 그럼에도 불구하고 정자와 난자의 공급 계약 조건은 다소 상이한데, 이에 대해서는 곧이어 논의할 것이다.

적어도 젊은 남성에 한해서는 정액 생산은 수월하고 순간적이고 일시적인 자위행위로 풍자되는데 이는 전통적으로 알고 있듯이 장기적인 계산과 숙련도를 요구하는 노동력에게는 이질적이고 낯선 것이다. 한 모집 광고는 "캘리포니아 대학 남성 여러분, 당신들이 이미 하고 있는 일에 대해 보상받으세요!"라는 문구를 담고 있었다(Tober 2001에서 인용). 그럼에도 불구하고 정액 공급자를 선택하고 순위를 매기는 데 사용되는 엄격한 배제 기준은 확장된 자기투자 과정을 연상시킨다. 정자 제공자와 정자은행 사이의 계약 관계에는 일련의 생물학적 시간 과정과 정자의 자본 가치를 보장하는 품질 보증 과정에 따라오는 신체적인 자기관리가 들어가 있다. 냉동보존은 정액 축적을 위한 물질적 조건을 제공하지만 잠재적인 소비자가 저장된 정액이 특정한 성질을 유전시킬 수 없는 것으로 이해한다면 아무런 가치가 없다. 따라서 정액 공급자는 기증자 프로그램에 들어가게 되면 이 특성들을

---

1. 알멜링(Almeling 2007)은 난모세포 공급자에 대한 사례금을 의뢰부모의 선물(gift)로서 표현하는 난모세포 중개 기업의 사례를 보고한다.
2. http://www.irs.gov(2010년 2월 5일 접속)을 참고하라.

체현해 내야만 한다.

정자은행은 그들의 제품, 즉 정자에 본래적으로 내재되어 있는 [우월한 유전적 특성 등과 같은] 가치를 표시하는 방식으로 자신들의 기증 프로그램이 지니고 있는 특권을 홍보한다. 예를 들어 '캘리포니아 크리요뱅크'는 지원자 중 1%만을 선별해 기증자 지위를 획득하기 위한 일련의 의료, 심리, 교육 평가를 실시하고 있다고 강조한다. 지원자는 건강 상태(HIV, 간염, 성병 감염, 불법 약물 사용 여부 등)를 검사해 꼼꼼히 선별되고 개인 및 가족 의료 기록을 제출해야 한다. 지원자는 혈액 샘플을 제출하고 신체검사를 받는다. 이 검사를 통해 키, 체중, 외모, 교육 성취도, 치아의 조화, 민족성, 종교 교파 등의 요구사항을 충족해야 한다. 이러한 선발 과정은 지원자의 신뢰도와 기증 프로그램에 남아 있고자 하는 지원자의 성향에 대한 암묵적 판단을 포함하는데, 이는 채용과 스크리닝 과정에 대한 투자를 정당화해준다 (Almeling 2011). 정액 공급자 순위에서 교육 성취도는 특히 중요하다. 정자은행은 대개 대학 캠퍼스 부근에 지점을 두고 대학신문과 소셜 네트워크를 통해 정기적으로 지원자를 모집한다. 어떤 정자은행은 4년제 대학 학위를 요구하고, 또 다른 은행은 (MIT, 하버드, 스탠퍼드, UCLA 같은) 대학의 명성에 따라 지원자를 선택한다. 몇몇 은행은 "박사학위 소지 기증자"에게 더 높은 사례금을 지급한다(Daniels and Golden 2004). 은행은 대학이 학생 선발에 활용하는 제도적 분류와 서열화 과정을 무임으로 사용하여 엘리트 정액 공급자들이 상대적으로 낮은 사례금을 제공해도 은행을 찾게 되는 그 생애 시기에 맞추어 공급자를 모집한다.

지원자가 프로그램에 등록되면 12개월에서 18개월 정도로 정해진 약정 기간 동안 은행과 계약관계에 들어간다. 정액 생산은 난자 생산에 비해 신체적 위험이 덜하지만, 전형적인 계약조건들은 엄격하다. 계약자는 냉동보존으로 인한 살정殺精 효과spermicidal effects에 대비하여 정액 단위당 높은 정자 수를 유지할 것에 동의한다. 계약자는 매주 한 개 단위의 정액을 제공하는 데 동의하고 정액당 정자 수가 높은 상태를 보장하기 위해 검사 전까지 금욕 기간에 들어가야 한다. 또한, 정액의 질을 떨어뜨릴 수 있는 모든 활동(성행위, 기분전환용 약물 사용, 병치레, 기타 약물 사용 등)을 금지당하며 이 활동들을 공개하는 데 동의해야 한다. 유전적 가치의 매개체로서 정액은 성병이나 유전조건의 잠재적인 전달자가 된다. 정액 공급자는 독립계약자로서 "자기 기업가"가 되어야 한다(Rose 2007). 그들은 자신의 제품이 갖는 자본 가치를 저하시키지 않는 방식으로 행동을 관리해야 한다. 협상 가능한 사례금들이 넓게 분포되어 있는 고도로 계층화된 시장에서 유통되는 난자와는 달리 정액 공급의 사례금은 비교적 균일하다. 이 글을 작성하는 시점에 정액 단위당 100달러 안팎이었으며 정자의 운동력이나 가임력 기준을 충족하지 못한 정액은 사례금을 지급받지 못했다. 각각의 정액 단위는 여러 바이알로 나뉘어 냉동, 보관되고, 은행이 잠재적 구매자에게 마케팅을 시작할 수 있을 만큼의 충분한 재고를 확보할 때까지 축적되고 있다.

정액은 익명화된 계약자 프로필로 판매된다. 프로필은 키, 몸무게, 외모, 교육 성취도, 치열, 민족성, 종교 계파 등의 정보를 포함한다. 정액의 프로필은 잠재적인 소비자가 특정한 외모와 성취도의 조합을 검색할 수 있도록 웹사이트에 올라간다. 그러나 정액 기증자의 프라이버시에 대한 고려로 인해 성인 사진의 사용은 금지하고 있다. 대신 일부 사이트는 기증자의 영유아 시절 사진을 보여주기도 한다. 이상적으로 은행은 계약자의 의무가 이행된 이후에도 계속해서 마케팅을 할 수 있도록 충분한 정액 단위를 축적해 둔다.

몇몇 비평가들이 정액 공급자가 유전되지 않는 특성에 따라 체계적으로 선별되고 마케팅된다는 점을 지적하는 것은 흔한 일이다(Tober 2001 ; Daniels and Golden 2004). 이는 유전학에 대한 대중적 오해에서 기인한 관행이다. 분명, 이는 정액 공급자를 찾는 데 욕망과 환상을 투자하고 있음을 지적하는 것이다(Waldby 2002). 그런데 이 과정은 또한 산업 노동력의 구성요소 중 개인의 숙련도와 관련 없다고 여겨졌던 일련의 개인적 속성들(의사소통, 팀워크 및 네트워킹, 공감 능력 등)이 점차 포스트포드주의적 생산 과정에 포획되고 있음을 보여준다(Hochschild 1983). 특정 직업과 관련된 대인 관계 능력이나 심리적 자질, 교육 자격증 등의 범위가 점차 확대되면서 전체 노동력에서 선택과 배제의 과정이 훨씬 세부화되고 계층화되고 있다(Boltanski and Chiapello 2005).

이렇게 보면 기증자 프로그램은 우리가 "인간 유전 자본"human genetic capital이라 명명한 것을 축적하기 위해 입찰 과정에서 이런 종류의 선택과 배제 과정을 확장할 뿐이다. 계약자들 저마다 생식세포 생산 과업에 자신들의 기업가적, 지적, 신체적, 심리학적 성취들로 구성된 포트폴리오를 투입한다는 의미에서 인간 유전 자본이라 할 수 있다. 이런 점에서 인간 유전 자본은 우리가 서론에서 논의한 광범위한 의미의 인적자본 개념을 취하고 있다. 기부자는 건강, 외모, 고학력, 재능, 규율 등에 대한 자기 투자 포트폴리오는 물론, 자기 평가를 할 수 있는 일반 능력도 보여줄 것이라는 기대를 받는다. 미셸 페어(Feher 2009)가 지적했듯이, 고전 경제학적인 노동력 판매자는 기존의 자아와 노동 시장에서 임대되는 양도 가능한 기술skills이 분리되어 있고, 자기 부양(소비)과 상품 생산도 분리되어 있다. 하지만 이와 달리 인적

자본의 대상에게서 생산과 소비는 구분되지 않는다. 페어가 제시한 식이요법, 성애, 종교 등의 사례처럼, 사회적 재생산으로 이해할 수 있는 활동과 관계들은 이미 자기 자신에 대한 투자의 일부로, 그리고 자기 가치평가로 얽혀 들어가 있다. 정자 기증자 프로그램 등록과 함께 글자 그대로 재생산의 생물학이 작동한다. 제공자 스스로에게서 확인된 사회-유전적 품질의 포트폴리오로부터 정자의 시장 가치는 향상되고 서열화된다.

따라서 상업적 "기증자" 프로그램에 속하는 생식노동은 상이한 두 가지 생산 논리를 통해 조직되고 있다. 하나는 산업적, 테일러주의적 인공수정의 논리로 생식의 구성요소를 체외$^{ex\ vivo}$로 만들고 특정한 유전적 가치를 선택하며, 정액을 축적·저장·유통하고 각 생산 단위로 생성된 정액 주입의 수를 증가시킨다. 또 다른 논리는 인적 (유전) 자본 축적의 논리다. 이 경우에는 정자은행의 모집과 마케팅 전략에서 계급 재생산 과정을 분명하게 보증한다. 정자 제공자는 특권 계층 출신임을 함축하는, 고도의 투자를 통해 만들어진 건강한 신체만이 아니라, 값비싼 교육이 형성한 자기존중의 윤리를 보여주기 때문에 선택된다. 따라서 정액 제공자는 유전 물질의 생산 그리고 체화된 축적 전략의 구현 두 가지 모두가 요청되는 계약을 맺는 것이다.

난모세포^{Oocytes} 중개업

정액 공급은 (젊은) 남성의 준비된 정상 생식생리 과정(정자형성, 사정)을 따라가기 때문에, 생물학적인 측면에서 상대적으로 위험도가 낮은 활동이라고 할 수 있다. 젊은 남성은 정액을 풍부하게 생산한다. 그의 몸은 상시 재생을 준비하고 있다. 한 번 사정 시 수백만 개의 정자가 생성되고, 각각의 정자는 난자를 수정시키고 임신시키는 데 필수적인 유전 물질로 채워져 있다. 그러므로 정자는 그것을 생산하는 사람에게 필요한 번식 능력을 초과하므로 쉽게 잉여물이 되고 상대적으로 쉽게 타인에게 양도된다. 이 경우, 과정이 동반하는 위험은 수량의 문제가 아니라 품질의 변동과 관계한다. 정자 제공자와 정자은행 사이의 계약 관계는 이러한 변동 비용을 명백히 계약자에게 할당한다. 품질이 좋지 않은 정액은 폐기되고 기증자는 보상금을 지불받을 수 없다.

여성 생식세포의 공급은 대개 단수로 이루어지는 체내적인 과정을 외재화하고 규모를 키우는 생의학적 개입을 포함하기 때문에 생물학적으로 훨씬 더 복잡하다. 난모세포는 생물학적으로나 사회적으로나 잉여로 구성되기 힘들고(Waldby and Carroll 2012), 한층 더 복합적인 형태의 위험을 수반한다. 이어서 우리는 미국 일부 주의 자유 시장에서 매매 가능한 잉여적 난모세포를 주문하기 위해 활용되는 생의학적이며 계약적인 도구를 보여주고자 한다.

정자은행처럼 난모세포 조달의 기술적 유래는 가축 번식, 그리고 수컷 소와 양만큼 암컷 소와 양의 번식력을 확대하고 조절하고자 했던 시도들에 있다. 2차 세계대전 이전 미국의 농업 과학자들은 다태 multiple births를 유도하고, 인공수정 촉진을 위해 발정 시기를 동조시키고, 가축 관리에서 다수의 배아를 이식하기 위해, 호르몬 치료 연구를 시작했다(Clarke 1998 : 160). 1950년대 영국과 호주의 과학자들은 양*의 배란 유도 기술을 연구했고, 1970년대에는 난모세포 성숙, 과배란, 배아 동결 및 이식 기술 등, 양의 번식 속도를 조절하고 확대하기 위한 일련의 새로운 기술을 개발했다.

1960년대 들어 몇몇 임상의와 농업 과학자들이 동물 생식 기술을 인간 개체에 적용하면서 인간 난소 자극에 대한 실험이 시작되었다. 1970년대까지 난소 자극은 배아 착상에 적합한 호르몬 환경milieu을 방해하는 것으로 여겨져 잠정적으로 중단되었다(Hartshorne 2008). 1979년에서 1980년 사이 첫 체외수정(이하 IVF) 출산이 이루어졌으며, 이는 여성의 자연적 생식 주기를 활용했다. 하지만 이 접근법은 난모세포 회수oocyte recovery 시간을 병원의 시간표대로 맞출 수 없었다. 여성의 배란 시기를 예측할 수 없었고, 채취 과정의 시간과 장소 역시 통제할 수 없었다. 당시 IVF는 인기도 없었고 지원금도 거의 들어오지 않는 활동으로 남아 있었다. 한편, 병원 일상에 너무 어려운 요청들만을 주고 있을 뿐이었다. 게다가 자연 배란은 한 번의 채취 사이클마다 하나의 난모세포와 한 번의 임신 기회만을 만들어낼 뿐이었다. 이 접근법은 생식 생명과정에서 설정된 비율을 변경할 수 없었기 때문에 대다수 여성의 가임 기회들을 늘려주는 데는 역부족이었다.

1981년 호주 모나시 대학의 한 연구팀이 성숙한 난모세포의 수를 늘려 난모세포 채취를 용이하게 만들고, 배란과 난모세포 채취 시기를 통제하기 위해 인간 뇌하수체 성선 자극 호르몬GnRH과 클로미펜Clomiphene을 사용한 호르몬 자극 주기를 도입했다(Cohen et al. 2005). 다수의 난모세포 생산으로 다중 배아 수정을 용이하게 만들었고, 잔여 난모세포는 최초의 체외수정이 실패했을 경우 다시 시도할 수 있도록 냉동되었다. 이러한 기술은 난관fallopian tube에서 기인한 불임 문제를 겪는 여성들에게는 도움이 되었지만 난자 자체에 문제가 있는 여성에게는 별다른 효과가 없었다. 그러나 채취된 후 실험실에서 처리된 난모세포는 한 여성에게서 다른 여성에게로 이식될 수 있었다. 1983년 모나시 대학의 연구자들은 난소 부전이 있는 여성에게 기증된 난모세포를 활용해 만든 체외 배아로 임신시킬 수 있음을 증명했다

(Trounson et al. 1983). 이러한 기술적 발전이 있기 이전 산부인과 의사들은 자궁의 나이가 고령 수정과 임신에서 발생하는 문제들의 한 요인이라고 가정했다. 그러나 이제 난모세포 공급자만 확보되면 고령 여성도 충분히 체외 수정을 할 수 있는 기회가 열렸다.

생식세포의 유통만큼이나 인간배아를 다루고 연구하는 새로운 기술 제품군의 출현은 1980년대 초반 전 세계적으로 조사와 규제 활동의 광풍이 몰아치게 했다. 1984년 영국의 '워녹 위원회', 1985년 캐나다의 '온타리오 법 개혁 위원회', 1983년 스웨덴의 '인간 수정 위원회', 1984년 독일의 '벤다 위원회', 1983년 호주의 '월러 위원회' 등은 이러한 기술의 가능성이 내포하고 있는 복잡한 의미를 이해하기 위해 분투했다(Blyth and Farrand 2005). 새롭게 등장한 IVF와 난모세포 기증의 기술들은 아이를 갖고자 하는 잠재적 참여자들의 수를 확장시켰고 배란, 임신, 출산이 일어나는 공간을 급진적으로 재분배하였다. 이러한 기술 활동은 생명의 기원, 여성의 생식권, 가족의 구조에 대한 기존의 통념을 혼란스럽게 만들었다. 따라서 이러한 혼란을 관리하기 위한 체계적인 사회적 심의와 입법체계가 요구되었다. 실라 재서노프는 다음과 같이 말한다.

> 이러한 기술은… 수정을 분리시켰고, 이제는 착상과 임신이 자궁 밖에서 일어나게 만들었다. 사회적 또는 과학적 모호성을 수반하지 않는 상대적으로 완벽히 생물학적인 것으로 여겨지던 임신에서 출산까지의 과정은 이러한 방식으로 파편화되어 여러 행위자들에게 분배되었으며, 의도적인 인간 개입의 대상이 되었다. 추가적인 참여자들이 한 쌍의 여성과 남성에게 독점되어 있던 보호구역으로 침투했고, 이 영역은 제3자 기증자에 의한 인공수정을 포함해 조심스럽게 확장되

었다. 새로운 연결로 인해 낯선 사람들과 긴밀한 관계를 형성하고 예상치 못한 방식으로 세대를 재결합시켰으며, 심지어 삶과 죽음의 경계를 횡단했다. … 이러한 예상치 못한 관계를 어떻게 자연스럽게 또는 부자연스럽게 만들 것인가? 그리고 특정한 관행을 수용하거나 금지하기 위해 기존의 법적, 도덕적 섭리dispensation를 어떻게 조정할 것인가?(Jasanoff 2005 : 148)

실제로 다수의 국가에서 일련의 복잡한 법안이 제정되었다. 1990년 영국의 〈인간 수정 및 배아법〉, 독일의 1990년 〈배아 보호법〉[3] 등은 배아의 연구 및 관리에 대한 조건 또는 금지안, 클리닉 허가 체제, 생식세포 관리법 등을 마련했다. 규제 시스템을 마련한 국가들의 대다수는 장기 기증 또는 헌혈과 유사한 방식으로 증여 체계로서, 생식세포 기증 관리 체계를 수립하는 것을 선호했다. 그러면서도 보상 수준은 다양하게 규정해 두었다. 그러나 미국에서는 특정한 정치적, 상업적, 규제적 상황이 연쇄적으로 수렴하여 캘리포니아를 비롯한 몇몇 주에서 규제되지 않은 난모세포 시장이 발전할 수 있는 길이 열렸다.

미국 난모세포 시장의 기원

생식 과학에 대한 공공 연구기금은 임신중절 금지 단체들의 정치적 영향력으로 인해 1980년대 레이건과 부시 정부에서 극적으로 감소하였다. 불임 연구와 태아 연구가 기금 삭감 대상으로 지목되었고 모든

---

3. Gesetz zum Schutz von Embryonen(독일연방배아보호법, Embryonenschutzgesetz, ESchG)은 1990년 12월 13일에 공표되었다(Federal Law Gazette I, p. 2746).

대학의 연구 프로젝트가 해체되었다(Clarke 1998). 이러한 기금의 회수와 불임 환자를 위한 공공 보조금의 부재로 인해 생식 과학 분야는 민간 부분으로 급격히 밀려나기 시작했다. 이와 동시에 연방 정부는 사회적 규제에 대해 침묵했다. 그 이유는 한편으로 민간 연구에 대한 자유방임적 태도 때문이었으며, 다른 한편으로는 1973년 로 대 웨이드 대법원 판결(Roe v. Wade, 410 U.S. 113)로 촉발되어 미국 사회를 격렬하게 양극화시킨 임신중절 정책에 대한 정치적 불안 때문이었다. 재서노프는 이러한 규제 공백이 생식력을 외주화할 수 있는 법적 여지를 남겼고, 새로운 의료의 영역에서 기업가적 실험을 가능케 했다고 지적한다.

임신중절에 대한 국가적 트라우마는 연방정부의 체계적인 생식 기술 규제를 방해했다. 그동안 생식 기술의 사용과 통제는 민간 기업, 사회적 시험, 소송, 전문적 표준 설정, 주별 규제를 통해 단편적으로 발전했다. 독일이나 영국과 비교하면, 미국의 보조생식은 대부분 공식적인 국가 통제에서 자유로운 편이다. 그 결과 매체들은 발전 중인 분야를 소개하면서 상상할 수 있는 모든 아기 만들기baby-making 방법이 제공되는 박람회장의 축제 분위기를 전달했다. 예를 들자면 IVF, 대리모, 수태 대리모, 레즈비언 커플을 위한 인공수정, 사망한 기증자의 냉동된 생식세포, "입양"을 위한 배아, 유대인 대리모 및 난자 기증, 구매자의 엄격한 선택 기준을 충족하면 대가를 받을 수 있는 아이비리그 출신 기증자의 정자와 난자 같은 것들이었다(Jasanoff 2005 : 165).

이러한 미국의 자유주의적 환경은 계약법을 상회하는 규제 없이 고도로 계층화된 난모세포 시장을 발전시켰다. 르네 알멜링(Almeling 2011)은 캘리포니아 난모세포 시장의 역사를 기록하면서 난모세포 시장이 정자은행의 사업 모델이 아닌 대리모 대행 기관의 모델에서 기원했음을 밝힌다. 1970년대 이후 인공수정이 가능해짐에 따라 부모가 되고자 하는 사람들이 여성과 계약해 남편의 정액으로 수정을 시킨 뒤 ㄱ 여성이 낳은 아이를 비용을 지불하고 인도받을 수 있게 되었다. 체외 난모세포를 생산하는 기술적 역량이 존재하지 않았던 이러한 초기의 배치들에서, 계약된 대리모는 아이를 임신할 뿐 아니라 유전적인 기여도 했다. 왜냐하면 임신이 대리모 자신의 생식세포가 관계하는 그녀의 정상적인 생식주기에 의존했기 때문이다.

1970년대 말부터 1980년대 초까지 플로리다주와 캘리포니아주 등 입양에 관대한 법률을 가진 주에서 대리모 중개업자들이 나타났다(Spar 2006). 대리모 대행사는 임상의가 아닌 변호사에 의해 설립되었다. 대개 입양의 대안으로 대리모를 희망하는 고객을 보유한, 가족법 분야에 종사하고 있는 기업들이었다. 이들 기업의 사활은 대리모가 될 준비를 마친 여성들을 모집하고 법적으로 검증되지 않은, 불안정한 지역에서 잠재적인 대리모와 의뢰부모 사이의 계약을 성사시키는 데 달려 있었다. 대리모 계약은 법적으로 유지할 수 있는 것이 아니라고 널리 여겨지는 상황이었지만, 변호사들은 계약을 배신할 가능성이 없는 여성을 찾기 위해 심리 검사에 기대고 있었다(Spar 2006). 따라서 대리모 대행사들은 이미 비용을 받고 생식노동을 수행할 준비가 된 여성을 모집하고 선별할 채비가 되어 있었고 별다른 장벽 없이 난모세포 제공자 모집으로까지 사업 확장을 해갔다. 게다가 변수가 많은 대리모 계약 분야에서 상당한 양의 법적 전문성을 확보한 이 대행사들에게 난모세포 인도 계약은 비교적 수월해 보였다(Almeling 2011).

IVF 클리닉도 자체 난모세포 모집 프로그램을 실시했지만, 알멜링은 대리모 사업 모델이 클리닉의 모집 방식에도 영향을 주었다고 말한다. 대학교와 학생의 특성을 활용했던 정자은행 모델과는 달리, 난모세포 모집 클리닉과 대행사는 신문 광고를 통해 지역 사회에서 젊은 여성을 모집했다. 모집 담당자는 다른 부부가 자녀를 가질 수 있도록 돕고 싶은, 자녀가 있는 35세 미만의 여성을 요구했다. 여러 연구자들이 지적했듯이, 난모세포 및 대리모 모집의 초기부터 지속해서 강조된 이타주의와 모성은 정자은행의 모집 방식에서는 찾을 수 없는 것이었다(Spar 2006 ; Krawiec 2009 ; Almeling 2011). 난모세포 매매 모델에서는, 기증자와 구매자가 익명화된 관계를 맺는 정자은행의 특성과는 달리 공급자와 구매자가 개인화된 관계를 형성했다. 일부 초창기 매매 대행사는 선택 과정의 일환으로 공급자와 구매자의 만남을 요구했다. 끝으로 계약적 측면에서 공급자가 정자은행과 계약을 체결했던 정액 계약과는 달리, 난모세포 공급자는 구매 희망 부부와 계약을 체결했다. 따라서 난모세포 계약은 어느 정도 대리모 계약을 표본으로 삼았다. 그리고 이는 두 가지 형태의 출산 외주화가 번성하는 데 필요한 사법 환경 조건에 영향을 미쳤다.

1990년대 초반 캘리포니아의 불임클리닉은 점차 민간 대행사에 모집 기능을 양도하기 시작했다. 이에 따라 난모세포 시장은 분열되고 계층화되었다. 곧이어 모집 대행사는 틈새시장을 개발했고 서로 경쟁했다. 소비자의 수요 증가와 선호도는 생식세포 시장을 형성하는 데 더 많은 역할을 하게 되었다. 일부 대행사는 로스앤젤레스 엔터테인먼트 산업의 젊은 여배우를 모집하는 등 외모를 강조했으나(Spar 2006), 보다 일반적인 모집 전략은 정자 기증 방식에서 차용한 것으로 외모뿐만 아니라 학력 및 계급 등을 활용했다. 따라서 높은 대학수능시험 SAT 점수를 요구하는 좋은 학교에서 공급자를 유인하기 위해서 대행사는 전문대학college이나 대학university 주변에 밀집하기 시작했다.

이는 대리모의 계급적 프로필과의 결정적 단절을 나타내는 것이었다. 1980년대 중반 무렵 의뢰부모나 별도 기증자가 제공한 정액뿐만 아니라 난모세포도 사용하는 수태형 대리모가, 대리모의 유전적 기여를 이용한 소위 전통적인 대리모를 대체하기 시작했다. 생식세포 중개업이 유전적 기여와 사회 계급 소속 사이의 연관을 대중적 상상에 성공적으로 안착시켜놓았기 때문에, 태어날 아이에게 유전적으로 기여하지 않는 수태 대리모의 계급적 프로필은 상대적으로 중요하지 않게 되었다. 제3자 임신 과정에서 난모세포와 자궁이 분리됨에 따라 난모세포 공급자는 점점 더 고객이 원하는 계급 틈새시장들에 맞추어 분류되었고, 업적·지능·외모도 상위 등급에서 거래될 수 있는 단위로 포장되었다. 한편 대리모는 생식노동 시장에서 상대적으로 일률적인 계급 위치를 부여받았다. 아직 대리모에 대한 대규모 인구 통계적 연구는 없지만, 27편의 경험 연구를 검토한 2005년 논문은 대부분의 대리모가 "기혼이며 자녀가 있는 20대 또는 30대 백인, 기독교인이었으며 … 대리모 가정의 소득은 (저소득이라기보다는) 평범했고, 노동계급 출신"이었다(Ciccarelli and Beckman 2005 : 31). 이러한 대리모의 프로필을 통해 대행사의 선별 프로토콜을 확인할 수 있다. 선별 프로토콜은 심리적, 사회적으로 안정된 대리모를 식별하거나, 대리모 선별 과정에서 "가난하고 젊은 특정 인종의 여성을 착취할 수 있게 설계되었다는 비난을 피할 수 있도록" 했다(Ciccarelli and Beckman 2005 : 31). 수태 대리모를 통해 태어난 아이의 수는 난모세포 매매로 얻은 수보다 상대적으로 적었다. 질병통제예방센터CDC는 2008년 수태 대리모가 전체 보조생식기술 시술 중 1%(915회)를 차지한 반면, 기증된 난자들은 12% 사용되어 5,894명의 아이를 출산했다고 보고했다(Centers for Disease Control and Prevention 2010). 그럼에도 불구하고 이하에서 우리는 수태 대리모 경쟁이 생식력의 외주화를 둘러싼 계약관계를 형성하는 데 결정적인 영향을 미쳤음을 보게 될 것이다. 즉 계약으로서의 예외적인 지위를 획득하면서도, 훨씬 오래되고 폐기된 것처럼 보이는 종류의 노동계약들과 유사성을 띠게 되었다.

생식노동 외주화로서의 난모세포 매매

난모세포 대행업체는 여러 측면에서 정자은행과 유사한 방식으로 자본 가치를 창출한다. 이 업체들은 특정 인구 집단을 지목하고 분류한다. 잠재적 공급자를 모집하고 임상적, 유전형적, 표현형적, 교육적, 훈육적 자질 등에 따라 다양하게 선별 분류한다. 임상적 요건에는 연령, (난소 자극 약물의 생리적 반응에 영향을 주는) 체질량 지수BMI, 가족의 건강 병력 등이 포함된다. 정자은행과 마찬가지로 표현형 역시 주된 선별 요건이다. 아름다움, 키, 인종, 날씬함, 머리카락과 눈동자의 색, 건강한 외모 등 공급자의 외모는 난모세포의 가치를 대변하는 것으로서, 말하자면 제유synecdoche로서 판매되기 때문에 모조리 평가된다. 교육 성취도는 생식세포의 가치를 높이는 마케팅 요소로 다뤄지며 높은 수학능력시험 점수나 명문 대학 입학 자격을 갖춘 이들은 더 많은 보상금을 지급받는다(Almeling 2007 ; Holster 2008). 대행업체는 그들이 구현하고자 하는 자질의 정도에 따라 개별 모집을 특성화하고 의뢰부모가 선호하는 자질을 조합해 검색할 수 있는 데이터베이스를 활용해 모집된 이들의 생식세포를 유효성에 따라 서열화한다. 따라서 난모세포 대행업체와 정자은행은 인구 전체에 분산된 잠재적인 유전적 특성을 유전 자본으로, 즉 생식세포 시장에서 가격에 따라 주문하고 판매할 수 있는 생식 자원으로 변환시키고 있다.

그럼에도 불구하고 난모세포 대행업체의 중개 방식은 정자은행과 구별된다. 난자를 생산하는 노동과정은 정액의 생산보다 훨씬 까다롭다. 앞으로 보겠지만 대행업체는 이중의 외주화를 촉진했다. 이러한 업체들은 임상에 사용 가능한 외부 유전 자본 인력풀을 구성하여 임상병원들이 이전의 병원 내 작업에서 벗어나게 해주었다. 이들은 아이를 낳기 위해 필요한 생명과정의 일련의 순차 작업들의 외부화된 요소를 제공하는 공급자와 제3자 없이 이 순차 작업을 완성할 수 없는 구매자 사이의 계약 관계를 중개해준다. 대행업체는 생식세포 이식을 위해 계약 스케줄을 감독하고 공급자가 계약 의무에 부응하고 있는지를 확인한다.

상업용 난모세포를 생산하는 과정에서 그것의 생식 속도와 리듬을 변경하기 위해 공급자의 신체에 광범위한 호르몬적, 임상적 개입이 실시된다. 공급자의 생명과정은 희망 출산 주기에 맞춰 생식 일정을 조정하려는 구매자의 생명과정적 이익을 위해 변경된다. 구매자 산모의 생식적 결핍을 보상하기 위해 생식적 잠재력의 잉여를 생산해야 한다. 난모세포 이식의 의료적 절차는 불임 환자 치료에 활용되는 방식과 동일하다. 아래에서는 월드비와 동료들이 호주의 비상업적 기증자 및 환자에 대해 수행한 연구에서 수집한 인터뷰 자료를 활용해 이 과정을 설명하고자 한다.[4] 이는 경험이 동일함을 뜻하는 것은 아니다. 알멜링의 인터뷰 대상들과 월드비의 질적 연구나 그 밖의 불임 환자에 대한 연구(예를 들어, Franklin 1997 ; Throsby 2002)에서 나오는 인터뷰 자료를 비교하면 차이가 나는 것이 분명하다. 난모세포를 제공하

---

4. C. Waldby, I. Kerridge, and L. Skene. "Human Oocytes for Stem Cell Research : Donation and Regulation in Australia," Australian Research Council Linkage Project, lp0882054 2008-2011.

고 그에 대한 대가를 지불받은 여성의 경험과 임신을 위해 동일한 기술을 사용한 여성의 경험은 질적으로 다르다. 이 차이를 다음 이어지는 절에서 논의할 예정이다. 그럼에도 불구하고 물류, 자기관리, 익숙하지 않은 엄격한 일과 시간 준수, 고통과 불편함의 인내라는 측면에서 두 여성의 경험은 중첩된다. 우리는 자료들을 선별적으로 이용하여 이러한 중첩 경험을 묘사하고자 한다.

여성은 난소를 자극시키기 위해 복합적인 상시 호르몬 약물 요법을 처방받아야 한다. 호르몬 요법의 시작과 함께 일반적으로 생식 대사를 조절하는 뇌하수체 기능이 중단된다. 약 2주 동안 매일 호르몬 주사 또는 비강 스프레이 등이 사용되고, 혈액 검사와 초음파 검사를 통해 난소 활동이 충분히 억제되었는지 확인한다. 이 과정은 인위적으로 유발된 일시적인 폐경이라고 할 수 있으며, 때때로 안면 홍조나 기타 증상을 동반한다. 그다음 단계는 난소에서 다수의 난모세포 생성과 성숙을 자극하기 위해 난포자극호르몬(이하 FSH)을 일 1회 또는 때때로 2회 투여하는 것이다. FSH는 피하주사로 관리되며 클리닉이 아닌 일상에서 여성 스스로 수행한다. 주사는 매일 같은 시간에 투여되어야 한다. 그렇기 때문에 직장과 가정의 일정이 있는 여성에게는 큰 부담이 될 수 있다. 그들은 다루기도 어렵고 잠재적으로 곤란함을 유발할 수 있는 약물 관련 용품을 관리해야 한다. 스로스비는 영국의 IVF 환자를 대상으로 한 연구에서 여성들은 직장 동료에게 주사 장비를 들키지 않게 숨기고, 주사 시간을 지키기 위해 조심스럽게 자리를 비우거나 회의에서 빠졌다고 기록한다(Throsby 2002). 난모세포 생성량은 질경유초음파촬영술transvaginal ultrasound이나 혈액 검사를 통해 모니터링해야 하므로 여성은 정기적인 검사를 받아야만 한다. 호주의 연구 사례에서 인터뷰에 응한 비영리 기증자는 어린아이들을 돌보는 동안 정기적으로 시간에 맞춰 자가 관리를 하거나 클리닉에 방문하기 어려웠다고 말한다.

> 왜냐하면 나에게는 아들들이 있었기 때문이죠. … 아이들은 이러한 상황을 알 필요가 없었고, 애들에게 이걸 [해야 한다]고 설명하기에는 복잡하다고 생각했어요. 어쨌든 매일 특정 시간에 주사를 맞아야 했죠. … 여러 번 우리는 집 밖을 나갔고 나는 … [약]을 지참해야만 했고 주사할 수 있는 곳이면 어디서나 주사했죠. … 그래요. 저는 아이들 요구도 맞추면서 정해진 일정을 따르려고 노력했는데 그건 [어려웠어요] … 한번 정밀검사를 받으러 막내 아이를 데려왔죠 … 하지만 아이는 그게 정말 뭔지는 몰랐죠. 네, 그건 일종의 도전이었어요(제니, 난모세포 기증자).

투여된 난포자극호르몬의 양과 생성된 난모세포의 양이 반드시 상응하는 것은 아니지만, 일반적으로는 호르몬 투여를 늘릴수록 더 많은 난모세포를 생성하는 경향이 있다. 알멜링이 연구에서 인터뷰한 상업용 공급자와 월드비와 동료들이 인터뷰한 불임 환자 모두에게서 난소에서 생성된 다수의 난모세포는 불편함, 통증, 팽만감과 연관되어 있는 것으로 나타났다. 23개의 난모세포를 생성한 한 IVF 환자는 다음과 같이 회고한다. "저는 정말 아팠어요. 수차례 투여가 있었기 때문에 허리가 너무 아팠고, 배는 부풀어 있었어요. … 그래서 초음파 검사를 받기도 전에 무슨 일이 벌어졌다, 너무 많은 배란이 일어나고 있었다고 생각했어요. 왜냐면 아래 허리가 정말 너무 아팠고 복부가 부드러워졌기 때문에요"(맨디, 불임환자).

그런데 이들 두 그룹의 중요한 차이는 상업적 공급자의 인터뷰에서 보인다. 일부 클리닉에서는 공급자의 편안함이나 심지어 안전보다 더 많은 양의 난모세포 생산을 우선시했다는 것이었다. 일부 의사는 공급자가 일정에 따라 충분한 난모세포를 생산하지 못했을 경우 약물의 투여량을 늘려, 난소과자극증후군으로 진행될 수도 있는 위험을 무릅썼다는 것이다(Almeling 2011). 난소과자극증후군은 배란 유도의 부작용으로 통증, 복부 염증, 신부전, 불임, 정맥 혈전, 색전증, 심장 불안정성을 수반한다. 불임 치료 중인 여성의 2~5% 정도가 과자극증후군으로 발전하며, 이는 때때로 여성의 생명에 치명적일 수 있다(Delavigne and Rozenberg 2002; Magnus and Cho 2005).

주사를 시작한 지 약 2주 후에 실시되는 혈액 검사와 초음파 검사를 통해 난모세포가 채취할 수 있을 만큼 충분히 성숙했는지 확인할 수 있다. 클리닉의 의료진은 난모세포가 성숙한 경우 난소에서 난모세포를 방출할 수 있도록 신호를 보내는 촉발 주사를 투여한다. 채취는 촉발 주사 투여 36시간 후, 시술 당일 진정제를 투여한 뒤 질경유술을 통해 이루어진다. 환자 기증자와 공급자 모두 시술의 물리적 효과에서 하루 이틀 내에 빠르게 회복했다고 응답했다. 그러나 난자 채취 과정에서 공급자와 환자의 경험은 급격한 차이를 보였다. 호주의 연구와 기타 보고서(예를 들어, Franklin 1997) 속의 환자들은 거의 보편적으로 "롤러코스터"나 "트라우마" 같은 용어를 사용해 이 과정을 매우 감정적이며 강력한 느낌을 주는 것으로 묘사했다. 대부분의 불임 환자와 마찬가지로 최적의 출산 연령을 경과했고, 생존력이 낮거나 적은 수의 난모세포를 생성할 가능성 때문에 환자들에게 난자 생산은 특히 걱정의 대상이다. 임신 가능성에 대한 걱정은 난모세포 공급자의 설명에서는 등장하지 않는다. 왜냐하면 난모세포 공급자는 구매자 산모의 임신 성공 여부와는 상관없이 보상금을 지급받기 때문이다. 알멜링은 공급자들이 인터뷰에서 이 과정을 단도직입적으로 묘사했음을 지적해두었다. 이들은 불편함을 거의 표현하지 않았고 정서적인 느낌이 있었거나 기분 변화가 동반되고 있었다는 언급을 하지 않았다(Almeling 2011).

계약, 이방인the stranger, 가격

공급자와 구매자의 관계는 계약으로 관리된다. 계약은 법적 조건을 정하는데, 이 조건하에서 난모세포의 생산과 이식이 일어나게 된다. 이러한 계약에는 전형적으로 의료·심리 검사, 난소 자극, 그리고 이미 묘사한 회복 주기를 거치는 것에 대한 공급자 동의를 명시해 놓은 조항이 포함된다. 이러한 조항에는 난모세포에 대한 구매 의뢰부모의 소유권, 이들의 "난자 처분 결정에 관한 유일권"[5]과 해당 과정에서 태어난 모든 아이에 관한 배타적 청구권이 세부적으로 묘사되어 있다. 또한 공급자에 대한 행동 요구도 정해두었다. 공급자는 일반적으로 성적 접촉, 불법 약물 및 미처방 약물 사용, 흡연 등을 삼가야 한다. 이러한 계약 조항은 공급자가 의료 절차와 난소 자극의 위험성에 대해 완전히 이해하고 있다고 간주한다는 점에서 이차적인 고지된 동의로서 기능한다. 시술 중 의료사고가 발생할 경우 공급자 스스로가 적절한 의료 보험을 갖고 있음을 보증해야 한다. 그 대가로 의뢰부모는 난모세포를 채취하면서 지정된 금액을 지불할 것에 동의한다. 때때로 차후적으로 난자 채취가 일어날 경우 증가한 추가 금액을 지

---

5. 패밀리 비기닝스(Family Beginnings)사의 "난자 기증 계약" 견본. http://www.ivf-indiana.com (2010년 10월 16일 접속).

불하고, 의료 행위나 어떤 원인으로 인해 시술이 중단되었을 경우 더 적은 금액을 지불하는 데 동의한다. 계약 조항은 또한 손해 배상비용과 공급자에 대한 엄격한 지불 의무와 함께 계약 위반 ─ 공급자에 의한 계약 불이행 ─ 에 관한 조건을 정해놓았다.

따라서 계약은 공급자의 생식적 생명과정을 의뢰인 부부의 의도에 결속시키는 법적 도구이다. 법률에서 계약은 사적 합의의 형태로서, 형식적으로 동등한 동의 당사자들이 자유롭게 체결하는 것이며, 각자의 권리를 교환하는 수단이자 강제력 있는 약속의 형태로 정의된다. "이러한 개념하에서 계약은 계약 당사자들에 관한 사적 법률이다. 계약 당사자들이 계약 자체에 구속되어 있음을 동의했다는 의미에서만이 아니라 구속력 있는 특정한 조건에 동의했다는 점에서 계약 당사자들의 의무는 동의로부터 나온다"(Kreitner 2007 : 6). 그렇다면 계약법의 사용은 어떻게 난모세포 거래를 결정하는 것일까? 가장 실질적인 수준에서 계약은 서로 일면식 없는 두 계약 당사자가 생식능력을 교환하는 것에 합의할 수 있는 법적 조건을 만든다. 이러한 교환은 대개 가족 또는 친족에 대한 법률과 관행에 의해 관리된다. 계약과 권리행사 가격striking of price은 관리의 한 방식인데, 돈과 계약이 이방인 사이에서 일시적이지만 구속력 있는 관계 형성을 촉진하기 때문이다. 팻 오말리는 19세기 후반 짐멜(Simmel 1990〔1900〕)의 돈에 대한 분석을 차용해 돈과 계약은 근대의 사회적 관계를 매개하는 기술이라고 주장한다. 사람들이 아무런 연고도 없는 타인들에게 ─ 예를 들어서 재화나 용역을 얻기 위해 ─ 의존하면서 그들과 끊임없이 익명으로 접촉하게 되는 현대사회에서 그렇다는 것이다. 오말리는 "점점 세상이 이방인stranger의 사회가 된다면, 이런 점에서 이 세계는 계약 관계가 우세한 사회일 것"이라 말한다. 이러한 상황에서 '정상적' 관계의 이미지는

'자유롭고 평등한' 교섭 당사자들의 관계가 된다. 그리고 계약법에서 이러한 당사자 간의 관계로부터 발생한 문제에 대한 기본적인 해결책은 돈이다. 돈은 추상화된 이방인들의 사회에 걸맞은 교환 형식인 셈이다. 그리고 정의justice의 형식 또한 이러한 상상을 반영한다(O'Malley 2009:9).

텃머스는 그의 헌혈에 대한 연구(Titmuss 1997〔1970〕: 57~58)에서 "20세기의 비교적 풍요롭고, 물욕으로 넘치는 분열된 사회에서 나의 이방인은 누구인가"라는 유명한 질문을 던졌다. 이 질문에 대한 답의 하나가 계약이다. 텃머스의 1969년 연구인 『선물 관계 : 인간 혈액에서 사회 정책까지』는 이방인 사이에서 이루어지는 생물학적 물질의 교환을 보장하는 방법을 아주 색다르게 제시한다. 그의 연구는 평등한 시민들 간의 자발적인 증여 체계의 미덕을 옹호했고, 2차 세계대전 이후 미국에서 발전한 민간 혈액 시장 체계를 비판했다. 그는 사회계약의 본질과 시민들 사이의 평등주의적이며 공동체주의적인 관계를 만들고자 한 전후 영국 복지국가 권력과 관련된 광범위한 문제들 속에 혈액의 기증과 분배 문제를 위치시켰다. 혈액과 기타 인간 신체 조직들은 시장의 거래로부터 격리되어야 했다. 증여품의 유통은 시민들 간의 집단적 사회관계와 상호성을 형성하는 데 중요하기 때문이었다. 즉 사회민주주의적 시민들은 개인적인 의미에서 서로에게 이방인들이지만, 그럼에도 불구하고 복지국가의 사회질서를 뒷받침하는 형식적 평등, 사회적 포용, 분배적 정의 체계를 통해 서로를 인정한다.[6]

평등주의적 분배에 대한 텃머스의 비전은 그 맥락을 제공한 복지

---

6. 텃머스의 주장에 대한 자세한 설명은 월드비와 미첼의 글을 참고하라(Waldby and Mitchell 2006).

국가의 붕괴에도 불구하고 여전히 전 세계의 민주주의 국가에서 대부분의 고형 장기 및 전체 혈액 기증에 관한 규제 근간을 이루는 원칙이다(Waldby and Mitchell 2006). 또한 이것은 다수의 법적 관할권에서 난모세포 유통을 통제하고 무상 증여나 기증에 대한 최소한의 보상으로 돈의 역할을 제한하는 원칙이기도 하다. 헌혈과는 달리 엄격한 난모세포 기증 시스템은 잉여를 창출할 수 없었다. 그리하여 예를 들어 영국의 보조생식 클리닉에 관한 조사에 따르면 영국 내 클리닉의 87%가 불임치료용 난모세포가 부족하다고 응답했다(Murray and Golombok 2000). 최근 호주에서 2,269명의 보조생식 서비스 사용자들에 관한 조사는 4%만이 불임치료에 생식세포를 기증할 용의가 있다고 답했다(Access Australia 2008).

하지만 미국에서는 중개 업체와 클리닉이 상이한 계약적 전통과 신체와 시장 사이의 상이한 역사적 관계에 기반을 두고 있었기 때문에 부분적이나마 상업적 난모세포 잉여를 생산할 수 있었다. 이번 장의 서두에서 살펴보았듯이, 미국 노동의 전 역사를 특징지은 것은 계약을 향한 사회적 열망이며 이는 돌이킬 수 없는 일이 되었다. 이때 계약은, 동산 노예제에 대한 대립항으로, 그리고 개인의 자기소유권과 시민 자유권을 가장 효과적으로 표현하는 것으로 여겨졌다. 증여 관계에 대한 팃머스의 주장이 국가에서 유래한 평등주의적 사회질서를 위한 규범적 전략에 표현되어 있듯이, 계약의 자유를 옹호하는 주장은 국가의 개입 없이 발생한 자기 통제된 사회관계라는 특별한 상상에 표현되어 있다(Yeatman 1996). 사학자 에이미 스탠리는 다음과 같이 서술한다. "남북전쟁 이후 미국에서 계약은 무엇보다 자유에 대한 은유였다. 원칙적으로 계약은 인간의 자율성과 의무를 조화시켰고, 외압보다는 개인의 자유 의지를 통해 사회 질서를 부과하였다. 계약을 하는 것은 순전히 개인의 선택에 의해 의무를 부과하는 것이고 지위나 법적 규정의 제약 없이 조건들을 정하는 것이었다. … 계약은 자발적 교환 관계로서 자기소유권을 전제했다. 권리를 포기하고 의무를 받아들이기 위해서 계약 당사자들은 스스로 주권자이자, 자기 자신, 노동과 재능faculties에 대한 권리가 있는 소유자"여야만 했다(Stanley 1998: 2~3).

따라서 난모세포 외주화 계약은 젊은 여성을 자기 자신의 생물학적 자본의 소유자이자, 자신의 능력을 합리적으로 계산하고 교환하는 주체로 서술함으로써 젊은 여성의 생식능력을 확보하는 기능을 한다(Kreitner 2007). 이와 동시에 남성이 아닌 여성의 생식 생명과정과 관련된 생식계약은 계약 당사자들을 예외적인 방식으로 배치한다.

첫째로, 수태 대리모와 난모세포 공급자 모두 가격 협상에서 배제된다. 대행사는 의뢰부모와 협상해 보상금을 상향하고자 하는데, 난모세포 제공자 당사자들은 협상 시도에서 적극적으로 배제된다. 스스로 협상을 시도하는 공급자는 해당 업무에서 심리적으로 부적격한 자로 간주되며 이를 빌미로 제외될 수 있다(Almeling 2007). 이러한 역설은 "삶이 준 선물"the gift of life과 잠재적인 대리모와 난모세포 제공자의 모성적 관대함에 대한 언급으로 물든 중개업체의 마케팅 수사로 만들어진다. 거래를 증여 관계로 이미지화함으로써 계약 당사자들은 계약에 명시된 조건들보다는 덜 상업적이고 당사자주의적인adversarial 조건들 속에서 교환을 경험한다. 이와 같은 유화된 언어적 표현이 없었다면 생식자본을 지닌 효율적인 협상가로서의 난모세포 공급자라는 스펙터클한 이미지가, 여성 난모세포 공급자의 시장적 매력을 형성하는 모성적 관대함을 위협적으로 오염시켜 버렸을 것이다.

동시에 증여의 수사학은 〈미국 생식의학회〉ASRM와 〈보조생식기술협회〉SART가 가이드라인에서 표현한 우려에 대응하여 전개되었다. 두 전문 조직은 미국에서 산업에서의 자율적 규제 업무를 수행하고 있다. 두 조직은 '과도한 유인'이라는 표준 생명 윤리를 근거로 난모세포에 대한 보상금 지불에 반대한다. 그 대신 유럽과 영연방의 보상 시스템에 부합하는 보상 모델을 찬성하였다. 대행업체는 이러한 단체들과 좋은 관계를 유지하는 데 큰 관심을 갖고 있었고 많은 업체들이 난모세포에 대한 지불을 적정 보상으로 승인된 수준으로 제한하는데 자발적으로 합의하고 서명했다. 난모세포의 시장 가격에 대한 포괄적인 연구에서 애런 레빈은 2006년 4월 기준 총 105개의 광고에서 평균적인 지불 수준은 9,190달러였고, 이는 〈미국 생식의학회〉 가이드라인이 정한 상한선인 1만 달러 미만이었음을 알게 되었다. 하지만 "아이비리그" 난모세포에 대한 평균 가격은 2만 달러에 가까웠고 광고된 최대 금액은 5만 달러였다. 레빈은 "이번 〔조사〕에서 확인된 대부분의 광고가 〈미국 생식의학회〉 가이드라인을 준수했지만 소수는 그렇지 않은 걸로 나타났다. 자발적 규제의 가격 효과가 결정적이지 못하고 미약한 것임을 보여준다"(Levine 2010:35)는 결론을 내렸다.

특정이행, 구매 의뢰부모 : 노동계약으로서의 생식계약

생식계약이 노동계약으로 간주된 결과, 또 다른 예외적 특징을 갖게 되었다. 미국의 대다수 주에서 대리모 계약은 효력이 없다(Lee 2009). 그러한 계약을 강제하기로 결정한 주들에는 상업적 대리모 대행업체의 핵심 사업체들이 위치해 있다. 미국에서는 캘리포니아주, 아칸소주, 텍사스주 등이 여기에 포함된다(Drabiak et al. 2007). 아마도 가장 발전된 생식적 사업 모델을 갖춘 곳은 캘리포니아주일 것이다. 캘리포니아주의 생식 사업 모델은 계약에 명시된 과업을 이행하도록 요구하는 '특정이행'[7]을 강제하는, 한 묶음의 계약적 명령들을 기반으로 하여 구축되었다. 특정이행은 현대 계약법의 관점에서는 시대착오적인 요구사항으로, 현재는 대부분 사용되고 있지 않은 명령 형식이다. 오말리는 자유주의 사회와 자유방임적 경제의 역학이 역사적인 역할을 함에 따라 19세기 동안 특정이행이 금전적 손해배상으로 꾸준하게 대체되어왔음을 기록하고 있다.

특정이행이라는 해법은 이례적인 수준의 국가 간섭 혹은 심지어 강압으로 점차 여겨지게 되었다. 법원은 피고인이 계약에 따라 행동했음을 확인하고자 하는 민사 분쟁에서 원고의 편을 들어야 했다. 금전적 제재의 중요한 특징은 뚜렷한 강압의 감소였다. … 시민사회 또는 경제 영역에서 특정한 행동을 수행하지 않기로 결정한 개인의 자유는 보호되고 있다. 피고는 계약 당사자의 기대에 피해를 입혔을 경우 돈으로 보상해야만 했고, 이 보상액이 이런 자유의 대가였다(O'Malley 2009:119~120).

상업적 계약에 대한 법원 결정에서 특정이행은 대부분 폐기되었지만, 이와 같은 요소들은 19세기 내내 특정한 노동계약들에 그대로 남아 있었다. 스타인펠트는 다음과 같은 점을 지적한다. 대다수의 법사학 연구에 따르면, 법원이 이행을 강제하지 않았다는 점이 19세기 임금노동을 규정하는 특징이었다는 것이다(Steinfeld 2001). 일상적으로 특정이행이 강제되는 노예제 계약이나 도제계약indenture과는 달리 자유임

---

7. 이를 지적해 준 도나 디킨슨에게 감사를 표한다.

금노동은 노동자 의지에 따라 자유롭게 계약을 해지할 수 있는 것이었다(Morris 1996). 그럼에도 불구하고 스타인펠트는 1875년까지도 영국에서 고용주들이 이행을 강제하기 위한 형벌적 제재를 가할 수 있었음을 보여준다(Steinfeld 2001). 진보주의의 압력, 노동 소요와 이로부터 결과한 입법만이 마침내 이런 관행을 뒤엎을 수 있었다. 19세기 말까지 미국에서 고용주들은 이행 강제를 위해 임금 몰수나 (계약 완수까지 임금 지급을 유보하는) "전액 지급"entirety 관행을 활용했다.

현대의 계약법에서 특정이행은 거의 언급되지 않지만 생식계약의 영역에서는 예외이다. 리처드 엡스타인 같은 인적자본 이론가들은 대리모 계약에서 특정이행의 적용을 강력하게 주장한다. 민사법에서 국가 규제는 존재할 수 없으며, 자녀에 대한 의뢰인 남편의 생물학적, 법적 권리가 계약상 명시되어 있기 때문에 그들의 권리가 대리모의 권리보다 우선해야 한다는 것을 이유로 들었다. 그에 따르면 "개략적으로 아이에 대한 대리모와 생물학적 아버지의 지분을 결정하기는 어렵다. 하지만 계약의 장점은 이 결정을 공적인 영역 바깥으로 가져와 당사자들 스스로 문제를 결정할 수 있게 한 것이다. 특정이행이 요구된다면, 아동의 양육권을 누가 가질 것인지에 대한 상호 평가가 선행되었을 것이고, 어떤 법원도 이미 작성된 계약 이행을 강제하기를 거부함으로써 그 판단을 뒤집을 이유가 없다"(R. A. Epstein 1995 : 2337~2338).

특정이행이 명령되어 온 사례들에서 이 논리는 명백하다. 이를 대변하는 가장 중요한 사례는 1993년의 존슨 대 칼버트Johnson v. Calvert 판결이다. 1990년 캘리포니아주 법원은 흑인 여성 수태 대리모 애나 존슨과 백인 대리모 의뢰부모 칼버트 부부 사이의 소송으로 열린 1심과 항소심을 판결해야 했다. 칼버트 부부는 정자와 난자를 제공했다. 하지만 존슨은 아이를 직접 임신하고 출산했다는 점에서 자신이 합법적인 부모라고 우선적으로 주장할 수 있다고 말했다. 하급 법원은 존슨이 아이의 어머니라기보다는 수용자host라는 점에서, 그리고 〈통일친자관계법〉(1975)이 임신한 부모가 아닌 유전적 부모를 선호한다는 것을 근거로 칼버트 부부 측의 손을 들어 주었다(Cherry 2001). 캘리포니아주 대법원은 〈통일친자관계법〉이나 기타 입양법 또는 가족법에 유전적 모성과 임신적 모성의 차이를 구분하는 명확한 지침이 없다는 점을 이유로 판결을 번복했다. 캘리포니아주 대법원은 난모세포 기증 상황에서 비유전적 어머니가 법적으로는 자연적인 어머니로 대우받는다는 점을 지적했다.

대법원은 대리모 계약에 명시된 취지를 고려하고, 이를 난모세포 계약까지 확장하여 계약법에 근거해 판결했다. 판결은 다음과 같다.

〔칼버트 부부〕는 자신들의 유전적 조성을 지닌 아이를 갖고 싶지만 생식 기술의 도움 없이 물리적으로 불가능한 부부이다. 그들은 아이의 출산을 의도했으며, 체외수정에 필요한 조치를 취했다. 그들의 의도된 행위 없이 아이는 존재하지 않았을 것이다. 애나〔존슨〕은〔칼버트 부부〕의 아이 출산을 돕는 데 동의했다.⋯우리는 아이를 낳으려고 의도했던 그녀 ― 즉, 아이를 낳고자 의도했고 그 아이를 자신의 아이로 양육하고자 한 의도를 지니고 있었던 ― 가 캘리포니아주 법에 따라 자연적 어머니라는 결론에 도달했다. 따라서 우리 분석으로는 한 여성이 다른 여성의 난자로 형성된 아이를 자기 자신의 아이로 양육할 의도를 가지고 수태하고 출산하는, 이런 진정한 의미의 "난자 기증" 상황에서는 캘리포니아주 법에 따라 출산모가 자연어머니인 것이다(Johnson v. Calvert 1993).

법원은 존슨이 칼버트 부부의 생식적 의도를 용이하게 만들기 위해 계약을 체결했으며(Jasanoff 2005), 이 계약이 실제로 여성의 계약 자유를 전형적으로 보여준다는 입장을 보였다. "어떤 여성이 의뢰부모를 위해 아기를 임신하고 출산하는 일에 고의로, 모든 상황을 분명히 인지한 상황에서 동의할 수는 없을 것이라는 주장은, 수세기 동안 여성들로 하여금 법률상 동등한 경제권과 직업적 지위를 획득하지 못하게 한 바로 그 논증들을 연상시킨다. 이러한 견해를 부활시키는 것은 대리모에게는 개인적·경제적 선택을 금지시키고 의뢰부모에게는 그들 자신의 유전적 조성을 지닌 아이를 낳을 유일한 수단을 선택할 수 없게 만들 것이다"(Johnson v. Calvert 1993).

법원은 존슨에게 손해배상금을 지불하는 대신 자녀를 의뢰부모에게 양도해 계약을 완수하도록 명령했다. 이 사례에서 우리는 노동법이나 민사법의 관점에서 보면 예외적인, 생식계약의 예외적 지위를 볼 수 있다. 일종의 노동계약으로서 임신은 산업적 노동계약과 상충된다. 왜냐하면 산업적 노동자와 달리 대리모는 문자 그대로 분만의 생명과정이라는 생산수단을 체화하고 있기 때문이다.[8] 19세기 후반까지 공장주가 특정이행을 주장할 필요가 없었던 이유는 간단하다. 공장과 생산기술의 소유자로서 공장주는 노동 규율을 강제하거나 해고된 노동자를 즉각적으로 대체하기 위해 노동자가 이들 생산수단으로부터 기능적으로 박탈되어 있는 상황에 의존하고 있었다(O'Malley 2009). 보조생식기술이 생명과정의 요소를 테일러주의화, 외재화, 합리화하였지만, 그럼에도 불구하고 임신 그 자체는 (적어도 아직까지는) 외재화시키거나 임의로 가속할 수 없는 과정이다. 대리모가 자신의 생

---

8. 또한 이 점을 지적해 준 팻 오말리에게 감사를 표한다.

식수단으로부터 생물학적으로 분리될 수 없기 때문에 임신 계약은 자유가 제한된 채로 강제 이행된다. 법적 분리는 출산 후의 아이에게로 옮겨진다. 일종의 사적 계약으로 간주해 보면, 금전적 해결책은 이 계약의 이행이 약속하는바, 즉 '아이'가 대체 불가능한 성격을 띠기 때문에 제한될 수밖에 없다. 의뢰부모의 기대는 동등한 가치의 돈으로 채워질 수 없는데, 아이는 어떤 것과도 교환될 수 없기 때문이다. 결과적으로 법원은 대리모의 노동에 대해서 의뢰 부부의 가족 권리를 강제하였다. 대리모의 노동에는 위탁 부부의 "유전적 조성"이나 "출산 의도" 날인이 들어가 있는 것이었다. 대리모의 노동은 대리모 자신에게 속하는 것이 아니다. 이 노동은 위탁 부부의 생물학적 유산의 일부를 구성한다. 이런 이유로 대리모의 생산성을 대체 가능한, 추상노동의 범주로 쉽게 구성할 수 없고, 가족의 통일성integrity에 대한 요청을 존중하여 계약적 판단에 관한 통상의 조건들이 유보되는 것이다.[9] 이와 동시에 특정이행은 대리모가 아이에 상응하는 돈을 받아야만 하는 것을 의미하게 되었다. 이 돈은 대리모가 의뢰부모의 목적에 따라 반드시 이행하기로 동의한 생식 과정에 대한 보상으로 결정되어 있는 것

---

9. 이러한 판결에 영향을 준 논리는 19세기 미국의 노예 계약에 관한 특정이행 집행의 선례와 유용하게 비교할 수 있다. 미국 법의 역사에서 특정이행의 발동은 노예와 노예 소유주 사이의 불가피한 가족적 관계와는 상관이 없다(Morris 1996). 19세기 초반 다수의 노예 소유자는 노예가 고유하고, 비교할 수 없는 재산, 즉 계약 위반 시 금전적 등가물로 쉽게 교환할 수 없는 재산을 대표한다는 점에서 특정이행의 집행을 요구했다. 이러한 사례의 대다수는 노예를 미래 후손에게 신탁으로 물려줄 것을 적시한 유언장이나 유서와 관련된 분쟁이었다. 몇몇 사례에서 노예는 단순 재산이 아니라 가족 재산이라고 주장하는 경우도 있었다(Morris 1996: 103~120). 그러므로 노예는 합법적으로 상속될 수 있지만, 돈으로 교환될 수 없었다(동등한 것이 없었다). 노예 계약의 특정이행과 관련된 판결에서 가족 상속법은 모든 상품과 서비스를 교환 가능한 등가물로 환원하는 수평적 계약법보다 우선시되었다. 가족 노예라는 특수한 사례에서 (타인의) 신체에 대한 계보적 재산권 주장이 계약의 자유를 압도했다.

이었다. 이러한 비대칭적 거래는 대리모 계약이 강제하는 소유관계를 가장 명확히 보여준다.

결론 : 생산과 재생산[생식]

이 장의 설명으로부터 우리는 미국의 생식노동 시장이 생산과 재생산[생식] 사이의 역사적 관계에서 광범위하게 사회적 변환이 일어나면서 출현했을 뿐만 아니라 일련의 지역적 우연성들이 발생하면서 생겨나게 되었다는 사실을 알 수 있다. 19세기에서 20세기까지 현대의 산업적 노동이 형성되는 동안, 생식적 생명과정과 생식하는 여성들은 남성 노동자들에 대한 필요하지만 외적인 조력자들로서 생산 영역으로부터 배제되었다. 1980년대 캘리포니아주의 난모세포와 대리모 시장이 번성할 수 있었던 것은 부분적으로는, 공적인 남성 가계 부양자와 사적인 가정주부라는 포드주의 가정의 특정한 젠더 질서의 해체가 방출하는 사회적 에너지 덕분이었다. 포스트포드주의와 관련해서 이루어진, 대기업과 국가 생산의 수직적 해체 그리고 수평적 외주화로의 전환이 동반한 것은, 포드주의적 가정의 수직적 해체, 그리고 엄밀한 의미의 가족 단위 바깥에서 생물학적이고 사회적인 재생산 능력을 모두 확보하기 위한 새로운 종류의 계약 메커니즘의 발전이었다. 또한, 이러한 계약은 생식 의학뿐만 아니라 1970년대 후반의 생명과학 혁명을 뒷받침한 미생물학, 유전학, 바이러스학, 발생학 등의 분과에서 실시된 생명에 대한 기술적 서열화the technical ordering of life 실험을 통해 추진력을 얻게 되었다. 이러한 기술적 혁신은 새로운 형식의 생의학 가치 및 자본 가치를 생성하기 위해 체외in vitro 생산의 새로운 원천(예를 들자면 재조합 DNA나 종양유발 세포주 등의 공학화된 개체)으로부터 생명 과정을 동원하는 데 집중했다(Cooper 2008). 아이러니하게도 생명의 시작에 대한 씁쓰레한 사회적 논쟁이었던 1970년대와 1980년대의 임신중절 논쟁은 규제 공백을 만들었고, 그로 인해 생명을 생성하는 자유주의적 실험이 번창할 수 있었다. 우리가 다룬 사례들에서 생식 생물학의 과정processes과 주체 양자는 모두 점차 새로운 종류의 노동과정으로 편입되었는데, 이는 생식력의 잉여를, 사적 계약을 통해 거래되는, 대체 가능한 가치형태로서 생산해내는 것이었다. 우리는 이러한 생식노동 과정이 노동가치와 생명정치의 한 형태로서 외주화를 대동한 대규모 실험의 전철을 밟고 있음을 확인했다. 다른 외주화 형식과 마찬가지로 생식력의 외주화는 위험을 외재화한다. 이 위험에는 생식력 공급자가 감수하는 기술적으로 보조된 생식의 생물학적 위험과 대리모의 정서적 위험이 포함된다. 사적 계약의 우선성과 규제의 부재로 인해 미국의 생식 시장, 특히 난모세포 시장은 공급자들을 상향식으로 분류하는, 고도로 계층화된 부문이 되었다. 또한 이 시장은 유전 자본으로 이해되는 계급적 성취와 높은 수준의 비용이 청구되는 특권 영역이 되었다. 다음 장에서 보게 되겠지만, 생식력 외주화는 다른 장소에서는 매우 상이한 방식으로 조직되며, 이에 따라 공급자, 구매자, 클리닉에 미치는 결과도 달라진다.

4장

생식적 차익거래

국경을 넘은 생식력 거래

보조생식기술은 생식력의 생명과정에 유연한 공간적 가능성과 새로운 생산율 획득 가능성을 열어주었다. 수정의 요소들이 체외에 자리 잡게 되자 생식은 복수의 신체들뿐만 아니라 복수의 장소들에서 일어날 수 있게 되었다. 이러한 규모 효과^{scale effects}는 현재 온라인으로 주문하고 냉동되어 전 세계로 배송되는 북유럽의 정자시장에서 명백하게 드러난다(Krol⊘kke 2009). 여성 생식 생명과정의 요소들은 지금까지는 이런 종류의 마찰 없는 순환에 내맡겨지지는 않았었다. 난모세포 생산과 임신은 정액 생산보다 시공간적인 제약을 받는다. 난모세포의 저장 및 지연 기술이 부족하고, 임신은 불가피하게 체내에서 이루어지기 때문이다.[1] 그럼에도 불구하고 세계 여러 지역의 보조생식

---

1. 난모세포는 동결될 수 있다. 지난 25년 동안 주로 종양학적 환자를 대상으로 냉동보존 기술이 개발되어 왔다. 종양학적 환자들은 치료로 인해 자녀를 가질 수 있는 능력이 저하될 가능성이 있다. 하지만 냉동 난모세포를 활용할 경우 태아 생존율은 높지 않다. 난모세포는 세포질의 부피가 높아 해동 과정에서 세포 내에 얼음 결정을 생성하는 경향이 있다. 이는 부정 교합된 염색체는 물론, 기타 형태의 조직 손상을 유발한다. 약 75%의 배아가 냉동보존에서 살아남는다. 하지만 이 비율은 난모세포 생존율의 50~65%에 불과하다(Barrett and Woodruff 2010). 국제적으로 다수의 클리닉이 환자에게 난모세포 냉동보존 옵션을 제공하고 있지만 그 비용이 매우 높다(Rudick et al.

클리닉은 한 국가의 젊은 여성에게서 생식력을 확보하고 다른 지역의 노령 여성 또는 부부에게 이를 판매하는 등으로, 점점 국경을 넘어 생식력을 거래하고 있다.

그러나 진 지구적 정자 시장과 달리 여성 생식력의 계약 당사자들은 여행을 해야만 한다.[2] 2장에서 살펴본 것과 같이, 여러 국가는 기증자-보조 수정에 대한 규제 방식에 매우 다양하게 접근하고 있다. 그 범위는 완전 규제에서 시작해 엄격한 증여 기반 규제와 보상 모델, 규제의 부재에 이르기까지 폭넓다. 결과적으로 국가와 지역 자치주 규제의 조각보 같은 특성이 허가와 금지의 독특한 지형도를 만들어 놓았고 의뢰부모들은 국가 규제를 회피할 수 있고 난모세포나 대리모 시장이 허용되는 관할 구역으로 여행할 수 있게 되었다. 난모세포 공급자나 수태 대리모로 일하는 여성은 도시나 지방의 클리닉으로 이동할 필요가 생겼고 때로는 한 국가에서 다른 국가로 이동해서 그곳에서 시술 과정이 진행되는 동안 머물러야만 한다. 어떤 경우든, 여성 생식력의 공급사, 브로커, 구매자는 일반적으로 시술 과정에서 결정적인 순간에는 한 장소에 있어야만 한다. 스벤 버그만이 언급했듯이 "특정 과정은 국경을 넘어 이메일과 전화로 조직될 수 있으나〔난모세포를 활용하는〕IVF 처치의 결정적인 순간에는 인간 대상human protago-nists과 물질이 한 장소에 있어야 한다. 이들은 IVF 클리닉과 실험실의 지역적 기반infrastructure에 일정 기간 고정되어 있어야" 한다(Bergmann 2011a : 284).

2009 ; Martin 2010).
2. 소수의 클리닉에서는 환자가 이동할 필요 없는 별도의 비즈니스 모델을 활용한다. 남성 파트너의 정액은 난모세포 조달 클리닉으로 운송된다. 배반포는 현장에서 생성되고 냉동되어 의뢰 클리닉으로 다시 배송된다. 아일랜드와 우크라이나 클리닉들 간에 운영되는 프로그램을 예로 들 수 있다(A. P. H. Walsh et al. 2010).

"생식력 관광"fertility tourism이라는 용어는 이러한 현상을 설명하기 위해 사용되는데, 이는 어딘가 이국적 장소에서의 여유로운 소비를 연상하게 한다. 규제 당국과 윤리학자들은 이러한 용어를 비판적으로 바라보며, 보다 중립적으로 "국경을 횡단하는 생식적 돌봄"이라는 표현을 선호한다(Shenfield et al. 2010). 그러나 이번 장에서 우리는 시장 거래가 국경을 넘어 조직한 생식력 사슬들, 한 장소에서 다른 장소로 이동하는 생식력의 물질적 이동에 주목한다.[3] "생식력 관광"은 국경을 넘나드는 난모세포와 대리모 시장의 핵심을 구성하는 여행, 구매력, 생식 서비스 노동 간의 관계를 더 잘 이해할 수 있게 한다. 상당수의 생식력 관광객들은 특정한 생식노동 형태를 거주 지역에서 활용할 수 없거나, 감당할 수 없기 때문에 여행을 한다. 3장에서 보았듯이 미국의 시장에서 난모세포의 평균 가격은 약 1만 달러인 반면, 수태 대리모는 2만에서 5만 달러 내외의 보상금을 지급받는다(Ciccarelli and Beckman 2005). 그리고 임상적 절차나 법률적 비용 등을 고려하면 의뢰부모가 부담해야 할 필수적인 추가비용이 늘어날 수밖에 없다. 미국의 일부 주에서 규제되지 않은 생식 시장은 호주, 캐나다, 영국, 북유럽의 생식력 관광객들의 주요 목적지가 되었으나 새로운 생식력 외주화 센터들이 등장해 미국과 직접적인 가격 경쟁을 벌이고 있다. 미국에 거주하는 사람들도 국내에서의 높은 비용으로 인해 저렴한 지역의 클리닉을 방문하고자 여행하는 것을 목도할 수 있다(Whittaker and Speier 2010).

---

3. 이는 혹실드(Hochschild 2001)의 "전 지구적 돌봄 사슬"(global care chains) 개념을 응용한 것으로 여성이 더 나은 급여를 받을 수 있는 지역으로 이동함에 따라 돌봄 노동(유모, 청소, 노인 돌봄)이 한 장소에서 다른 장소로 이전되는 방식을 묘사한다. 이러한 이전은 본국에 남겨진 자녀들을 돌보고 교육비를 지불하기 위해 일어난다.

이번 장에서 우리는 두 가지 생식력 시장을 자세히 살펴보려 한다. 하나는 유럽의 난모세포 시장이며, 다른 하나는 인도의 수태 대리모 시장이다. 물론 이 밖의 다른 많은 시장에 대해서도 논해볼 수 있다. 난모세포 시장은 여러 지역에서 발전했다. 한국에서 황우석 사건으로 인해 규제가 강화된 2008년 이전까지 한국(공급자)과 일본(구매자) 사이에서 발전한 시장을 예로 들 수 있다(Leem and Park 2008). 라틴아메리카의 에콰도르에서는 "밝은색 피부"light-skinned 공급자들이 주연이 되어 이웃 국가에 생식력 서비스를 제공하는 난모세포 시장이 발전했고(Roberts 2010), 동남아시아의 베트남 여성은 태국의 의뢰부모에게 난모세포와 대리모 서비스를 판매하고 있다(Whittaker and Speier 2010). 난모세포 시장은 주로 인근 지역 범위에서 형성되는 경향을 보인다. 일반적으로 불임 클리닉은 구매자의 표현형과 비슷한 인구에서 공급자를 모집하기 때문이다. 그 결과 태어나는 아이는 의뢰부모의 특성, 특히 피부색을 공유하게 된다. (때때로 의뢰부모가 더 밝은 피부톤에 웃돈을 주고 "거래"trade up를 하고자 하는 경우도 있기는 하지만 말이다.) 따라서 클리닉은 특정한 범주의 표현형을 시장에 유통시키고 고객 소속 국가에서 유사 서비스가 금지된 경우 규제 국경을 넘어 이런 표현형을 찾아나서는 고객을 유치하고자 한다. 예를 들어 독일에서 난모세포에 접근할 수 없는 생식력 관광객들은 과하다 할 정도로 국제 고객들에게 맞추어져 있는 불임 클리닉fertility clinics이 위치한 체코의 프라하로 운전을 해 몇 시간 만에 이동할 수 있다(Whittaker and Speier 2010; Bergmann 2011b). 수태 대리모는 공간적인 제약을 덜 받는데, 유전적인 기여를 전혀 하지 않기 때문이다. 그래서 그녀의 인종성은 아이에게 흔적을 남기지 않는다. 급성장한 인도의 대리모 시장은 이러한 수태의 특성에 의존하여 보상금을 감당할 수 없는 미국과 기타 국가의 의뢰부모, 재외 인도인 의뢰부모를 확보하고자 가격 경쟁을 하고 있다.

유럽의 난모세포 시장과 인도의 수태 대리모 시장은 몇 가지 이유에서 우리의 관심을 끈다. 첫째, 이 두 시장은 각각의 위치에서 현대의 여성화된 노동 시장의 추세는 물론, 동시에 임상노동에 특정되어 있는 특징들도 보여준다. 유럽에서 난모세포 공급자들의 상당수는 동유럽의 젊은 여성들이다. 이들은 국가 노동 시장이 극적으로 재편되면서 공식적인 노동 선택지가 사라진 과도기적 탈사회주의 경제의 불안정성을 극복하고자 한다. 사스키아 사센(Sassen 2002)과 다른 연구자들(Ehrenreich and Hochschild 2003)은 1980년대 이후 진행된 세계 경제의 재구조화와 이번 장에서 우리가 다루는 재생산(생식)의 재구조화 사이의 관계를 분석했다. 건강과 복지를 위한 공공자금이 축소되었고, 경제 자유화로 인해 공식적인 노동은 점점 경쟁 상태에 놓이게 되었다. 따라서 여성은 비공식적 경제에서 새로운 생산적 틈새시장을 개발해야만 했다. 특히 여성은 양육, 출산, 섹슈얼리티에 대한 여성적 역량을 협상 가능한 자산으로 재구성해야 했다. 가정부, 유모, 청소부, 웨이트리스, 성노동자 등의 다양한 일자리를 구할 수 있는 국가에서 돈과 거래가 가능한 형태로 이들 자산을 재구성하여 자신과 자녀들을 부양하였다. 사센의 용어대로 그들은 "지구화의 하부 회로lower circuits"를 형성했고, 이들은 높은 소비 성향을 지니고 가정적 보조가 필요하며 교육받은 전문직 여성이 더 이상 "아내"로서의 서비스를 수행하지 않는 지식 노동자 가구에 상륙했다(Sassen 2002 : 256). 상당수의 체코, 루마니아, 러시아, 우크라이나 출신의 여성들이 이러한 선택지를 채택했고 서유럽으로 이주하여 간병인으로 정착했다. 동일한 방식으로 이들 인구의 일부분은 불확실하고 낮은 수입을 이민 생활의 일부 혹은 모국에서의 수입원 형태로 난모세포 매매를 통해 보전하고자 했다. 인도의 경우 수태 대리모는 인도의 생식력 잉여 – 인구 생산성은 인도 국내는 물론 국제적으로도 거버넌스 차원에서 인구통계학적 골칫거리였다(Connelly 2008) – 시장화와 보다 일반적인 국제적 노동외주화 정책에 해당한다고 할 수 있다. 인도는 저비용 인력을 전 지구적 생산과 서비스 사슬에 투입해 사업 투자와 경제적 이점을 확보하고 있는 개발도상국의 최전선에 있다(Suri 2007). 이러한 외주화 전략이 IT와 비즈니스 과정에 초점이 두어졌었다면, 수태 대리모와 임상시험 노동의 출현은 새로운 형태의 체화된 서비스 노동 형식에 대한 노동 외주화를 여는 것이었다. 우리는 이러한 서비스 노동을 "자체 서비스"services in the self라고 명명한다. 이 서비스는 생산 과정에서의 필수 요소인 노동자의 살아있는 물질substrate 활용과 체내의 **생명과정**에 의존한다.

둘째, 이러한 생식력 시장은 백인의 상업적 재생산과 관계를 맺고 있다. 동유럽 여성은 선호되는 난모세포 공급자 인구이다. 이들은 북유럽 구매자의 특성을 공유하고 있는데, 이들 구매자들은 엄격한 국가들(독일, 스칸디나비아, 영국)로부터 남부와 동유럽 클리닉으로 이동해간다. 이들 클리닉이 자신들에게 맞는 대상을 찾아주기 때문이다. 난모세포 시장은 동유럽 여성이 자신의 표현형적 자산을 자본화할 수 있는 조건을 만들어 주었다. 인도의 수태 대리모는 캘리포니아주의 대리모 계약 가격의 일부 금액으로 확보할 수 있지만, 수정에 활용되는 생식세포는 그들의 것이 아니기 때문에 출산한 아이는 (이상적으로는) 대리모가 아닌 의뢰 부부를 닮게 될 것이다. 인도 수태 대리모의 모든 고객이 피부가 흰 사람들은 아니다. 하지만 상당수의 고객이 할인된 가격으로 백인 아이를 재생산할 수 있는 인도 대리모의 능력을 이용하기 위해 미국, 호주, 서유럽 등에서 여행해 온다. 백인성의 재생산은 생식력 시장을 훨씬 긴 역사로 옮겨 놓는다. 오래전 생명공학 이전의 여성화된 노동 형식에서는 비백인 여성들이 유모wet-nursing, 가사 노예, (대개 불법적이었던) 임신을 통해 백인 아이 창조creation와 돌봄 보조에 관여했다(Glenn 1992). 다음 절에서 우리는 동유럽과 인도에서뿐만 아니라 더 일반적으로 일어나고 있는 국경을 넘은 저비용 생식력 거래, 생식노동의 차익거래의 동역학을 살펴볼 것이다.

유럽의 난모세포 시장

3장에서 살펴보았듯이 캘리포니아주는 상대적으로 자유주의적 성향이 덜했던 주들에서 형성된 수요를 활용해 기업가적 생식노동 시장 개척에서 선도성을 보였다. 상업적 난모세포 공급자를 확보하려는 비미국인 의뢰부모들의 최초 목적지는 캘리포니아주를 비롯한 미국의 일부 주였다. 그러는 사이 유럽에서는 규제적 제약과 난점들, 국민의 건강보험, 생체조직 교환 문화, 민간 주도 의료 계획 그리고 유럽연합 회원국과 이웃 국가를 구성하는 표현형 분포라는 복잡한 네트워크 속에서 생식 난모세포 시장이 확대되어가고 있었다. 모든 형태의 난모세포의 기증을 금지하는 것(오스트리아, 독일, 이탈리아)에서부터 직접 비용에 상응하는 적절한 배상을 허용하는 증여 기반 시스템을 갖춘 곳(예를 들어서, 에스토니아), 또 손실 임금(예를 들어서, 2011년 이전까지의 영국), 시간과 불편함(예를 들어서, 체코, 스페인) 등을 포함하는 허용 가능한 구체적인 보상 수준을 명시하는 곳, 그리고 규정이 없는 국가들(예를 들어서, 폴란드, 러시아)에 이르기까지 규제의 범위는 폭넓다(Hochschild 2001, European Commission 2006). 유럽연합 회원국들은 〈오비에도 협약〉과 〈유럽연합 조직 및 세포 지침〉에 서명했고, 신체 일부의 금전적 교환행위를 금지하는 다양한 국가 법령을 마련했다(Council of Europe 1997). 해당 국가들은 또한 증여 관계에 대한 보다 광범위한 유럽의 문화적 약속을 공유했다(Waldby and Mitchell 2006).

이러한 반상업적 원칙에도 불구하고 유럽은 국가 간의 그리고 국경을 가로지르는 난모세포 시장을 지원하고 있다. 이 시장은 유럽연합의 다양한 회원국, 인접 국가 간 법적 관할권의 불일치, 규제 변동을 기회가 될 때마다 착취적으로 이용하여 발전했다. 시장은 가파른 수요 상승과 불임 치료 빈도수가 급증한 결과였다. 전 세계적으로 보조생식기술의 절반 이상이 유럽에서 실시되었다(de Mouzon et al. 2010).[4] 등기 기관들에서 소속 국가를 떠난 환자들을 기록하지는 않기 때문에 국경을 벗어나 치료를 받고자 하는 의뢰부모에 대한 신뢰할 만한 수치는 없다. 그럼에도 불구하고 최근 유럽 6개국(벨기에, 체코, 덴마크, 슬로베니아, 스페인, 스위스)의 46개 클리닉에서 실시한 국경을 넘는 환자들에 대한 조사에 따르면, 해당 클리닉에서만 영주권이 없는 환자에 대해 연간 1만 5천 건의 치료가 실시된 것으로 추정되었다(Shenfield et al. 2010). 우리가 앞으로 보겠지만 난모세포 시장은 여러 이유로 의뢰부모들이 국경을 넘는 유럽인들의 생식 여행이 보이는 일반 지형도 내에서 독특한 순회를 만들어 내고 있다. 다수가 난모세포를 원했지만, 다른 이들은 기증자 정액과 자궁 내 수정을 희망했다. 일부 응답자들은 미혼 여성이나 동성애 커플이라는 이유로

---

4. 국가 수준의 등록 명부로부터 데이터를 수집하는 유럽 IVF 감시 컨소시엄(European ivf-monitoring consortium)에 따르면, 2006년 12,685건의 난모세포 기증을 포함해 32개 국가의 998개 클리닉에서 458,759회의 불임치료가 이루어졌다고 보고했다.

자국의 치료 대상에서 제외되었기 때문에 여행을 해왔다. 또는 나이 때문에 보조금 지원을 받는 처치에서 배제되었기 때문에, 그리고 다른 관할권 내에서 저렴하게 사적인 치료를 받을 수 있었기 때문에 여행을 했다.

이러한 이동 경로는 규제 조각보뿐만 아니라 아이와 옹(Ong 2006)에 따르면 "생식노동 차익거래"reproductive labor arbitrage라 불리는 것에 의해서 모양이 결정된다. 노동 차익거래는 기업이 인력을 계약하면서 동일한 숙련도의 해외 저임금 인력을 고용하기 위한, 특정한 종류의 외주화를 일컫는다. 옹은 "차익거래는 일반적으로 금융시장에서 사용되는 용어로, 시장에서 낮은 가격으로 구매해 다른 곳에서 높은 가격으로 판매하는 관행을 말한다. 차액 매매자arbitragers는 수익 창출을 위해 금융시장 간의 가격 불일치를 이용한다. … 최근까지 노동 시장에서 차익거래라는 용어는 적용되지 않았다. 내가 보기에 제조업에서 전 지구적으로 값싼 노동력을 찾아 나서는 것을 동일한 숙련, 다른 가격이라는 논리에 따라 작동하는 일종의 산업노동 차익거래"라 부를 수 있다(Ong 2006 : 160).

앞서 언급했듯이 값싼 노동력 찾기는 옹이 언급한 제조업 분야와 정보 및 사무 서비스의 지구화 너머로 확장되어 제3자 생식력 공급과 관계된 일종의 자체 서비스sevices in the self를 포함하게 되었다. 이러한 관점으로 우리는 유럽의 난모세포 시장에서 발생한 차익거래의 역학을 확인할 수 있다. 클리닉은 한 국가 내에 위치한 젊고 상대적으로 가난한 여성이 생산한 값싼 생식력을 확보해 다른 국가의 보다 부유한 고령 여성과 부부에게 판매한다. 지역과 회원국가 차원에서 적용되는 난모세포 조달에 대한 복잡한 제한이 난모세포 시장의 지형을 만든다. 특히 이러한 지형은 유럽연합 회원국들이 인간 신체 조직의 금전적 교환을 금지하지만 보상은 허용하는 〈유럽연합 조직 및 세포 지침〉을 다양하게 해석함에 따라 모양이 갖추어지고 있다(Directive 2004/23/ec). 이 지침에 따르면 "보상은 기증 관련 비용[예를 들면 기증에 필요한 시술과 회복에 걸리는 시간에 대한 보상금]과 불편을 보상하는 것[예를 들어 교통비 제공]"으로 엄격히 제한되어 있다(Art.12〔1〕).[5] 유럽연합 내에서 이 지침은 난모세포 공급자에 대한 비용이 수요 압력만으로 단순히 결정되는 캘리포니아주에서와 같이, 완전히 화폐화된 계약 시장으로 발전하는 것을 막았다. 대신에 난모세포 시장은 화폐화의 장점들이 사실상 반영된 보상체계를 갖추게 된 유럽 국가들에서 발전했다. 유럽연합의 규제 공간 밖에서 보다 노골적으로 수익화된 시장이 작동하며 "백인" 난모세포에 대한 수요를 빨아들였을 뿐만 아니라 더 위험한 임상 조건과 모집 조건 아래에서 작동한다.

이어지는 내용에서 우리는 생의학적 규제에서는 보상의 원칙이 유연하게 작동한다는 점, 그리고 금전적 보상과 화폐화 간에 절대적인 구분이 불가능하다는 점을 보게 될 것이다. 생명윤리 원칙에 따르자면, 보상은 연구 참여로 인해 발생한 다양한 비용(경비, 불편함, 시간)을 인정하고, 이에 상응하는 동등한 보상금 또는 현물을 제공해 연구 대상이 사회경제적 균형 상태로 복귀할 수 있도록 고안된 것이다. 보상은 의학적 연구 참여에 대한 장려 수단으로 "과도한 보수"undue inducement를 발생시키는 일 없이 자발적 참여의 물질적 장벽을 허물어 증여 경제를 촉진하기 위한 것이다. 세계보건기구WHO가 정한 용어로

---

5. 2004/23/ec 지침에 따르면, "회원국은 조직과 세포의 자발적인 무보수 기증을 장려해야 한다. 그러나 기증자는 기증과 관련된 비용 및 불편(예: 여비)에 대한 보상 수준에 국한된 보상금을 받을 수 있다. 재정적 이익 또는 유사한 이익을 제공하거나 추구할 목적으로 인체 조직과 세포 기증을 장려하는 홍보 활동을 금지한다. 회원국이 조직과 세포의 조달을 비영리 기반으로 이루어질 수 있도록 노력하는 것이 일반 규칙"이다.

"연구 대상에 대한 금전적 보상 또는 현물 보상은 지원자가 과도한 위험을 감수하게 만들거나, 자신들이 더 나은 것이라고 보는 판단에 반하여 자원하도록 하게 하지 않을 정도로만 지급되어야 한다. 자유로운 선택을 할 수 있는 한 개인의 능력을 손상시키는 보수 또는 보상은 동의를 무효로 만들어버린다"(Council for International Organizations of Medical Sciences 2002 : 46).

따라서 원칙적으로 보상 요금은 윤리적 평형점에서 설정되며 착취적이지 않을 정도로 충분히 높지만 참여를 거래로 바꿀 수 없을 만큼 충분히 낮다. 현실 요금은 이상적으로는 윤리위원회의 공식적 심의를 통해 결정된다(Council for International Organizations of Medical Sciences 2002). 그러나 현재 유럽연합에서 보상 요금은 불임 환자와 보조생식기술 클리닉으로부터 생성된 난모세포에 대한 강한 수요 압력으로 인해 윤리적 평형이 아닌 시장적 평형에 가까워지고 있다. 역사적으로 금전적인 목적의 신체 조직 매매는 약탈적인 거래로부터 기증자를 보호하기 위해 금지되어 왔다(Waldby and Mitchell 2006). 한편, 불임 의학 분야의 규제적 관심은 환자 보호로 점차 이동하고 있다. 특히 규제 입안자들은 환자가 치료를 위해 국경 밖으로 여행을 할 때 발생하는 위험을 우려한다.[6] 국내 난모세포 공급을 개선해야 한다는 압력이 증가하고 있는 상황에서, 유럽 내부 시장의 존재는 보상 요금을 인센티브 수준 이하로 유지시키려는 생명윤리위원회의 능력을 꾸준히 약화시키고 있는 셈이다.

---

6. 그 예로 2011년 난자 기증자 보상에 관한 HFEA 자문 조항을 들 수 있다. http://www.hfea.gov.uk/6177.html (2011년 11월 14일 접속).

보상금 시장

유럽 난모세포 시장의 지형은 대략적으로 유럽 북부와 서부 구매자의 남부와 동부 알선 클리닉으로의 이동으로 나타난다. 규제의 측면에서 보자면, (독일·프랑스·네덜란드·스웨덴 등) 난모세포 기증을 금지하거나 보상금 없이 허용하는 가장 제한적인 접근을 취하는 국가는 북유럽에 모여 있으며, 스페인, 체코 그리고 유럽연합 밖의 러시아, 우크라이나, 키프로스 등 보상에 대해 자유주의적 접근을 취하고 있는 국가는 남부와 동부에 위치한다. 이러한 북유럽적 패턴에 예외적인 국가가 영국이다. 영국은 난모세포 기증에 상대적으로 자유로운 접근을 취하고 있으나 우리가 살펴볼 이유로 인해 다수의 생식력 관광객을 양산하고 있다.

'유럽 IVF 감시 협력 클러스터'가 "난모세포 기증"으로 분류하고 있는 치료들은 대략 이런 패턴으로 군집을 이루고 있다. 2006년에는 이전 해와 마찬가지로 스페인 클리닉에서 기증받은 난모세포로 가장 많은 수의 시술을 수행했고(6,547), 그 뒤를 영국(1,763), 러시아(1,110), 프랑스(573), 벨기에(563), 체코(511)가 따랐다.[7] 이와 대조적으로 네덜란드, 스위스, 이탈리아, 독일에서는 난모세포 기증 시술이 기록되지 않았거나 아이슬란드의 경우처럼 22건으로 아주 적은 나라들도 있었다(de Mouzon et al. 2010). 이 수치는 거주자와 비거주자에 대한

---

7. 모든 클리닉이 정확한 명부를 기록하고 보관하지 않았기 때문에 이러한 수치는 완전하다기보다는 지표적 성격을 지니고 있다. 저자들은 86.0%(1,160개 클리닉 중 998개)의 클리닉이 응답했다고 보고했으나 두 국가(그리스와 세르비아)에서의 참여는 매우 낮은 수준을 유지했고, 나머지 4개(불가리아, 헝가리, 폴란드, 스페인)에서는 참여가 제한되었다고 밝혔다. 더군다나 스페인의 자발적 기증자 등록에 대한 연구에 따르면 다른 절차와 비교하여 난모세포 기증에 대한 정보는 제대로 기록되지 않는 것으로 나타났다(Luceno et al. 2010). 이와 같은 보고는 스페인에서 시행된 난모세포 기증 횟수가 상당히 많았다는 것을 시사한다.

치료를 구분하지 않은 것이지만, 프랑스와 영국의 수치는 주로 국내 난모세포 기증을 보여주는 것이라 가정할 근거는 있다. 프랑스의 경우에는 보상을 금지하고 있으며, 두 나라는 모두 난모세포 희망 부부를 "송출하는" 국가이기 때문이다(Shenfield et al. 2010). 몇몇 국가별 연구에서는 지난 5~10년간 난자 기증을 위해 국경을 넘는 거주민의 수가 증가하고 있는 것으로 나타났다. 네덜란드의 한 연구를 예로 들자면 2000년에서 2008년 사이 국경을 넘어온 난자 조달로 치료를 보조한 산부인과 의사 숫자는 물론, 스페인 같은 국가로 실제 여행한 환자의 숫자가 모두 3배 이상 증가한 것으로 나타났다(Van Hooff et al. 2010). 타국에서 치료를 찾았던 50여 명의 환자를 대상으로 한 영국의 연구에 따르면, 환자들은 영국의 난모세포 기증자가 부족했고 대기 시간이 길었기 때문에 여행을 떠났으며, 이들의 인기 있는 목적지는 주로 스페인과 체코였다.[8] 1,230명의 국경을 넘는 환자를 대상으로 한 6개국의 조사에서 이들 중 4분의 1(특히 독일과 영국 여성)이 난모세포를 구하기 위해 여행한 것으로 조사되었다. 독일인은 국경에 직접 인접한 체코를 선호했고, 다른 국적의 환자들은 스페인으로의 여행을 선호했다(Shenfield et al. 2010).

위에서 인용한 연구들이 보여주듯이 스페인은 유럽에서 난자 조달의 최전선에 있으며, 그 원인은 불임 의학에 대한 자유주의적이고 가벼운 규제의 특별한 역사에 있다. 스페인에서는 1980년대 중반 재생산, 가족법, 여성권 등을 둘러싼 프랑코 정권 이후의 자유주의적 입법 개혁의 물결과 의료연구를 장려하기 위해 고안된 현대화 정책이 나

---

8. "초-국가적 생식 : 불임 치료를 위해 해외여행을 하는 영국 거주민에 대한 연구", http://www.transrep.co.uk.

오면서 동시적으로 IVF도 시작되었다. 이러한 낮은 규제 접근은 현재까지 지속되고 있으며 기업화된 사적 불임 산업이 성행할 수 있는 조건을 만들어 주었다. 스페인에서 운영되는 클리닉은 이 글을 쓸 무렵 300여 개에 이르렀고, 이 중 90%가 사설 클리닉이었으며 지중해 연안을 따라 밀집되어 있거나 관광객들이 모이는 곳, 저렴한 항공편을 제공하는 공항 근처에 위치해 있었다(Idiakez 2008, 2010). 다국어 웹사이트와 인터넷 통신을 기반으로 클리닉의 국제적 파트너십과 환자 예약은 보다 쉬워졌다. 불임 회사 노르디카의 경우 영어, 덴마크어, 리투아니아어 웹페이지를 운영하고 스페인의 클리닉을 통해 난모세포를 공급한다. 이 회사 웹사이트에는 "노르디카는 난자 기증 치료를 제공합니다. 우리는 〔원문 그대로〕 스페인의 불임클리닉과 협력하고 있습니다. 클리닉은 난자 기증의 풍부한 경험을 갖고 있으며 스칸디나비아 사람 외모를 한 여성에게 난자를 제공하고 있습니다. 고객님이 해외에서 난자 기증을 원할 경우 모든 상담, 예비 검사, 의학적 조치 과정은 노르디카 불임클리닉에서 이루어집니다. 이후 난사의 수정과 수정란의 이식은 스페인에 위치한 클리닉에서 이루어집니다. 귀국 후에는 노르디카에서 사후 치료를 받습니다"라고 쓰여 있다.9

스페인의 클리닉은 기증자의 신분과 보상금을 관리하는 방식으로 상당수의 난모세포 공급자를 모집할 수 있다. 스페인에서는 생식세포 기증을 익명으로 처리해야 한다. 심지어 환자가 자신의 난모세포 공급자가 누구인지 알게 되면, 시술 과정에서의 익명성을 유지하기 위해 그 대신 제2의 알려지지 않은 여성의 난모세포를 받게 된다. 한편, 원래 최초 공급된 난모세포는 다른 곳으로 보내진다(J. Edwards

---

9. http://www.nordica.org/composite-361.html (2001년 2월 15일 접속).

2008). 이는 기증자의 익명성을 금지한 영국과 소수의 유럽연합 국가(스웨덴, 오스트리아, 스위스, 네덜란드, 노르웨이, 핀란드)와 현저한 대비를 이룬다(Idiakez 2010). 이들 국가는 익명성을 금지하고 기증자에게 자신의 신분 등록을 하도록 해서 태어날 아이가 특정한 나이가 되면 이 기록부에 접근 가능하도록 하고 있다. 일반적으로 기증자 등록은 기증자 수를 하락시키는 경향이 있다. 영국을 예로 들자면, 기증자 신상 등록 법안 도입 이후 난자 공유 기증자로 등록된 여성의 수와 기증된 난자를 사용한 치료 주기 횟수 모두 점진적으로 감소했다.[10] 기증자 신상 등록은 정자와 난모세포 모두에서 젊은 잠재적 기증자의 참여를 억제했다(Glenn 1992).

스페인 클리닉들이 모집에 탁월한 능력을 보이는 것은 그들의 보상금 집행 방식 때문이다. 그들은 보상금이 사실상의 사례금[fee]으로 지급될 수 있도록 이 과정을 화폐화했다. 첫째, 시간과 불편함에 대한 보상을 상대적으로 관대하게 해석했다. 사례금은 900에서 1,200유로 사이였다(Dickenson and Idiakez 2008 ; Shenfield et al. 2010). 이는 최근까지 영국에서 지불된 250파운드의 4배에 달하는 상당한 금액이다. 2011년까지 영국의 기증 시스템은 시간과 임금 손실의 일부만을 보상해 주었다. 그러나 최근에는 불편함에 대한 보상 범주가 포함되었고 보상 요금도 크게 증가했다. 이에 대해서는 이어지는 부분에서 자세히 설명할 예정이다. 둘째, 스페인의 보상금은 현금으로 지급되는 포괄적

---

10. 해마다 새로 등록된 난자 증여자 수는 2004년 504명, 2005년 417명, 2006년 339명, 2007년 471명, 2008년 377명이다(HFEA "난자 공유 기증자 및 비 환자 난자 기증자". 2009. http://www.hfea.gov.uk/3412.html 〔2010년 5월 6일 접속〕). 기증된 난자로 치료 받은 환자의 수는 2004년 1,794명에서 2007년 1,416명으로 감소했다(HFEA "기증자 개념─치료". 2009. http://www.hfea.gov.uk/donor-conception-treatments.html 〔2010년 5월 6일 접속〕).

인 요금이다. 난모세포 공급자는 2011년까지의 영국 시스템에서처럼 비용을 문서화하거나 명세서를 작성할 필요가 없었다. 이런 점에서 스페인의 보상은 유동성liquidity과 탈인격화depersonalizing를 취하는데 이는 화폐회의 특징이다. 짐멜이 설명에 따르자면, 돈은 교환, 소유권 변경을 용이하게 할 뿐만 아니라 한 당사자에게서 다른 당사자로 잉여를 이전시킬 수 있게 만든다(Simmel 1990〔1900〕). 돈은 인센티브로서 정확히 이와 같은 작용을 하는데, 가격점이 충분히 높을 경우 거래에 별로 적극적이지 않은 당사자를 거래로 밀어 넣는다. 깔롱의 용어를 빌리자면 돈은 비인격적인 유통을 용이하게 만드는 동시에, 등가성을 제공하여 소유자로부터 소유물을 분리시킨다. 구매자와 판매자는 가격을 협상하고, 거래를 완수하고, 교환을 끝낸다(Callon 1998). 짐멜의 표현대로 "교환 자체가 돈으로 구현된다"(Simmel 1990〔1900〕: 293).

이러한 접근 방식의 결과, 스페인의 클리닉은 대학 게시판과 학생 잡지를 통한 광고(Uroz and Guerra 2009), 미용실과 슈퍼마켓을 통한 광고, 그리고 입소문(France 2006) 등을 통해 익명의 거래 교환을 희망하는 난모세포 공급자를 젊은 여성 집단에서 모집할 수 있었다. 주요한 공급자 집단은 크게 둘로 나뉘었다. 첫 번째는 생활비와 수업료를 벌기 위해 노력하는 스페인과 해외 유학생들이었다. 두 번째는 농업 또는 가사 서비스 분야에서 일하는 라틴아메리카와 동유럽 출신의 이주민이었다(Idiakez 2010 ; Bergmann 2011b). 프랑코 정권 이후 스페인 정부는 사적인 가사 보조와 아동 및 노인 돌봄 인력을 공급하기 위해 과거 동구권과 스페인 제국의 식민지로부터 여성을 적극적으로 모집했다. 스페인 정부는 모집을 촉진하기 위해 정기적으로 미등록 노동자를 사면했고 시민권을 획득할 수 있는 기회를 제공했다(Escriva and Skinner 2008). 난모세포 매매는 고향의 자녀와 가정으로 송금하는 데 집중하고 있던 이주 돌봄 노동자들에게는 부수적인, 미등록된 자금의 간헐적 출처를 제공했다.

이주민과 스페인의 공급자를 모두 모집함으로써 클리닉은 다양한 범주의 표현형을 마케팅할 수 있었고, 다양한 불임 관광객들이 자신에게 맞는 짝을 찾을 수 있었다. 특히 동유럽 여성들은 스페인 클리닉으로서는 가장 바람직한 모집대상이었는데, 클리닉은 이들의 난모세포를 북유럽 구매자들과 짝지을 수 있었기 때문이다(Idiakez 2010). 버그만은 바르셀로나에 위치한 한 대형 클리닉에 대한 민족지 연구에서 난모세포의 수요와 공급이 매우 안정적이며 클리닉이 치료를 시작하기 전에 구매자와 공급자를 짝짓기 위해 기다릴 필요가 없었다고 기록한다(Bergmann 2011b). 클리닉은 대기 시간을 없애고 치료 과정에서 구매자와 공급자끼리 짝을 맺어 주었다. 공급자가 난소 자극에 잘 반응하여 많은 수의 난모세포를 생성할 경우, 클리닉은 반복 시술을 위해 해당 여성을 다시 소환했다(Idiakez 2008).

스페인 클리닉이 몇몇 젊은 여성 인구 집단의 수입 상당 부분을 차지하는 보상금액을 지불하고 있었기 때문에 난모세포 공급자를 수월하게 모집할 수 있었던 것은 명백하다. 유럽의 불임 관광객들이 선택하는 또 다른 목적지인 체코의 클리닉에서도 보상에 대한 자유주의적 해석을 찾을 수 있다. 체코는 스페인과 마찬가지로 생식세포 기증이 자발적이고, 무상양도도 가능하며, 익명으로 이루어져야 한다는 구체적인 법안을 갖고 있다. 기증자는 보상금을 받을 수 있지만 대가지급은 금지된다.[11] 스페인과 마찬가지로 보상요금은 젊은 체코 여성 대비 국외 환자의 구매력의 차이를 반영하여 약 600유로 선에서

---

11. Legislative Act No. 227/2006 Col.

설정된다. 이 금액은 체코에서 서비스 부문 여성 노동자의 2개월 월급 액보다 높고 3개월 치 월급액보다 낮은 정도이다(Whittaker and Speier 2010). 버그만은 프라하의 클리닉들이 시골 출신 공급자를 선호했고 이는 지방 소규모 클리닉 센터들의 산부인과 의사 네트워크에 의해 촉진되었다고 기록한다. 시골 공급자는 도시 기증자보다 돈을 필요로 하는 정도가 더 크고 더 "순수"하다고 여겨졌으며, AIDS 양성일 가능 성도 적었고 "집시"(로마니Romani) 또는 불법 이주민일 가능성이 적었 다. 버그만이 지적하고 있듯이 스페인 모델은 범지구적이고 인종적으 로 다양한 고객의 요구 사항을 충족시켰고, 반면에 체코 모델은 지구 화와 도시화에 오염되지 않은 인종적 순수성의 가치를 보존하는 데 중점을 두고 있었다(Bergmann 2011b).

체코의 난모세포에 대한 국제적 수요는 두 단계의 불임 산업 발 전을 낳았다. "부유한 외국인 환자를 지향하는 시장이 출현하면서 최 신 기술과 절차에 접근할 수 있는 클리닉의 발달을 촉진했고, 해외의 IVF 전문가가 이들 국가에 머물 수 있는 인센티브를 창출했다. 그러 나 외국인과 부유한 지역 환자를 위한 엘리트 클리닉과, 시설 이용객 은 항상 만원 상태이고 적정 진료 환자 수를 초과하여 환자를 받으면 서 실험실 시설은 열악한 지역 클리닉의 구분도 생겨났다"(Whittaker and Speier 2010: 374~375).

여기서 우리는 초국가적 난모세포 시장이 생식력 사슬로 작동하 는 방식을 볼 수 있다. 난모세포 시장은 개별 구매자와 공급자 사이에 서 생식력을 거래할 뿐만 아니라, 생식력을 하나의 계급과 장소로부터 다 른 계급과 장소로 옮겨 새로운 생식적 잉여와 결핍의 지도를 만들고 있다. 해 외의 부유한 고객에게 생식력을 이전시키고 다른 곳에서 가족 형성을 촉진하는 데 집중하고 있는 사설 클리닉의 비즈니스 모델로 인해 체코의 불임 부부는 보조생식의 대상에서 제외된다. 보조된 생식력은 특정 고객의 구매력에 따라 빈자에서 부자로, 남에서 북으로, 동에서 서로 유럽 전역을 순환한다.

젊은 여성으로부터 가임 난모세포를 분리하는 과정에서 화폐화된 보상의 성공으로 말미암아 기타 유럽연합 회원국의 규제 당국은 보상 시장으로 옮아가라는 압력을 받고 있다. 이는 난모세포 기증을 장려하기 위해 두 가지 보조 지원 방법을 채택하고 있는 영국에서 두드러진다. 하나는 "난자 공유"로, 불임환자가 난모세포의 일부를 다른 불임 부부에게 공유하는 것을 조건으로 할인된 금액으로 치료를 받을 수 있는 것이다(Human Fertilization and Embryology Authority 2005). 다른 하나는 〈유럽연합 조직 및 세포 지침〉에 명시된 보상 증여이다. 2005년에서 2011년 사이 생식 조직 기증을 규제하는 '인간수정 및 발생 관리청'(이하 HFEA)은 난모세포 기증에 대한 보상 수준을 250파운드로 설정했다. 이 금액은 기록된 손해비용과 일부 소득 손실을 보상하기 위해 책정된 것이며, 쉽게 특정화하기 어려운 "기증과 관련된 불편함"에 대한 보상은 포함되지 않았다(Art.12〔1〕). 이러한 조치에도 불구하고 영국의 불임 환자는 유럽의 불임 관광객 중, 특히 난모세포를 구하는 관광객의 상당수를 차지한다. 이 영국인 관광객들은 긴 대기자 명단과 낮은 생식세포 품질을 여행의 주된 이유로 꼽았다(Shenfield et al. 2010).

2011년 초 HFEA는 기증자 보상에 대한 자문회의를 시작했다. 자문회의 문건은 HFEA의 주 관심사를 목록으로 작성했는데, 여기에는 기증자 부족, 긴 치료 대기 시간, 무면허 클리닉의 열악한 진료 수준, 웹 기반 매칭 서비스 등의 해외 서비스 이용 시 불임 환자가 겪을 수 있는 위험 등이 나열되어 있었다. 다른 말로 하자면, 자문은 유럽 내

시장 압력이 영국의 불임 환자에게 끼칠 영향에 관한 것이었다. 이러한 압력에 대응하기 위해 제시된 선택지 중에는 "불편함"을 포함하도록 보상을 확대하는 것, 그리고 서류절차를 축소하는 것이 포함되어 있었다. HFEA에 따르면 이런 요인들은 "인센티브를 제공한다기보다는 기증에 대한 장애물을 제거하게 될 것"이었다.[12] 자문회의 문건은 스페인의 높은 보상 요금과 이것이 특정 배상이 아닌 총괄요금이었다는 사실을 반복적으로 언급하고 있었다. 2011년 10월 HFEA는 한 회로 지불하고 기록 문서화도 축소한 750파운드 액수로 보상금을 정한다고 발표했다.[13] 이는 현재 스페인 보상 요금에 아주 근접한 수준이었다. 여기에서 우리는 보조생식을 기다리는 국가적인 대기 행렬과 다른 곳에서 점점 더 거래가 활발해지고 있는 난모세포 시장으로 생겨난 수요 압력을 관리하기 위해 어떻게 보상 조건이 조정되고 확장되어가는지를 볼 수 있었다. 따라서 보상은 점점 더 규제된 시장의 특징을 반영하게 되었고 수요 압력이 설정하는 화폐화된 비용에 가까워지면서 생명윤리적 심의로 결정되는 개념적 평형점으로부터는 멀어지고 있었다.

초유럽적인 생식력 사슬 : 타자를 위한 생식

스페인과 체코의 클리닉은 유럽연합의 보상금 기준을 충족시키고 경제적으로 불안정한 젊은 여성인구에게 인센티브를 제공하는 보상금 지급 시스템을 구축했기 때문에 난모세포 공급자를 모집할 수 있었다. 이런 점에서 스페인과 체코의 시장은 캘리포니아주의 시장과 유

---

12. http://www.hfea.gov.uk/6177.html (2011년 11월 12일 접속).

13. "HFEA Agrees New Policies to Improve Sperm and Egg Donation Services," http://www.hfea.gov.uk/6700.html (2011년 10월 19일 접속).

사한 방식으로 작동한다. 그러나 두 시장 사이에는 생명정치적으로 매우 중요한 차이가 있다. 미국에서는 고도로 계층화된 시장에서 다양한 공급자의 자질(아름다움, 피부색, 키, 종교, 아이비리그 학위, 운동능력, 음악적 성취)을 거래 가능한 단위로 활용한다. 그 결과 미국 시장은 규제의 부재, 계약 우선성, 높은 성취도를 지닌 공급자의 희소성이 사례금을 상승시킴에 따라 고가의 틈새시장이 되어가는 경향을 보인다. 유럽연합에서는 클리닉들이 (피부, 머리카락, 눈동자의 색과 같이) 고객의 표현형을 일치시킬 수는 있겠지만, 미국 클리닉들처럼 계급이나 문화자본을 명시적으로 거래하지는 않는다. 또한 보상 조항에 따라 사례금을 유지해야 할 필요가 있어 난모세포에 대한 지급 역시 상대적으로 균일하다고 할 수 있다. 따라서 협상이나 특정한 기증자의 자질에 대해 금전적 가치를 추가적으로 재할당하거나 이에 관해 협상할 여지도 거의 없다.

이러한 제약은 유럽의 생식력 차익거래가 시장에서 점점 더 선호하는 젊은 여성 코호트를 모집하기 위한 사례금의 큰 격차가 아니라 젊은 여성들이 위험에 서로 다르게 노출되고 있다는 점에 의존하고 있음을 의미한다. 이러한 위험 노출은 동시에 경제적·시민적·신체적인 것이며, 소득 능력·인권보호·젠더화된 가치들이 급경사로 위계적으로 배열되어 있는 유럽의 상황에서 비롯된다. 유럽연합 내에서도 소득 권력은 북서부 국가들에 집중되어 있다. 런던 주민의 평균 소득을 예로 들자면, 이들은 불가리아의 일부 지역 주민 소득의 12배나 번다. (폴란드·체코·루마니아·불가리아·헝가리 등의) 중부 및 동부 유럽과 (이탈리아·포르투갈·그리스 등) 남부 유럽의 평균 소득은 유럽연합 평균의 75% 수준이다(Eurostat 2011). 이런 소득 차이가 존재하고 있기 때문에 유럽의 젊은 여성 인구 중 일부는 다른 여성들에 비해 보상 수준의 사례금에도 민감하게 반응하게 된다. 이로부터 난모세포 보상 시장이 발전하게 되었다.

특히, 스페인과 체코 같은 곳의 유럽 난모세포 센터와 러시아와 우크라이나의 클리닉에 동유럽 출신 젊은 여성들이 상당한 정도로 참여하고 있다는 점은 경제적 취약성과 난모세포 판매 사이의 관계를 대변해주고 있다. 확실히 집단으로서의 여성은 국가 사회주의에서 자본주의 경제로 전환되는 과정 속에 있는 동부 및 중부 유럽 국가들에서 남성 노동자보다 더 많은 불안정성에 직면해왔다. 1990년대 초반 국가 사회주의가 종말을 고했을 때, 구소련 동유럽 권역 전체에 광범위한 실업이 발생했다. 이때 여성은 점차 확대된 민간 부문의 신규 고용에서 불균형적으로 배제되었고, 실업 상태로 남거나 줄어든 공공 부문의 저임금 일자리에 밀집되어 있었다(Pollert 2005 ; Glass 2008). 구소련 시절의 지하시장이 시장화로 만들어진 기업가 공간으로 확장되어감에 따라(Wallace and Latcheva 2006) 여성은 점차 비공식적인 경제활동에 참여하게 되었다(Pollert 2005). 비공식적 활동에는 가구 생계활동(물물교환, 식품 생산)과 "법을 벗어나 수익을 창출"하는 지하경제에서의 노동이 포함된다(Wallace and Latcheva 2006 : 81). 지하경제에서의 노동은 어떤 경우에는 범법이지만 대개 법외 경제활동으로 규제를 받지 않는다. 여성은 공공 또는 민간 부문에서 일할 수 있지만 이들의 급여는 낮은 수준이거나 비정기적으로 지급되며 이런 노동자들은 미등록 일자리, 일당 노동, 과세 체계 밖의 노동 등으로 전환될 수 있다. 1990년대 후반 중부 및 동부 유럽 국가에서 "지하경제" 소득은 가계 소득의 약 20%를 차지했고 몇몇 국가에서는 이보다 더 높은 수치를 기록했다(Wallace and Latcheva 2006). 소득 능력과 경제적 안정의 불균형으로 인해 일부 젊은 여성들이 난모세포 판매와 같은 새로운 형태의 자기 자본화 형식으로 내몰리고 있다.

유럽의 난모세포 시장은 이 지역에서의 광범위한 생식 재구조화의 결과로 구소련 권역은 물론 서구 산업 민주주의 지역에서 국가, 시장, 가정 구조 사이의 관계를 변화시켜 놓았다. 한편으로는 동유럽의 국가 사회주의에서 시장사회로의 전환은 재생산에 대한 보조를 급격히 해체시켜 버렸다. 육아 및 의료에 대한 과거의 국가 서비스는 중단되거나 민영화되었다. 고용주는 출산 휴가와 같은 법정 비용을 회피하고자 여성을 해고하거나 남성 직원을 선호하는 편을 택했다(Pollert 2005; Glass 2008). 그 결과 과거 구소련 권역의 출산율은 임신중절을 제한하고 국익을 위해 젊은 여성에게 출산을 장려하는 등 강력한 출산주의 정책을 도입했음에도 불구하고 북유럽의 출산율보다 훨씬 낮게 떨어졌다(Gal and Kligman 2000).[14] 이러한 상황에 대응하기 위해 여성들은 가정을 유지하고 아이와 조부모 등 부양가족들을 돌보는 데 도움이 되는 노동 형태를 찾아 나섰다. 반면 서유럽에서는 1980년대 이후로 여성이 가정을 벗어나 전문직이나 서비스직으로 이동하면서 보육과 가사 업무를 지원하는 일자리 수요가 급증했다. 북유럽 국가에서는 육아 시설과 출산 휴가를 공공 기금으로 지원했고, 그 밖에 네덜란드, 스페인, 프랑스 같은 국가에서는 보모, 입주 가정부au pairs, 청소부 등의 고용을 촉진하는 사적 돌봄, 개인화된 돌봄 의무와 이민 정책을 보조했다(Lutz 2008). 이러한 가정 재생산의 변화는 동유럽에서 서유럽으로, 남유럽에서 북유럽으로 돌봄 노동이 대량 수입되는 결과로 이어졌다. 유럽의 부유한 지역에 있는 가정들은 육아·노인 돌

---

14. 2007년 동유럽 국가의 평균 출산율은 1.31이었고, 북유럽은 1.8이었다. Population Reference Bureau, "1995년부터 현재까지 저출산 국가의 출산율", http://www.prb.org/Reports/2009/tfrtable.aspx (2010년 5월 6일 접속).

봄·가사노동 등에 대한 수요를 충족시키기 위해 우크라이나·루마니아·폴란드·러시아 등의 다른 지역에서 이주한 교육받은 전문여성의 돌봄 노동에 의존했다(Lutz 2008). 이주 노동자들은 송금을 통해 자국의 자녀와 가정을 지원했다.[15] 다르게 설명하면, 유럽의 가정은 점차 초국적 관계를 통해 형성되고 있으며 모든 수준의 재생산성은 본래의 가족 외부에 존재하는 여성 노동력과 점점 더 많은 연관을 맺게 되었다. 이러한 돌봄의 사슬들을 난모세포 시장과 함께 고려하면, 동유럽의 여성화된 노동이 점차 다른 곳에서 가족을 형성하고 유지하는 데 필요한 생물학적 생식력과 양육의 요소들을 다른 이들에게 제공하고 있는 셈이다. 동유럽의 여성들은 교육을 잘 받은 돌봄과 백인 피부를 지닌fair-skinned 생물학적 자본을 제공한다.

루마니아의 공급자들

동유럽 난모세포 공급자들의 삶에 이 요소들이 어떻게 통합되어 들어가는가를 미할 나흐만의 루마니아의 보조생식 클리닉에 대한 민족지적 연구 기록을 통해 살펴볼 수 있다(Nahman 2006; Nahman 2008; Nahman 2012). 루마니아는 유럽연합 가입국 중에서 가장 빈곤한 국가 중 하나이다. 루마니아의 국민 평균 소득은 유럽연합 평균 소득의 47%에 지나지 않는다(Eurostat 2011). 가계 소득의 3분의 1만이 공식적인 경제에서 창출된다. 그 밖의 수입원은 지하경제에서 가계 차원의 물물교환과 식량 생산으로 충당된다(Wallace and Latcheva 2006). 또한 루마니아의 경제는 유럽연합의 다른 국가들로 간 루마니아 이민자들

---

15. 동유럽의 민족주의자들은 돌봄 노동의 이주를 비판한다. 그들은 이와 같은 발전이 국가의 생식능력을 약화시키는 것으로 이해한다. 실제로 출산주의 정책은 젊은 여성의 생식력을 국가 경제로 강제적으로 되돌려 놓기 위한 전략이다.

이 송금한 소득에 의존하는 송금 경제라고 할 수 있다(Eurostat 2007).

나흐만의 연구에 나오는 클리닉은 루마니아 부쿠레슈티에 위치해 있다. 이 클리닉은 미국에 본부를 둔 난모세포 중개 회사와 이스라엘의 불임클리닉 네트워크가 연결된 국제 사슬의 일부였다. 2002년 연구 당시, 루마니아는 유럽연합에 가입하지 않은 상황이었으며, 유럽연합의 조직 및 세포 지침의 적용 대상이 아니었다. 루마니아 클리닉의 주요 사업은 이스라엘의 여성 불임 환자를 위해 난모세포를 조달하는 것이었다. 루마니아의 모델은 유럽 난모세포 시장에는 전형적이지 않았다. 이 경우, 이스라엘의 의뢰인 부부는 루마니아 클리닉에 방문할 필요가 없었다. 그 대신 클리닉은 난모세포를 제공할 루마니아의 젊은 여성을 모집했고 난모세포를 냉동 배송된 의뢰인 남편의 정자로 수정시켜 이를 냉동해서 이스라엘로 다시 배송했다. 이스라엘에는 일련의 출산주의 정책의 일환으로 공적 자금으로 지원을 받아 왕성한 활동을 하고 있는 불임 산업이 발전해 있었다. 이스라엘 고객들은 큰 키에 창백한 피부, 작은 코, 파란 눈, 유럽적 "고상함"이 있는 "유럽적" 난모세포 제공자를 특히나 선호했다. 나흐만은 이러한 선호가 다수의 아슈케나즈(동유럽 출신 유대인)들이 유럽 문화를 자신들과 동일시하는 현상을 반영할 뿐만 아니라 비유대인적인 북유럽의 미적 규범에 대한 일반적인 욕망을 대변하는 것이라고 서술하고 있다(Nahman 2006).

나흐만이 대면 조사한 20명의 여성은 대다수 제조업 또는 서비스업의 저임금 일자리와 소규모 자영업에 종사했다. 그중 일부는 학생이었다. 급여를 받는 사람들의 급여 수준은 (임대료와 식비 같은) 생계비를 간신히 충당하는 수준이었으며, 부가적이고 비공식적인 수입원으로 난모세포 매매를 시작했다고 응답했다. 그들에게 난모세포 매매는 의복 구매, 학업, 기본적인 가계 유지 또는 자녀의 욕구 충족을 위한 비용을 지불하는 유일한 수단이었다. 몇몇은 빚을 지고 있었으며 변제를 위해 보상금이 필요했다. 인터뷰에 응한 모든 여성은 재정적 필요 때문에 난모세포를 매매했다고 응답했다. 클리닉은 여성들을 구두로 모집했고, 한 회의 시술당 미화 200달러가량을 현금으로 지급했다. 이러한 사례금은 당시 루마니아 여성 월급의 2배에서 4배에 달했다. 면접조사에 참여한 일부 여성들은 수차례 난모세포를 매매했고, 다시 팔 의도가 있다고 답했다. 클리닉은 여성들이 원할 경우 6회에서 7회의 시술을 받을 수 있도록 허용했다. 나흐만은 "기증자들에게 난모세포를 기증한 이유를 물었을 때, 응답자들이 '자포자기'한 심정에서 기증했다고 답했다. 그들은 끊임없는 빚에서 벗어나고자 했고 옷, 새 침실 가구, 화장품, 담배 등의 기본적일 '필수품'을 스스로 사고자 했다. 한 여성은 집세가 두 달이나 밀려 돈을 빌리지 않고 난자를 매매하기로 결정했다고 답했다"고 말했다(2005:224).

응답자 중 다수가 난장 기증 과정에 수반된 위험에 대해 우려를 표명했다. 하지만 부채와 갖가지 재정적인 압박으로 다른 선택의 여지가 거의 없었다고 응답했다. 어떤 응답자는 자신의 난모세포로 태어날 아이의 운명과 그들이 살게 될 곳, 그들의 생김새에 대해 절절하게도 알고 싶어 했다. 몇몇 응답자는 자신의 자녀를 갖고 싶었으나 그 전에 먼저 경력을 쌓거나 일종의 소득 보장을 받아두어야 한다고 응답했다. 난모세포 매매는 이들이 자신을 둘러싼 환경을 검토하고 향상시키면서 스스로를 지원하는 한 가지 방법이었다. 매매는 위험한 직업이었으나 2000년대 초반 지구화된 루마니아 경제체제에서 그녀들 스스로의 위치를 찾고자 했던 여성들에게 기존의 방법으로는 부족했던 소비와 자기 투자의 기회를 주었다고 나흐만은 분석한다(Nahman

2008). 현금 기반 지하경제에 속하는 여타 비공식적인 노동처럼 난모세포 매매는 루마니아에서 이렇게 특정한 수준의 기업가적 추진력과 새로운 소비와 기술 세계에 참여하려는 열망은 물론, 단순한 경제적 절망과도 연관되어 있었다(Wallace and Latcheva 2006 : 90).

인도의 수태 대리모

우리는 새로운 초국적 수태 대리모 부문에 연관된 인도의 여성들에게서도 위와 유사한 상황을 확인할 수 있다. 난모세포 시장과 마찬가지로 수태 대리모 시장은 국가와 지방 자치구의 규제에서 보이는 현저한 차이와 의뢰부모가 아이를 얻기 위해 여행하려는 의지의 증가로 형성되고 있다. 난모세포 거래는 표현형의 유사성에 중점을 뒀기 때문에 시장 발자국에 지역적 제한을 두는 경향이 보인다. 하지만 이와 달리 수태 대리모는 (잠재적일지언정) 실로 전 지구적이라 할 수 있다. 인도의 비즈니스 모델은 의뢰 부부가 인도 여성을 활용해 임신한 산모의 외형을 남기지 않고 유전적으로 또는 피부색이 자신들과 동일한 자녀를 재생산할 수 있다는 사실에 의존하고 있다. 따라서 인도 대리모들의 초국적 시장들 중에서 하나는 비거주 인도인들을 위한 것인 반면, 또 다른 초국적 대리모 시장은 백인 피부의 미국이나 유럽 부부들을 위한 것이다.

3장에서 보았듯이 수태 대리모는 난모세포 매매보다 훨씬 더 제약을 받는 활동이다. 다수 국가의 법적 관할권에서 수태 대리모를 공공 정책에 위배되는 것으로 간주하고 이에 대해 포괄적인 금지 조치를 취하고 있다. 인도는 캘리포니아 비즈니스 모델의 몇몇 핵심 장점들을 채택했기 때문에 대리모의 목적지로 발전할 수 있었고, 이제는 가격 면에서 캘리포니아주를 비롯한 미국의 몇몇 주들과 직접적으로 경쟁하고 있다.[16] 인도의학연구위원회는 이 부문에 대해서 강제력이 없는 지침을 마련했다(Indian Council of Medical Research 2005). 한편, 현재 인도에서 유일하게 사용되는 법적 수단은 사적 계약이며, 인도 고등법원은 이와 관련된 법령을 마련하기를 거부해왔다. 클리닉은 사적 계약서를 작성할 때 의뢰 부부(의도하는 부모intending parents [17])를 묘사하고자 의도intention라는 법률용어를 채택했다. 또한 클리닉은 법적 분쟁이 발생했을 경우 태어난 아이에 대한 '의도하는 부모'의 청구권을 강화하기 위해 (대리모 자신의 생식세포를 활용하는) 소위 전통적 대리모 대신에 수태 대리모를 배타적으로 취급하고 있다. 2010년 보조생식기술(규제) 규칙 초안은 현재 인도의회에 상정되어 있는데, 이 초안은 이 영역에 법적 규제를 도입하려고 한다. 현재 이 법안은 법원의 특정이행 강제를 지지하고 대리모의 어떤 청원보다도 '의도하는 부모'의 계약적 권리를 더 우선하는 내용으로 틀 지어져 있다. 계약된 아이의 출생증명은 대리모를 의뢰한 당사자 개인(들)의 이름으로 발급되도록 규정하고 있다. 또한 대리모는 출산 시 아이에 대한 모든 권리를 포기하도록 하고 있다(Indian Council of Medical Research 2010).

인도의 대리모 부문과 관련된 국가 통계, 보조생식 등록명부 또는 자원이 풍부한 모니터링 기관이 없기 때문에 정확한 규모를 추정할 수는 없다. 따라서 우리의 설명은 전반적인 인상에 근거한다. 최초의 국제적인 수태 대리모는 2003년 구자라트주의 아난드에 위치한 아칸

---

16. 미국에서 수태 대리모 주선 비용이 8만 달러에서 10만 달러에 이르는 반면, 인도에서는 3만 달러에 불과하다.

17. * 지금까지 이 책에서는 intending parents를 대부분 '의뢰부모'로 번역하였다. 이 장에서는 'intending'(의도)이라는 법률용어의 의미를 살리기 위해서 문맥에 따라 '의도하는 부모' 또는 '의도 부모'라는 표현을 사용하기도 한다.

크샤 클리닉에서 활용되었다. 해당 클리닉의 소장은 2009년까지 240명의 아이를 출산했다고 말했다. 이제 아난드시는 대리모와 대리모 브로커를 위한 숙박 시설로 인해 서비스 산업이 급성장 중이다. 2008년 인도 북부의 대리모 클리닉에 대한 현장조사를 진행한 칼린디 보라(Vora 2011)의 보고에 따르면, 해당 지역의 의사들이 첸나이, 뭄바이, 하이데바라드, 아마다바드와 같은 다른 도시의 클리닉에 대해 인식하고 잘 알고 있었다고 한다. 인도는 불임에 강력한 문화적 낙인을 찍고 있었기 때문에 이로 인해 오랫동안 성업을 해온, 전혀 규제받지 않은 민간 불임 산업이 발달해 있었고(Bharadwaj and Glasner 2009), 350여 개로 추정되는 불임클리닉이 세워져 있었다(Carney 2011). 따라서 인도는 수태 대리모 부문이 확장하기 좋은 임상적 기반시설을 이미 보유하고 있었다. 미국의 의료관광 및 대리모 법률 대행사가 이 분야에 투자하고 있다. 뭄바이의 '프로액티브 패밀리 솔루션'을 예로 들자면, 이 클리닉은 미국 플로리다주의 '베스트메드 저니스'의 계열사이며, 미국의 의뢰 부부와 인도의 불임 클리닉 그리고 대리모 간의 계약을 중개하기 위해 개설되었다(Sarojini 2010). 2008년 『뉴욕타임스』와의 인터뷰에서 캘리포니아주의 의료 관광 대행사인 플래닛호스피털의 대표는 한 해에 대리모를 원하는 100쌍의 부부를 위해 인도 여행을 돕고 있다고 밝혔다(Gentleman 2008). 인도 경제에서 해당 부문이 차지하고 있는 순수 가치에 대해 다양한 매체가 서로 다른 주장을 펼쳤다. 『이코노믹타임스』는 2008년 대리모 사업의 가치가 4억 4,500만 달러이며 2012년까지 최대 20억 달러의 가치 상승이 있을 것으로 추정했다(Economic Times, 2008년 8월 25일).

수태 대리모 부문의 눈에 띄게 빠른 팽창은 놀라운 것이기는 하지만, 여러모로 이 부문의 조직 구성, 특히 국제적인 방향성은 인도 경제와 노동 시장의 다른 보다 넓은 범위의 발전과 일치한다. 인도는 독립 이후 줄곧 집권 여당이었던 인도 〈국민회의〉[18]의 주도로 1990년대 초반부터 국가 보호주의 개발 모델에서 "노동의 유연성과 경제활동의 비공식화"를 수반하는 명시적으로 신자유주의화된 개발 모델로 이동했다(Breman 2007 : 3). 비공식 노동을 토착적 혁신과 잠재적인 기업가 정신을 갇힌 곳에서 풀어주는 열쇠로 옹호한 세계은행의 견해를 받아안아서(World Bank 1989), 이후 들어선 정부들은 공공 부문 그리고 공식적인 규제의 대상이 되는 노동의 가용성을 축소시켰고, 이 과정에서 다양한 형태의 하청과 외주화가 급증했다. 엘리자베스 힐은 이 변형 노동들을 일일이 세보았다 : 재택근무, 착취sweatshop 생산, 자영업own-account work, 임시 노동 및 일용 노동 등은 모두 공식적 노동 시장의 통계와 노동법의 보호에서 벗어나 있는 노동 형태이며, 그럼에도 대다수 인도인의 고용을 책임지고 있다(Hill 2010).

수태 대리모 부문의 확장은, 인도 경제에서 일어나고 있는 더 일반적인 현상 즉 해외위탁 서비스 공급으로 이동해 가는 경향의 일환으로 볼 수도 있다. 노동 집약적 서비스의 국제적 거래는 노동 차익거래의 주요한 형태이다. 독립 이후 들어선 인도 정부들과 기업들은 잘 교육받은 저비용의 국내 인력으로 서비스와 사무 처리 노동을 인도 내로 유치하고자 했다(Suri 2007). 서비스 외주화는 인도의 국가 개발 모델이자 일자리 창출의 동력이 되었다. 인도의 노동력은 특히 IT, 커뮤니케이션, 제약 산업의 해외 이전 부문들로 투입되었다(J. Harris 2005). 해외 이전 서비스들은 모든 개발도상국의 경제적 선택지이자 국내 인구와 국제적 고객들이 활용할 수 있는 서비스를 확장시키는 수단으

---

18. * 과거 인도의 사회주의 계열 정당

로 옹호된다(UNCTAD 2006). 개발도상국의 80%에서 이러한 활동이 진행 중인 것으로 추정되며(Majluf 2007), 그중에서 인도는 이러한 전략을 가장 성공적으로 수행한 국가이다.

인도는 세계무역기구 가맹국이자, 서비스 노동의 국제적 교환을 관리하고 촉진하는 다자간 협정인 〈서비스무역에 관한 일반협정〉(이하 GATS)의 당사국이다. 남부와 동부 아시아에서 보건 서비스 분야 무역은 노동 집약적 교환에 유리한 형태로 급격히 발전하고 있으며 국제 투자를 끌어들이고 관광 부문에서 상업적 파생효과spin-offs를 만들어내고 있다(Whittaker 2010). GATS 협상의 일환으로 인도 국가의 각 부문들에서 해외 이전 부문과 의료 관광 시장의 발전에 유리한 경제적·규제적 환경을 적극적으로 육성했다. 인도 보건가족복지부는 병원과 클리닉이 해외 고객에게 자신들의 서비스를 마케팅할 수 있도록 장려하고 있으며, 공공 보건 부문의 자금이 삭감되면서 인도의 병원들은 점점 더 국제 환자로부터 창출된 수입에 의존하고 있다(Saxena 2011). 인도 관광부는 6개월 체류를 허용하는 관광 비자에서 최대 12개월까지 체류를 허용하는 새로운 범주의 의료 비자를 신설했다(Hazarika 2010). 지방 정부는 국제의료센터와 관광 시설의 개발을 위해 기반시설을 제공했다(Saxena 2011). 〈인도산업연맹〉은 2005년 15만 명의 환자가 치료를 목적으로 인도를 여행했다고 추정한다. 다국적 회계감사 기업인 프라이스워터하우스쿠퍼스는 인도의 건강관리 부문 신흥 시장에 대한 평가에서 국가의 충분한 인센티브와 민간 투자로 연간 1백만 명의 의료 관광객을 유치할 수 있는 잠재력을 지녔다고 추정했다(PricewaterhouseCoopers 2007). GATS의 국제 건강 서비스 정의에 따르자면, 불임 관광은 저렴한 치료 또는 자국에서 활용할 수 없는 서비스를 추구하기 위해 다른 종류의 국경을 넘는 환자 여행과 함께 묶여서 "해외 소비"consumption abroad 개념에 포함된다.

이러한 전략은 인도의 잘 교육받은 노동력과 잘 발달된 기술 부문을 자본화시켜 이들을 전 지구적 경제에 삽입시키고자 한다. 이와 동시에 이 책에서 다루는 다양한 형태의 임상노동은 교육받지 못했거나 중간 정도의 학력을 지닌 인구에 대해 이와 유사한 전략을 전개할 수 있게 한다. 이들 인구는 실험적 신체 혹은 생식적 신체로서의 잠재 능력을 갖추고 있다. 약물 위험을 감내함으로써 시험대상이 되기 위해 고용되거나 생식력의 구성 부품을 제공하기 위해 고용된 연구대상과 대리모 들은 질병과 과도한 생식력이라는 인도의 국가적 부담을 경쟁적으로 가격 결정이 이루어지는 상업 자산으로 전환시킨다. 다음 절에서 우리는 대리모의 생식능력이 자체 서비스의 형태로 초국가적 순환에 투입되는 방식을 분석하기 위해 상업적 수태 대리모의 조직화를 살펴볼 것이다.

비공식 노동과 여성화된 노동

수태 대리모와 관련된 노동 형식은 여러 면에서 인도에 존재하는 다른 형태의 여성화된 노동의 연장이다. 압도적 다수의 여성들이 비공식 부문에 고용되어 있으며(Hill 2010)[19], 다양한 미숙련 노동, 계절 농촌 노동, 가정 기반 노동 등을 도맡는다. 이들은 고용보험, 건강관리제도, 그 밖에 법적인 노동 보호를 보장받을 수 있는 공식 노동자 신분증 시스템에 접근하지 않은 채로 노동을 수행한다. 비공식 노동자는 여러 종류의 저숙련 직업에 복수로 종사하거나 한 직업에서 다른 직업으로 계속 이동하는 모두 불안정한 노동자들이다. 얀 브레만

---

19. 추정치에 따르면 이 비율은 96%까지 높아진다(Hill 2010:49).

은 구자라트의 마을 단위 노동관계에 대한 자신의 권위 있는 연구서에서 이렇게 서술하고 있다.

> 고용의 위계질서는 연속체의 형태를 띠며, 경사진 기울기를 지니는 것으로 보인다. 비공식에서 공식으로의 전환지점을 지나면, 경로는 가파르게 상승하고 하층 구역에 모여 있는 엄청난 대중에게는 더 이상 보이지 않는다. 그러나 바닥에서도 기울기는 평평해지지 않는다. 비공식 부문은 매끈하게 평탄화된 표면이 아니라 정상과 하락들로 파편화된 울퉁불퉁한 지형이다. 게다가 비공식 부문 노동자의 지위는 고정되어 있지 않고 지속적으로 변동한다. 그들은 풍랑 속을 앞뒤로 움직이고 있고 스스로를 위로 혹은 아래로 조정한다(Breman 2007 : 72).

브레만의 설명에 따르면 한때 토지 신탁을 통해 고용되어 지주에 대한 관례적 의무를 지니고 있던 하층계급의 농촌 노동은 이제 훨씬 더 유동적이며 덜 안전하게 되었다. 그들은 유급 일자리를 찾아 한 부문에서 다른 부문으로 이동하고 마을과 도시 사이를 이동한다. 이와 비슷하게 대형 직물 공장이나 벽돌 가마에서 종사하던 이전의 산업 노동은 대부분이 임시직화되었고 한때 거의 전적으로 남성 노동력이 누렸던 법적 보호로부터도 분리되었다. 1990년대 이후로 일용 노동 또는 계절노동에 대한 접근 통로는 점점 더 하도급 업체에 의해 관리되고 있다. 이들 하도급 업체는 도급비로 팀을 고용하고 감독하는 브로커(중개상)를 이용하여 도로 건설이나 유지 보수 같은 활동을 맡는다(Breman 2007).

비공식 경제에서 여성의 대다수는 가사 및 양육과 병립할 수 있는 형식의 노동을 채택한다. 따라서 여성화된 노동의 대표적인 형식은 의류 산업에서의 가정 기반 계약 노동이다. 여기에서는 도급업자들이 동시에 원자재 공급과 도급료 기반의 완제품 구매 역할을 맡는다. 그렇기 때문에 도급업자들의 의지에 따라 예고 없이 작업량을 늘릴 수도 있고 아예 일감을 주지 않을 수도 있다. 이러한 노동에 관여하는 여성들은 복잡한 생산 사슬의 참여자이지만 고립되어 있으며 낮은 급료와 벌금 등 도급업자의 협박에 취약한 상태이다. 여성은 또한 단독 자영업자, 가정 기반 영세 생산, 또는 소규모 판매에도 참여하지만 이러한 개인 기업가적 활동은 종종 더 큰 생산과 유통 시스템에 편입되어 노동자는 자신에게 불리한 조달과 분배 시스템을 강요받게 된다 (Hill 2010).

대부분의 비공식 경제에서 벌어들인 소득은 가정생활을 유지하기에 충분하지 않다. 브레만은 (음식과 약 같은) 일상 비용과 결혼과 같은 고비용 행사를 충당하기 위해서는 구조적으로 빚을 지도록 되어 있다고 기록하고 있다. 대다수의 비공식적 노동 채용은 일종의 융자loans로서 임금 가불을 통해 이루어진다. 따라서 브레만에 따르면, 노동자는 "채무 의무 아래에서 그리고 미래의 신용"을 위해 일한다(Breman 2007 : 231). 게다가 빈곤 완화를 위한 국가 전략으로 힌두 민족주의 정당인 인도 〈인민당〉[20]과 (인도 〈국민회의〉에서 분리된) 〈자나타달〉Janata Dal 당의 집권하에서 정부는 마이크로크레딧microcredit(무담보 소액대출)과 소기업가microentrepreneurs 계급 창출에 집중하고 있다. 브레만은 낮은 가치의 노동력 이외에는 대출의 담보로 삼을 것이 없고 이자를 지불할 능력이 없는 농촌 빈곤층에게서 이 프로그램은 실

---

20. * Bharatiya Janata Party, BJP. 인도의 우파 힌두 민족주의 정당

패할 수밖에 없었다고 기록하고 있다.

따라서 대리모 노동을 수행하는 마을 여성의 대다수에게 이 대리모 노동은 다른 종류의 여성화된 노동과 특정한 연속성을 갖는다. 이들은 중개를 통해 모집되고 집에서 작업할 수 있다. 임신 과정의 일부 기간 동안 클리닉이 인증한 호스텔로 이주하는 경우가 많기는 하지만 말이다. 이들은 생산 사슬의 한 요소에 대한 용역을 제공하면서도 공식 노동 부문에서 벗어나 있다. 모든 대리모가 이러한 계급적 배경을 갖고 있는 것은 아니다. 예를 들어 적어도 뉴델리에 있는 한 클리닉은 중산층 여성과 전문직 여성 중에서 대리모를 모집하고 있다.[21] 그러나 보라(Vora 2009a ; 2009b ; 2011)가 수행한 인도 북부의 연구사례와 암리타 판데(Pande 2009a ; 2009b)가 수행한 구자라트 지역의 민족지 연구에서 드러난 인도 여성의 보편적인 직업은 문맹에서 중학교 또는 고등학교 학력 정도의 교육 수준을 지닌 농촌 일용직 노동자, 가정에서 작업하는 노동자, 청소부, 소상인, 또는 주부였다. 판데는 42명의 대리모를 면접조사 하면서 그중 34명이 공식적인 인도 빈곤층 이하 또는 그 언저리의 가계 소득이었고, 여성의 남편도 주로 비공식 부문에서 일하거나 실직한 상태였다고 서술하고 있다(Pande 2009b).

그런데 수태 대리모는 (체화된 생산과 출산 과정 두 측면 모두를 갖는) 노동의 한 형태로서 그리고 노동 가치의 한 형태로서 대단히 새로운 특징들을 띠고 있는데 이어지는 부분에서 우리는 이 특징들을 살펴볼 것이다.

---

21. 2011년 3월 엘리자베스 힐(Elizabeth Hill)과의 개인적 대화.

지대[22]의 재생산

    대리모에 지원한 여성은 지역의 브로커나 구전광고를 통해 모집되고 이들이 받아들여지게 되면, 3장에서 살펴본 캘리포니아주의 난모세포 공급자와 대리모가 따르는 절차와 유사한 법적·의학적 절차를 밟는다. 현재의 지침(Indian Council of Medical Research 2005)이나 의회에 제출된 규정(Indian Council of Medical Research 2010)을 따르는 클리닉은 대리모와 '의도하는 부모' 사이의 교환 조건을 정하는 사적 계약과 대리모 여성과 그녀의 남편 모두가 서명해야만 하는 공식적인 동의의 조합을 활용한다. 두 절차 모두에서 대리모는 아동에 대한 부모로서의 모든 권리를 포기하는 데 동의한다. 판데는 계약서는 영어로 작성되어 있지만, 대리모를 위해 일부 조항이 번역되어 있다고 기록하고 있다(Pande 2009b). 통상적인 합의에는 임신 기간에 정기적으로 급여를 지급하며, 최종 사례금은 아이를 출산하여 양도할 때 이루어지도록 한다는 내용이 포함된다. 계약 세부 사항이 확정되면 대리모는 자신의 배란 주기를 재조정하고 몸을 임신이 가능한 상태로 준비하는 호르몬 개입 과정을 거쳐야만 한다. 일단 임신이 되면, 여성은 집에 머물거나 호스텔로 이동해 영어를 배우거나 컴퓨터 기술을 습득하는 등의 자기 계발 활동을 할 수 있다. 클리닉은 여성이 다른 종류의 일을 하지 못하도록 호스텔 거주를 권장한다. 하지만 판데(Pande 2009b)가 면접조사한 대부분의 여성들은 이웃들이 간통으로 아이를 임신했다고 생각하지 않을까 걱정을 했고 다수 대중에게 회자되고 있는 것처럼 자신의 임신을 성적 외도와 연결시키지 않을까하는 것을 우려하고 있었다. 대리모는 일반적으로 의뢰 부부와 제한된 접촉만을 할 수

---

22. * rentier. 저자들은 생식기관의 임대비용이라는 의미에서 이 낱말을 사용하고 있다.

있었다.

대리모 노동을 수행하는 여성들은 자신들의 평균 연간 가계 소득의 5배에서 7배에 달하는 사례금(미화 5천에서 6천 달러)을 받았다. 우리가 앞서 묘사하였듯이 평상시 대리모들의 노동력은 별다른 가치가 없었다. 그녀와 남편들은 법적인 고용 보호 없이 하루 생계유지를 넘어서는 수입에 접근할 수도 없고 상습적인 부채에 시달리며 저임금 일자리들을 이리저리 떠돌아다닐 가능성이 높았다. 비즈니스 모델로서의 수태 대리모는, 대리모들을 지역 마을에서 찾을 수 있는 것과는 전혀 다른 시장과 일련의 거래 관계 속에 위치시킨다. 여성은 대리모가 되어 기업가적인 경제적 역할을 맡는다. 하지만 이 경우에 그녀는 자신의 몸을 담보로 하게 된다. 자신의 신체 가치를 실현시키기 위해 대리모는 고유한 생식능력의 소유자로서 대리모 계약 상태로 들어간다. 사실상 대리모는 자신의 자궁을 독점지대를 창출할 수 있는 자산의 일종으로 구성하는 것에 동의하는 것이다. 경제 용어로 독점지대는 대체할 수 없는 품질이나 능력이 있는 자산에 소유주가 통제권을 행사하는 것에 의해 시간이 지남에 따라 생성되는 수익의 흐름이다. 자산의 통제는 자산의 질적 특성에 접근하고자 하는 사람들로부터 지대(임대료)를 추출할 수 있다(Harvey 2012). 대리모는 계약서에 서명함으로써 인도의 마을에서는 독점적 가치라고는 없는 그녀의 잉여 생식능력을 전 지구적 시장으로 임대하는 것에 동의하게 된다. 이 시장은 대부분의 법적 관할권 내에서 상대적으로 금지된 상업적 대리모 규제로 인해 대리모들의 생식능력에 상당한 희소가치를 부여해준다. 따라서 의도 부모는 수천 킬로미터나 떨어진 곳에 살고 있는 여성의 몸이 제공하는 조건들, 아이를 임신하기 위해 필수적인 출산 조건들에 접근할 권리를 임대할 수 있게 되었다.

이러한 지대의 역동성은 전 지구적인 대리모 과정의 모든 수준에서 작동한다. 지대의 역동성은 무엇보다 보조생식기술이 생식적 생명 과정을 일련의 모듈 단위와 과정으로 나열하고 복수의 신체와 시간을 넘나들며 이들 단위의 과정이 개배치되고 분산될 수 있도록 하면서 촉진된다. 우리는 이러한 보조생식기술의 능력을 지난 장에서 길게 조사해 보았다. 대리모의 경우 자궁은 계약에 따라 주문할 수 있는 구성요소로서 기술적으로나 법적으로나 대리모의 자아로부터 분리해낼 수 있다. 자궁은 클리닉과 의뢰 부부의 요청에 따라 생산 사슬에 재배치될 수 있다. 보라는 대리모로서 여성이 일하는 방식이 이러한 새로운 자아관계 속에서 학습되는 과정을 분석한다. 보라는 "클리닉의 소장들은 IVF 기술이 어떻게 대리모로 하여금 실제로는 다른 사람의 자녀인 아이를 일시적으로 수용할 수 있도록 하는지를 잠재적인 대리모들에게 주의 깊게 설명한다. 이 클리닉의 대리모들은 여성이 자신의 자궁을 사용하지 않는 빈 공간, 따라서 대여할 수 있는 것으로 인식하도록 하는, 신체에 대한 새로운 이해방식을 훈련받았다. 이 훈련은 또한 그들을 그들이 낳을 아이와 전에는 상상조차 할 수 없었던 관계(또는 관계의 결여)를 맺도록 한다"고 말하고 있다(Vora 2009a:271).

대리모와 클리닉의 직원은 자궁을 빈방이나 공간, 실제로 일종의 빈 객실vacancy로 묘사하는데, 이 표현에는 이 빈 객실은 반드시 임대로 채워져야만 한다는 의미가 내포되어 있다. 이 대목에서 우리는 수태 대리모가 과도한 다산이라는 인도의 여성성과 관련된 고정관념에 의존하면서도 동시에 이를 전복하고 있다는 점도 볼 수 있다. 인도의 독립 이후의 거버넌스와 관련된 국가 건설은 피임과 출산율 감소에 중점을 두었지만(Connelly 2008), 상업적 대리모 부문은 끊임없는 분만에서 비롯된 국가의 부담을 가치를 지닌 잉여, 수출 가능한 잠재력으로 전환시켰다. 게다가 자궁이 빈방이라면 자궁은 설명할 수 없는 자아의 한 측면이 아니라, 소유자의 통제 아래에서 거래가 가능한 공간으로 상상될 수 있다. 자궁은 빈 공간으로 유연하게 활용될 수 있지만, 이런 활용으로부터 다소간 분리된 채로 남아 있다. 보라는 이것이 의미하는 바를 추가적으로 설명한다. "대리모들에게 교육되는 유전적 생식 모델 이면의 논리는, 자궁은 다른 사람의 아이가 사용하기 위해 임대되는 장소이며, 대리모의 자궁은 자신이 적합하다고 여겨지는 방식으로 활용할 수 있는 재산이라는 것이다. 그리고 태아는 의도 부모의 소유물로 이해된다. 자궁은 난자와 정자가 아이로 발달하는 장소로 이해된다. 따라서 아이가 태어나면 정당한 소유자에게 '돌려줄' 뿐"이라는 것이다(Vora 2009a : 273).

요약하면 대리모 계약은 당사자들 모두가 다음과 같은 사실에 동의할 것을 요청하고 있다. 즉, 대리모의 출산 생명과정이 교환 가능하고 정량화될 수 있는 총체로 임대할 수 있는 것이 되기 위해서 생명과정은 (일부분) 분리되어 도구화될 수 있어야만 한다. 한 임상의의 표현을 빌리자면 "나는 〔대리모〕에게 … 그녀의 자궁만이 필요하다고 말했다"(Kroløkke and Pant 2012에서 인용). 이전 장에서 논의한 난모세포 계약은 생식 조직의 실질적인 분리와 조직의 다른 장소로의 이전에 달려 있다면, 대리모의 생물학적 능력은 이전될 수 없다. 대리모의 능력은 체내에 되돌릴 수 없는 상태로 그대로 남아 있을 수밖에 없고, 의뢰 부부는 임대를 통해 멀리 떨어진 생명과정에 대한 권리를 확보하게 된다.

생식 노동을 하는 자로서 대리모를 모집하는 과정은 그녀들이 자기 소유자the proprietal self가 되도록 하는 과정이다. 이는 자기 자신의 신체에 대한 소유권을 가진 주체이며, 유럽의 법적·시민적 전통에서 유래한 계약적 개인의 토대를 이루는 주체이다(Pateman 1988). 자기 소유자는 자신의 신체 생산성은 물론 위험과 이익을 합리적으로 계산해 계약을 체결할 수 있다. 자기 소유자의 형성은 생물학적인 자체 서비스services in the self를 거래하는 전 지구적 시장의 결과물, 신체에 박혀 있는 특정한 생명과정을 대체 가능한 것으로서 낯선 타인들 사이에서 거래될 수 있는 것으로서 주문하고 있는 현재의 결과물이기도 하다. 이런 모험을 행하는 여성은 모험을 하지 않았으면 얻지 못했을 현재와 미래의 자기에게 투자할 수 있는 능력을 얻는다. 여성들은 마을 수준의 노동 급여로는 어렵거나 불가능한 자녀의 교육 또는 집을 짓는 비용에 사례금을 사용할 것이라고 응답하는 경우가 일반적이었다. 브레만은 마을 경제에 대한 분석에서 생계 수준의 소득과 생활 방식으로는 농촌의 노동자들이 당일의 즉각적인 필요에만 전적으로 주의를 기울일 뿐, 미래에 대해 걱정조차 할 수 없었음을 반복적으로 지적하고 있다(Breman 2007). 사례금은 대리모와 그녀의 가족이 미래를 조직하고 자산을 축적하며, 더 나은 중산층 도시 생활 방식을 갈망할 수 있는 능력을 제공한다.

대리모 계약으로 생성된 재산권 관계는 또한 대리모에게서 아이뿐만 아니라 아이에 대해 대리모가 청구할 수 있는 어떤 권리도 몰수한다. 이러한 계약은 아직 인도에서 시험되지 않았으나 의뢰부모의 자녀에 대한 권리를 옹호하고 아이의 송환을 용이하게 하기 위해 고안되었다. 실제로 송환 문제는 계약상의 분쟁 때문이 아니라 일부 국가에서 의뢰부모의 국적을 아이에게 허용하기를 거부하면서 발생했다. 이로 인해 실제로 몇몇 주목할 만한 분쟁이 일어났고 소위 무국적 아동이 생겨났다(Whittaker 2010). 대리모 스스로 의심할 여지 없이 복잡하고 다양한 방식으로 아이의 양도를 경험한다. 보라(Vora 2009a)와 판데(Pande 2009b)의 연구에서 일부 정보 제공자들은 자신의 고통을 설명했고 아이가 자라면 만나보고 싶다는 열망을 표명했다. 다른 대리모들은 보다 실용적이었다. 그들은 가족을 위해 획득한 물질적 혜택에 초점을 두었고 이후의 대리모 활동과 더 많은 미래의 기회들에 집중했다.

인도 대리모의 사례에서 우리는 지대의 동역학을 국가 수준에 위치 지을 수 있었다. 국제관계에서 지대 국가rentier state는 토착 자원을 외부 고객에게 임대하여 상당한 국가 수입을 창출하는 국가이다. 이 용어는 원래 이러한 국가들의 정치적 구성formation의 특징을 조명하고 국내 생산에서 파생된 세입에 의존하는 국가와 구별하기 위해 사용한다. 예를 들어 사우디아라비아는 풍부한 수준의 석유 소득으로 민주주의적 참여에 대한 사회적 압력과 요청으로부터 어느 정도 자율성을 확보하게 된 지대 국가로 묘사된다(Luciani 1990).

인도는 명백히 활발한 민주주의 국가로서 이러한 의미의 지대 국가라고 볼 수는 없다. 그러나 GATS가 옹호하는 건강 "해외 소비" 장려정책과 특정이행을 강제하도록 하는 대리모에 대한 규정 초안 작성에서, 젤러(Zeller 2008)가 미국 생명공학의 지적재산 독점에 대해 분석한 것과 아주 유사한 지대 추구 형식을 발견할 수 있다. 유전자 서열처럼 특정 생명과정, 단일 클론 항체 혹은 유기체 전체에 대해 지적재산권을 확립하게 되면, 해당 지적재산권의 소유자는 다른 실험실과 생명과학 기업에 이 과정을 임대할 능력을 얻게 된다. 생명과학 기술 개발의 제반 단계들에 높은 불확실성들이 놓여 있지만, 인간배아줄기 세포 유도처럼 플랫폼 과정에 대해 지적재산권을 독점적으로 확립시켜주는 것은 기업에게 신뢰할 만한 수익원을 제공하게 된다. 비록 실제로는 이러한 독점이 종종 법정에서 논쟁이 되고 있기는 하지만 말이다(Gottweis et al. 2009).[23] 젤러는 이와 같은 독점을 지대 추구의 형태로 설명하고 그것이 실질적으로 생물학적 재생산 과정(그는 여기에서 세포적, 분자적 수준을 언급하고 있다)을 "천연자원의 가치를 … 지대(임대료) 기반의 수익 형태로 평가하는 수단으로" 변형시킨다고 주장한다(Zeller 2008:88). 미국 연방 정부는 이러한 수익 흐름을 가능하게 만들어 주는 강제적 재산권 관계, 주로 〈무역 관련 지적재산권에 관한 협정〉TRIPs 메커니즘을 통해 이러한 수익 흐름을 촉진하고 있다.[24] 이와 유사한 움직임을 보이는 초국적 대리모는 토착 생식 생명과정을 해외 고객이 사용할 수 있는 임대 가능한 재산으로 변형시키는 임대 추구 활동으로 묘사할 수 있다. 생명과학 사업이 대부분 체외 생명과정과 관련되며, 이를 기반으로 지적재산권 수익을 창출하는 반면, 대리모는 특정한 여성의 살아있는 생명과정에서 지대 가치를 창출한다.

결론

우리는 유럽의 난모세포 시장과 인도의 대리모 시장의 사례를 살펴보았다. 이를 통해 1980년대부터 1990년대까지 미국의 캘리포니아를 비롯한 몇몇 주에서 개발된 생식력의 외주화 형태가 현재 다른 지역으로 수출되고 있음을 확인했다. 이 과정에서 생식력의 외주화는

---

23. 그 예로 위스콘신 대학 동문 연구 재단(Wisconsin Alumni Research Foundation)의 모든 영장류와 인간 배아 줄기세포에 대한 특허 획득과 그로 인한 다양한 국제적 책략들을 들 수 있다(Gottweis et al. 2009).
24. TRIPS는 무역 관련 지적재산권 협정이다. 1994년에 수립된 TRIPS는 디지털 기술과 생명공학이라는 두 가지 주요 기술과 관련된 지적재산권의 법적 표준을 설정했고, 세계무역기구의 모든 구성원들에게는 이러한 표준을 시행시킬 수 있는 권한이 있었다.

유럽의 윤리 원칙과 같은 지역적 제약에 적응했으며, 새로운 여성 인구 집단이 미국 여성들보다 훨씬 낮은 사례금으로 생식력 공급자로서 채용되고 있음도 알 수 있었다. 생식 외주화는 다른 종류의 여성화된 노동의 포스트포드주의적인 재조직화와 깊게 얽혀 있다. 또 그것은 가정의 재생산이 지니고 있던 공식적으로 가내적이면서 사적인 측면을 (종종 그 자체로 초국적화된) 서비스 노동으로 만드는 과정과 깊게 얽혀있다. 이는 인적 서비스들의 전 지구적 거래를 장려하는 세계무역기구 같은 다자적 경제 기구로부터 추진력을 얻었다. GATS는 여성화된 생산 형식의 국경을 넘나드는 무역을 촉진하는 메커니즘이다. GATS는 서로 분리된 공간에 있던 당사자들 사이에서 친밀한 신체적 돌봄과 실시간 교환이 일어날 수 있도록 조건을 만들어주었기 때문이다. 의료 분야에서 GATS가 명목상으로 주목하는 것은 병원 서비스들이고 임상연구와 임상 전문성의 지구화이다. 그럼에도 불구하고 GATS로 인해 저비용 체내 서비스에 대한 초국가적인 접근이 가능해졌고, 개발도상국의 저학력 인구를 위한 고용 수단으로서 임상노동 형태들이 급격히 증가할 가능성이 높아졌다.

　전 세계적으로 수많은 생식 노동 시장이 발전하고 있지만 이번 장에서 살펴본 두 연구 사례는 생식력 그 자체의 거래에 의해서뿐만 아니라 백인을 재생산하는 유전학의 거래에 의해서 형성되고 있다는 점에서 주목할 만하다. 동유럽 여성들은 이러한 훨씬 일반화된 경제 체제에 포획된 유일한 여성 집단은 결코 아니다. 그러나 이들은 불안정한 삶을 가진 백색 피부를 가진 여성으로, 그들의 유전 핵형적 karyotypic 특성을 자본화하여 협상 가능한 자산으로 전환시킨 대표적인 사례가 된다. 유럽 난모세포 시장은 상대적으로 코스모폴리탄적 성향을 보이고 "백인" 난모세포가 유일한 수요 대상은 아니다. 그럼에도 불구하고 "백인" 난모세포는 인종 역학에서 특권적인 요소를 형성한다. 백색 피부는 동유럽 바깥에서도 종종 구매력을 나타내거나 가족을 형성하기 위해 의료적 자원과 그 밖의 자원들을 지휘할 수 있는 능력을 나타낸다. 이와 유사한 역학은 인도의 수태 대리모 시장의 폭발적인 증가를 뒷받침한다. 대리모의 인종과 피부색은 큰 문제가 되지 않기 때문에 수태 대리모 시장은 난모세포 시장보다 훨씬 더 전 지구적인 현상이다. 대리모는 아이에게 유전적 흔적은 남기지 않으면서 백인 그리고 다른 인종의 아이를 재생산하기 위해 말 그대로 자궁을 임대할 수 있다. 각각의 사례에서 여성은 인종과 제국의 더 오래된 역사 위에서 만들어진, 지역적이고 전 지구적인 경제 권력 관계의 지도에 따라 자신의 생식력이 지닌 가치로운 측면을 분리하여 거래하고 있다.

5장

재생노동

여성과 줄기세포 기업들

3장과 4장에서 우리는 인간의 생식적 생명과정 중 특히 여성의 것이 새로운 형식의 노동관계에 등록되는 방식을 살펴보았다. 지금까지 살펴본 대로, 이러한 생식적 노동은 생식력의 거래와 아이의 생성을 수반한다. 이번 장에서는 여성의 생식적 생물과정의 또 다른 도착지로서 줄기세포 연구와 재생의학 분야를 다룰 것이다. 이러한 새로운 생의학 분야는 영국, 미국, 일본, 호주, 서유럽, 인도 그리고 동아시아의 신흥 경제국가인 중국, 싱가포르, 한국, 대만 등의 선진 국가 전체에서 급격히 성장하고 있다(Gottweis et al. 2009). 여성은 다량의 인간 배아, 태아 조직, 제대혈 등을 필요로 하는 새로운 줄기세포 산업에서 핵심적인 조직 공급자가 된다. 이러한 산업은 생성적 현장으로 산모-배아 연속체maternal-embryonic nexus에 의존한다. 이 산업은 일반적으로 **생식 생명과정에 동반되는 물질을 상이한 궤적, 즉 줄기세포 치료를 통해 기존 신체를 재생하는 궤적을 따라 전환시킨다. 이러한 물질의 조달에는 번거로운 형태의 조직 기증이 수반되고, (다양한) 과배란 시술, IVF 시술, 임신중절 또는 산모로부터 아이를 분리시키는 출산 과정 등이 요구된다. 그럼에도 불구하고 선진 산업 민주주의 국가에서 이러한 물질들은 생식적 잉여("예비" 배아) 또는 폐기물("출산 후" 제대[탯줄], 태아 사체)로 구성되어 무료로 제공된다. 그리고 이 폐기물의 재생능력은 비밀로 해서는 안 된다. 난모세포는 이와 같은 무보수 기증의 사례에서 또다시 제외된다. 난모세포는 소수의 법적 관할권에서 줄기세포 연구를 위해 실질적인 보상이 이루어지는 형태로 공급되고 있다.

우리는 이러한 무보수 조직 기증 역시 노동의 한 형식으로서 이해해야 한다고 생각한다. 앞선 3장과 4장에서 살펴본 난모세포 판매와 수태 대리모의 거래적 성격이 이들 노동이 다른 종류의 비공식적이며 여성화된 노동에 수렴되고 있음을 그대로 보여주고 있다. 그러나 이번 장에서 우리는 공식적으로 이타주의와 증여관계(Titmuss 1997〔1970〕)의 영역에 있던 활동들이 어떻게 노동관계로서 다뤄질 수 있는지 이해하기 위해 보다 광범위한 분석 그물을 던질 필요가 있다. 이를 위해 우리는 생식[재생산]과 생산 사이의 관계에 대한 페미니스트 이론들 중에서 두 가지 분석 경향에 토대를 둘 것이다. 하나는 가족과 사생활에 관련된 증여관계를, 인정받거나 보수를 받지 못하는 여성 생식노동의 한 형식으로 다시 생각하고자 하는 오래된 사회주의 페미니스트 전략이다(Barrett 1980 ; Delphy 1984). 우리의 분석은 이들의 전략에 전반적으로 동의하는 편이다. 하지만 그들의 노동과정과 가치창출, 그리고 가정의 성차화된 조직화에 대한 가설은 20세기 중반의 생산양식과 사회 보장 체제에 근거하고 있어 현대의 혁신 주도적 생명경제에서 가치화 과정을 파악할 수 없게 한다. 따라서 우리는 여성의 신체적 생산성이 줄기세포 산업을 지원하기 위해 동원되면서, 어떻게 여전히 그것의 경제적 가치를 인정받지 못한 채로 남아있는가(Dickenson 2007)를 더욱 구체적으로 숙고해보기 위해 두 번째 비판적 관점을 차용하고자 한다. 그것은 포스트포드주의 경제에서 불안정 노동 및 가치 창출에 대한 분석을 다루고 있다. 우리는 줄기세포연구에 사용되는 다양한 기술들이 여성의 생식적 생명과정의 생산성 한계들을 재협상하는 방식에 주목한다. 이 기술들을 통해서 여성의 생식적 생명과정은 수익성 있는 새로운 형태의 잉여가치를 추구할 수 있게 되었고 특정한 여성 집단들이 생명경제적 활동에서의 여성의 역할에 대한 복잡한 협상에 관여하게 해주었다. 우리는 이러한 형식의 생산을 "재생노동"regenerative labor이라고 명명한다. 재생노동은 이전 장에서 살펴본 생식적 노동과 유사성을 지니면서도 여성 신체의 새로운 생산적 궤적을 설명한다.

재생의학

"재생의학"Regenerative medicine, RM은 조직이 손상된 상태인 심장 손상, 골다공증, 당뇨병, 척수 손상과 같은 임상적 상태를 다루는 다양한 생물학 및 생의학 분야를 포괄적으로 일컫는 용어이다. 재생의학의 방법은 여전히 사변적이지만 재생의학의 목적은 기증된 장기에 의존하지 않고 생체 내 조직의 재생을 촉진하는 것에 있다. 생물학에서 "재생"은 소모된 특수 조직을 건강한 특수 세포로 대체하는 것을 의미한다. 이 과정에서 줄기세포는 아주 중요한 역할을 한다. 그런데 재생의학에는 줄기세포 이외에도 유전자 치료와 생체지지체bioscaffolds와 같은 기술들도 포함되어 있다(Mason and Dunnill 2008). 줄기세포는 스스로를 재생하고 신체의 특수 기능을 가진 하나 이상의 특수 세포 유형을 생성할 수 있는 미분화된undifferentiated 세포이다. 줄기세포는 배아와 태아 발달 시기에 주로 발생하지만 성체조직에서도 발생한다. 줄기세포는 골수, 성장 중인 뇌 그리고 중추신경의 해마와 후신경구에 풍부하다. 포유류는 근육, 혈액, 장, 간, 심장 등을 생성할 수 있는 약 20여 개 유형의 체세포 줄기세포를 갖고 있다(McKay 2000). 인간의 경우 피부, 장, 혈액, 자궁 내막 등이 줄기세포의 활동을 통해 정기적으로 대체된다. 즉 줄기세포는 상처 치유에 중요한 역할을 한다. 그러나 이러한 재생 능력은 성인들마다 불균등하게 분포되어 있다. 재생 의학의 목적 중 하나는 일부 세포체의 재생 능력을 활용하여 예후가 좋지 않은 부위와 기관을 복구하는 것이다(Mason and Dunnill 2008).

여기서 우리가 줄기세포에 주목하고자 하는 것은 많은 종류의 줄기세포들이 여성의 생식적 생명과정에서 유래하기 때문이다. 가장 각광받는 줄기세포 유형은 "다분화능"pluripotent 줄기세포이다. 즉 신체의 거의 모든 조직 유형으로 발달할 수 있는 능력이 있는 세포이다. 최근의 연구는 수요에 따라 분화하는 다분화능 줄기세포가 대량으로 생산이 가능하여 이식 가능한 조직을 무한 공급할 수 있음을 보여주고 있다(Thomson et al. 1998). 다분화능 줄기세포의 주요 공급원은 체외 배아이지만, 다른 유형의 생식 조직들도 줄기세포의 풍부한 공급원이다. 출산 시 채취된 제대혈에는 (혈액을 생성하는) 조혈 줄기세포가 고농도로 포함되어 있다. 제대혈 줄기세포는 중증 혈액 질환자의 전체 혈액 체계를 재생할 수 있으며, 이러한 기술의 옹호자들은 예를 들면 심장 회복 보조와 같은 다른 종류의 재생 작용으로 발전될 가능성이 있다고 주장한다(Brown and Kraft 2006). 임신중절로 채취한 태아 조직은 또 다른 줄기세포의 주요한 공급원이다. 과학자들은 생식선, 간 조직, 신경 조직, 중간엽 조직 등에서 줄기세포를 추출한다(Kent 2008). 난모세포는 줄기세포의 공급원은 아니지만 임상적 사용을 위해 유전적으로 일치하는 이식 가능한 조직 생산을 겨냥한 체세포핵치환 기술Somatic Cell Nuclear Transfer, SCNT 연구의 필수 요소이다.

이러한 형태의 줄기세포 조직은 모체-태아의 생성적 연속체의 일부를 이루고 있고, 특정한 생명과정 경로를 따라 발달하는 유기적 조직을 생산할 수 있는 능력 때문에 가치가 있다. 줄기세포 산업은 이러한 생성적 잠재력을 동원하는 일련의 기술적 혁신들을 발전시켰다. 여기에는 물질을 안정된 상태로 유지하는 냉동보존(동결)과 줄기세포주stem cell lines가 포함된다. 줄기세포주는 배아 또는 태아를 단일 세포로 분해하고 세포가 실험실에서 자가 번식할 수 있도록 설정하며 실제 기관을 만들어내지는 않을 정도로까지만 발생 능력을 활성화시켜 만들어진다. 이론적으로 이 물질은 인체에 이식되면, 그것의 생성력generative powers이 다시 재생 상태가 되어 손상된 부위를 복구하고 해당 부위의 기능을 복원시킬 수 있다.

재생의학 방법론은 기존의 저분자small-molecule 약물 또는 생물학적 약물이 제대로 활약하지 못하는 질환에 대한 임상 치료에 매우 새로운 접근 방식이다. 일부 학자들은 이를 의학의 새로운 "세 번째 무기"third arm로 여긴다(Mason and Dunnill 2008). 재생의학 산업은 현재 전 지구적 생명경제에 잘 자리 잡힌 부문이라 할 수 있다. 2011년 유럽에서는 112개의 재생의학 기업이 운영되고 있었으며, 전 세계에서는 392개의 기업이 재생의학 분야에 어느 정도 관여하고 있는 것으로 확인되었다. 당시를 기준으로 65개의 세포 치료법이 임상적으로 활용 중이거나 개발 중이었다. 승인된 임상 용도의 치료법들은 대다수 환자 자신의 세포를 활용하는 자가 조직치료였다. 주로 상피 또는 연골 세포를 활용해 피부 병변을 복구하거나 관절을 회복시키는 데 활용되었다. 그러나 개발 초기 단계의 치료법 중에서 훨씬 더 높은 비율(47개 중 15개)을 차지하고 있는 것은 동종이계同種異系 줄기세포 기반 치료였다(Webster 2011). 자가 조직 치료는 상대적으로 안전하고 입원 환자에게 전달이 용이한 것으로 여겨진다. 하지만 이들은 지적재산 체제 바깥에 놓여 있기 때문에 벤처 자본과 제약 산업의 투자 대상으로는 매력이 떨어진다. 생물학적 과정에 대한 지적재산권 청구를 정착시키는 것은 제약 및 생명공학 부문의 자본회 과정에 필수적인 요소로서, 라이선스 수익을 제공하고 주식 시장의 가치를 보장한다(Zeller 2008). 동종이계 줄기세포 조직allogeneic stem cell tissue은 특허 출원에 훨씬 적합하기 때문에 기업 발전에 더 매력적이다. 특히 세포주가 표준화될 수 있고 대규모 환자 집단을 위한 규격화된 치료로 규모가 확장될 수 있다면 더욱 그러하다. 앤드루 웹스터와 그의 동료들은 이런 비즈니스 모델을 "의약품으로서의 세포"cells-as-drugs 접근 방식이라 부른다(Webster et al. 2011). 전 세계적으로 배아 줄기세포에 대한 특허는 100개 남짓이며[1], 10개 중 1개 기업이 태반, 태아, 난모세포와 배반포에서 추출한 조직을 사용한 동종 줄기세포 치료로 1상 및 2상 시험을 진행 중이다(Webster 2011).

재생 잠재력의 조달

1990년대 후반부터 줄기세포 연구 장려에 이해관계가 있었던 불임클리닉, 병원, 연구실, 윤리위원회, 규제기관 등은 생식 줄기세포 물질을 얻기 위한 다양한 방법들을 시험했고 잠재적인 여성 기증자와 협상하고 있다. 배아 기증의 경우, 국가와 지방 정부가 규제적 틀

---

1. 2011년 인간 배아 줄기세포와 관련된 특허 내역은 배아 67개, 배아/다능성 줄기세포 35개, 유도된 배아/세포 역분화 1개, 유도 다능성 줄기세포/세포 재프로그래밍 3개였다. 미국이 전체 특허의 절반 이상을 차지했고 일본, 한국, 독일, 캐나다가 순서대로 뒤따랐다(Webster 2011).

을 마련하면서 생명윤리적인 감시를 주도했다. 2000년대 초반 다수의 OECD 국가에서 IVF 클리닉이 소위 예비 배아를 구하는 것을 허용하는 규제 시스템이 개발되었다. 여성이 아이를 갖기 위해 체외 생식 시술을 시작할 경우, 그녀는 3장에서 소개한 것과 유사한 치료법을 받게 된다. 여성은 몇 주간 매일 호르몬 주사를 맞고, 병원에 방문해 검사를 받으며, 다수의 난모세포를 생성하기 위해 당일 시술 절차를 밟는다. 생식세포 공급자로 일하는 여성들에게 난자 채취는 의료적 과정의 끝이다. 그러나 불임 치료를 받는 여성에게 난자 채취는 길고 지루한 치료 기간의 시작일 뿐이다. 불임 여성과 그녀의 보호자는 클리닉에서 생명력 있는 배반포를 배양할 수 있는지, 그리고 이 배반포가 이식 가능한 배아가 될 수 있을 만큼 충분히 발달하는지를 확인할 때까지 기다린다. 배아 발달이 성공하면 일부는 나중에 사용하기 위해 냉동될 수 있고, 그중 한두 개는 바로 여성의 자궁에 삽입되게 된다. 체내의 배아가 안정적으로 임신된다면 만삭에 이르러 아이로 태어나게 된다.

따라서 이러한 시술의 논리는 임신을 확고히 하려면 평상시보다 매회의 치료에서 더 많은 배아가 생성되어야 함을 의미한다. 이렇게 생성된 배아를 줄기세포 과학자와 규제기관들이 잠재적인 "예비"spare 배아로 지정하고 이러한 예비 배아가 줄기세포 과학에 기증되지 않는다면 소중한 자원이 낭비되는 것이라는 프레임을 만들어내었다(예를 들자면, Chief Medical Officer's Expert Group 2000). IVF를 받는 여성과 그들과 함께 작업하는 의료진에게 배아를 "예비" 배아로 지정하는 것은 복잡한 과정이자 투쟁의 과정이다. 예비 배아 지정은 다양한 요인에 달려 있는데 여기에는 클리닉의 동결 정책, 배반포 배양 시설, 등급 지정 절차, 여성의 나이와 임신 합병증 위험성, 클리닉 의료진이 여성 또는 부부의 요구사항을 수용하는 정도가 속한다(Scott et al. 2012). 그럼에도 불구하고 어법상으로 "예비성"spareness이라는 아이디어는 이식되지 않은 배아를 타인에게 제공해 가치를 실현시킬 수 있는 귀중한 잉여라는 의미를 부여해준다. 이런 공식을 만들어냄으로써 종종 줄기세포 연구에 대해 잘 알고 있으며, 이에 기여해야 할 도덕적 의무를 느끼고 있는 여성들이 줄기세포 연구에 배아를 기증하도록 하는 데 성공할 수 있었다(Parry 2006).

월드비와 동료들의 연구에서 불임 치료를 받는 여성들은 자신들의 가족이 완성되고 그때 냉동보존된 배아가 남아 있다면, 그것을 "예비"로 간주할 준비가 되어 있다고 응답했다.[2] 이러한 배아는 생식 경로로부터 연구 경로로 이동될 수 있다(Waldby and Carroll 2012). 그러나 불임 치료를 받는 여성들은 자신들에게 여전히 생식적 잠재력을 지니고 있는 "신선한" 배아의 기증은 훨씬 더 기피했다(Ehrich et al. 2010).[3] 배아의 냉동보존은 전 세계적으로 IVF 치료의 정례적인 과정이 되었다(Cohen 2009). 여러 연구에서 냉동시킨 배아를 줄기세포 연구에 기증하려는 여성들의 의지도 확인할 수 있다(Bangsbøll et al. 2004 ; Lyerly and Faden 2007). IVF를 받는 여성들은 또한 다른 부부에게 기증하는 것보다 연구 기증을 강하게 선호함을 표현하고 있었다. 배아 줄기세포 과학에 대한 초기 논쟁의 대부분이 잠재적으로 자신의 전기를 써나갈 생명을 지닌 실체로서 배아가 특별한 지위를 지니는가를 중심으로 진

---

2. C. Waldby, I. Kerridge, and L. Skene, "Human Oocytes for Stem Cell Research : Donation and Regulation in Australia," Australian Research Council Linkage Project Grant lp0882054 2008-2011.
3. * 많은 난임 여성 또는 부부 환자들은 냉동된 배아의 상태와 상관없이 임신에 실패할 수 있다. 그들에게는 시술 주기가 더욱 중요했다. 혹시 모를 임신의 실패에 대비해 보다 품질이 낮은 잉여 또는 예비 배아가 보존되어야 했다(Ehrich et al. 2010).

행되었다. 하지만 월드비와 캐롤의 연구(Waldby and Carroll 2012)는 물론 또 다른 연구(Access Australia 2008)에서 응답한 여성들은 배아의 연구 기증을 선호했다. 응답자들은 자신의 유전적 아이를 미지의 부모 밑에 들어가 방치될 위험에 노출시키는 것보다는 연구에 기증하는 것이 배아의 삶을 전환시키는 더 책임 있는 방안이라고 느꼈다.

두 번째 줄기세포의 출처는 잘 알려져 있지는 않지만 태아에서 발견할 수 있다. 1960년대 중반부터 1970년대 중반까지 영국, 서유럽, 호주와 미국 등에서 임신중절이 범죄로 취급되지 않았기 때문에 태아 물질은 임신중절로부터 의학 연구를 위해 채취되었다.[4] 영국에서 연구를 위한 태아 조직의 사용은 1989년에 마련된 '폴킹혼 지침'에 따라 관리되고 있는데, 이 지침은 파킨슨병 치료에 태아 신경조직을 사용하는 것에 대한 상응 조치로 마련되었다. 줄리 켄트는 영국에서의 줄기세포 연구를 위한 배아 조직 조달을 관리하는 잘 규제되고, 표준화된 절차와 비교하여, 태아 조직 채취는 그림자 경제에서 보이는 어떤 것과 같아서 연구에 사용된 태아의 수와 이러한 조직을 사용하는 실험실에 관한 공개적인 기록이 부족하다고 주장한다(Kent 2008). 대개는 연구 간호사가 기증을 주도하는데, 간호사가 여성에게 접근하여 임신중절을 계획한다. 폴킹혼 지침 아래에서는 여성들은 태아 조직이 사용될 의학 연구의 종류에 대한 정보를 거의 받을 수 없다. 줄기세포 연구를 위한 배아기증 과정과는 달리, 태아 기증 과정은 상대적으로 예의를 갖춘 대접을 받지 못한다. 이는 두 종류의 상이한 줄기세포 기증에 대한 대중의 관심도 차이를 반영하고 있다.[5] 연구자들은 독자

---

4. 영국의 〈임신중절법〉(Abortion Act 1967), 미국의 '로 대 웨이드 판결'(Roe v. Wade 1973), 서독의 〈연방법률공보 제1편〉(Bundesgesetzblatt Tiel 1)을 예로 들 수 있다. 이에 대한 자세한 내용은 Herzog 2009를 참고하라.

생존이 가능한 줄기세포주를 만드는 기술적 난점 때문에 다량의 신선한 태아 조직을 필요로 한다. 사망한 태아는 사체로 분류된다. 켄트가 발견했던 것처럼, 과학자와 연구 간호사들은 이러한 기증을 부끄러운 낭비waste로부터 사회직, 의료직 가치를 확보하는 빙법으로 이해하고 있었다. 켄트는 이런 쓰레기라는 아이디어가 여성의 생식적 생명과정을 생명을 생산하도록 명령받은 목적론적 시스템으로 생각하는 경향이 강해지는 가운데 탄생했음을 지적하고 있다. 이 목적에서 벗어나는 어떤 것도 쓰레기로 보이는 것이다. 켄트는 이렇게 쓰고 있다. "여성의 생식노동은 낭비성의 개념과 밀접히 연관되어 있다. 예를 들어, 여성의 생리혈을 쓰레기로 본다거나 여성이 생명 잠재력을 가진 난자와 배아를 '낭비하고' 있다고 보는 것은 여성의 역할이 무엇인가에 대한 특수한 문화적 가치를 동원하며 여성이 특수한 방식으로 생산적이어야 한다는 사회적 책무를 강화한다. … 이러한 분석을 따르자면, 임신중절을 마친 여성은 특히 '낭비적'wasteful이다"(Kent 2008:1752).

기증은 낭비 문제를 회피하여, 태아의 설단된 생물학적 생명을 체외 생명in vitro life으로 전환시킨다. 일단 기증된 태아는 다중의 사용가치와 최종물로 효과적으로 변환될 수 있다. 다른 세포 물질로 분해되어 파킨슨병, 제1형 당뇨병, 헌팅턴병, 뇌졸중과 같은 질병과 연관된 다양한 연구 프로그램으로 전환될 수 있다. 현재 순조롭게 진행 중인 10개의 동종이계 줄기세포 임상시험 중 2개가 이러한 태아 조직을 활용하고 있다. 그중 하나는 뇌졸중 치료 연구이며, 다른 하나는 척수

---

5. 2000년대 초반 논란과 논쟁을 불러일으킨 배아 줄기세포 연구 윤리의 본질로 인해 다수의 법적 관할권에서 전례 없는 수준의 공공 감독과 규제가 확보되었다. 여러 국가에서 이러한 논쟁은 관리하기 까다로웠고, 그로 인해 이전에는 존재하지 않았던 국가 수준의 윤리기구가 형성되었다(Gottweis et al. 2009).

손상 치료이다.[6] 태아 조직을 기증한 여성을 대상으로 한 연구에서 나오미 페퍼는 응답자들이 태아의 여러 요소들을 세포치료나 줄기세포주로 전환시키는 것에 가장 큰 불편함을 표출했다고 보고한다(Pfeffer 2008). 여성들은 처음에는 의학 연구를 위한 기증에 일반적으로 지지를 표명했다. 그녀들은 위에서 언급한 의료진의 생각과 유사하게 기증이 부끄러운 낭비를 속죄하는 것이라고 보았다. 그러나 줄기세포 연구에 대해 더 많이 알게 될수록 그녀들은 이러한 기술이 보여주는 생명의 복잡성, 재생, 죽음에 대해 우려하기 시작했다. 또한 잠재적인 아이의 전기적인 삶과 동일 조직에서 만들어진 세포주의 체외 생명을 구분하는 것이 어렵다는 점을 숙고하기 시작했다. 페퍼는 다음과 같이 기록한다. "줄기세포 연구를 더 어렵게 만드는 것은 소생renewal, 재생regeneration, 불멸성immortality 사이의 연관성이었다. … 줄기세포 연구는 의식이 있는 인간이라는 측면에서의 '생명'과 세포 수준에서의 '생명'에 대한 이해 방식에 혼란을 초래하고 있다. … '생명'에 대한 당혹감은 태아의 죽음에 대한 우려로 이어졌다. 〔한 응답자는〕 '그것이 살았는지 죽었는지도 알고 싶지요 … 당신이 생산한 것이 살아있는지, 죽었는지도 모르는 채로 그것이 수년간 계속 살아있기를 원하지는 않을 것이잖아요?'라고 말했다."(Pfeffer 2008:2551)

약간 달리 표현해보자면, 여기서 우리는 줄기세포 연구가 신체로부터 도출한 새로운 잠재력과 의학적 목적지에 대해서 여성들이 갖는 복잡한 감정이 어느 정도 드러나고 있음을 확인할 수 있다. 그리고 영원성을 얻은 세포주cell line의 기묘한 실험실의 삶으로부터 생식, 모성,

---

6. 뇌졸중 임상시험은 리뉴런(ReNeuron)에서, 척수 시험은 스템 셀스(Stem Cells)에서 진행 중이다.

친족 관계 등의 일상의 삶을 깔끔하게 분리해낼 수 없음도 확인할 수 있다.

제대혈은 줄기세포의 세 번째 공급원이다. 플루리스템이나 코드라이프 같은 제대혈 은행 기업들은 비록 이제는 널리 모방되고 있기는 하지만 새로운 비즈니스 모델을 개발했다. 그리고 다양한 유형의 광고를 통해 임산부가 자녀를 위해 개인 제대혈 계좌를 개설하도록 요구했다. 출산 후 태반과 탯줄에 남아 있는 100밀리리터 내외의 혈액인 제대혈은 접근 가능한 조혈(혈액생성) 줄기세포의 원천이다. 혈액질환 치료에서 골수 이식을 대체하고 전반적인 혈액 시스템을 재생시킬 가능성이 있기 때문에, 제대혈은 지난 20년간 치료적으로 가치 있는 조직이 되었다. 제대혈 줄기세포는 배아 줄기세포처럼 다분화 가능한 물질은 아니지만, 그것들의 유연성을 향상시켜 다른 형태의 재생에 활용할 수 있도록 설계된 광범위한 연구 프로그램의 대상이다. 폴 마틴과 동료들은 2006년을 기준으로 전체 줄기세포 기업의 35%가 제대혈 기업이라고 추정했다(Martin et al. 2006).

이렇게 폭넓은 줄기세포 연구와의 연관성으로 인해 제대혈 기업은 현재의 임상적 적용뿐만 아니라 개인 제대혈 계좌를 통한 미래 활용 가능성을 강조한다. 혈액은 출산 중에 수집되며 제대혈 계좌는 연회비로 운영된다. 보관된 제대혈은 미래에 자녀가 혹은 [해당 제대혈에 대해서] 면역적으로 거부반응이 없는 다른 가족 구성원이 혈액 질환 또는 줄기세포 요법이 필요한 질병에 걸렸을 경우 사용할 수 있다. 개인 제대혈 은행은 증여 시스템이나 교환 시스템과는 다르다. 이는 일종의 투자처럼 구조화되어 있다. 은행은 재생의학의 미래에 투자하고, 미래에 내재된 위험에 대비해 고객에게 자녀의 미래에 투자하라고 초대하여 시장을 창출한다(Brown and Kraft 2006 ; Waldby 2006). 이러한 개인 조직 은행 서비스들은 줄기세포 연구가 미래에 자가 재생의 원천을 제공할 수 있는 성체 줄기세포 밀집 부위(예를 들자면 유치乳齒, 생리혈 등)를 확인해감에 따라 확장되어갈 것이다(Fannin 2011).

난모세포는 여성의 생식조직이 줄기세포 연구에 사용되는 마지막 사례이다. 난모세포는 그 자체로 줄기세포를 생성할 수는 없으나 체세포 핵 전달(이하 SCNT) 또는 종종 치료적 복제라고 부르는 과정의 필수 요소 중 하나이다. SCNT에서 피부 세포와 같은 환자의 신체 세포에서 추출된 핵이 원래의 유전 물질이 제거된 수정되지 않은 난자에 삽입된다. 체세포 핵이 삽입된 난자는 핵을 채취한 성인의 유전자를 지닌 배아를 생성한다. 이 배아는 (이론적으로는) 핵을 기증한 사람에게는 완벽하게 조직학적으로 적합하고 이식 가능한 공급원으로서 작용할 배아 줄기세포주로 변형될 수 있다. 이와 같은 기술은 줄기세포 연구에서 가장 큰 기대를 받고 있다. 이 기술로 이식용 장기 부족, 면역 반응 등의 물류적 문제들을 해결하고, 현재 불가능한 퇴행성 질환 치료를 용이하게 만들 수 있기 때문이다. SCNT 연구는 현재는 실험적인 단계이다. 이 기술은 여러 종류의 포유류에서 시험되고 있지만, 이 기술이 인간의 생명과정에 성공적으로 적용될 수 있을는지는 불투명하다. 지금까지 보고된 인간 유래 SCNT 세포주는 단 하나 뿐이다(Tachibana et al. 2013). 연구용 난자 조달은 연구용 배아 조달보다 훨씬 더 불안정한 일임이 입증되었다. 이러한 변동성의 원인은 복잡하지만 앞서 설명한 미국과 유럽의 생식적 난모세포 시장과 연관된다. 간단히 말하자면, 난모세포 거래를 위한 시장이 일단 발달하자 자발적인 난모세포 조달이 어려워지게 되었다. 그뿐만 아니라 줄기세포 연구에 대한 논쟁의 여지가 있는 연구의 내용들과, 그것에 대한 극단적인 사회적 민감성 그리고 여러 국가에서 시행 중인 복잡하고 지난한 윤리적 규제과정들은 난모세포의 상품화와 거래 문제가 특히 다루기 어렵다는 것을 의미한다(Gottweis et al. 2009). 그러므로 SCNT 분야에서 연구하기를 희망하는 과학자들에게 지속 가능하고, 여성에 대한 착취가 없는 난모세포 공급을 확보하는 가장 최선의 방안인 규제 시스템은 여전히 흔들리고 있다. 2005년 한국에서 일어난 황우석 사건은 연구용 난모세포 조달의 윤리적, 물류적 어려움을 대중에게 알렸다. 황우석 교수와 그의 연구팀은 세계 최초의 인간유래 SCNT 세포주를 만들기 위해 121명의 여성으로부터 2,221개의 난자를 조달했다. 이 중 대다수는 한국의 난모세포를 일본의 불임 여행객들에게 판매하는 브로커로부터 공급되었다. 나머지는 황우석 연구팀의 연구 조교 2명이 포함된 여성들에게서 기증받은 것이었다(Leem and Park 2008). 이후 황우석의 환자 맞춤형 세포주 생성이 허위로 드러났을 때, 전 세계의 언론들은 난모세포 조달 규모와 규제가 약하거나 부재할 경우 일어날 수 있는 난모세포의 착취 가능성 또한 의식하게 되었다. 황우석 사건 이후, 연구용 난모세포 조달을 위해 어떠한 윤리적 모델을 활용해야 하는지 또는 실질적인 난모세포 조달 방법은 무엇인지에 대한 전 지구적인 논쟁이 일어났지만 규제적·과학적 합의는 거의 이루어지지 않았다(Dickenson and Idiakez 2008).

상이한 법적 관할권들에서 정말로 다양한 규제 선택지들을 받아들였다. 미국을 예로 들자면, 2006년 캘리포니아주의 생식 건강 및 연구법(California's Reproductive Health and Research Bill, SB1260)은 "의학연구 목적을 위해 인간 난모세포를 생산하도록 장려하고자 어떤 대상자에게도 기증 절차의 결과로 발생한 직접비에 대한 배상금을 초과하는 금액을 지불해서는 안 된다"고 명시한다. 이러한 접근 방식은 생식세포 조달에 널리 통용되는 규제원칙과 일치한다. 하지만 캘리포니아주에서 이는 다소 역설적이라고 할 수 있다. 앞선 장에서 소개한 것처럼 캘리포니아주는 세계에서 가장 수익성이 높고, 기업가적이며, 규제되지 않은 생식 난모세포 시장 중 하나이다(Almeling 2011). 한편, 뉴욕주는 미국 국립과학원과 '인간배아 줄기세포 연구 자문위원회'의 지침(Human Embryonic Stem Cell Research Advisory Committee and National Research Council, 2010)을 무시하고 공적 기금 또는 민간 연구 기금을 통해 연구용 난모세포의 보상금을 1만 달러까지 지급할 수 있다고 명령했다. 이 금액은 생식적 난모세포 시장의 평균 요금과 일치하는 수준이었다(Levine 2010).

영국 의료연구위원회는 뉴캐슬 대학의 〈노스 이스트 잉글랜드 줄기세포 연구소〉의 난자 공유 프로그램에 자금을 지원했다. 이 프로그램은 난모세포의 일부를 연구 목적으로 제공하는 대가로 여성에게 IVF 비용에서 1,500파운드가량을 환급해 주었다(Roberts and Throsby 2008). 난모세포는 수정 결정 전에 전용되어야 한다. 이런 점에서 난자 조달은 배아 조달과는 확연히 구별된다. 배아는 발현 가능성viability 에 따라 분류되고 서열화될 수 있지만 난모세포(난자)가 수정 가능한지를 말해줄 수 있는 유일한 방법은 이를 수정시키는 것이다. 임상의에게 어떤 난모세포를 사용할 것인지 어떤 것을 버려야 할지를 말해줄 수 있는 실험실 시험은 존재하지 않는다. 또한 난모세포는 배아와 달리 신선할 때 활용해야만 한다. 난모세포를 보존하기 위한 안전하고 정례화된 방법은 없다. 이러한 까다로움obduracy은 특히 불임 환자들에게 어려움을 가중하는데, 이들은 어떤 난모세포가 가장 생식력이 좋은지 알 수 없다. 월드비와 동료의 연구에서 치료에 적극적인 여성 불임 환자는 줄기세포 연구를 위해 난모세포를 기증할 준비가 되어있지 않았다(Waldby and Carroll 2012). 다루기가 까다로운 난포세포의 이러한 특징들이 난모세포를 필요할 때 주문하거나 잉여물로 분류할 수 없도록 해서 기증에 추가적인 장애가 되고 있다.

유럽 대륙에서 대부분의 국가는 SCNT 연구를 금지한다. 스웨덴, 벨기에, 스페인은 SCNT를 허용하고 있지만 이 글이 작성될 당시, 스페인 발렌시아의 〈펠리페 왕자 연구센터〉CIPF와 바르셀로나의 〈재활의학연구소〉CMRB만이 연구 프로그램을 지원했다. 해당 프로그램에서 활용된 연구용 난모세포는 4장에서 소개한 스페인의 관대한 보상체계를 통해 생식으로부터 얻은 난모세포를 연구용으로 전용하여 조달되었다. 그럼에도 불구하고 두 실험실은 생식 부문에서 "젊은" 난모세포를 획득하기 위한 경쟁으로 인해 난모세포 조달의 물류적 문제를 겪었고, 연구 프로그램이 해체되는 상황에 이르렀다(Braun and Schultz 2012).

요약하면 불임 연구용 난모세포는 거래를 통해서만 상당량으로 조달되고 있다. 이 조달 과정이 신체 조직에 대한 사례금 지급에 공공연하게 의존하는 것은 특히 놀라운 일이다. 왜냐하면, 이는 연구용 조직 제공에 대한 과도한 유인책을 방지하는 규범적인 생명윤리 원칙에서 근본적으로 벗어난 유일한 사례이기 때문이다(Hyan 2006). 게다가 이는 역사적으로 무료로 제공되어 왔던 조달 파이프라인의 한 지점 ─ "기증"의 지점 ─ 에 산업 비용을 도입하고 있다(Waldby and Mitchell 2006 ; Hayden 2007). 규제 논쟁과 조달의 물류 문제로 인해 다수의 야심 찬 실험실들이 인간 유래 SCNT 연구를 완전히 포기하고, (예를 들어서 피부 세포와 같은) 체세포 핵에서 다분화능 세포주를 생성하는 유도만능줄기세포induced pluripotent stem cell(이하 iPSC)로 관심을 돌렸다. iPSC는 윤리적으로 덜 성가신 영역이다. 그러나 최근 iPSC 세포주가 암을 유발할 수 있다는 걱정스러운 증거들이 계속 보고되고 있다(Knoepfler 2009). 그럼에도 불구하고 이 분야의 일부 과학자들은 줄기세포 생물학의 기초 지식 발전을 위해 SCNT가 능동적인 선택지로 남아야 한다고 생각하고 있다.

이렇게 우리는 특정한 여성 집단이 다양한 계약 메커니즘, 제도적 배치와 규제 시스템 등을 통해 필수적인 생산 행위자로서 줄기세포 산업의 하위 계층에 통합되고 있음을 확인할 수 있다. 줄기세포 산업은 직접적인 거래 형식을 취하지 않고 선진국 여성들로부터 생식 생명 과정적 물질을 조달할 방법을 찾았다. 배아, 태아 물질, 제대혈 등은 규제적 측면과 수사적 측면 모두에서 줄기세포 연구에 활용되지 않을 경우 낭비되는 생명성의 형태로 구성된다. 각각의 사례에서 조직 조달을 요구하기 위해 아이(제대혈) 또는 잠재적 아이(배아, 태아)의 생명에 대해서 모성적 책임성이 환기된다. 특히 배아 또는 태아의 사례에서 태어날 아이의 생애적, 친족적 삶은 줄기세포 연구로 생성된 체외 줄기세포주의 삶과 크게 상충됨에도 불구하고 줄기세포 연구가 배아나 태아의 윤리적이고 가치 있는 목적지로서 성공적으로 안착했다는 것은 특히 놀라운 일이다(Waldby and Squier 2003). 모성적 책임성에 대한 이러한 호소는 난모세포 접근성을 확보하는 데 실패했다. 가장 발전된 생명경제 국가인 영국과 미국(하나의 주)은 난모세포의 공급을 보장하기 위해서 (각각 난자 공유와 시장 교환이라는) 다소 노골적인 형태의 거래에 의존하고 있다.

노동과 줄기세포 산업

우리는 재생의학 산업에서 자신의 생물학적 물질을 기증하거나 거래하는 여성들이 노동의 형식으로 참여하고 있다고 주장하는 바이다. 서론에서 언급했듯이 생명경제를 노동의 관점으로 분석할 때, 지금까지는 줄곧 고도로 숙련된 과학적 노동으로부터 창출된 가치에 초점이 맞추어져 왔다. 숙련된 과학적 노동은 생물학적인 삶을 산업적, 치료적, 농업적 과정으로 변형시키는 창조적 혁신 작업의 수행으로 이해되었다(Ashish and Gambardella 1994 ; Gambardella 1995). 생명과학 분야 지적재산 조직은 임상의와 과학자의 노동을 인정한다. 하지만 생물학적 물질의 구성적 본질이나 기증자의 협력은 인정하지 않는다(Pottage 1998). 기업적 재생의학 부문의 비즈니스 모델은 (기증된) 동종이계 조직에 대한 지적재산권 확립에 의존한다. 현재 임상시험 및 특허의 상당 부분은 여성의 생식 생명과정 물질들이 지니는 재생력을 중심으로 이루어지고 있다. 그러므로 우리는 생명경제 논의에서 노동에 대한 인식이 마음과 몸의 이원론에 의해 구성되어 조직 기증자의 체화된 생산성은 여기서 중요하지 않게 다루어진다고 분명히 결론 내릴 수 있다.

그러나 우리는 이러한 체화된 생산성을 분석의 중심에 놓는다. 줄기세포 연구자들은 생명과정 물질의 생성 부위로서 여성의 체내 생식 생명과정, 즉 여성 신체의 생동하는 내부 생명과정에 접근할 필요가 있다. 이 과정에서 기증자의 참여는 일반적으로 숙의적이고 계약적인 개념들로 이해된다. 기증자들은 사전에 고지된 정보에 입각해 기증에 동의함으로써 참여한다. 동의 행위는 생명과학에서 재산 관계 거래의 핵심이다. 이 행위가 이루어질 때 기증자는 자신의 조직에 대한 우선적 재산권을 주장할 수 없는 채로 자신의 조직에 대한 비가역적인 재산권을 수령인에게 양도하는 것으로 이해된다. 하지만 과학자, 실험실 또는 기업과 같은 신체 조직의 수령인은 기증된 조직에 그들의 과학적 노동력을 부가하는 것, 즉 지적재산권 법에서 단순 발견 물질과 특허 가능한 물질을 구별해주는 혁신적 단계인 과정을 거치게 되고 이를 통해 조직에 대한 지적재산권을 설정할 수 있다(Waldby and Mitchell 2006).

하지만 우리는 기증자의 참여participation는 일종의 협력collaboration으로 받아들여져야 한다고 주장한다. 이는 잉여 생물학적 물질의 법적 처분뿐만 아니라 시간이 경과해도 유지되는 기증자의 생명과정과 자아가 지닌 생성적 에너지가 개입하는 협력이다. 기증의 순간은 IVF, 과배란, 임신중절 또는 출산 이후에 발생함에 반해, 그 생물학적 물질은 여성의 주체성, 그녀의 생식 생명과정 궤적, 규제 환경 그리고 생식력, 배아 발생, 태아의 발달과 출산 경로를 재지정하는 일련의 줄기세포 연구 기술들 사이의 지루하고 복잡한 상호작용을 통해 발생한다. 이 과정에서 기증자는 다양한 형태의 노력, 순응, 자기 돌봄, 약물 투여, 체내의 위험과 변형 등을 겪게 된다(Throsby 2002 ; Nahman 2005). 그뿐만 아니라 기증자는 수태물인 태아에 대한 돌봄과 양육 책임과 같은 정서적 노동에도 관여한다. 신체적 취약성, 모성적 책임성, 사회적 유연성 등은 줄기세포 연구 요구에 따라 기술적으로 그리고 사회적으로 설정되는 요소들이다. 그럼에도 불구하고 이러한 협력에 관계되는 노동은 대체적으로 인정받지 못하며, 체화된 생산과정이 아닌 자연적, 생식적 잉여의 기증으로 평가된다. 생명과학의 가치 평가과정에서 이와 같은 협력의 기여를 어떻게 적절히 개념화할 것인가?

생식노동 논쟁

위에서 언급한 상호작용을 노동의 형식으로 파악해야 한다는 우리의 주장은 여러 면에서 그다지 새로운 것은 아니다. 이미 여러 페미니스트 평론가들이 줄기세포 산업과 관련하여 비슷한 행보를 보였다 (Lock and Franklin 2003 ; Dodds 2004 ; C. Thompson 2005 ; Dickenson 2007). 이러한 비판은 대부분 사회적 의미(양육, 돌봄, 가사 소비)와 생물학적 의미(수정, 임신, 출산) 모두에서 생산 영역으로부터 재생산이 배제되는 역사적 과정에 대한 일반 페미니스트적 분석을 근거로 한다. 이 책의 초반부에서 설명했듯이 생산 영역으로부터의 여성의 배제는 맑스에서 베버리지로 이어지는 정통 정치경제학에서 분명하게 표명되었다. 그리고 이는 대다수 선진 산업 민주주의에서 등장한 1980년대까지의 20세기적 노동 규제(가부장 임금)와 케인스주의적 복지국가(기혼 여성의 파생적 사회보험 가입권) 모두의 구조적 특징이었다. 여성의 생산 영역으로부터의 배제에 대한 비판은 1960년대 말에서 1980년대 초반 사이에 발전된 맑스주의적 페미니즘의 재생산 노동 분석에서 시작되었고, 그 이후로도 광범위하게 이에 대한 페미니즘적 비판이 진행되었다. 이 비판은 가사노동의 생산성이 경제에 크게 기여하고 있음을 인식하고 "기존의 노동 개념을 확장"하는 데 목적을 두었다(Weeks 2007 : 235). 크리스틴 델피(Delphy 1984), 미셸 바렛(Barrett 1980), 낸시 하트삭(Hartsock 1998) 같은 페미니스트 이론가들은 포드주의/케인스주의 경제와 사회 모델이 여성의 활동 영역을 가정 내부의 재생산 공간으로 강등시킴으로서 가능했고 가정 내부에서 수행된 생산적 작업을 적정하게 인정하는 데 실패했다고 주장한다. 여성은 출산, 육아, 가사노동 등 다중의 과제를 수행해야 한다는 기대를 받았다. 이들 과제에 대해서는 임금이 지급되지 않았지만 이 일은 포드주의 노동관계와 복지국가 조직의 전체 체제에는 필수적인 것이었다. 이와 같은 분석에서 가족은 자연스럽거나 자발적인 여성 활동 또는 사적인 관계의 영역이 아니라 오히려 임금체계의 모호한 구성요소로서, "임금은 무임금, 저임금, 아직은–무임금, 앞으로는–무임금인 노동자들로까지 확장되는 것이라고 상상할 수 있게 만드는 분배 메커니즘"이었다(Weeks 2011:121). 주부가 제공하는 돌봄과 가사생활은 노동일의 경계를 확대하고 시장에서 구입할 수 없는 서비스를 확보하는 방법이었다. 유물론적 페미니스트 전통은 가족 영역과 주부/어머니의 활동을 "무급 가사노동"으로 재설정함으로써 포드주의/케인스주의적 사회계약 내에서의 재생산[생식]이 지니는 기초적인 경제적 역할을 지적해두었다. 아직 계산되지 않은, 재생산의 가치화 과정에 대한 기여를 지적한 것이다.

근래의 줄기세포 산업에 대해서 페미니즘적 비판을 수행하는 최근 생겨난 단체들은 재생산을 생산 내부로 재배치하는 이 전략을 택하고 있다. 이러한 분석은 생명경제에서의 생산의 중심에 생식 생명 과정을 위치시킨다. 채리스 톰슨은 미국의 불임클리닉에 대한 민족지 연구에서 산업 생산 방식과 유사한 "생의학적 재생산 양식"biomedical mode of reproduction 개념을 발전시켰다. 생의학적 양식에서 "재생산[생식]은 산업적인 의미로 생산적이게 [만들어]"진다. 실제로 이때 생산되는 것은 복제물 혹은 세포주처럼 표준화된 분자체이다(C. Thompson 2005:253). 톰슨은 불임클리닉에서의 신체 조직 소외와 산업 자본주의의 노동소외 사이의 유사점을 지적한다 : "생의학적 재생산 양식의 [경제적] 특성은 착취와 소외의 본질과 연관된다. 자본주의 체제에서 노동자들은 자신의 노동으로부터 소외될 위험이 있는 반면, 생의학적인 재생산 양식에서는 환자가 자신의 신체 부위로부터 소외될 위험이" 있다(C. Thompson 2005:255).

톰슨의 소외에 대한 언급은 산업 노동의 사회적 관계에 대한 맑스의 분석을 따르고 있으며, 시간에 따라 소비되는 노동자의 노동력이 상품에 체화되는 방식에 관한 것이다. 노동자는 상품을 만드는 데 사용되는 공장과 원재료 등의 생산수단에 대한 통제력을 갖고 있기 못하기 때문에 노동의 결과물에 대한 소유권이 없다. 노동자는 노동에 대한 임금을 받는다. 반면, 자본가인 공장의 소유주는 상품의 교환 가치, 즉 시장에서의 가치를 통제할 수 있다. 그러므로 노동자가 통제할 수 없는 대상〔상품〕으로부터 노동력은 소외된다(Marx 1887 〔1867〕:46~52). 톰슨은 노동자가 생산한 상품에 대한 소유권을 지니지 못한 것과 환자가 자신의 생식 물질에 대한 통제력을 잃을 위험 또는 (대리모의 사례처럼) 경제적 필요 때문에 착취적인 교환을 강요당하는 위험 사이의 유사성 또한 이끌어내고 있다.

마가렛 록과 사라 프랭클린은 현대 생명과학에 대한 분석에 톰슨의 정식화formulation 7를 활용하는데, 이들은 생식 과정이 "부, 행위성, 가치의 주요 생성원generator"으로서 자본화된 생명과학의 핵심에 자리한다고 말한다(Lock and Franklin 2003:7). 그들은 "생명자본이 형성되는 방식을 재개념화하자는 톰슨의 제안은 재생산을 희생시키며 생산을 과도하게 강조한 맑스주의적 접근에 대한 페미니즘적 비판의 오랜 역사에 기초하고 있다"고 서술하였다(Lock and Franklin 2003:9). 그들은 "젠더, 본성, 친족처럼 종종 여성화된 재생산이 경제 변동과 발전에 대한 설명에서 부당하게 주변화되었다"고 주장한다(Lock and Franklin 2003:10~11).

도나 디킨슨은 줄기세포 산업에 대한 분석력을 얻고자 생식노동에 대한 유물론적 페미니즘 개념을 갱신하는 데서 가장 앞서 나갔다. 디킨슨은 톰슨과 같이 소외된 노동 개념에 근거하고 있다. 그녀는 여

---

7. 앞서 출간된 그녀의 논문에서.

성의 기여에 대한 무시가 더 일반적으로는 모성 노동work of maternity에 대한 역사적 인식의 부족에서 기인한다고 주장한다. 이는 여성들이 자기 자신의 생식노동에 대해 소유권을 갖지 못한 것을 보여주는 하나의 징후라는 것이다. 여기서 디킨슨은 캐롤 페이트먼(Pateman 1988) 의 주부와 노동자의 차이에 대한 분석을 기반으로 삼았다. 페이트먼은 우리가 여기서는 간략하게 요약할 수밖에 없는 복잡한 역사적 분석에서, 정치적 주체로서의 여성은 (암묵적으로 남성적인) 소유 개인으로서의 보편 시민적 지위를 지니지 못한다고 주장한다. 소유 개인은 자신의 재산을 운용하고 재산을 거래하기 위해 자유롭게 계약을 체결할 수 있다. 하지만 여성은 페이트먼이 "성적 계약"sexual contract이라 명명한 계약의 대상이다. 이 계약은 전적으로 여성을 성적 매력이 있는sexed 존재로서 개입시키는 계약들 ─ 페이트먼을 인용하자면 혼인 계약, 매춘 계약, 대리모 계약 ─ 속에서 이루어진다. 이러한 각각의 계약 사례들에서 생식과 성적 서비스로 대표되는 여성의 신체가 가진 특수한 능력을 거래하여 남성은 자신에게 결여된 이런 능력들을 지배할 수 있게 된다. 페이트먼은 주부의 사례를 보면 자기소유self-possession라는 측면에서 가사노동과 산업 노동이 분명하고 뚜렷하게 구분된다고 말한다.

가정주부는 직장 밖에 우연히 위치하게 되어 남편에게 복종하게 되어 있는 노동자가 아니다. 주부는 결코 노동자가 아니다. 주부의 일 (가사)은 노동력을 포함해 자기 소유권에 대한 법적 관할권을 결여한 성적인 주체가 하는 일이다. 하지만 노동이나 인간의 판매와는 달리 노동력의 판매는 사람을 자유로운 노동자로 만든다. 임금과의 교환으로 자산의 일부를 위탁할 수 있는 능력은 구속된 노동자 또는 노예로부터 임금 노동자를 구별해주는 것으로 여겨진다. … 주부는 자신의 노동력을 놓고 남편과 계약하지 않는다. 주부는 그녀의 남편이 그녀의 노동 사용을 지배할 수 있기 때문에 임금을 받을 수 없다. 여기에 자유교환의 징표는 없다. … 결혼계약은 고용계약과는 전혀 다른 의미에서의 노동계약이다. 결혼계약은 여성의 노동에 관한 것이며, 고용계약은 남성의 노동에 대한 것이다(Pateman 1988: 135~136).

그러나 다른 글에서 페이트먼은 노동계약과 결혼계약(남편이 주부의 자유노동에 대한 통제권을 갖는)이 절대적으로 다른 것은 아니라고 주장한다. 노동자는 체화된 존재로서 자신의 노동력을 외재화된 소유물로 다룰 수 없다. 하지만 노동자는 임금의 대가로 고용주에게 표준 노동시간 지침에 따라 제한된 시간 동안 자신을 지배할 수 있는 권리를 제공한다. 이런 점에서 노동계약은 성적 계약과 마찬가지로 동의 행위에 따른 동등한 교환이라기보다는 권위와 순종의 관계라고 볼 수 있다. 이와 함께 임금을 받고 고용주의 요구를 충족시키는 남성 노동자의 능력은 아내를 얻을 수 있는가에 달려 있는데, 이를 통해 그는 경제적 보호를 대가로 돌봄, 생식, 성교에 대한 필요를 충족할 수 있기 때문이다(Pateman 1988).

디킨슨은 줄기세포 산업에서 여성의 기여가 자산으로 인정받지 못하는 상황을 분석하기 위해 가정주부의 자기 노동에 대한 소유권 부재라는 바로 이 개념을 활용한다. 디킨슨은 "소외의 논리를 가정으로 확장"한 페미니즘적 분석의 역사에 주목한다.

페미니스트 분석은 아내의 가사노동은 가장 친밀한 "상품"인 아이의 생산을 포함해 실질적으로 외부적인 것이며 강제적인 것임을 주장하였다. 캐롤 페이트먼의 성적 계약에 대한 개념은 많은 페미니즘적 비판 중에서 가장 정교하다. … 이는 우리로 하여금 맑스의 노동자들과 달리 여성들이 그들 노동에 대한 소유권을 갖고 있다고 보지 않는 방식에 주목하게 한다. 가정에서 생식노동이 소외된 것으로 볼 수 있다면, 소외는 가정 밖의 생식노동에 적용될 수 있고, "상품"을 두고 인용부호를 달지 않아도 되는 상황에도 적용될 수도 있다. 태어난 아이는 자산도 진정한 상품도 아니지만 줄기세포는 양쪽 모두이다. 여성이 줄기세포 기술에 사용되는 매개 산물, 핵적출에 사용하는 난자들을 생산하기 위해 노동할 때, 여성들의 노동은 자연적이거나 자본주의와 무관한 영역에서 수행되는 것이라고 볼 수 없다. 여성들의 생식노동은 현대 생명공학의 가장 번성하는 응용분과의 핵심으로 들어갔으며, 그곳에서 여성들은 억압받기 쉬워졌다(Dickenson 2007:76).

지금까지 언급된 각각의 사례에서 이론가들은 산업적 생산 개념과 여성화된 노동 개념을 도입했다. 그들은 이를 통해 여성화된 기증(선물)이 마치 가족 관계와 같이 상업적 거래 관계를 초월한 이타주의와 증여관계의 영역으로 귀속된다는 입장(Titmuss 1997 [1970])에 대항했다. 1970년대부터 1980년대까지의 유물론적 페미니스트들처럼 페이트먼과 디킨슨은 우리와 마찬가지로 경제적 가치의 순환 속에 여성화되고 임금이 지급되지 않은 생산성을 재배치하고자 했다.

우리는 페이트먼과 디킨슨의 연구가 아주 시사적이라고 생각한다. 하지만 두 연구는 여전히 우리가 이 책의 초반부에 제시했던 생산과 재생산의 관계에 대한 20세기 중반의 모델에 너무 깊숙이 자리 잡고 있다. 두 연구는 특히 노동과 가치에 대한 산업적 모델에 의존한다. 이 모델에서 노동은 시장에서 거래되는 상품 생산을 위해 계량된 시간에 따라 소모되는 소외된 노동이다. 그런데 이 모델만으로는 생명과학 산업에서 일어나는 노동에서의 가치평가 과정을 온전히 설명할 수 없다. 또한 이 모델은 1970년대 이후의 생식노동과 여성화된 불안정한 돌봄 및 서비스 노동으로의 전환과 같은 보다 일반적인 문제를 논의하기에 부족하다. 여기서 우리는 사회주의 페미니즘의 생식[재생산] 노동 논쟁의 한계를 확인했다. 이 한계들은 포드주의로부터 포스트포드주의 조직으로 이전해가던 역사적 정점에 다가가면서 더 휘청거리고 있었다(Weeks 2007). 한편으로 이 논쟁들은 돌봄이나 양육처럼 무형이며 자연화된 것처럼 보이는 것들이 생산의 측면에서 재개념화될 가능성의 문을 여는 데 기여했다. 이런 점에서 이 논쟁들이야말로 포스트포드주의에서 여성화된 서비스 노동의 특수성을 이해하기 위한 실마리를 열었다고 볼 수 있다. 보통은 앨리 러셀 혹실드의 『감정노동』(Hochschild 2009 [1983])이 시작점이 된 것으로 여겨지지만 말이다. 다른 한편으로 이 논쟁은 사회주의 페미니스트들이 노동과 가치평가에 대한 산업적 양식에 집착하면서, 그리고 계량화된 시간의 소모 또는 유형 상품의 생산 등을 포함하지 않는 생산적 활동 양식을 개념화하지 못하면서 결국 무너졌다. 따라서 이후의 논쟁은 상품의 공장 생산과 식사나 청결함 같은 주부의 사용가치 생산을 무리하게 비교하면서 벌어졌다(Weeks 2011). 다시 말해, 1970년대의 생식노동 논쟁은 선진 경제에서 급격하게 구식이 된 생산 양식과 가족 형성에만 이데올로기적으로 전념하게 되면서 쇠락해버렸다.

　이어지는 절에서 우리는 줄기세포 산업에 여성이 배치되는 방식을 더 정확히 사고하기 위해서 생산과 재생산, 그리고 가치 창출에서의 이런 전환을 직접적으로 다루는 노동 이론을 도출할 것이다. 특히 이 이론은 이 전환이 혁신에 관계하면서 나타나는 모습을 다룰 것이다.

포스트포드주의와 생식

이전 장에서 살펴보았듯이 1970년대 이래로 사회적, 생물학적 재생산 영역은 선진 산업 경제에서 급격히 탈영토화되었다. 가장의 임금이 줄어들고 여성의 유급 노동력이 증가하면서 포스트포드주의로의 전환은 포드주의적 중산층의 구성요소였던 영역의 완전한 분리를 약화시킨다. 한때 전업주부가 수행하던 무급 가사노동은 이제 의심할 여지 없이 노동, 계약을 맺고 시장에서 판매되는 서비스가 되었다. 건강관리와 같은 과거 복지국가의 영역의 신자유주의화로 돌봄에 대한 수요가 증가했다. 그러나 중산층과 상류층의 전문직 여성들은 이러한 돌봄을 수행하기 위해 보모, 개인 간호사, 청소부 등 신분이 덜 증명된 여성들을 점점 더 많이 고용하고 있다(Bakker 2003). 또는 급증한 서비스 부문을 이용해 식사, 노인 돌봄, 양육 등의 서비스를 구입한다. 4장에서 보았듯이 서비스 부문 계층의 말단은 인종적 소수자, 이민자 등이며 특히 여성의 노동에 의존한다(Sassen 2002). 따라서 가정에서의 포드주의 무급 재생산 노동과 현재의 재생산 관계의 주요한 차이점은 재생산 영역의 탈국가화denationalization와 탈사유화deprivatization이며, 이 영역이 전 지구적 불안정 노동 시장들에 노출되었다는 점이다. 4장에서 보았듯이 유럽에서 돌봄 노동을 제공하기 위해 고국을 떠나온 여성들은 종종 임상적 생식노동에 종사하는 여성과 일치한다. 그녀들은 불임 클리닉에 난모세포를 공급하고 얻은 기타 소득을 자국의 가족에게 송금하는 데 충당한다. 전 지구적 돌봄 사슬은 아주 쉽게 전 지구적 생식력 사슬 또한 될 수 있다.

여성의 높은 노동 참여율과 불안정한 생식노동으로의 이러한 전환은 20세기 중반의 가정을 특징짓고 있던 젠더 권력관계를 어느 정도 무너뜨렸다. 가사는 이제 남성의 경제적 지원을 받는 대가로 주부가 제공하는 다양한 형태의 무보수 돌봄 및 일 처리와 관련되기보다는 고소득 전문 여성이 다른 여성을 고용해 돌봄 노동을 제공하도록 하면서 생겨나는 여성들 사이의 계급 관계와 관련된 것이 되었다. 린다 맥도웰이 현대 영국의 돌봄 노동에 관한 연구에서 보여주듯이, 국가경제 정책은 이제 어머니를 포함해 모든 시민이 일할 의무를 주창하고 있으며, 좋은 엄마good mother라는 규범적 모델은 이제 일하는 엄마로 변화했다(McDowell 2008).

이제 좋은 엄마는 자녀의 이익을 위해 자신의 수입을 늘리고자 노동시장으로 진출하는 엄마이다. 엄마들은 더는 집에 계속 머무르지 않으며 하루 몇 시간 동안 아이 돌봄을 다른 (여성)에게 넘긴다. (노동시장 정책의 목표)는 여성, 특히 단신의 엄마들을 위한 유급 노동이 되었고 따라서 육아는 핵심적인 경제적 이슈가 되었다. 육아는 상품 형태로의 대체라는 렌즈를 통해 새롭게 파악되고 시장을 통해 제정되고 사회적으로 관계가 없는 타인들의 노동에 수행되는 사회적 책임성으로 재구성된다. 이 노동은 국가 또는 시장이 공급하는 전문 시설이나 개인 가족의 집에서 이루어진다. 이는 가정을 상품화된 상호작용의 현장으로 전환시킨다. 가정은 더는 사랑과 애정의 관계를 기반으로 이루어진 사회적 관계의 현장이 아니다(McDowell 2008 : 156).

따라서 선진 산업 민주주의에서 돌봄은 가정의 증여 경제를 통해 무보수의 주부가 전적으로 제공하는 것이 더는 아니다. 물론 이런 배치가 완전히 대체된 것은 아니다. 실제로 시간 활용 조사와 노동시장 통계는 가정에서 여전히 어머니가 아버지보다 더 많은 돌봄 시간을 제공하고, 시간제 일자리에 종사할 가능성이 높다는 것을 보여준다 (Offer and Schneider 2011). 그럼에도 불구하고 돌봄 부담의 일부 요소들은 외주화되고 거래될 가능성이 높아졌다. 여성은 이러한 돌봄의 고용주가 되거나 피고용인이 될 가능성이 높으며, 종종 둘 다를 수행할 수도 있다.

그러나 포드주의 사회에서 모성의 생산자이자 공급자인 여성의 생식노동과 오늘날의 여성이 수행하는 생명경제적 노동의 질적인 차이를 충분히 이해하기 위해서는 정치경제학 전반에서 일어나는 변화들 너머를 고찰해야 한다. 우리는 줄기세포 산업의 재생노동에 의해 생성된 가치의 형태와 그것이 함축하는 행위의 종류를 좀 더 상세히 살펴볼 것이다. 앞서 논의한 생의학적 생식노동에 대한 페미니즘적 설명은 소외의 역학을 중심으로 전개된다. 하지만 우리는 재생노동이 생물학적 잠재력의 거래와 실험적 관계의 생성에 관한 것이라고 제안할 것이다. 우리는 생명경제적 혁신의 핵심 사업은 신체적 한계와 생산적 가능성을 재협상하는 것이라고 주장한다.

잠재력, 실험, 재생

탈산업적, 또는 특히 강력한 혁신 부문을 지닌 포스트포드주의 경제에 대한 최근의 분석은 이들의 가치와 축적 양식이 잠재력의 조직화를 향하고 있음을, 새로운 가능성과 생명성 그리고 미래의 상업적 에너지들의 새로운 부지를 발굴하는 데로 향해있음을 보여준다 (Adkins 2008). 나이절 스리프트는 새로운 기술, 부가가치 상품, 커뮤니케이션 양식, 신체를 다루고 지향하는 방식들을 끊임없이 탐색하는 것에 경도되어 있는 포스트포드주의적 지식경제는 본질적으로 실험 경제라고 말한다(Thrift 2006). 그에 따르면, 포스트포드주의적 축적 방식은 "연결적 변이connective mutation를 가속화하여 혁신과 발명의 속도를 증가시킴으로써 시스템으로부터 가치의 마지막 한 방울까지 쥐어 짜내고자 한다. … 지식을 수동적으로 저장되는 것으로 생각하는 것이 아니라, 위험을 감수하고 혁신에 대비하는 능력competence을 활성화하기 위해 계속해서 작동하는 일련의 기계로 생각한다"(Thrift 2006 : 281). 여기에서 언급된 연결적 변이는 전문성, 기술적 역량, 상품 형식, 소비자 수요 사이의 예측할 수 없지만 잠재적으로 가치 있는 관계의 출현을 의미한다. 실험 경제는 예측 불가능한 시너지를 유발시키는 것과 이러한 시너지로부터 나오는 가치 잠재력을 획득하는 것과 관계가 있다.

이러한 실험적 지향으로 인해 R&D와 가치평가 과정이 실험실과 기업의 경계를 넘어 사회 기관 전체로 분산된다. 소비자 데이터베이스와 데이터마이닝 그리고 데이터 추적 프로그램 활용의 지속적 확대와 대규모 사용자를 성공적으로 집산시킨 기업(구글, 페이스북)의 천문학적인 주식 가치는 이러한 분산 효과distribution effect를 보여주는데, 이 효과는 일과 사생활에서 필수적인 것이 된 정보통신 기술의 대규모 수용으로 가능했다. 생명경제 혁신 분야에서 이러한 네트워크 효과는 예를 들어 유전자 바이오뱅크에 한 국가 인구의 상당 부분이 등록되어 있다는 사실에서 분명해진다. 인구의 일상생활(식이습관, 흡연, 운동)이 실시간으로 유전자 프로파일과 임상 결과에 연결될 될 수 있다(Waldby 2009 ; Mitchell and Waldby 2010). 8장에서 우리는 생명경제 네트워크 효과의 또 다른 사례를 제약회사와 사용자 생산 혁신의 영역에서 살펴볼 것이다. 여기서 온라인 환자 집단은 오프라벨8 약물 소비 실험에 투입되어, 그 과정에서 제약기업이 구조화된 임상시험에 대한 잠재적 대안으로 여기는 경험 데이터 및 임상 데이터를 생산한다.

이렇게 분산되어 있으며 실험적인 생산 과정은 포드주의의 특징을 이루는 노동관계 형식보다 훨씬 더 투과적porous이고 구속력도 덜한 형식의 노동관계에 적합하다. 현대 경제의 혁신 부문에서의 작업work은 소비 관행이나 사적인 (것으로 보이는) 창의성과 점점 더 구분이 되지 않는다. 오히려 문화 소비자는 "다만 수동적인 종점terminus이 아니라 자본주의의 재생산에서 공모적이며 창의적인 중계지점relay으로서" 작용하기도 한다(Toscano 2007 : 74). 예를 들어, 마우리치오 랏자라또(Lazzarato 1996)는 "비물질 노동"immaterial labor에 대한 연구에서 지식 산업과 문화 산업 내부에서 확산되고 있는 대량의 지적 노동과 혁신을 "비물질 노동"이라고 부르면서, 그것이 기계적 상품들의 산업적 생산인 "물질 노동"을 대체한 상황을 조사했다. 그는 이렇게 서술하고 있다.

비물질 노동은…상품의 정보적, 문화적 내용을 생산하는 것으로 정의할 수 있다. 비물질 노동 개념은 노동의 두 가지 상이한 측면을 나타낸다. 한편으로 이 노동 개념은 상품의 "정보적 내용"과 관련해서 산업 부문과 3차 부문 대기업에서 일어난 노동과정의 변화를 지시한다. 이 부문들에서는 직접 노동과 관련된 숙련성은 점차 사이버네틱스와 컴퓨터 제어(수평적, 수직적 커뮤니케이션)와 관련된 숙련성이 된다. 다른 한편으로 상품의 "문화적 내용"을 생산하는 활동과 관련해서 비물

---

8. * 오프라벨(Off-Label)이란 특정한 약물을 FDA에서 허가한 병증이 아닌 다른 병증에 적용해 처방하는 행위이다. 의약품에 이미 붙어 있는 라벨을 벗긴다는 의미에서 오프라벨이라는 단어로 통용된다. 오프라벨은 기존의 의약품 허가 체계인 임상시험을 거치지 않고 특정한 약물을 활용한다는 점에서 제약사와 의사, 그리고 환자에게 새로운 가능성을 제시한다.

질 노동은 일반적으로 "일"work로 인정하지 않는 일련의 활동과 관계되어 있다. 즉 문화적, 예술적 기준, 패션, 취향, 소비자 규범과 한층 전략적으로는 여론을 정의하고, 규정하는 활동들에 관계한다(Lazzarato 1996 : 133).

이러한 노동력은 공장이나 시설에 얽매이지 않고 고도로 분산되어 네트워크로 연결되며, 종종 프로젝트별로 조직될 수 있다. 비물질 노동의 생산 능력은 간헐적으로 동원되고 종종 직장 외부에 있는 사회적·전문적 네트워크에 잠재해 있다. 랏자라또는 "(종종 한 명의 개인으로도 구성될 수 있는) 작지만 때로는 아주 '생산적인 단위'가 특정한 임시 프로젝트를 위해 조직되고 이들 특정 작업이 진행되는 기간 동안에만 존재할 수 있다. 생산의 주기는 자본가가 요구할 때만 가동된다. 작업이 완료되면 생산 주기는 생산 능력을 재생산하고 강화할 수 있게 하는 네트워크와 흐름들로 다시 흩어져 돌아간다. … 산업은 이러한 새로운 노동력을 형성하거나 생성하지 않고 단순히 받아들이거나 응용할 뿐"이라고 지적한다(Lazzarato 1996).

티찌아나 테라노바는 디지털 미디어 산업에 관한 분석에서 지연latency, 동원mobilization, 불안정성precarity에 대한 이런 설명을 더욱 발전시킨다(Terranova 2000 ; 2004). 그녀는 디지털 경제를 공식적인 기업 부문이자 동시에 재능, 콘텐츠, 하위 문화적 세련됨, 혁신, 디자인, 사회 전반에 걸친 새로운 커뮤니케이션적 형식을 긁어모으는trawl 실험적 가치화 시스템으로 특징짓고 있다. 테라노바는 디지털 경제를 다음과 같이 묘사한다.

거대한 사회적, 문화적 지식 풀pool을 내적으로 "포획"하는 특별한 메커니즘으로서, 디지털 경제는 가치 그리고 문화적/정동적 자유노동을 실험하는 중요한 영역이다. 이는 특수한 생산 형식(웹 디자인, 멀티미디어 생산, 디지털 서비스 등등)에 대한 것이지만, 또한 채팅, 생활 속 이야기들, 메일링 리스트, 애호가들의 소식지 등처럼 우리가 즉각적으로 인지하지 못하는 노동 형식에 관한 것이기도 하다. 이러한 유형의 문화 노동과 기술 노동은 자본주의에 의해 직접적 또는 인과적 형태로 생산되지는 않는다. 즉 이들은 단순한 자본의 경제적 필요에 대한 응답으로 발전된 것이 아니다. 이러한 노동 유형은 문화 산업의 확장과 함께 발전했으며 지식/문화/정동으로부터 금전적 가치를 창출하는 경제적 실험 과정의 일부이다. … 법인체 설립incorporation은 자본이 위에서부터 내려와 참신한 문화를 포획하는 것이라기보다는 집합적 노동(그것이 문화 노동일지라도)을 화폐적 흐름으로 전환하고 그것을 자본주의적 사업 관행 내에 구조화시키는 더 내재적인 과정이다(Terranova 2000 : 38~39).

테라노바는 그녀가 "자유노동"이라고 부르는 것이 디지털 경제에 내용과 혁신을 공급하는 과정에서 특히 중요하다고 말한다 : 지식산업에서 실제로는 노동을 하면서도 정식으로 고용되지는 않는 웹 디자이너, 소프트웨어 개발자, 블로거들을 말한다. 테라노바가 언급했듯이 이 분야에서 "노동은 임금노동과 일치하지 않는다"(Terranova 2000 : 46). 몇몇 디지털 생산 양식은 임금을 받기도 하지만 오픈소스 코드 작성이나 웹사이트 구축처럼 종종 노동 집약적이고 기술에 근거한 생산 양식들은 기업 자본화로 들어가는 합의선물경제collegial gift economy의 내부에서 순환된다. 자유노동은 "역사적으로 뿌리내린 창조적 생산을 향한 문화적이며 정동적인 욕구 … 그리고 현대 자본가들의 지식에 대한 강조, 즉 부가가치의 주요한 원천과 일종의 기업적 공통장 commons으로서의 지식의 강조가 실험적으로 타협하는 지점에서" 출현 한다(Terranova 2000 : 38).

생명경제의 생산과정에서 체현성embodiment과 살아있는 물질이 절 대적 중심성을 지니게 되면, "비물질"이라는 용어는 임상노동에 관한 어떤 논의에서도 큰 문젯거리가 된다. 그럼에도 불구하고 랏자라또와 테라노바의 설명은 우리가 이미 묘사한 생의학적 지식경제의 역학 일 부에 현대적 맥락을 제공해준다. 특히 인간 생명과정의 생산성을 생명 과학 실험에 연루시키는 방식들을 사회 기구들이 끊임없이 검사scanning하게 되는 현대적 맥락을 알려준다. 이번 장의 서두에서 살펴본 것 처럼 규제기관과 대학 및 기업의 연구자들은 인간의 생물학적 과정에 대한 법적·기술적 견인력을 얻고, 다양한 조직 기증자 또는 임상연구 대상을 연구 프로그램에 결합incorporate시키기 위해 지속적으로 새로 운 방법을 수정하거나 개발하고 있다. 재생의학의 사례에서 불임 및 산부인과 부문, 그리고 생식적 돌봄과 관련된 대다수의 클리닉과 병 동은, 거래를 통한 조달에 의존하지 않고도 생식적 잉여 또는 폐기물 이라는 프레임이 붙은 재생 잠재력을 구할 수 있는 곳이다. 여성들에 대한 접근은 초과 잉여 생명을 책임감 있게 처분한다는 의미에서 이 루어지고 생식 또는 임신중절 이후[잉여 생명이 생겨난 이후]에야 여성들 은 [잉여 생명 처분에 대한] 동의를 요청받는다. 조직의 화폐적 교환은 규 제기관과 연구자들이 특정한 신체 조직을 초과 잉여로 정의하지 못할 때 이루어진다. 특히 난모세포의 경우에 그러했는데, 거의 모든 법적 관할권 내에서 난모세포는 다루기 힘든 희소가치를 유지하고 있었다.

혁신 경제의 다른 영역들(Adkins 2005 ; Thrift 2006)처럼, 우리는 신 체 조직 조달에 대한 이런 요구가 생의학 분야의 치열한 경쟁에 의해 추동된다고 주장할 것이다. 이 경쟁은 체외in vitro 생산성과 체내in vivo 치료적 적용의 새로운 형태의 생기적vital 잠재력, 새로운 가능성을 식별하는 과정에서 일어나고 있다. 이러한 잠재력에 대한 지향은 일부분 생명과학 R&D 공급루트pipeline의 불확실성에서 기인하며, 기업의 주식시장 평가에서 금융 예측과 시장 예측이 중심적이라는 점을 반영하는 것이기도 하다. 생기적 잠재력 식별은 발명의 미래 사용 가능성에 대한 면허 부여 통제권을 확보해주는 지적재산권과 같은 기업의 약속 가치promissory value 확립에 결정적인 역할을 한다(Brown and Michael 2003 ; Waldby 2006 ; Cooper 2008). 그런데 생기적 잠재력은 기술과 실험적 시스템을 살아있는 신체들과 연결시키는 새로운 방법들로부터 유발된, 생물학적 존재 그 자체의 생명성과 개방된 수행성에서 파생된다. 바로 이 점이 줄기세포 산업의 여성 노동에 대한 분석에서 무엇이 핵심인지를 이해하는 데 결정적이다.

시계 시간, 혁신 시간, 생체 시간biological time

우리가 보았듯이 생식노동에 대한 기존의 설명은 산업적, 포드주의적 생산 양식에 존재하는 소외된 노동과 상품가치를 분석한 맑스주의 이론에 의존하고 있다. 우리는 노동에 대한 이러한 설명이 줄기세포 산업에서의 여성화된 노동을 견인할 힘을 갖고 있지 못한다고 생각한다. 이 설명이 생산적 노동을 시계 시간의 산업적 소비와 동등한 것으로 보고 이 시간 소비의 축적이 상품의 가치라고 보기 때문이다. 맑스의 설명에 따르면 노동 형식과 상품 형식의 관계는 소급적이다. 현재 소비되는 살아있는 노동력은 교환 가능한 상품 속에서 과거 또는 죽어있는 노동으로 응결된다. 노동은, 노동자 스스로를 부양하기 위해 필요한 시계 시간을 넘어 소비됨으로써 생산되는 가치가 자본가의 이윤의 원천으로서 상품 속에 축적되기 때문에 소외된다.

> 우리는 상품 각각의 가치가 그 상품의 생산에 소모되고 상품에 물질화된 노동의 양으로, 주어진 사회적 조건하에서 그것의 생산에 필요한 노동시간에 의해 결정된다는 것을 알고 있다. … 방적사yarn의 가치 또는 생산에 필수적인 노동시간을 결정하기 위해서는 방적사를 얻는데 … 필요한, 서로 다른 시간과 장소에서 수행된 모든 전문적 과정들을 하나의 동일한 과정의 연속적 단계로 한꺼번에 보아야 할 것이다. 방적사에 포함된 모든 노동의 양은 과거 노동이다(Marx 1887 〔1867〕 : 129).

리자 앳킨스는 가치 창출에 대한 이런 기계적 설명은 물론, 소모된 노동력과 상품가치 사이의 명쾌하고 구체적인 관계에 대한 가정assumption만으로 포드주의적 가정family에서의 재생산 노동이나, 오늘날 더욱 분산된 혁신 노동의 과정을 설명할 수 없다고 주장한다(Adkins 2009). 포드주의 가정은 남성의 신체가 이와 같은 기계 노동에 참여할 수 있는 능력을 유지할 수 있도록 조직되었고, 산업적 시간성 바깥에서 작동한다. 앳킨스는 "재생산 노동은 사회적으로 노동력을 유지하면서 재생산하는 기능을 했다. 산업 자본주의에서 노동력은 에너지 또는 힘의 형태로 조직되고 기능했으며 노동과정에는 이 에너지 소비가 수반되었다. 에너지는 사적 영역과 관련된 재생산 활동을 통해 보충되었다. 그렇기 때문에 재생산은 핵심적이었다. 사회적으로 재생산 노동은 시계 시간의 규칙에 따를 필요는 없어서 표준화되거나 균질화될 의무도 없었다. 그럼에도 불구하고 이러한 노동은 바로 그렇기 때문에 생산 활동에 필요한 사회적 에너지가 매일 보충될 수 있도록 해야만 했다"고 서술하고 있다(Adkins 2009 : 333).

이어서 앳킨스는 시간의 소모와 소급적 가치 사이의 이러한 명시적인 관계가 불안정하고 불확실해졌으며, 현대의 혁신 경제에서 가치 창출과 추상적 노동시간이 반드시 연결될 필요는 없다고 주장한다. 테라노바(Terranova 2000)와 앳킨스가 분석한 "비물질적" 노동과정의 특징은 공식적인 노동일과는 무관하며 노동시간에 대한 계약상의 통제가 없다는 것이다. 앳킨스에 따르면 이와 같은 생산의 시계 시간으로부터의 탈구는, 가정에서 일어나는 사적인 재생산 노동의 몇몇 특징들, 특히 돌봄, 정동, 관계성에 대한 관심들이 새로운 형태의 거래 노동으로 사회 전체에 걸쳐 일반화되어가는 방식을 보여준다.

따라서 줄기세포 산업에서 생식노동을 적절하게 개념화하기 위해서는 소외와 상품 생산의 논리에 의존하지 않는 개념 목록들을 개발해야 한다. 소외와 상품 생산 개념은 [우리의 사례에] 적용하기 어려운 소급적 가치의 산업적 양식과 기계적으로 노동하는 남성 신체라는 특정한 뜻을 함축하는 아이디어에 기초하고 있기 때문이다. 그뿐만 아니라 이전 장에서 묘사한 생물학적인 재생산 노동에 관한 설명으로부터 단선적인 추론을 하는 것으로도 부족하다. 그 대신 우리는 줄기세포 과학에서 나타나는 가치 창출의 특수한 형태들을 설명할 필요가 있다. 여기서 우리는 출산, 보조생식, 임신중절 등을 둘러싼 기존의 임상 현장과 임상 실천 들이 새로운 생물학적 잠재력을 동원하는 장소이자, 아이를 생산하는 것과 관련된 생물학적 과정들을 훨씬 더 개방적이고 실험적인 종류의 생기성 쪽으로 전환시키는 장소가 되고 있음을 볼 수 있다. 줄기세포 기술은 유기체의 한계를 넘어선 세포의 잠재력을 탐구하는 방법이다. 이러한 실험적 잠재력에 대한 추구가 기존의 생식 노동과 산업적 노동으로부터 줄기세포 산업의 재생노동을 구별해준다.

앞으로 우리는 보조생식의 생물학과 줄기세포 기술의 생물학, 그리고 그것들이 관여한 다양한 형태의 생산성을 비교하며 우리의 주장을 전개할 것이다. 3장에서 언급했듯이 20세기 대부분의 시기 동안 보조생식기술은 산업화된 농업을 위해 동물 생명을 대규모로 재생산하는 데 전념했다(Rabinow 1999). 인간 보조생식기술은 세포들의 발생생물학적 과정을 재배열하는 것이 아니라 수정을 촉진한다. 체외 배아 생성은 여성의 자궁에 이식되어 궁극적으로 아이를 생산하게 될지 모를 발생학적 경로를 여는 사전 준비일 뿐이다. 이 과정은 정확히 생식세포의 개체발생적ontogenic, 목적론적teleological 잠재력, 그리고 모체와 상호작용하는 유기체의 재생산을 향한 생식세포들의 궤적을 보존하기 위해 조직된다.

하지만 줄기세포 기술은 이와 같은 목적론적 잠재력의 붕괴와 연관되어 있고 또한 세포의 잠재력을 실험하는 것과 연계되어 있다. 줄기세포 기술은 모체에서 생식 물질을 분리하는 보조생식기술에 의존한다. 하지만 난모세포 또는 배아는 클리닉에서 줄기세포 실험실로 이동하기 때문에 이들은 하나의 제도적·법적·과학적 맥락에서 전혀 다른 맥락으로 옮겨진다. 이전의 생식조직은 생식세포의 잠재력이 근본적으로 상이하게 정의되는 또 다른 인식론적 공간으로 진입한다. 줄기세포 과학의 주요한 혁신 중 하나는 세포의 잠재력에 대한 과거의 정통적인 이해방식을 개정한 것이다. 이러한 개정은 (비생식적인) 체세포와 난자 또는 정자와 같은 (생식적인) 생식세포 모두에 해당된다. 각각의 경우마다, 진화하는 유기체로의 분열과 분화로 미래 가능성이 제한되었던 잠재력의 개념은 이제 동일한 조직 표본에서 완전히 다른,

심지어 공약 불가능한 가능성들의 스펙트럼을 갖게 된다.

체세포핵치환(이하 SCNT)에서 난모세포는 체세포의 다능성pluri-potency을 재활성화하기 위해 활용된다. 이를 통해 체세포(예를 들어, 피부세포)는 발달 경로를 거슬러 올라가서 모든 조직 유형으로 전개될 수 있는 과거의 배아 능력을 회복하게 된다. SCNT는 1996년 복제양 돌리를 만들 때 활용된 과정이다. 돌리 이전에는 성체 포유류의 세포핵은 다능성을 상실했다고 가정했다. 성체세포는 특정한 종류의 세포를 생성하도록 한 번 프로그래밍되면 다른 종류의 세포를 생산할 수 있는 능력을 잃어버린다(Keller 2000).

인간 배아 줄기세포는 유기체의 생성이 시작되는 조직의 기초 수준인 배반포에서 분할된다. 배아 줄기세포의 다능성은 세포주 생산으로 전환된다. 이는 조직을 불멸화하고 조직이 체외에서 스스로 영속하는 잠재력을 촉진하는 기술이다. 배아 줄기세포주는 발달 중인 유기체를 구성하는 모든 특수화된, 완전히 분화된 세포를 생성할 수 있고, 그러면서도 분열을 지속하여 결과가 정해지지 않은 전-유기체ex-organism 상태에 있으면서 더 많은 줄기세포를 계속 생산할 수 있다. 각 경우마다 세포의 잠재력이 중요하다. 줄기세포의 미래 분화 가능성은 성장이 끝난 유기체가 갖는 제한적인 가능성을 언제나 넘어선다. 그렇기 때문에 줄기세포의 과학적 가치는 유연하고 이식 가능한 조직의 "무한한" 여분을 공급하고 무한한 자가 재생과 갈등 없는 생명과정의 약속(과 환상)을 제공하는 줄기세포의 능력에 있다.

현대 생물학의 하부구조와 세포의 시간성은 약속, 잠재력, 기대의 경제를 중심으로 재편되고 있다. 세포 생물학자인 뢰플러와 포텐(Loeffler and Potten 1997 : 13~14)은 "줄기세포의 주요한 속성은 이들의 미래 잠재력과 연관된다. … 우리가 〔줄기세포에 대해〕 말할 수 있는 것은 검토 중인 세포의 미래적 행동에 대한 확률론적인 진술일 수밖에 없다"고 서술한다. 이러한 모델에서 줄기세포의 "줄기성"stemness은 "속성이 아니라 선택할 수 있는 능력의 스펙트럼"이다(Loeffler and Potten 1997:1). 이렇게 신체 잠재력을 재작업함에 따라 세포는 더 이상 세포의 특정 계통에 의해 결정되지 않고, 점진적 분화 경로와 잠재성을 상실하는 경로를 따를 필요도 없다. 세포의 능력은 생식, 유기체의 성장, 종의 영속 같은 목적론 바깥에서 상상할 수 있다. 모든 세포는 유기체의 연대기적 궤적과 상관없이 무한적인 재생과 무제한적인 증식이 가능한 배아의 능력을 보유하게 된다.

결론

'고지된 동의'의 메커니즘을 통해 줄기세포 산업에 조직을 기증하는 여성은 이러한 실험 시스템과 약속의 경제에 자신의 신체를 계약적으로 참여시킨다. 여성은 자신의 신체적 재생 잠재력에 기술적, 법적 견인력뿐만 아니라 생식의 잉여 산물도 제공하고 있다. 줄기세포 연구기술은 이러한 능력들을 직접 활용하고 성관계, 생식, 양육에 부여된 역사적 사용가치를 훨씬 넘어서 여성의 능력을 재생과 잠재력 활동이라는 실험적인 영역으로 확장시키고 있다. 이 활동의 사회적·생물학적 한계는 현재로서는 알 수 없다. 이러한 개입들이 종종 태아기적 생명의 생기적 지위를 유지하는 것에 대한 여성의 책임감에 호소함으로써 일어난다는 것은 애석한 일이다. 그 책임감이란 줄기세포 기술이 그 기술이 없었다면 낭비될 수 있는 생명을 기이한 잠재력 속으로 흐르게 하여 재활성화하고 재가치화할 어떤 길을 제공한다는 느낌이다.

    따라서 줄기세포 산업은 이미 생식노동에 헌신하고 있는 여성 신체에 단순히 생식능력을 추가하는 것이 아니라 잠재력 자체에 대한 정치경제적 개념과 기술적 개념이 상호 구성적이라는 것을 보여준다. 기술 생산, 과학적 추론, 경제적 계산법의 상이한 양식들이 신체로부터 서로 다른 역능들을 불러일으킨다면, 생식의학과 재생의학이 만나는 곳에서 협상되고 있는 것은 바로 신체가 무엇을 할 수 있는가 – 신체는 어떤 작업을 해줄 수 있는가, 그리고 신체는 어떤 실험 시스템에 참여할 수 있는가 – 이다. 생식의학은 여성의 몸에 문자 그대로의 생식노동을 요구하지만, 재생의학은 세포분화 과정 이전과 세포분화 과정과는 별개로 이루어지는 신체의 배아적 자기재생 능력에 관심이 있다. 신체적 잠재력은 그 자체로 새로운 노동관계와 생명과학의 접점에서 재구성되고 있다.

3부
실험 작업 : 임상시험과 위험 생산

모든 처방약들은 소비하기에 안전하고 효과적인 것으로 시판 전에 승인되어야 한다. 이러한 승인은 (미국의) 식품의약국FDA, 유럽의 약품청EMA 또는 기타 국가의 행정부와 같은 규제 기관의 주관으로 이루어진다. 과거 그 어느 때보다도 복잡한 조합과 수량으로 약물을 섭취하는 소비자로서, 우리는 이러한 일상적 제품의 안전성과 효능을 결정하기 위해 무작위 대조군 연구(이하 RCT)에 참여해온 수백, 수천여 명의 연구 대상에 관해 생각하지 못할 때가 많다. 의료 서비스를 위해 연구 대상(피험자)이 유급 노동 또는 일work의 형태로 임상시험을 수행하고 있다는 점을 우리가 고려하는 경우는 더 드물다. 그러나 인간 연구 대상은 20세기 중반부터 치료 약물과 생물학적, 의료적 기기의 생산에 종사해 왔다. 임상시험 프로토콜이 점차 복잡해지고 입증 가능한 약물 혁신이 어려워지면서 지난 수십 년 동안 임상시험에 종사하는 인구의 수는 극적으로 증가했다. 최근 십여 년간 미국이 대다수의 고위험성 1상 시험을 포함한 다수의 임상시험을 수용하고 있는 반면, 점점 더 많은 임상시험이 새롭게 자유화되고 탈사회주의화된 세계 경제 지역으로 이전되고 있다. 우리가 소비하는 약물은 뉴저지주와 상하이의 1상 시험 모집단과 캘리포니아주, 베이징, 아마다바드의 무보험 2상 또는 3상 시험 모집단에서 테스트되었을지도 모른다. 제약 산업은 산업적 규모의 초국가적이고 비공식적인 노동력에 의존한다. 하지만 이 비공식적인 노동력은 대개 노동의 한 형식으로서는 공적 관심을 받지 못한다. 이어지는 장에서 우리는 미국과 그 밖의 국가에서 임상시험 작업의 진화하는 형식과 맥락에 대한 이론적·역사적 분석을 할 것이다.

이른바 임상연구의 최적 표준gold standard으로서 RCT의 공식적 방법론은 영국 의료연구위원회의 오스틴 브래드포드 힐이 결핵과 스트렙토마이신에 대한 연구 결과를 발표한 1946년에 확립되었다. 하지만 실질적으로 임상시험은 훨씬 더 오래전부터 수행되어 왔다. 미국과 유럽의 의사들은 1930년대에서 1940년대까지 통계적으로 통제된 실험을 수행했고, 이러한 실험은 전쟁 기간에 급증했다(M. Edwards 2007 : 21). 20세기 중반 약리학의 비약적 발전은 2차 세계대전의 대규모 실험 덕분이었다.

전쟁이라는 비상상황에서 임상연구 참여는 징집병의 "부자유[un-free] 노동"에 버금가는 국가적 봉사로 여겨졌다. 전염병이 전쟁 최전선의 병사들을 습격하자 영국과 미국의 연구 위원회, 자선 단체, 제약회사가 연합해 새로운 치료제 개발에 박차를 가했다. 신약은 생도와 병사뿐만 아니라 주립 교도소의 수감자, 공립 병원의 환자, 시설 수용자, 고아, 우체국이나 정부 부처, 공장과 같은 중요한 전시 서비스 요원들에게 시험되었다(Stanton 2003). 록펠러 재단의 지원을 받은 영미 연합 연구 계획에서 영국의 연구자들은 해군, 공군, 위생부 및 우체국 구성원에게 수십만 개의 인플루엔자 백신을 투여했다. 반면 미국의 연구자들은 미국 교정 시설의 수감자들에게 수천 개의 백신을 투여했다(M. Edwards 2007 : 124~125). 영국에서는 국내 주둔지의 자원봉사자 의대생 및 간호사, 양심적 병역 거부자, 입원한 관절염 환자에게 또 다른 백신 실험이 수행되었다(Stanton 2003 ; M. Edwards 2007 : 126). 미국에서는 보다 제도화된 대상을 선호했다. 미국 의료연구위원회(이하 CMR)는 오하이오 육해군 고아원에서 십 대 소년소녀에게 고독성 이질[痢疾, dysentery] 백신을 투여해 심각한 부작용이 유발되었다. 백신은 일리노이주 딕슨 지체장애인 시설의 주립병동, 뉴저지 주립 정신박약아 요양소의 거주민들과 같은 공립 병원의 환자들에게도 시험되었다(Rothman 2003 : 36). CMR은 시카고 대학의 앨빙 박사[Dr. Alving]에게 연구용 항말라리아 약물을 연구 대상에게 투여하기 전에 의도적으로 환자를 말라리아에 감염시킬 수 있는 권한을 부여했다. 이 시험을 위해 그는 일리노이주 만테노 주립병원에 60병상 규모의 임상연구실을 설치했고, 정신질환 환자들을 감염시켰다. 또한 스테이트빌 교도소 병원의 한 층 전체를 임상연구실로 전환했고, 500여 명의 죄수들을 감염시켜 시험했다(Rothman 2003 : 36). CMR은 인플루엔자 백신 연구를 위해 유사한 실험을 승인했다. 펜실베이니아대학 의과대학의 베르너 헨레 박사는 펜허스트 주립 지체장애인 시설 및 청소년 범죄자 교정 시설로부터 수천 명의 환자에게 인플루엔자를 감염시킬 수 있는 권한을 부여받았다. 감염된 지 6개월이 지나서야 환자들은 실험적 인플루엔자 백신을 투여받을 수 있었다. 더욱 야심 찬 시험 프로그램은 미시간주에서 수행되었다. 조너스 소크 박사는 입실란티 주립 병원 전체를 인플루엔자 예방 접종을 위한 연구 장소로 전환시켰다(Rothman 2003 : 38~39).

엄격히 조직화된 신체와 그것에 대한 법적 예외주의와 함께 전쟁이라는 비상상황은 RCT의 실험 방법을 완성하기에 이상적인 조건을 제공했다. 그렇기 때문에 전시 시험에 참여한 다수의 사람들은 동원 해제를 의료 발전적 측면에서 진정한 손실이라고 생각했다. 그들은 실험의 과학적 타당성을 감소시키지 않으면서 더 작은 규모에서 반복적으로 유순한 신체들을 동원하는 물류적 문제logistical problem에 직면하게 되었다(M. Edwards 2007 : 127~134). 따라서 냉전의 암 환자 대상 시험에서 환자를 "대용 병사"proxy soldiers로 취급한 것도 놀라운 일은 아니다(Kutcher 2009). 그러나 동원 해제의 문제는 주립 교도소의 수용 공간과 같은 다른 수단으로 결국 해결될 수 있었다. 2차 세계대전 이후의 제약 산업 호황기에 미국 교도소는 약물과 화장품용 인간 연구 대상의 대부분을 공급했다. 이를 통해 학계, 제약 산업계, 국가 교정 시스템 사이에서 고도로 영리적인 동맹이 형성되었음이 입증되었다 (Hornblum 1998). 인간을 대상으로 한 실험은 노동조합이 결성된 포드 주의적 작업장에서 법적으로나 공간적으로나 모두 분리된 채로, 부자유 노동 그 자체로 남아 있었다.

우리가 다음 장에서 탐구하는 실험 노동 형식은 감옥 기반의 고위험 노동의 역사에서 형성되었다. 그럼에도 불구하고 우리가 주목하는 시기는 1970년대 후반부터이다. 이 시기에는 교도소 기반 임상시험이 금지되고, 그에 상응해 임상시험 과정 자체가 분산된다. 오늘날 임상시험 노동은 전문 지식경제와 임시노동 시장의 교차점에 놓여 있으며, 가정, 교도소 그리고 건강보험 구조의 지속적인 변화에서 형성된다. 지난 수십 년 동안 임상시험의 대다수는 주립 교도소나 학술적 연구 병원에서 개별 의사의 사무실(후기 임상시험용)과 1상 전용 병동(독성 연구용)으로 완전히 이동했다. 교도소-제약 산업 복합체의 수직적 분해로 인해 대규모 제약회사를 대신해 임상시험을 조직하고 배치하는 새로운 보편적 매개 기관(임상시험 수탁기관CRO)이 등장했다. 교도소 기반 시험의 금지는 연구 대상을 독립적인 개인 서비스 계약자로 재탄생시켰고, 이는 보조생식노동의 체계적 특징이 되었다. 또한 이러한 움직임은 일반적으로 포스트포드주의 노동의 진화와 일치한다. 그러나 임상시험 노동은 인종, 노동, 계급의 유산으로부터 영향을 받아 지속적으로 형성되고 있다. 1상 시험은 불균형적인 수의 빈곤한 라틴계, 아프리카계 미국인 남성을 모집하고 있다. 한편, 제도적인 후기 임상시험 노동 형식의 진화는 신자유주의적 의료 개혁 과정과 밀접히 연관되어 있다. 만성질환을 앓고 있고 보험이 없는 명목상 중산층인 미국인 인구가 증가하면서 건강보험의 선별적 쇠퇴로 인해 많은 사람들이 임상시험과 새로운 형태의 노동을 시작하는 계기가 마련되었다.

지난 수십 년 동안 임상연구 단지는 서유럽과 미국(여전히 세계 최고의 임상시장)이라는 전통적 위치에서 아시아, 라틴아메리카, 동유럽 등의 새로 부상하는 목적지로 재조정되고 있다(Sunder Rajan 2007, 2008 ; Petryna 2009 ; Prasad 2009 ; Kuo 2012). 1960년대와 1970년대 초반 유럽의 제약기업들조차 미국 주립 교도소에서 많은 임상시험을 수행했다. 오늘날 미국과 유럽의 제약회사들은 세계 경제에서 탈사회주의화되고 새롭게 자유화된 지역인 동유럽 구소련 국가, 라틴아메리카, 중국, 인도에서 임상시험을 점점 더 많이 외주화하고 있다. 7장에서는 세계에서 가장 급속도로 성장 중인 임상시험 시장으로 중국과 인도의 임상시험 부문에 주목한다. 이들 국가에서 임상시험 부문이 부상하게 된 것은 단순히 식민지기 실험 의학이 연장되었기 때문이거나, 오랫동안 지속된 건강 불평등이 가져온 예측 가능한 결과가 아니다. 그것은 건강 부문, 병원 시스템, 집합화된 노동에 대해서 매우 최근에 이루어진 "개혁들"의 산물이다. 또한, 인도와 중국 정부는 임상 서비스의 탈-국경적 무역을 장려하기 위해 공동의 노력을 기울였고, 공립 병원을 탁월한 실험적 수출 지역으로 변모시켰다.

제약 산업이 중국, 인도, 구소련 국가, 라틴아메리카 및 기타 지역과 같은 저렴한 목적지에서 임상시험을 진행하는 비율이 높아지면서, 증거 기반 의학은 전례 없이 세계화되고, 규모가 확대되고 있다. 그러나 제약 산업이 임상시험을 해외로 이전시키도록 만드는 바로 그 힘이 산업계 내부의 많은 이들이 임상시험의 인식론적 전제를 다시 생각하게 만들고 있다. 8장에서 우리는 새로운 형태의 임상연구와 임상노동을 설명할 것이다. 제약산업이 혁신 속도가 감소하고 특허가 빠르게 만료되는 상황에 직면하면서, 많은 이들이 3단계 RCT를 뒷받침하는 전제들 자체에 의문을 제기하기 시작하였다. 규제 기관의 지원을 받아 업계와 학계 연구자들은 임상시험의 새로운 형식(0상과 적응 시험)을 실험할 뿐만 아니라 실험실과 클리닉 그리고 소비자 대중 사이의 경계를 재고하고 있다. 여기에서 흥미로운 점은 사용자 생성 혁신 모델로의 전환으로 실험적 약물 소비 관행을 일반 대중에게 외주화하고 있다는 점이다. 이러한 분산 실험 모델은 위험에 대한 신자유주의적 철학과 모순적인 관계를 맺는데, 그럼에도 불구하고 우리는 이러한 분산 실험 모델은 1990년대 초반 약물 시험의 소비자 보호 모델에 대해서 전면적인 비판에 착수했던 AIDS 치료 활동가들의 비판적 개입에서 비롯한다고 주장한다. 따라서 우리는 오늘날 상업적 약물 개발 전략에 통합된 비판적 보건 정치의 복잡성과 씨름해야 한다.

우리의 연구는 오래된 성적 노동분업을 중심으로 조직된 임상노동의 형식(보조생식노동 및 임상시험 노동)을 검토한다. 역사적으로 여성을 위한 노동 및 복지적 보호(가장 주목할 만한 것은 가족 임금이다)는 여성의 재생산 역할을 보조하거나, 그것을 가치화하는 수단으로 사용되었다(Wikander et al. 1995). 이와 유사한 논리가 20세기 후반 임상시험 규정에서 작동하고 있다. 여성은 임신과 재생산적 선물을 제공하는 생물학적 노동에 본질적으로 적합한 것으로 여겨진다. 하지만 1970년대 중반 이후 이와 동일한 이유로 여성은 1상 시험에서 배제되었다. 1977년 FDA는 1상 임상시험에서 제약 시험 후원자가 임산부와 가임기 여성을 포함시킬 수 없게 금지하는 새로운 규칙을 발표했다(McCarthy 1994). 1990년대가 되어서 HIV/AIDS로 고통받는 여성이 유일한 치료적 희망이 된 임상시험에 참여할 수 있도록 요구하면서 이러한 실험 노동의 성적 분업은 중대한 도전을 받는다. 오늘날 재생의학이 1상 시험의 실험 공간으로 이동하면서 생식노동과 실험 노동을 구분하기란 더욱 어려워지고 있다. 이 책의 2부 마지막 장과 3부는 구별하기 어려워지고 있는 실험 노동과 생식[재생산] 노동의 생산 현장을 지적한다.

6장

미국식 실험

감옥-학계-산업 복합체에서 임상 외주화까지

2차 세계대전 이후 두각을 나타냈고 1980년대에는 신약 개발에서 대대적인 성공을 거두며 정점에 올랐던 수직 통합형 제약회사는 이제 조직적인 위기를 경험하고 있다.[1] 소위 '블록버스터 약품'이라 불리는 것들 — 특허받은 처방 약품들은 연간 10억 달러 이상을 벌어들인다 — 은 빠르게 특허 기간 한계를 맞이하고 있으나 제약 산업은 이미 정착되어 있는 이들 상품의 포트폴리오를 대체할 새롭고도 믿음직한 혁신 자원을 아직 찾고 있는 중이다. 점점 더 제약회사들은 시장을 선도할 신약과 신시장을 만들어갈 수 있는 잠재 신약을 회사 내부 연구소 바깥 세계인 소형 대학연구센터, 대학 연구소들에 의해 만들어진 민관 분사형 회사spin-off company와 소형 바이오제약 창업사들에서 찾고 있다. 이런 종류의 회사들이 보여줄 장래란 본래적으로 투기적일 수밖에 없다. 이 회사들이 제공하는 것이란, 아직 실현되는 않은 것, 실험실 분석과 동물실험, 인체 시험을 거쳐 최종 시장승인으로 이어지는 기나

---

1. 거대 제약사의 변화하는 비즈니스 모델에 대한 설명은 Foud et al.(2006)의 글락소스미스클라인(GlaxoSmithKline)에 관한 논의를 참조하라.

긴 여정을 아직 거치지 않은 실험 중인 약품이나 치료제의 형태로 존재하는 것이다. 이 회사들이 판매하는 것은 임상 효과가 아직 드러나지 않은 약 화합물 또는 생물 성분들에 대한 일련의 특허 신청 포트폴리오이다. 이런 비즈니스 모델은 고도로 금융화되어 있다. 이 모델은 벤처자본 펀드들, 그리고 이들을 유지해주는 연금 펀드들이 신약품 개발에서 가장 투기적인 초기 단계의 비용을 부담하겠다고 나설 것임을 전제하고 있다. 로널드 레이건 대통령하에서 탈산업 성장의 새로운 장기 파동을 유지하기 위한 노력의 일환으로 도입된, 미래 유망 특허 보호 레짐도 이 모델의 전제 조건이 되었다. 또 공공 자금 지원을 받은 기초 과학 연구로부터 스핀오프[2] 형태로 영리 회사를 창업하는 것을 용이하게 한 1980년의 〈베이돌 법〉 역시 이 비즈니스 모델의 전제 조건이었다(Coriat and Orsi 2002). 서로 다른 종류의 투자자들이 신약 개발이 진행되는 과정의 단계마다 소형 바이오제약사들과 연합하고 있다. 벤처자본 펀드들은 불확실성이 높아 가장 투기성이 짙은 실험 단계에 자금 지원을 하고 회사가 기업 공개IPO를 통해 주식시장에 상장되고 거대 제약회사에 흡수되거나 혹은 제휴사가 될 때 계약을 만료하고 자신들의 투자금을 되찾는다. 대형 제약사는 더 늦은 단계에 개입해 들어가 신약에 대한 인허가권 혹은 특허권을 확보하여 세 단계의 인체 시험 과정 동안의 신약 개발을 조종하고자 한다(Lazonick and Tulum 2011). 소형 바이오제약사에 생명을 불어넣어 주는 투자의 투기성 모델은 대형 제약사 자체의 제도 구조에도 지속적인 영향을 주어 왔다. 장기간의 파이프라인pipeline[3] 전략이 주주가치의

---

2. * 기업 경쟁력을 강화하기 위해 일부 사업 부문을 분리해 자회사로 독립시키는 것.
3. * 제품이나 서비스 제공의 계획부터 생산, 유통 등 고객에게 도달하기까지의 과정을 가치 흐름에 따라 관리하는 방식이다.

약속 경제로 대체되고 수직 통합은 지속적인 재구조화로 대체됨에 따라 대형 제약사의 비즈니스 모델과 조직 문화 모두 점차적으로 변동성이 높고 휘발성을 띠게 되었다. 오늘날 공개 제약사의 시장 가치는 회사의 실제 이윤에 따라 결정되기보다는 아직 입증되지는 않았으나 그럼에도 불구하고 특허를 받은 실험 신약들의 장래 약속에 의해 결정되고 있다. 현재 제약 산업이 생산성에서 분명한 위기를 경험하고 있다는 사실은 주식시장으로 하여금 이미 정착되어 있는 소비 시장보다 실험적 상품 포트폴리오를 고대하도록 하는 경향을 강화해줄 뿐이다.

정통 시카고 경제학파의 창시자로 정통에서는 다소 벗어나 있는 프랭크 나이트(Knight 1940〔1921〕)는 『위험, 불확실성과 이윤』이라는 자신의 저명한 연구에서 이윤이란 아주 불확실한 환경에서 보험 보장도 안 되는 위험을 감당하는 기업가에 대한 보상이라는 논리를 제시한 바 있다. 우리가 앞으로 보게 되듯이 이 논리는 미국 내 소비 시장에서의 약품 가격 상승을 정당화하는 것으로서 제약 산업의 지지를 받고 있으나, 실제로 미국 포스트포드주의 경제의 투기적 혁신에는 이러한 논리에 반하는 규제와 법적 보호가 부과되고 있다. 제약 R&D의 영리상의 위험 대부분은 신약 개발 임상시험 단계에 집중되어 있다. 경쟁력을 선취하기 위해 제약회사들은 일상적으로 인체 시험에 들어가기 전에 신약에 대한 특허를 출원해왔다. 그렇기 때문에 임상시험 과정의 어떤 시간적 지체도 표준적인 특허 기간인 20년에서 차감되는 것으로 측정되어 결국 이는 미래 이윤에 엄청난 손실을 가져올 것을 의미한다고 이해되고 있다. 지적재산권과 재산권 침해가 약품 회사 경영진들의 가장 큰 우려로 나타났던 1980년대가 지나고 난 후 지금은 제약 산업이 이윤 회복의 방법으로 임상시험 과정을 단축하고 과정의 진행 속도를 증가시키고 합리화할 수 있다는 생각에 사로잡혀 있다. 그런데 임상시험용 신약을 연방정부의 승인을 받아 시장에 내놓을 수 있는 상품으로 "번역"하는 일은 제약사들에게는 여전히 장애물로 가득하고 실패가 일상인 골치 아픈 과정이다. 동물에 대한 전 임상시험 단계에서 인체 임상시험 단계로 전화하는 과정에서는 커다란 불확실성을 통과해야 한다. 게다가 대부분의 신약은 시판 승인 전에 필요한 인간 대상 3상 실험을 완료하지 못한다. 임상 1단계에서 신약이 시험에 통과하지 못하는 확률은 60%이다. 임상 2단계에서 3단계로 넘어갈 수 있는 확률은 겨우 50%이다. 임상 3단계에서 실패할 확률은 50%에 달한다. 이는 신약의 치료 효과 지표에 달려 있다(Pisano 2006:57). 게리 피사노의 발언을 빌리자면, 제약 R&D 과정은 마이크로전자공학 연구와는 달리 "위험도가 매우 높은데 거기에는 근원적이고 지속적인 불확실성이 존재하기 때문이다. 이 불확실성은 현재 우리가 갖고 있는 인체의 생물학적 시스템과 생물학적 과정에 대한 아주 제한된 지식에 그 뿌리를 두고 있다"(Pisano 2006:55). 피사노는 계속해서 "분명한 사전 지식이 존재하지 않고 또한 시험 모델의 충실도가 높지 않기 때문에 제약 R&D는 현재 불확실성 수준이 전 과정을 통해 높게 유지되는 반복적이고 귀납적인 과정에 머물러 있다"는 점을 서술하고 있다(Pisano 2006:59). 그런데 제약 산업은 임상시험 과정에 내재되어 있는 과학적 불확실성뿐만 아니라 넘어야 할 장애물이 또 하나 있다. 바로 임상시험을 완료하는 데 필요한 연구 주체들을 규명하고, 보충하고, 이들을 유지시켜야 하는 실질적인 임무이다. 최근 들어 실험에 참여할 신입 인력을 확보하는 업무는 더욱 힘겨운 일이 되고 있다. 임상시험의 횟수가 증가했고, 적정한 시험 대상을 선별하기 위한 사항이 점점 세분화되고 있기 때문이다. 신규 실험 참여 인력 확보에 드는 비용은 현재 전체 제약 R&D 비용에서 가장 많은 부분을 차지하고 있다(J. P. Walsh et al. 2003).

이러한 복합적인 이유로 인해서 임상시험의 각 단계를 성공적으로 완수하는 것은 임상시험용 신약을 개발하는 데 있어서 핵심적인 이정표를 나타내며 금융 자산가격 변동에 있어서는 영향력 있는 촉매가 되고 있다. 다니엘 카펜터도 주목하듯이 "임상시험 결과에서의 예기치 않은 변화들이 회사 전체의 주식 가격에 엄청난 변동을 유발할 수도 있다. 결과들이 놀랍게도 좋지 않은 것일 때 이 결과 발표는 몇 분 내에 개인 혹은 조직의 부를 날려버릴 수도 있다. 따라서 투자자들은 단계화된 실험화라는 구조에 집착하고 있어서 회사들은 실험 결과를 의학 혹은 과학 잡지에 발간하기 전에 실험 단계마다 결과들을 공개하는 것이 일종의 관습이 되어버렸다"(Carpenter 2010 : 294). 임상시험용 신약에 대한 특허 보호는 일종의 약속과 같은 기능을 한다. 이 약속은 임상시험이 오랜 기간 진행되는 와중에 확인으로 현실화되거나 참담한 실패로 결과하게 된다. 신약이 임상시험 과정의 세 단계 중에서 하나를 성공적으로 완료하게 되면 기대가 실현되어 제약 R&D 과정에서 초래된 높은 위험은 평균 수익보다 높게 보상을 받게 된다.

그러나 모든 임상시험용 신약이 지닌 극도로 불확실한 재물운에도 불구하고 제약 산업의 전체 비즈니스 포트폴리오는 위험회피적인 성격을 강하게 띤다. 제약 산업은 실질적으로 산업 자체의 혁신을 거의 만들어내지 않는다. 대부분의 신약 발견은 상업적인 제약 영역 외부에 있는, 미국 국립보건원의 공적 자금 지원을 받는 대학 연구센터들이나 소형 생명공학 스타트업들에 의해 결성된 민관 협력체에서 이루어진다. 제약 산업은 대개 약물 발견 단계 이후에 개입하여 공적 자금 지원을 받은 연구에서 나온 가장 유망한 열매들에 대한 라이선스를 획득한 후 임상시험을 진행하고 약품 심사 과정을 거친다. 제약 산업이 시장에서 성공하겠다는 확신 없이 특이하거나 완전히 새로운 치료법을 가지고 "회사 내부"의 위험을 감수하는 일은 없다. 듀밋(Dumit 2012)이 맑스의 자본 명제에 관한 흥미로운 재해석을 하는 과정에서 서술하였듯이, 20세기 후반의 제약 산업은 건강보다는 잉여 건강 ─ 새로운 치료 시장 창출을 통한 자본의 자기가치증식self-valorization ─ 을 지향하고 있다. 높은 판매고를 보이는 대부분의 신약은 현재 증상에 부응하고 있기보다는 만성 질환 조건들의 창출에 대응하고 있다. 만성 질환의 조건들은 공식적으로 인정받는 위험인자들의 문턱값 지표로 표시되는데 이 문턱값은 항상 변화한다. 한편, 새로운 상표명으로 출시된 상품들의 상당수들은 사실 "미투"me-too 약품으로, 이미 존재하는 제약 공식들을 살짝 바꾸어 만들어진 약품인데 이것들은 약품 시험 단계에 발생하는 지나친 상업적 위험을 겪지 않고 시장을 장악할 수 있게 해준다. 그리고 최근 성공적이었던 "발명"들 대부분은 법적인 혁신의 결과였다. 예를 들면 약품을 새로운 인구 집단을 대상으로 시험하거나 과거 약품에 새로운 치료 효과 지표를 부여하고 이를 특허 내용에 기입하는 방식으로 특허 적용 범위를 원래보다 확장하는 기발한 방식을 쓴다. 이렇게 제약 산업은 신약 개발 과정에 내재되어 있는 불확실성으로 인한 손실을 최소화하는 다양한 방식을 개발해왔다.

제약 R&D 비용 추계에 대해서는 현재 격론 중이다. 터프츠 약품 연구개발센터의 조셉 디마시가 책임자로 있던 경제학자 그룹이 수행한 자주 인용되고 있는 연구는 신약 개발 평균 세전 비용으로 8억 200만 달러 숫자를 인용해두었다(DiMasi et al. 2003). 『뉴잉글랜드 저널 오브 메디슨』 잡지의 전 편집자 마르시아 엔젤은 터프츠 센터의 연구가 ─ 새로운 제약품 중에서 극히 일부일 뿐인(Angell 2005 : 40~43) ─ 분자

구조신약NMES에 한해서 이루어졌음을 지적하며 인용한 숫자에 반론을 제기하였다. 다른 학자들은 세후 숫자인 1억 1,000만 달러를 승인된 약품당 평균 비용으로 제안하였지만 이 숫자 역시 분자구조신약에 대한 추정치에 근거하고 있다면 하향 조정될 필요가 있다(Public Citizen Congress Watch 2001). 제약 R&D의 실제 비용이 무엇이건 제약분야가 벌어들이는 이윤이 파격적인 것만은 논쟁의 여지가 없다. "실질적인" 혁신 비율이 하락하고 있음에도 불구하고 처방 약품 가격은 1980년대 초반 이후 세 배나 상승하였다. 미국은 약품 가격 규제에 직접적으로 개입하지 않는 유일한 주요 세계 경제국으로 개인 건강보험사, 건강관리조직HMO 4, 제약회사 들이 그들 내부적으로 가격 협상을 하도록 내버려 두고 있다. 미국의 소비자 약품 가격은 세계에서 가장 높은 수준이다. 심지어 전 세계 약품 산업 이윤의 상당 부분이 미국 내 판매로부터 나온다(Finkelstein and Temin 2008). 따라서 개별 약물에 대한 임상시험과 약물 승인 과정을 괴롭히는 상업적 위험은 제약회사들이 지속해서 약값을 올릴 수 있기 때문에 여러 차례 상쇄되었다.

여기에서는 아마도 (클린턴 대통령 자신의 반대에도 불구하고) 클린턴 행정부 아래에서 미국 보안 관련 법에 중대한 변화들이 도입된 이후 상업적인 약속을 하는 것을 규제하던 전통적인 법적 걸림돌들이 사라진 사실이 가장 중요할 것이다. 1995년에 의회는 〈증권민사소송개혁법〉(Private Securities Litigation Reform Act, PSLRA, Pub. L. No.

---

4. * HMO(Health Maintenance Organization)는 미국의 민간 건강보험 중 하나이다. 민간 보험사로부터 지정된 의사들 중 하나를 자신의 주치의로 선택하고, 지정한 한 의사에게 진료를 받을 경우 보험 혜택을 가장 많이 받을 수 있다. 비교적 저렴한 건강보험이며 공적 건강보험에 가입되지 않은 다수의 미국 국민이 가입하고 있다. HMO보다 보험료가 비싼 PPO(Preferred Provider Organization)는 주치의를 선택할 필요가 없으며, 지정된 병원의 전문의에게 바로 진료를 받아도 보험 혜택이 주어진다.

104~167, 109 Stat. 737 〔1995〕)을 통과시켰다. 이는 논쟁적인 "미래 예측적 진술"에 대한 세이프 하버Safe Harbor 조항[회피조항]을 포함한 뉴딜 보안 관련 법규들을 수정한 것이었다. 이 개정으로 "미래 예측적 진술" − 지분을 공개한 회사들이 보도자료와 주주들에게 배포하는 연간 보고서, 그리고 증권거래위원회SEC에 제출한 기록물들에 포함된 약속과 같은 성격의 주장 − 들은 이 진술들이 조건에 의존하고 사변적이며 미래 가정법의 언어 틀에 고정되어 있는 한 법정 소송으로부터 면제되는 것으로 여겨졌다.[5] 대형 제약회사의 보도자료는 예를 들면 "기대하다", "고대하다", "예상하다", "의도하다", "계획하다", "믿다", "열망하다", "추정하다"와 "전망하다"와 같은 언어를 포함하게 될 것이고 이런 단어 사용에 참조 사항을 명확하게 붙여 미래 소송에 선제적으로 대응하게 될 것이었다. 1995년의 세이프 하버 조항으로 공개 제약회사들은 혁신 과정의 위험과 불확실성에 대한 실질적인 법적 책임감을 갖지 않은 채로 자신들의 미래 포트폴리오에 관한 사변적인 전망을 자유롭게 제출할 수 있게 되었다. 소위 혁신 위험을 감당할 수 있게 해주는 이런 예외적인 법적 보호들은 나이트의 고위험 기업 논리에 관한 고전 공식(Knight 1940 〔1921〕)을 근본적으로 재정비해야 한다고 주장한다. 오늘날의 혁신경제에서는 첨단 기술 회사들이 만들어내는 이윤은 본질적으로 보험을 들 수 없는, 극단적으로 불확실한 위험에 대한 수익으로서가 아니라 (법률적으로) 위험이 없는 약속들을 만들어내는 것에서 생겨나는 수입 흐름으로 이해할 수 있다.

이와 대조적으로 실험 주체들이 부담해야 하는 위험은 규제를 받

---

5. 이러한 개혁과 바이오의학 혁신에 미친 〈증권민사소송개혁법〉의 효과에 대한 상세한 설명은 립켄(Ripken 2005)과 포춘(Fortun 2001)을 참고하라.

는 약품 혁신 과정에 실질적이고 구조적이다. 왜냐하면, 치료 화합물을 연구할 만한 새로운 약품에서부터 규제를 받고 시장에서 판매할 수 있는 상품으로 전환시키는 임상시험 과정에는 체계적 위험 노출이 수반되기 때문이다. 임상 단계에서 임상시험 주체는 약품의 독성을 알아내기 위해서 투약량을 연속해서 증가시켜 가는 연구 대상이 되기 때문에 이들 위험은 즉각적이고 본능적인 반응을 유발할 수 있는 종류의 위험이다. 임상시험 1단계는 생산품 시험 과정이지만 독성의 문턱값과 위험을 확인하기 위해 동물이나 충돌시험 인체모형이 아니라 살아있는 인간 주체를 이용한다. 임상시험 1단계로 유발되는 위험은 정의상 시험이 시행되기 전에는 알려져 있지 않고 알 수 없는 것이다. 많은 이들이 이 위험은 보험으로 보장받을 수 없는 것이라고 주장한다. 적정한 건강상 돌봄이 주어지는 장소에서 임상 단계 2와 3 시험을 받게 되는 (미국에서 임상시험에 참여하는 전체 후보자들의 가장 많은 비중을 차지하고 있는) 만성적 질병 환자들에게 수반되는 위험은 덜 즉자적이지만 결코 명백하게 알 수 있는 종류의 것은 아니다. 임상시험 참가가 1차 보건의료에 필요한 수단이 될 때 건강 자체가 극히 투기적인 사업이자 우연적인 사건이 된다. 시험 참가자가 시험을 선택했다는 점에서 우연적인 사건일 뿐만 아니라 참가자 스스로 시험의 효과적인 (위약이 아닌) 군에 속할 수 있도록 했다는 점에서도 우연적이다. 사회 보험의 보장된 이익이 여기서는 실험상의 신약에 대한 이중맹검 시험이라는 도박성의 경쟁적 수익으로 대체되고 있다. 이런 식으로 연구 주체의 보험을 들지 않은 (아마도 보험을 들 수 없는) 위험이라는 구체적 가정이 제약 혁신 경제의 구조적 전제를 구성한다. 나이트의 주장에 맞추어 반박하면, 현대 생명과학의 투기적 혁신 경제에서 최후의 위험 부담자 역할을 맡은 이들은 임상노동자라고 할 수 있다.

누구나 인정할 수 있듯이 제약 임상시험의 전체 숫자, 크기와 복잡성 모두 지난 몇십 년 동안 극적으로 증가했다. 대학 연구소에서 개발한 분자구조신약 이점을 경쟁적으로 이용하여 자본화하고자 하는 노력 속에서 제약회사들은 약품 연구를 점점 더 주도해오고 있을 뿐만 아니라 임상시험 의뢰자들 또한 시험에 필요한 더 많은 피실험자들을 충원하고 있다(US Department of Health and Human Service 2000). 이런 경향 덕분에 제약 산업의 포트폴리오 안에서 만성 질환과 퇴행성 질환들의 중요성이 점점 높아져 가고 있다고 주장할 수 있다. 2차 세계대전 이후 시기에 개발된 급성 질환과 감염성 질병 치료법과 비교하면 현재 조건들은 통계적으로 유의미한 결과를 내기 위해서도 더 장기적이고 더 복잡한 시험들을 필요로 함을 알 수 있다(Grabowski 2002:90; Katin 2008). 이는 또한 제약회사들이 소위 "미투" 약품 시험을 점점 더 많이 후원하고 있다는 사실에서 연유한다고도 할 수 있다. "미투" 약품은 이미 존재하고 있는 치료법들을 약간 변형한 것으로 대규모의 상업적 이윤을 만들어낼 수 있지만 이들 변형 약품들 역시 이전에 존재하던 대체품들보다 효과 측면에서 우월함을 증명하기 위해서는 더 집중적인 시험 과정을 필요로 한다. 2006년에 국립보건원과 임상연구참여정보연구센터CISCRP가 수행한 연구에 따르면 775,000명의 미국인들이 정부 지원 임상시험에 참여했으며 880,000명은 산업계 지원 임상 1, 2, 3단계 시험에 가담했고 750,000명이 산업계에서 지원하는 임상 4단계 시험에 신규로 충원되었던 것으로 나타났다(CISCRP 2011). 미국 식품의약국(이하 FDA)로부터 임상시험용 신약을 시장에 출시하기 위해 승인을 받으면 평균적으로 4,000명 이상의 연구 피실험자들이 필요한 것으로 알려졌다(Krall 2011). 최근의 경험 연구에 의하면 대부분의 연구 피실험자들이 돈 때문에(1상 임상시험의 경우), 건강 돌봄 서비스를 받고자(후기 임상시험) 임상시험에 참여한 것이 분명했다(Dickert and Grady 1999 ; Lemmens and Elliot 1999, 2001 ; Anderson and Weijer 2002 ; Dickert et al. 2002 ; Grady et al. 2005 ; Fisher 2009 ; Folayan and Allman 2011). 인간 대상 실험에서 유발되는 위험은 규제를 받는 약품 혁신 과정에 내재되어 있다. 인체 실험 없이는 소비자 안전을 보장해줄 수가 없다 — 그리고 어떤 혁신 가치도 없다. 그렇기 때문에 인간 대상 실험은 생의학 혁신에 통합되어 있는 단계일 뿐만 아니라 포스트포드주의 노동과정을 이루는 대규모의 구성요소이기도 하다. 그런데 이는 정보 서비스와 첨단 기술 지식경제 양쪽에 대한 전통적인 분석에서 벗어나 있다.

이 장에서 우리는 소수이지만 점점 늘어나고 있는 비판들 — 임상시험이 사실은 비공식적이기는 하지만 일종의 노동관계 계열을 따라 조직되고 있다 — 을 좇아가보고자 한다(Dickert and Grady 1999 ; Lemmens and Elliot 1999, 2001 ; Anderson and Weijer 2002 ; Sunder Rajan 2008 ; Folayan and Allman 2011). 제임스 앤더슨과 찰스 웨이저는 예를 들어 연쇄 약품 시험 신규 피실험자 모집의 운명을 산업혁명기 착취 작업장sweatshop 노동자 모집과 비교한다. 그들은 "산업화는 의미 없는 노동을 대량 생산하고 숙련공들을 산업의 '바큇살'로 만들어버린 것이다. 이와 마찬가지로 약품 연구 장소는 대학에서 임상시험수탁기관CRO으로 이동했고 연구 대상 주체도 제약 생산의 '기계 톱니바퀴'가 될 위험에 처해 있다"고 서술한다(Anderson and Weijer 2002 : 372). 닐 디커트와 크리스틴 그래디(Dickert and Grady 1999)는 표준화된 최저임금 도입이 비숙련 임금 노동자들의 도입과 비교될 수 있다고 주장하였으며, 트루도 레멘스와 칼 엘리엇(Lemmens and Elliot 2001)은 노동조합화의 사례를 비교하고 있다. 이러한 비판적인 주장들의 기저 정신에 우리도 동의하는 바이다. 하지만 인간 대상 실험을 다루는 가능한 유일 언어로서의 생명윤리가 지닌 억압적인 힘으로부터 벗어나고자 하는 갈망에서 우리는 특정 형태의 노동 인정labor recognition을 선호할 필요는 없다고 본다(예를 들어 현재의 맥락에서 비숙련 임금 노동자들이 1상 임상 참가 연구 피실험자들의 평균보다 훨씬 낮은 임금을 받았을지도 모른다 — 사전적인 논쟁 없이 노동 인정과 관련된 주장이 일반적으로 흥미로운 노동 정책을 만들어내지는 않는다). 임상노동자를 직접 포드주의적 산업 노동자에 비교할 수 있다는 주장에도 동의하지 않는다. 그보다 우리는 인간 대상 실험의 법적·제도적 하부구조가, 20세기 동안 노동조합으로 묶여있었으며 위험 보상을 받아온 포드주의 노동자라는 공식 기준과 정반대로 진화해왔다고 주장하고자 한다. 이 진화 과정에서 임상시험 작업은 전통적이고 표준적인 맑스주의자들의 노동 이해에 대해 예외적인 것이 되어버렸다. 이런 관점에서 노동을 통한 인간 실험 대상의 특수성을 이해하고자 하는 우리의 시각은 카우식 순데르 라잔의 이해에 훨씬 가깝다. 라잔은 임상시험 작업에 내재한 "위험"과 임상시험 사이의 본질적인 관계에서 인간 실험 대상의 특수성을 찾는다(Sunder Rajan 2008: 160~161).

이 장은 오늘날 임상시험 노동의 상이한 범주들과 계층들을 정의하기 이전에 임상시험 기업을 형성하고 관리하고 있는 규제들을 조사하는 것으로 시작할 것이다. 그러고 나서 임상시험 노동 전체 종목들과 임상시험에 참여하면서 인간 대상들이 거치게 되는 다양한 수준의 처리 과정들을 미묘한 차이가 드러나도록 설명해주는 단계로 옮겨갈 것이다. 우리는 일반적으로 임상시험 노동work은 "위험을 부담하는" 노동자의 한 형태로 개념화할 수 있다고 주장할 것이다. 이 노동자들은 맑스의 고전 노동가치 이론으로 가정된 측정 가능한 "사회적 평균" 시간[6]이 아니라, 소위 신진대사적인 노출의 "사건 시간"eventaltime 에 의존한다(Marx 1990〔1867〕: 129). 이어서 20세기 중엽의 임상시험 노동이 보이는 예외주의, 규제받는 산업 노동이라는 포드주의 이상에 관한 논의로 옮아간다. 고지된 동의에 관한 법적 협약이 만들어질 수 있도록 한 불법행위법과 위험, 작업장 내 부상injury을 둘러싼 복잡한 논쟁들에 초점을 두고 이들 논의를 다룰 것이다. 여기서 우리는 임상시험의 역사를 장기 지속longue durée 관점을 받아들여 고찰해보고자 하며, 규제를 받는 임상연구에 통합되어버린 "생명윤리적" 협약을 위험 규제와 불법행위법의 발전 과정과 더불어 더 광범위한 관점에서 분석할 것을 제안할 것이다. 이런 분석이 훨씬 풍부한 결실을 맺게 해줄 것이다. 이어 여전히 세계에서 가장 큰 임상시험 시장인 미국의 임상시험 최근사로 관심을 돌릴 것이다. 지난 이삼십 년을 거치며 임상시험 과정은 공공 감옥과 대학 연구 병원에서 매우 엄격하게 통제된 조건 속에서 실험이 대량으로 실시되는 감금형 모델로부터, 약품 시험을 민간 연구 조직과 대학 외부 임상의들에게 외주화하는 분산된 계약 기반 모델로 진화해갔다. 우리는 유연한 계약 기반 노동 계통을 따라 임상시험 노동이 재조직화되는 것은 탈산업화와 복지 개혁으로 인종, 젠더와 노동 연관이 복잡하게 진화하고 있음을 반영하는 것이라 주장한다. 인류학자 로베르토 아바디(Abadie 2010)가 주목하고 있듯이 노동 시장이 고위험의 1상 임상시험 노동을 중심으로 성장해가고 있는 것은 미국 경제의 탈산업화가 낳은 결과이다. 미국 경제에서는 이에 상응하여 제약과 생의학 산업 투자가 증가하고 있다. 미국 러

---

6. * 맑스의 노동가치론에서 추상노동을 의미한다.

스트 벨트에 존재하던 과거 제조 산업의 허브들 다수가 산업 구역들을 IT, 제약사, 바이오테크 연구와 다른 의료 기술들에 특화된, 탈산업의 "첨단 기술" 회랑으로 대체해왔다. 임상 1단계 노동은 공식적인 제약 경제 주변부에 존재한다. 피실험자들은 영속해서 임시노동자화되어가는 비공식 노동력으로부터, 사회적 시민권의 경계지(미국 내 소수 인종들과 도시 하층계급들)에 거주하거나 글자 그대로 미국 경제의 지리적 경계(예를 들어, 미국-멕시코 국경)에 거주하는 인구들로부터 모집되고 있다. 이와 대조적으로 2상과 3상 임상시험 노동은 공식적인 건강 소비자 시장 주변부에서 작동하고, 만성 질병을 앓고 있지만 보험 보장을 받지 못하는 환자들 중에서 신규 피실험자를 모집하고 있다. 건강한 피실험자들에 대해 시행되는 임상 1단계와 2단계 시험이 보상을 주는 시험에 참가하는 저임금 노동자들을 임시 혹은 상시 서비스 노동자 형태로 모집을 하고 있는 반면에, 점점 더 많은 수의 건강보험 미가입 환자들이 임상 2단계와 3단계 시험에 참여하고 있다. 그들은 자신들에게 필수적인 건강 돌봄과 의학적 처치를 받을 수 있는 접근 통로로서 임상시험을 활용한다. 우리는 첫 번째 종류의 임상시험을 비공식적이고 우연적인 거래 노동transactional labor으로 부른다. 그리고 후자를 "건강 돌봄을 위한 노동"이라는 질적으로 새로운 형태의 노동으로 범주화한다.

약품 규제와 임상시험 과정

1906년의 〈연방 식품, 의약품, 화장품 법〉으로 생겨난 미국 식품의약국FDA은 모든 처방 약품들, 의사 처방 없이 팔리는 의약품, 생물제재, 의료 기구, 화장품, 영양 보충제와 육류와 가금류를 제외한 미국 내 모든 식품 규제를 책임지고 있는 기관이다. 아서 댐리치와 조 애나 라딘의 말을 빌자면 FDA에서 규제하는 생산품들은 "현대 생활 어디에나 존재하는 것으로 영양과 건강의 핵심 구성 요소로 작동한다 … 경제 용어로 FDA는 소비자들이 매일 소비하는 달러 중의 25 센트를 규제 감독하고 있다. FDA 의무 관리하에 들어오는 생산품의 연간 총판매액은 1조 5,000억 달러를 넘어선"다(Daemmrich and Radin 2007:3). FDA는 연방 사법권을 집행하는 소수의 미국 기관 중의 하나이다. 미국에서는 FDA의 승인 과정을 우선 통과하지 않고 합법화될 수 있는 신약은 없다. FDA는 생산품들이 시장으로 들어가기 전에 모든 잠재적 생산품들에 대해 거부권을 행사할 수 있을 뿐만 아니라 제약 R&D 형태, 임상시험과 상품 개발을 대부분 정의하는 일도 맡고 있다. "규제"와 "혁신"은 상반되는 것이 아니다. FDA를 자유 의지론자 입장에서 비판하는 몇몇 학자들은 양자가 상반되는 것이라고 주장하려 하지만, FDA 약품 규제는 오히려 약품이 시장에 들어가기 전에 제약품의 형상을 만들고 안전과 효험이 상품에 함축되어 있도록 하는 형태로 상품에 가치를 더한다. 이는 중요한 의미를 지닌다.

미국에서의 임상시험을 관리하는 현재의 규칙들은 대부분 1962 년의 케포버-해리스 개정[7]으로 거슬러 올라간다. 탈리도마이드 사태 — 미국에서 최악의 영향은 피할 수 있었다 — 에 대한 대응으로 나온 이 개정안은 이미 존재하던 약품 규제(약품 제작자들로 하여금 시장에 판매할 수 있기 전에 상품의 효능성과 안전성 모두를 입증하도록 강제하는)를 강화했을 뿐만 아니라 임상시험 과정의 표준 방법, 윤리와 규제 관련 구조를 오늘날 작동하는 방식으로 정착시켰다. 어떤

---

7. * 약물 효능 개정으로도 불린다.

"신약"이라도 각 주들 간에 유통이 시작되기 전에 "적절하고 잘 관리된 조사"를 받을 것을 요청한 새로운 규제는 무작위 대조군 연구(이하 RCT)를 임상연구의 최적 기준으로 정착시켰고 3상(1, 2, 3을 거치는) 시험 과정이라는 새로운 개념을 도입하였다. 3상 시험 과정은 최종 약품 적용 허가를 요구하기 전에 최초의 독성 시험(1과 2a)에서 유효성efficacy 시험(2b와 3)으로 옮겨가도록 되어 있었다(Carpenter 2010:260~292). 케포버-해리스 개정은 RCT를 제도로 만들었을 뿐만 아니라 우리가 지금 사용 중인 임상연구의 생명윤리 규범 표준을 제정하는 데 기여했다. 1962년의 규칙들은 연구에 들어가기 전 시험 조사자들로 하여금 환자들의 동의 혹은 그들 대리인들의 동의를 얻을 것을 요구했다. 1966년에는 이 규칙을 더욱 특화하여 "고지된 동의"라는 용어가 연방 규제 내용에 정착되도록 했고 조사자들로 하여금 관리를 받아야 할 약품 투여량, 모든 합리적으로 예측 가능한 위험들, 관리 감독에 들어갈 가능성 혹은 위약 시험 군에 들어갈 가능성 등의 정보들을 환자에게 알리도록 했다(Carpenter 2010:549). 1969년 연방 규제들은 더 세분화하여 임상시험을 위한 신약 허가 신청서들은 FDA에 제출하기 전에 리뷰를 받아야 하고 안전하고 윤리적임이 입증되어야 한다는 내용을 담았다. 1974년에 미국 의회는 〈국가연구법〉을 통과시켰는데, 이 법은 연방에 의해 지원받는 모든 연구기관들은 기관윤리위원회IRB를 구성하여 임상시험을 심의하고 승인할 것을 의무화했다(Stark 2012). 필립 미로우스키가 지적하고 있듯이 "이들 연구 기관 내 기관윤리위원회에 근무할 전문가들에 대한 수요"는 "'생명윤리학자'라는 새로운 직업 범주가 출현하도록 했다. 아울러 최근 십 년 동안 철학 분야에서 소수의 학자들이 양성되는 영역으로 '의학 윤리'도 탄생했"다(Mirowski 2011:230). 임상시험을 각각의 단계phase로 구분한 것을 예외로 하면 고지된 동의 형식, RCT, 혹은 기관윤리위원회와 같은 요구들 중 무엇 하나도 미국 임상연구에 새로운 것은 아니었다. 그런데 FDA의 행정 관리 역할 확장은 이런 활동이 미국뿐만 아니라 국제적으로도 임상연구의 표준 요소가 된다는 것을 의미했다.

케포버-해리스 개정안은 FDA 규제 권력을 근본적으로 바꾸어 놓았다. FDA 기관 창설을 가능하게 했던 1906년 법안에 의하면 FDA는 약품이 시장에 출시되기 전의 약품 시험에 관한 권한은 거의 지니지 못했다. 그 대신 FDA에는 식품과 약품 제작자들이 소비자 시장에 잘못된 혹은 독성을 띤 상품을 내놓을 경우 이들을 기소할 수 있는, 사후적 의미의 법률 집행 권한이 부여되어 있었다(Hutt 2007). 1920년대까지 FDA는 약 1,000여 건의 범죄 기소를 이행하였고 회사들을 상대로 연간 횟수로만 수천 번 압수 작업을 시행하였다. FDA의 권력은 막강하였다. 1943년에 내려진 연방 대법원의 역사적인 결정으로 식품 제조사, 제약사 들을 대상으로 하는 엄격한 형사 책임의 원칙이 확립되었는데, 이는 FDA가 기소를 하기 위해 범죄 인식이나 범죄 의도를 입증할 필요가 없게 되었음을 의미한다. 그러나 1950년대 초부터 식품 첨가제부터 살충제에 이르기까지 거의 모든 것을 다루는 소비자 보호 규제들이 나오면서 입증의 책임 시점이 시판 이후 형사 기소 결정 시점에서 시판 전의 시험 시점으로 옮아갔다. 이 기간 동안 포드주의적 대량 생산이 정점에 이르며 모든 종류의 상품에 대한 소비자 보호법들이 정치 진영 모두로부터 지지를 받았다. 점차적으로 법원에서는 대기업들에게 책임 면제를 보장해주던 이미 확립되어 있는 관습법을 거의 무시하기에 이르렀다. 한편, 새로운 기업 책임 법률은 제조업체들이 상품의 잠재적인 위험을 경고하는 데 있어서 부족함이 있거나 불이행을 할 경우 직접적인 책임을 지도록 했다(Priest 1985 ; Witt 2003). 대량 상품 시험 – 인체모형, 동물과 인간을 이용한 – 이 상품 생산의 필수적인 구성요소가 되었다.[8] 케포버-해리스 개정은 상품이 시판되기 전에 상품 시험을 규제하고 금지할 수 있도록 하는 유례없는 권한을 FDA에 부여해주었다. 한편에서 이 개정은 앞에서 살펴본 역사적인 경향의 일부로 볼 수도 있다. 8장에서 시판 후 감독에 유리한 방향으로 엄격한 소비자 보호 규제들이 삭제되는 최근의 경향을 살펴보겠지만, 형사 기소와 시판 전 규제가 형성한 균형은 여전히 안정적인 상태로 남아 있는 것으로 보인다.

오늘날 약품 승인 과정은 잘 확립되어 있는 일련의 의례들을 따르게 된다. 장래 유망한 약품 후보들 혹은 다른 치료 상품들(의학 기구 혹은 "생물적"인 것)에 대한 확인 과정이 끝난 후 동물 실험이 먼저 수행된다. 약품 개발 과정에서 이 단계는 전pre임상시험으로 알려져 있다. 임상시험 의뢰자가 치료 상품이 인체 실험을 할 준비가 되었다고 확신한 뒤에는, 연구할 만한 신약을 실제 적용해보는 과정은 FDA에 맡겨야만 한다. 이 과정을 거치는 데 필요한 시간으로 FDA에 30일의 기간이 주어지는데 이 기간 내에 FDA는 이미 제안되어 있는 조사를 중지시킬 수 있다(중지 명령이 내려지지 않으면 약품 승인이 된 것과 다름없다). 시험 과정의 첫 단계는 원래 투여량을 증가시키는 방식

---

8. 임상시험의 역사를 보다 광범위하게 다루자면 대량 소비 시장을 위한 상품과 안전 시험 발전 과정을 병렬적으로 조사할 필요가 있다. 동일한 기간에 표준화된 실험동물을 대량으로 상품 시험과 "전 임상" 시험에 투입하게 된 사실도 살펴볼 필요가 있다. 여기서 이 역사를 추적하기는 어렵다. 식품, 약품과 화합물의 안전을 시험하기 위해 동물을 사용하기 시작한 것이 아마도 2차 세계대전이 시작할 무렵, 특히 미국에서였다는 것을 언급하는 것으로 충분하다고 본다. 앤드루 로완(Rowan 1984 : 192~196)은 식품과 약품 안전에 관한 규제들이 도입됨에 따라 화장품, 백신, 호르몬, 제약과 화합물들에 대한 동물 실험이 1940년대 후반에서 1970년대 사이에 급격히 증가했음을 강조해두었다. 표준화된 동물 실험에 대해서는 버크와 동료들(Birk and colleagues 2007 : 35~55)을 참고하라.

으로 약품 안전성을 확인하는 일과 관계되어 있다. 임상시험용 신약에 대한 모든 1상 임상시험(최초 인간 연구로도 불리는)에는 대개 예측 불가능한 상당한 위험이 있을 수밖에 없는데, 이 위험은 독성이 발현되는 지점까지 약품 투여량을 점차 증가시켜 가기 때문이다(Shamoo and Resnik 2006). 1상 임상연구에서는 약력학[9] 시험을 사용하여 약품이 어떻게 흡수되고 신체 내에서의 대사 작용은 어떻게 되는지, 약품이 신체를 통해 어떻게 움직이는지, 약품이 분자들과 어떻게 결합하는지를 기록한다. 약동학[10] 시험은 오랜 시간에 걸쳐 유사한 과정을 묘사하고 약품이 어떻게 신체 내에서 대사 작용을 하게 되는지, 여러 조직들을 통해 어떻게 분산, 축적, 배설되는지를 기록한다. 이 연구에서는 일반적으로 실험을 거치지 않았으면 건강할 (20세에서 80세 사이의) 실험 대상들을 모집한다. 이와 달리 AIDS와 암 약품 시험에 필요한 실험 대상 인력 모집은 일반적으로 이들 질병을 앓고 있는 환자를 대상으로 한다. 이 시험은 완료되기까지 9개월에서 18개월 사이의 시간이 걸린다. 일단 약물의 초기 안전 투여량이 결정되면 대상 환자 인구의 약품 효험에 대한 예비 증거와 1상에서보다 더 안전한지를 입증하는 증거를 찾기 위해 2상 연구를 수행할 수 있다. 2상 임상연구를 위해서는 일반적으로 소규모 집단(100에서 200명 사이의)의 연구 피실험자를 모집하게 되고 기간은 완료까지 1년에서 3년 사이가 된다. 3상 연구에서는 훨씬 규모가 크고 다양한 종류의 환자 피실험자 집단을 모집(수백에서 수천 명 사이)하고 약품을 표준화된 가용 처치법이나 위약과 비교하여 그 치료 효과를 확인하고자 한다(FDA는 최근

---

9. * pharmacodynamic. 생체에 대한 약물의 생리학적·생화학적 작용과 그 작용 기전, 약물이 일으키는 생체 반응을 주로 연구하는 것.

10. * pharmacokinetics. 약물의 흡수, 분포, 생체 내 변화 및 배설을 연구하는 학문.

에 현재의 임상시험 과정 양 끝 단에 각각 새로운 시험 단계―0상 혹은 예비적인 임상시험계획 승인IND 연구와 4상 혹은 시판 후 연구―를 도입하였고 우리는 이 새로운 단계에 대한 논의를 8장에서 할 것이다). 표준 3상 시험은 완수하기까지 3년에서 5년이 걸린다. 실제로 임상시험 의뢰자들은 각 임상 단계마다 의미 있는 결과물을 산출하기 위해 여러 차례 시험을 반복 수행한다. 이 과정이 끝나면 임상시험 의뢰자는 FDA에 신약허가신청서를 제출하고 FDA가 약품의 안전과 효능에 관해 충분한 자료가 축적되었다고 신뢰할 경우 시판 승인을 하게 된다.

위험 부담 노동으로서의 임상시험 일

임상시험에 참가하면서 수행해야 할 일은 강도가 높고 고위험이고 육체적임이 분명하지만 산업 노동자들과는 아주 다른 종류의 신체상의 투자를 요청한다. 인간 대상 실험은 변형이 일어나는 노출의 한 형태로 묘사될 수 있다. 실험 과정에서 모집인은 때로는 제약 성분의 예측 불가능의 대사 효과들을 경험할 수밖에 없고 또한 엄격한 식이요법을 반드시 따를 것, 약품 투여, 자체 모니터링, 정보 기록 등과 같은 수많은 2차 업무 수행을 요구받는다. 이것은 수동적인 참여와 능동적 참여, 노동 주체와 객체의 경계를 흐릿하게 하는 노동에 대한 설명이다. 마취의 신경생리학적 상관성에 관한 1상 연구에서 건강한 자원자로 하여금 2주간 병원에 감금되어 있으면서 서로 다른 종류의 마취제를 투여받은 후 몇 차례 뇌전도 검사, 연속적인 피 검사와 다수의 진단 검사를 받을 것을 요구한다. AIDS와 관련된 설사 증상에 쓸 임상시험 약품을 평가하는 연구에서 자원자는 4일간 병원에 입원해 있으면서 수차례 피 검사와 변 검사를 당할 수 있다. 위식도 역류에 적용할 실험용 약품에 대한 무작위 위약 임상시험에는 3일 입원이 필요하고 내시경 검사, 위 조직 생검법, 서너 차례의 코를 통한 영양관 삽입 과정을 거쳐야 한다. 시험 참가자들은 시험 시작 전에 엄격한 장세척 기간을 거쳐야 하는데 이 기간 동안 지시된 범위 안의 다른 약을 복용할 수가 없다. 일단 시험이 시작되면, 참가자들은 특정 식이요법을 따라야만 하고 잠도 지시대로 자야 하고 그 외의 의전들을 엄격히 지켜야 한다. 또한 자신들의 신체에 약품 성분이 어떤 효과를 내는지를 조심스럽게 관찰하고 기록할 것을 요구받게 된다. 기계에 걸린 채로 관찰당하고 스캔되고 조사받는 상황에서 임상시험 모집 피실험자는 적건 크건 어느 정도의 위험이 내포되어 있고 불편하고 인내가 요청되는 강도 높은 생화학적 노출을 겪는다. 산업 노동자들과 달리 남성 혹은 여성 피실험자는 물리적 대상을 변형시키느라 에너지를 사용하는 것이 아니라 음식물 섭취와 대사적인 자기 변형 노동에 참여하는 것이다. 스스로를 전문적인 "기니피그"로 자처하는 한 실험 참가자는 이를 "소변보는 노동, 출혈하는 노동"으로 묘사하였다(Burrill Report 2001). 제약 산업의 관점에서 보면, 이런 소변보기나 출혈하기 같은 대사과정의 증후들이 약동학과 약력학적 기준에 따라 분석된다. 이 증후는 분석 과정을 거쳐 깔끔하고 독해 가능한 자료로 변형되어 신약 허가 과정에 투입될 준비를 갖춘다.

임상시험 노동의 범주 안에서 우리는 상이한 수준의 서로 다른 종류의 거래transaction를 구분한다. 현재의 미국이라는 맥락에서 건강한 참가 피실험자들에 대한 1상 연구는 가장 노골적인 임상노동의 거래 형식을 취하고 있다. 연구 피실험자들은 일반적으로 금전적인 보상 하나 때문에 실험에 참가하게 된 것으로 시험 과정에서 치료 측면의 이익을 볼 수 있을 것이라 기대하지는 않는다. 이 시험들에 수반되는 위험 정도는 다양하며, 그 위험의 정도에 따라 수당을 지급받게 된다. 질 피셔가 설명하듯이 대부분 임상시험용 신약에 대한 최초의 인체 실험은 "집중적으로 시간이 투입되어야 하고 실험 신약 양을 달리하는 투여를 수차례 시행해야만 하고 종종 알지 못하는 고위험이 수반"되지만 상표명이 붙은 의약품과 아직 상표등록이 되지 않은 일반 약품을 비교하는 생동성시험[11]은 훨씬 덜 위험하다(Fisher 2009 : 149). 1상 임상연구는 일반적으로 병원에 감금되어 있는 기간을 필요로 하는데 어느 곳에서건 대개 1주일에서 1개월 이상의 기간을 필요로 한다. 병원 감금 시간이 길면 길수록 더 많은 수당을 지급받게 된다. FDA는 임상시험 참가를 노동의 형태로 분류하지 않는다. 그렇기 때문에 연구 피실험자들이 받는 "보상"과 "임금"을 애써 구분하려 한다. FDA가 발간하는 정보지에 따르면 보수는 "(상업적) 이익이 〔아니라〕 모집 피실험자들이 받는 장려금"이라 정의된다. 그리고 FDA는 의학 연구윤리심의위원회에 "보수총액과 방법, 지급 시점을 모두 살펴보아서 전혀 위압적이지 않았고, 부당한 영향도 없었음을 확인"하라고 권고한다(다음에서 인용, Dickert et al. 2002 : 368). 그러나 1상 연구에 대한 보수(대개 1개월간 감금에 수천 달러)는 다른 종류의 비공식적인 고위험 서비스 노동의 평균 임금과 비교하면 상당히 매혹적이다. 임상시험에 관한 유명한 온라인 정보 포털 '저스트 어나더 랩 랫'〔그저 또 한 마리의 실험 쥐일 뿐〕Just Another Lab Rat에 글을 쓰는 저자가 계산한 바에 따르면, 그는 "시험에 참여한 7년 동안 연간 평균 108일 밤을 집에서 지냈고, 1,500번을 채혈하고, 750개의 알약을 먹으면서, 주당 40시간

---

11. * 생물학적 동등성 시험으로 기존에 시판되고 있는 오리지널약의 특허가 만료된 이후, 오리지널약의 알려진 화학식과 동일한 복제약을 만들어낸 제약회사에서 오리지널약과 복제약이 생물학적으로 동등한지 확인하기 위해 시행하는 시험.

노동을 기준으로 시간당 평균 13.68달러를 〔벌었다〕"(Just Another Lab Rat 2011). '저스트 어나더 랩 랫'은 점차 증가하고 있는 소위 전문적인 '기니피그' 계급의 일부를 이루고 있는데, 이들은 일 년 내내 계속해서 임상시험 감금 노동을 수행한다. 그들은 새로운 시험에 투입되기 전, 한 달간의 세척washout 기간을 오고 가면서 일 년 내내 임상시험 노동을 수행한다.

이와 대조적으로 2상과 3상 시험은 이미 질병을 앓고 있어서 일종의 의학적 이익을 받을 수도 있는 환자들을 모집한다. 많은 생명윤리학자들은 1상과 후기 단계 시험을 분명하게 구분하고 오직 전자만을 거래 관계로 생각할 수 있다고 주장한다. 예를 들어, 1상 시험을 노동의 한 형태로 이해해야 한다는 주장을 강력하게 지지하는 레멘스와 엘리엇(Lemmens and Elliot 1999, 2001)은 건강한 피실험자들에게 행해지는 2상·3상 시험을 구별한다. 이들은 마지막 피서지 혹은 실험 환자 돌봄이라는 인도주의 모델의 연장선에서 이 시험들을 보고자 한다. 그런데 이런 종류의 연구 참여들은 실제로 그렇게 깔끔하게 구분되지 않는다. 다수의 후 단계 시험들이 환자들에게 직접 돌봄을 받을 수 있다는 기대를 제공하는 것은 사실이지만, 어떤 시험들(특히 3상 시험들)은 순전히 연구 목적으로 수행되고 있고 환자 그룹과 건강한 피실험자 그룹 양쪽 모두에게 시간과 노력 투여를 요청하고 있다(Dickert et al. 2002 : 372). 더구나 1상 시험에 동반되는 강도 높은 감금 시기가 참가자들에게 일을 하는 것보다 수익 면에서 유리하도록 해주지만, 최근 연구들은 환자 피실험자들에 대한 축적된 보수가 건강한 피실험자들에게 제공된 보수와 비슷하거나 훨씬 높다는 것을 보여주고 있다(Grady et al. 2005). 마지막으로 우리는 2상과 3상 연구에 참여하는 환자들이 종종 강제적이지는 않지만 덜 직접적인 형태의 노동

관계에 놓여 있다고 주장할 것이다. 이를 우리는 "건강 돌봄 노동"으로 부르고자 한다. 보험에 들지 않았거나 보장이 낮은 보험에 들어 있는 환자들이 임상시험에 참가하지 않으면 받을 수 없는 의학적 돌봄을 받기 위해 임상연구에 참여하는 경우들이 미국에서는 점점 증가하고 있다. 이 경우, 이들이 시험에 참여하는 동기는 비공식적이고 인정을 받지 못하는 "임금 관계"가 아니라 건강보험 결핍이라는 보이지 않는 관성에서 나온다. 이 환자들의 시험 참여는 노동의 형식을 닮기는 했지만, "노동 복지" 체제regime에 동반되는 위압이라는 기묘한 방식에 더 가깝다. "노동 복지" 체제는 복지 수령자에게 사회 복지 수익 혹은 건강 돌봄을 받는 대신에 노동할 것을 요구하기 때문이다(Peck and Theodire 2001 ; Krinsky 2007).

두 경우 모두 임상시험 참가자들은 특별한 종류의 위험 부담 노동에 참여하게 된다. 1상 시험의 최초 인체 실험에 참여하는 건강한 모집 피실험자들에게 이 노동은 직접적인 신체적 위험이다. 실험 참가자들은 자신들의 신진대사에 어떤 영향을 주는지가 정의상 알려져 있지 않은, 다소 위험한 제약 성분들에 노출되는 과정을 겪기 때문이다. 생명윤리학자 폴 맥닐이 서술하고 있듯이 1상 임상시험 노동을 다른 일상적인 저임 노동과 구분해주는 것이 알려지지 않은 위험이라는 이 요소이다. "우리의 노동과정에서 상해를 입게 되는 위험은 보통 이미 알려져 있어서 안전 조치를 수용하여 최소화할 수 있다. 이런 상황은 연구와 비교할 수 없다. 실험의 정의에 따르면 인간 대상 실험과 관계되는 연구는 이러한 인간 실험대상을 위해한 위험에 노출시킬 수밖에 없다. 하지만 이러한 위험은 미리 알 수가 없다. 실험에 앞서 결과가 안전하다는 사실이 알려진다면 그 실험은 정의에 어긋난"다(McNeill 1997 : 391). 위험하거나 노동자의 보수가 충분한 보호를 제공하지 못하는 노동의 종류는 많지만, 신체 위험을 감수할 수 있는 노동자의 능력이 내재적 가치를 갖는 노동은 거의 없다(이런 법칙에 예외적인 것이 아마도 스턴트맨이나 시험 비행에 참여하는 파일럿의 노동, 한때 인형 대신에 고용된 충돌 시험 인간 더미들이 수행한 노동일 것이다).[12] 그러나 임상시험 참가자들의 노동이 바로 이러하다. 실제로 이러한 참가자들은 자신의 몸에서 신진대사적 변형이 나타날 때까지 노동을 하고 있다. 변형의 과정은 아마도 그 효과로 치료가 될 수도 있고, 혹은 고위험이 되어 돌아올 수도 있다. 그러나 어떤 경우이든 이러한 변형이 일시적으로 나타날 수 있다는 점에서 언제나 예측 불가능한 우연한 사건에 가깝다.

후기 단계의 효력 연구에 참여하는 무보험 환자들은 화합물 섭취로부터의 직접적인 신체적 위험을 1상 참가자들과 동일하게 마주하지는 않을지도 모른다. 화합물의 안전은 부분적으로 이미 확립되어 있기 때문이다. 그럼에도 불구하고 참가 환자들은 종종 훨씬 분산적이지만 실질적인 위험, 건강보험의 결여에서 오는 위험에 노출되곤 한다. 2상과 3상의 효력 시험은 일상적으로 잠재적인 모집 피실험자들에게 공짜로 의학적 돌봄과 약품을 받을 수 있는 통로로서 홍보되고 있지만, 임상시험은 치료 기회를 놓고 벌이는 도박에 다름 아니다. 왜냐하면 환자들은 임상시험용 약품을 받을 수도 있고 혹은 위약을 받을

---

12. 아마도 의학 연구 대상에 가장 역사적으로 유사한 것이 충돌 시험 인간 더미일 것이다. 1947년에서 1975년 사이에 국립고속도로안전국과 웨인주립대학 연구자들이 급감속 시험을 수백 번 실행한 자신들과 학생들을 영상으로 기록했다. 이 시험은 전통적인 마네킹, 시체와 동물을 이용한 실험으로 다시 회귀하기 전에 진행되었다. 이에 대한 내용은 벡맨(Beckman 2008)을 참고하라. 대량 임상시험과 충돌 인간 더미 시험 모두 20세기 중반의 소비자 보호 규제들이 나온 것에 대응하여 출현했다. 두 시험 모두 일종의 상품 시험 노동을 동원하고 있다.

수도 있지만, 어느 경우든 치료는 시험이 끝나면 중단되기 때문이다 (Fisher 2009 : 136). 이들 후기 단계 시험에서의 임상노동의 일시적인 특성은 다시 한번 우발적이고 도박과 같은 것으로 묘사될 수 있다. 치료에 환자들이 접근할 수 있느냐는 전적으로 무작위적이고 불확실하기 때문이다.

여기서 우리는 임상노동이 생식[재생산] 노동과 마찬가지로 정통 맑스의 노동시간 이론의 관점에서 보면 얼마나 변칙적인지를 볼 수 있다.[13] 『자본』 1권에 개략되어 있는 맑스의 노동가치 이론은 추상적인 "사회적으로 평균화된(즉, 통계적인)" 시간을 사회적으로 필요한 노동의 교환가치 척도로 위치 짓고 있다(Marx 1990 〔1867〕 : 129). 노동에 대한 이 정의에는, 모이시 포스톤이 서술하고 있듯이 다른 사건적인 혹은 (우리가 주장하듯이) 순간성의 우연적인 양식이 배제되어 있다. 포스톤은 근대의 산업 노동 조직화에서는 측정 단위가 "항상적이지 않고 그 자체로 변이적인", "사건들, 발생들 혹은 행위들의 함수"로서의 시간 개념이 주변화되고, "균일하고 연속적이고 동질적인" 그리고 "사건으로부터 독립적인" "추상시간"이 그것을 대체한다고 주장한다(Postone 1993 : 202). 우리는 포스톤의 분석을 어느 정도 수정하여 주장하고자 한다. 우리가 여기에서 확인할 수 있는 가장 두드러진 구분은 산업적 근대주의의 세속적 시간과 신성한 종교적 역사 시간 사이에 있는 것이 아니라, 전적으로 자본주의적인 노동관계의 범위 안에 있다는 것이다 ― 즉, 생산적이고 측정 가능한 산업적 노동시간과 비

---

13. 그러나 우리는 맑스의 노동가치론에 대한 가장 고전적 판본이 노동가치와 관련된 그의 모든 사고를 대변하는 것이라 생각하지 않는다. 우리가 2장의 주석 3에서 지적했듯이 맑스는 그의 잉여가치 이론에서 다양한 종류의 노동관계(상품과 서비스 생산 모두를 포함하는)에 대해 훨씬 섬세한 정의를 허용하고 있다. 이에 대해서는 Marx 1969 : 165, 174를 참고하라.

생산적이고, 측정 불가능하고, 우연적인 시간이 구분된다. 이런 시간을 사건 시간the time of the accident이라고 부를 수 있다.

이런 점에서 임상시험 노동은 정통적인 맑스주의와 포드주의의 표준적인 산업노동 정의를 곤란하게 만든다. 20세기 중반에 공식화된 산업 노동은 사고 예방법과 다양한 형태의 사회 보험이라는 두 가지 양식을 통해 위험을 주변화시키는 방법을 전제하고 있었다. 포드주의가 노동 조합화된 작업 과정에서 산업재해를 제거하려고 노력한 반면, 예기치 못한 사건 또는 통제된 사고는 항상 임상시험에 내재되어 있었다. 20세기 중반에 이루어진 임상시험의 팽창은 출현 중인 노동 보호와 노동자 배상 협약들에 대한 명백한 도전이었다. 다음에서 우리는 임상시험이 포드주의 노동법의 범위로부터 공식적으로 배제되어온 과정을 추적할 것이다.

위험, 노동, 그리고 불법행위 : 임상시험의 예외주의

노동 관련 위험을 관리하는 법적인 원칙은 20세기 초부터 수십 년간 심대한 변화를 겪었다. 20세기 후반까지도 노동 관련 상해들에서 유발된 법적 논쟁들은 불법행위법에 의해 다루어졌다. 상업 계약 확대와 긴밀하게 연계된 불법행위법tort law("틀렸음"에 해당하는 불어에서 유래한)은 계약상에 분명히 규정되지 않은 민사상(즉, 비형사적인)의 잘못된 행위들을 대상으로 한다. 형사법이 국가에 반하는 범죄들을 포괄하고 국가로 하여금 원고 역할을 하도록 요청하고 있는 것에 비해 불법행위법은 민간 개인들에 대한 상해에 적용된다(White 2003). 19세기 중반 불법행위법의 틀 내에서는 노동자들과 피고용인들은 노동 관련 사고를 당할 경우 배상을 요구하거나 불법에 대한 시정을 요구할 여지가 거의 없었다. 19세기 민사법은 동등하면서도 독립적인 계약 당사자들이라는 시각을 선호하여 계약 당사자들에게는 각각 적절히 조심할 수 있는 능력이 부여되어 있어서 그들이 직접 일상에서 마주하는 위험을 관리할 수 있다고 보았다. 이 기간 동안 불법행위법은 개인적인 과실과 태만이라는 개념에 지배되고 있었다. 피고용인이 고용주를 상대로 불법행위에 대한 고소를 원한다면, 피고용인은 고용주의 과실이나 태만을 입증할 필요가 있었다. 팻 오말리가 다소 상세하게 설명하고 있듯이 19세기 법은 노동자들이 승낙한 행위는 위법이 되지 않는다[동의 후 책임 없음]volenti non fit injuria라는 법의 원칙에 따라 노동자들이 자발적으로 위험을 감수하고 있었다고 보았다(O'Malley 2009 : 124). 이 원칙은 노동자들로 하여금 작업장에서 일어나는 모든 위험을 개인적으로 책임지게 만들었고, 고용주의 특별한 과실이 입증될 수 있지 않는 한 배상 요구를 불가능하게 했다.

19세기 불법행위법을 미국의 실용주의자이자, 법이론가인 올리버 웬델 홈즈만큼 명확하게 표현하고 있는 저자를 어디에서도 찾지 못했다(Witt 2004 : 43). 홈즈의 불법행위 이론은 사고에 관한 초자유주의 철학에 기반하고 있는데, 여기서는 자유가 위험을 감수하는 개인의 능력으로 정의되고 있다. 홈즈는 모든 자유로운 행동은 미리 예측이 불가능한 사건들을 만들어낼 수 있는데, 개인에게 그의 자유로운 행위로 인해 발생한 모든 결과의 연쇄들에 책임을 지게 한다면 자유 자체가 소멸될 수 있다고 주장하였다. 의도적인 잘못이나 계약 위반이 없는 한(담눔 압스쿠 인주리아damnum absque injuria) 과실도 없다. 위험을 발생시키는 (그리고 부담하는) 급진적인 자유를 지지하는 홈즈의 청원은 예측과 기대로부터 나오는 논거에 토대를 두고 있다. 결과를 예측할 수 없는 곳에서는 누구도 자신의 행위가 낳은 의도하지 않은 효과에 대해서 책임을 질 수 없다. 운명과 마찬가지로 사고의 "잘못"은 논리적으로 책임을 물을 수가 없다. 홈즈는 "우리 법의 일반 원칙은 사고로 인해서 손실이 발생한 곳에 손실이 있는 것은 당연하다는 것이다. 그리고 인간에게 불운이 찾아오곤 한다는 사실이 이 원칙에 영향을 주지는 않는다"라고 서술하고 있다(Holmes 1991 [1881] : 94). 올리버 웬델 홈즈가 이렇게 서술하기는 했지만, 19세기 후반에 사고·과실·책임에 관한 자유주의 철학은 심각하게 도전받기 시작했다. 산업 노동자들은 전선에 나간 보병들과 유사하게 정기적으로 사망, 절단, 상해의 고통을 겪었다. 홈즈가 운명의 탓으로 돌린 사고 — 이방인들 사이에서 일어나는, 과실過失로 인한 것이 아닌 행위 — 들이 통계상 규칙성을 띄는 것처럼 보이면서 산업적 규모로 재생산되기 시작했다. 불법행위법이 원칙상 상해를 입은 노동자들에게 하나의 선택권이었지만 소송 비용은 대부분의 산업 노동자들이 부담할 능력을 넘어서는 것이었고, 고용주의 과실을 입증해야 할 책임이 노동자들에게 있었다는 것이 실제적으로 소송에서의 성공 가능성을 막아버렸다. 19세기 말에 산업 사고에 대한 영업 이익상의 부담은 경영자들이 무시하기에는 너무나 커져 버렸다. 원래 사람들 사이의 사적인 다툼들에 대응하는 수단으로 만들어진 불법행위법은 산업 사고 문제가 집단적으로 증폭하는 과정에 대응할 수 없음이 드러났다. 세기말에 노동조합과 산업 연대가 힘을 합쳐 사고 관련법들에 대한 개정을 위해 노력했고 그 결과 최초로 일련의 기업 특화 사고 보험 기금이 만들어졌으며 후일에는 전체 산업 노동자들의 배상에 관한 국가 차원의 성문법이 가결되었다. 1910년에 뉴욕은 미국에서는 최초로 노동자 배상 성문법을 제정하였다. 미연방 48개 주 중 42개 주에서 이후 10년 동안 비슷한 법을 도입했다. 산업화가 덜 된 남부 주들만이 법 제정 청원을 따르는 데 실패해서 아프리카계 미국인 농업 노동자들이 배상 혜택을 받지 못하였다(Witt 2004:127). 여러 측면에서 미국 노동자들의 배상 법규들은 유럽의 무과실 노동자 사고법 사례를 따르고 있었다. 양쪽 모두 집합적 사고 보험법의 도입으로 불법행위, 계약과 위험에 관한 법적인 이해에 상당한 변화를 초래했다. 19세기 중반에 불법행위를 보는 시각은 계약적이고 개인주의적이었다. 그리고 불법행위의 기초에는 과실이 있는 것으로 이해되었다. 이와 같은 이해 시각과는 뚜렷이 대비되어 제정된 이 법들은 산업 사고에 대한 책임을 노동자로부터 기업으로, 법정에서 국가로 옮겨 놓았고 이로써 국가가 모든 산업 사고에 대한 집합적 보험 의무를 지니게 되었다. 이 과정에서 19세기 불법행위법의 징벌적이고 개인주의적인 체계가 사회 보험이라는 관리적이고 분배적인 논리로 대체되었다. 따라서 산업 사고와 관련된 비용의 부담과 배분은 확률의 법칙과 통계 자료의 경험적 증거에서 도출한 보험 통계 원리에 따라 관리될 수 있었다. 계산의 보험통계 양식으로의 이런 변화에는 이런 생각이 내포되어 있었다. 즉 사고는 이제 계약 관계의 정상적인 일과를 방해하는 예외적인 사건으로 여길 것이 아니라 어떤 의미에서는 예상될 수 있어서 그대로 책임을 져야 하는 것으로 생각해야 한다는 것이다(Figlio 1985). 그러한 틀 안에서, "부주의" 또는 "과실"을 결정하는 문제는 점점 더 무관한 것으로 여겨졌다. 그리고 19세기의 불법행위법에서는 오래된 사고법accident law의 잔재이자 문제적 범주로 간주되던 것들 — "직접적인 상해 의도가 없이 초래된 손해"damnum absque injuria 14 — 이 산업재해의 패러다임이 되었다(Witt 2004:142).

---

14. * 노동과정에서 위험이 수반되어 있음을 노동자가 사전에 인지했다면, 불법행위를 제외하고 손해가 발생해도 배상을 청구할 수 없다는 원칙이다.

최근 사고에 관한 산업법이 발달해온 과정에 임상의학 분야는 둔감한 상태로 있지 않았다. 역사가인 시드니 할편(Halpern 2004)은 의학 사고가 20세기 초반 수십 년 동안 집중적으로 공적인 논쟁을 불러일으킨 주제였다고 서술하고 있다. 의학 전문가들 내에서 이들 논쟁은 사람들이 점차적으로 개인적인 불법행위법에서 사회 보험을 통한 산업 위험에 대한 행정적 규제로 전화해가고 있음을 인식하게 됨에 따라 시작되었다. 그런데 여러 측면에서 의학 분야에서의 불법행위법의 발전은 산업 작업장 법의 진화와 정반대되는 방향으로 진행되었다. 특히 인간 대상 실험과 관련된 법을 그 예로 들 수 있다. 윌리엄 큐런(Curran 1970)은 1935년 이전까지 미국 불법행위법은 명확하게 고의적인 의학적 실험 대상을 다루지 않았다고 지적하고 있다. 건강 돌봄 영역에서 불법행위법은 돌봄 기준의 상대적 개념들을 중심으로 규범적 범주들을 확립해두었다. 이 단계에서 불법행위법은 의학적 돌봄이 비표준적으로 시행되는 것과 비표준적인 의학 실험 시행을 구분하지 않았다. 실제로 "실험"이라는 용어는 병원에서의 표준적인 돌봄에서 벗어나는 모든 것을 가리키는 데 사용되었다. 결과적으로 실험은 자동적으로 의료 과실의 한 형태로 분류되었다. 1930년대가 시작되면서 불법행위법은 고의적이며 통계적으로 통제되는 의학 실험의 중요성이 증가하는 상황을 어쩔 수 없이 맞이하게 되었고 대형 임상시험 과정에서 일상적으로 발생할 수밖에 없는 (유해하거나 혹은 그렇지 않은) 다양한 사고들을 고려해야만 했다. 이전 수십 년 동안에는 거의 들은 바 없는 통계적으로 설계된 임상시험의 수가 1930년대와 1940년대에 극적으로 증가했다. 동시에 2차 세계대전 동안에는 감염병 연구 역시 비약적으로 늘어났다. 영국 의학연구회의 오스틴 브래드포드 힐이 1946년에 행한 자신의 스트렙토마이신 연구에서 표준 RCT 방법을 정의해두었을 무렵, 이보다 덜 엄격한 통계적 시험들이 이미 수 해 전부터 진행되어 왔었다(M. Edwards 2007). 인간 대상 실험이 야기하는 법적, 정치적 문제들은 자명했다 ─ 의학 실험은 임상 행위 표준들에서 고의적으로 벗어나는 것을 의미했다. 초기 복지국가가 산업 사고를 노동자들의 배상법과 건강 및 안전 관련 개혁 조치들을 통해 책임을 져야 할 사회적 위험으로 받아들이기 시작한 시기에, 임상시험 방법은 생의학적 사고를 산업적 규모로 생산하고 있었다. 세기가 전환되던 시점의 불법행위법 관련 용어는 이런 의학 실험을 돌봄 표준에서 벗어난 것으로 분류했다. 이는 임상시험은 법적으로 잘못된 것이라는 바로 그 정의를 구성하고 있는 것처럼 보였다.

20세기가 수십 년이 지나며 의학 전문가들은 불법행동들의 위협을 더 이상 무시할 수 없게 되었다. 할편은 이 시기 동안 의학 전문가들이 심사숙고하여 만들어냈던 다양한 해법들을 상세하게 조사한 후 "고지된 동의" 형식이 제도적인 위험 관리를 위해 애쓴 초기 노력에서 탄생하게 되었다고 주장하였다.[15] 1914년, 환자의 동의 없이 내과의

---

15. 시드니 할편(Halpern 2004 : 102~103)은 1940년대 초에 과학자들과 임상 의뢰자들이 연구 대상에 가해지는 상해 비용을 충당하기 위해 책무 보험을 구매하는 것의 가능성을 논의하고도 있었다고 서술하고 있다. 할편의 문헌 연구에 따르면, 연방 기관들에서 이들의 요구에 대해 세 가지 대응을 보였다 : "첫 번째로 관료들은 피실험자들에 대한 보험 비용 ─ 생명, 사고, 의학적 혹은 장애 보상과는 관계없이 ─ 이 지나치게 비싸다고 보았다. 두 번째로 이 주제와 관련하여 조언을 구했던 정부 법률가들 편에서는 피실험자들에게 보험이 어디까지 보장해줄 수 있는가의 문제가 연구자들, 연구자의 고용주와 미국 정부의 책무성에 관한 질문으로 번역되었다. 보험을 구매하게 되면, 이것은 연구 피실험자들에 대한 보장이 아니라 국가 기관과 조사자에 대한 보장이어야 할 것이었다 … 그런데 정부가 선호한 세 번째 해결책은 연구자들이나 피실험자들에게 보험을 제공하는 것이 아니라 연방 계약자의 배상과 동의 진술에 포함되어 있는 포기 조항에 기대는 것이었다." 상해를 당한 연구 피실험자들에 대한 배상 가능성을 둘러싼 이런 초기 논쟁들은 연구자들과 임상시험 의뢰자들이 여전히 상해를 입은 연구 피실험자들에게 배상을 제공할 의무가 없는 오늘의 미국에서 여전히 중요한 사안으로 남아

사가 수술을 시행해 의사를 고발한 슐뢴도르프 사례는 의학사고법 역사에 분기점을 이루는 사건이었다. 이 사건에 대한 판결에서 벤저민 카르도조 판사는 동의 없는 의학적 처치과정은 의도적인 불법행위에 해당한다는 결론을 내렸다. "원고가 고소한 잘못된 행동은 그저 태만인 것만이 아니다. 여기서는 침해trespass가 일어났다. 건전한 정신을 지닌 모든 성인은 자신의 신체를 어떻게 처리할지 결정할 권리를 지닌다. 그리고 외과의가 환자의 동의 없이 수술을 시행했다면, 그는 그로 인해 해를 끼칠 수도 있기 때문에 폭력행위를 한 것이라 할 수 있다"는 것이다(Schloendorff v. Society of New York Hospital, 1914). 하지만 직접적인 의학 실험에 관한 판결이 이루어진 것은 1935년 이후였다. 포트너 대 코치 판결Fortner v. Koch에서 미시간주 대법원이 내린 판결은 "우리는 의료와 외과 수술 행위가 더 진보할 수 있도록 어느 정도의 실험이 수행되어야 한다는 사실을 인정한다. 그러나 이런 실험들은 환자, 혹은 그를 책임질 수 있는 사람의 인지와 동의로 진행되어야만 하고 이 실험은 이미 수용된 방법과 너무 급진적으로 다르게 이행되어서도 안 된다"(Halpern 2004 : 108에서 인용)고 판결했다.

자체적으로 위험을 억제하는 전략을 취해 왔던 의학 분야의 제도는 이런 명확한 판결을 기다리지 않고 수립되었다. 슐뢴도르프 판례가 발생하자마자 의학 기관들에서는 임상시험에 대한 불법행위법의 위협을 미리 고려하기 시작하였다. 그리고 책무에 대한 청구로부터 자신들을 보호하기 위한 방편으로 고지 양식을 받아들이기로 하였다. 따라서 고지된 동의 양식은 점점 거세지는 생체 해부 반대 운동

있다. 할편(Halpern 2004)이 다룬 시기와 동일한 시기이기는 하지만 위험 관리와 보험 기술들과 동일한 연관을 갖고 있지는 않은 고지된 동의에 관한 역사는 파든과 동료들의 저작(Faden et al. 1986 : 114~150)에서 볼 수 있다.

이라는 정치적 타격에 대항한 의학 전문가들의 1차 방어선이었다(20세기 초반 동물과 인간에 대한 "생체해부" 반대 논의는 긴밀하게 연계되어 있었다). 〈미국의사협회〉가 1908년에 '의학연구보호위원회'를 창설하였을 때 월터 캐논을 의장으로 지명했는데 캐논은 의학 잡지들, 개업 의사들과 연구자들에게 열정적으로 로비를 하여 그들의 발간물에 "동의" 계약의 사용을 광고하도록 했다(Halpern 2004 : 98). 1940년대와 1950년대 무렵에 대형 기관 임상 의뢰인들, 예를 들어 록펠러 연구소, 의학연구위원회, 미국역학위원회와 국립 재단들은 서면동의를 당연한 것으로 요구하고 있었다. 그러니까 고지된 동의 양식은 원래 불법행위법과 법적 소송에 대한 우려로부터 출현하였고, 그것이 국제 생명윤리협정에 의해 "인권"의 지위로 격상된 것은 나중의 일이다. 게다가 이 양식은 환자들의 권리를 보호하기 위한 수단이 아니라, 의학 전문가들의 위험 관리 전략으로 고안되었던 것이다. 법 이론가 제리 메니코프와 에드워드 리처즈가 지적하듯이 동의 양식이 갖는 평범한 효과는 역설적으로 의학 실험 참가자들의 권리를 확장하는 것이기보다는 감소시키는 것이었다. 의료 과실법이 작동하는 현재 상태를 참조하여 메니코프와 리처드는 고지된 동의서에 서명하지 않은 환자는 임상시험에 동의한 참가자들 보다 법적 소송을 제기할 수 있는 훨씬 더 많은 권한을 누리고 있다고 지적한다(Menikoff and Richards 2006 : 51~55). 미국에서는 각 주state의 불법행위법이 모든 환자들은 동의 서류에 사인하지 않고도 표준적인 의학 돌봄을 받을 권리가 있음을 보장하고 있다. 표준 돌봄에서 벗어난다는 것이 일반적으로 일종의 불법 침해(초기 슐뢴도르프의 사례에서처럼)로 간주되고 있지는 않지만 표준적 돌봄에서 벗어나는 것은 확실히 태만이라는 덜 심각한 불법행위 범주 내에 있는 것으로 분류되고 있다. 반면, 고지된 동의 양식은 표준적인 의료적 돌봄에 대한 권리를 효과적으로 무효로 만들고, 평상시 의료과실 소송의 위험으로부터 의료기관을 면책시켜 준다.

법철학자 조엘 파인버그(Feinberg 1986 : 115~117)가 지적하고 있듯이 고지된 동의는 자발적으로 위험을 가정하고 있다는 개념, 혹은 동의 했으면 피해 없음(볼렌티 논 핏 인주리아$^{volenti\ non\ fit\ injuria}$, 이하 '볼렌티'로 표기)의 원칙, 즉 19세기 후반까지 노동관계를 지배해온 바로 그 불법행위법의 원칙을 전제로 하고 있다. 20세기 초반 노동자들의 배상과 관련된 성문법이 도입되기 전에 '볼렌티' 원칙은 산업 노동자들이 작업장에서 입을 수 있는 상해에 대한 책임을 단독으로 부담하게 만들었고, 산업 위험을 "정상" 사고라는 사회 법칙이 아니라 개인적인 태만이나 과실 탓으로 돌렸다(O'Malley 2009 : 124). 노동자 배상과 다른 형태의 사회 보험이 점진적으로 '볼렌티' 원칙을 대체해나가면서 의료 종사자들과 그들의 직업 단체들은 의학 실험으로 제기된 잠재적인 법적 문제들을 해결하기 위해 노력했다. 의학 실험의 속성으로 인해 이들은 법적인 퍼즐과 부딪쳐야만 했다. 19세기 후반의 산업 개혁가들이 발견했듯이, 산업적 작업장들에서 사고가 증가하는 동안 발생한 우연적 사고는 산업 가치 생성에서 필연적이거나 구조적인 것이라기보다는 비생산적인 것이었다. 하지만 의학 실험은 우연적 사건의 생산이 실험의 목적이라는 점에서 독특한 경우이다. 실험 위험은 임상시험에서 제거할 수 없으며 산업 사고처럼 보험으로 보장할 수도 없었다. 의료 종사자들은 고지된 동의를 생명윤리 원칙으로 명문화했고, 그에 따라 임상시험을 법적인 예외 상태로 남겨두면서 이러한 문제에 대응했다.

포드주의와 케인스주의자들의 합의는 우연한 사고를 생산 공정의 한계에 연계시켰고, 노동 표준을 보험으로 보장할 수 있는 노동 — 맑스의 노동가치 이론을 기반으로 가설을 세웠던 사회적 평균 시간, 혹은 존 메이너드 케인스가 도출한 측정 가능한 위험의 유클리드 기하학에 의해 가정된 평균 시간에 종속되는 노동 — 으로 정의하게 되었다.[16] 이 합의를 통해 산업 사고 혹은 유해한 노동 조건들이 모두 없어지지는 않았다 — 오히려 그러한 것들을 포드주의의 주변부에 위치한 주체들을 위해 남겨두었다. 미국의 여성들은 1980년까지 노동자 배상법에 의해 직접 보장받지 못했다(이런 점에서 미국의 노동자 배상법은 가족 임금의 변형을 의미했다)(Witt 2004 : 127~134). 미국 포드주의의 심장부 지대에서조차 아프리카계 미국인 노동자들은 포드주의 "황금기"가 저물어가는 시기까지도 가장 유해한 부품 생산라인, 가장 높은 속도로 돌아가는 생산라인에 일상적으로 배치되어 있었다.[17] 임상연구 영역만큼 사고 예외주의가 뚜렷이 드러나는 곳도 없을 것이다. 표준적인 상품 생산의 정반대 편에 생체 내에서 상품을 시험하는 형태로서 인간 대상 실험이 위치한다. 따라서 인간 대상 실험은 비표준 노동의 본보기 par excellence로 정의되어야 한다. 이러한 예외주의는 20세기 중반 임상 시험의 제도적, 법적 형태에 반영되어 있다. 2차 세계대전 기간부터 대전이 끝난 이후에 연구 피실험자들은 사회적으로 주변화되어 있던 사

---

16. 케인스는 다음과 같이 서술했다. "고전 이론가들은 경험적인 눈으로는 평행으로 보이는 직선들이 종종 만나는 것을 발견하고 — 불행하게도 충돌이 일어나곤 하는 것을 막을 수 있는 유일한 해결책으로서 — 선들이 직선을 유지하지 않도록 애쓰는 비유클리드 세계 속의 유클리드 기하학자를 닮아 있다. 그러나 실제로 평행 공리를 버리고 비유클리드 기하를 이해하는 것 이외에는 다른 어떤 치료법도 없다. 이와 유사한 것이 경제학에서도 요청되고 있다"(Keynes 1987 : 366).

17. 후기 포드주의 자동차 공장에서의 아프리카계 미국인들, 이민 아랍인 노동자들과 여성 노동자들이 경험한 유해 노동 조건들에 대한 더 많은 논의에 대해서는 조르가키스와 서킨(Georgakis and Surkin 1975)을 참고하라.

람들 중 – 고아, 주에서 관리하는 병동 환자들, 가난한 공공 병원 환자들, 징집 병사들과 죄수들 – 에서 모집되었다. 2차 세계대전 이후부터 1970년대 후반까지 미국의 죄수들은 미국과 유럽 제약회사들에게 대규모 실험 연구의 피실험자로 공급되었다. 복지와 산업 권리를 행정적으로 보호받지 못하고 그로부터 배제된 채로 이 연구 피실험자들은 (영국에서의) 대규모 건강 돌봄, 국립 건강 서비스의 출현, 2차 세계대전 이후 (미국에서의) 막강한 제약 산업의 부상에 필요한 실험 데이터를 생산하는 도구였다. 이들의 배제는 다른 이의 건강을 확보하기 위해 인구의 한 부분에서 보험도 들 수 없을 정도의 위험을 양산할 수밖에 없는 사회 보험 모델의 구성적 난제constitutive aporia를 여과 없이 보여주었다.

2차 세계대전이 발발하면서 인간을 대상으로 하는 실험 연구의 법적, 계약적 속성 문제가 분명히 해결되었다. 그러나 2차 세계대전이 끝난 이후에 놀라울 정도로 많은 법학자들이 계속해서 임상시험 피실험자 모집을 노동 문제로 다루었고 인간 연구 피실험자들에게 그들의 "노동" 중에 입은 상해에 대해 노동자 배상법을 적용할 것을 요구하였다. 1960년대 초 의료법 전문가 어빙 라디머는 모든 임상시험 참가자들에 대한 자원 계약에 근거하여 무과실 배상 시스템을 제안하였다. 한편, 유명한 불법행위법 학자 귀도 칼라브레시는 래디머와 유사한 계획을 지지하는 자신의 견해를 영향력이 높은 학술지인 『다이달로스』 특별 호에 싣기도 했다(Ladimer 1963, 1970, 1988 ; Calabresi 1969). 이 제안은 연방 규제감독관들에게 전달되었다. 1975~1976년에 미연방 교육보건복지부(보건복지부 전신)는 상해를 입은 연구 피실험자들에게 배상 계획을 활용할 수 있는지 여부를 조사하는 특별전문위원회를 만들었다(US Department of Health, Education, and Welfare 1977). 연방

지원 연구 시험에 참여한 연구 피실험자들의 수만 해도 60만 명에 달하고 있었다는 사실에 주목하여 특별위원회는 연방 무과실 배상 계획 채택을 권고하였다(US Department of Health, Education, and Welfare 1977:viii~ix). 그러나 이런 권고에도 불구하고 실험 연구 피실험자들에 대한 노동자 배상 계획은 현재까지도 공식적인 어젠다와는 거리가 먼 채로 남아 있다.[18]

모든 계급의 노동자들이 포스트포드주의에서 노동 보호의 쇠퇴를 경험했기 때문에, 인간 연구 피실험자들의 위치가 20세기 중반보다 오늘날 훨씬 덜 예외적인 것이 되었다는 점은 역설이라 해야 할지 모른다. 2장에서 보았듯이 표준 고용계약에 포함되는 충분한 복지 혜택을 받는 장기 고용인의 수가 급격하게 줄어들고 있다. 그들을 대신하여 점점 많은 수의 노동자들(숙련과 미숙련, 전문직과 서비스직)이 독립 계약자로 고용되어 있다. 20세기 중반, 노동조합에 속해 노동법의 적용을 받았던 남성 산업 노동자들과 달리, 독립 계약자들은 생애에서 발생할 수 있는 우연적 사고들에 대응하여 스스로를 보호해야 할 책임을 개인적으로 져야 한다. 임상연구의 위험은 대부분의 작업장에서 직면하는 위험보다 더 무매개적이고 체내적visceral이지만, 그럼에도 불구하고 1상 시험 연구 대상이 위험과 맺는 구조적 관계는 개인적인 서비스를 제공하는 다른 계약자들이 경험하는 것과 거의 동일하다. 세금 징수 책임이 있는 미국 정부 기관인 국세청은 피실험자들을 "피고용인"이 아니라 "독립 계약자"로서 분류하는 법을 명문화하기 위해

---

18. 로버트 스타인브룩은 "유럽의 상황은 다수의 국가들이 보편 건강보험을 갖고 있다는 점에서 많이 다르다. 임상시험 수행에 관한 2001 유럽 지침(European directive)에 따르면 '조사자와 임상 의뢰인의 책무를 포괄하는 보험 혹은 면책 조항이 만들어져 있는 경우에 한해서' 임상시험을 받을 수 있다. 몇몇 국가들 ─ 예를 들어 프랑스, 독일과 스페인 ─ 은 강제적인 보험법을 갖고 있다"(Steinbrook 2006:1873).

최근 몇십 년 동안 관련 논쟁들에 개입해 왔다.[19] 1996년 미국 노동부는 연방 기관들에 의해 고용된 인간 연구 피실험자들의 지위를 분명히 하는 실업 배상에 관한 판결을 내렸다. 어떤 경우에도 이 노동자들을 노동자 배상 혹은 실업 혜택을 누릴 권한을 지닌 피고용인으로 여겨서는 안 된다. 대신에 연구 피실험자는 상품이 아닌 "혈청 샘플과 정상적인 신체 기능을 제공하는 '독립 계약자'로 취급해야 한다"는 것이었다(US Department of Labor 1996 : viii~ix). 다음 절에서는 감금되어 있는 연구 피실험자의 자유롭지 않은 노동이 임상시험 노동의 독립 계약자 모델로 대체되어 가는 제도적 과정을 추적할 것이다.

실험 장면들 : 감옥과 병원 시험에서 민간 외주 시험으로

최신의 제약 연구 발전이 갖는 중요성을 이해하기 위해서 감옥 기반 임상시험들이 한때는 미국의 일반적인 기준이었다는 점을 상기해야 한다(Petryna 2009 : 61~66). 죄수들을 대규모 연구 대상으로 모집하는 일은 2차 세계대전 초기에 시작되었다. 공공보건의 역사에서도 종종 그랬듯이, 전쟁 상황은 과학의 진보를 위해 비상식적인 수단을 사용하는 것을 정당화할 수 있게 해주었다. 감염질병으로 고통받았던

---

19. 이런 개입은 미국 국세청이 보낸 사적 편지에도 담겨 있고 미국 노동부 판결(1996)에도 인용되어 있다. 이 판결에 따르면, "1990년 8월 2일 국세청은 선례가 없는 결정으로 식품의약국에서 수행하는 임상시험에 참여하는 인간 시험 피실험자는 피고용인이 아니며 소득세 공제 혹은 연방 고용세 목적의 '임금'을 받지 않는다"고 판결했다(Priv. Ltr.Rul.91.06.004, 1990년 8월 2일). 그리고 "1994년 1월 24일 바이오네틱스 사에 메일로 보낸 연방 고용세 결정 서신에서 국세청은 미국 농무부 지원 연구에 인간 시험 피실험자로 개별적으로 참가하는 것은 연구를 수행하는 회사의 고용인이 아니라 독립 계약자로서의 참여"라는 판결을 내렸다. 이 서신은 미국 농업연구청을 통해 1996년 8월 16일에 회수되었다.

다수의 병력과 함께 죄수들은 새로운 치료제 개발을 가속화하기 위해 대규모 의약품 시험과 혈액 이식 실험에 참여할 것을 요구받았다. 이는 2차 세계대전 이후에 중단된 것이 아니라 전쟁이 끝난 후에도 수십 년 동안 서서히 지속적인 성장을 계속하여 국립보건원은 해당 연구 기금을 증가시켰고 제약회사들은 (종종 대학 공동연구자들과 협업으로) 연구 시험 범위를 주에 속한 수감자들로까지 확대시켰다(Hornblum 1998 : 83). 최전성기인 1960년대에는 미국의 제약회사들이 1상 임상시험 대부분을 죄수들을 대상으로 하여 시행하였고 최신식의 임상시험 실험실을 감옥 부지에 설치하기까지 했다. 이들의 관심은 인간 대상으로서 죄수들을 모집하는 것뿐만 아니라 수감자들을 임상의로 훈련시켜 감옥 바깥에서 드는 비용의 일부만으로 임상시험을 시행하게 할 수 있는지 여부였다. 감옥에 수감된 죄수들에게 1상 임상시험 참여는 상대적으로 수지가 맞는 일이었다. 죄수 노동자들은 뉴딜 기간 동안 심각하게 제약을 받는 경우가 많았고 감옥 내에서 주어지는 일거리도 거의 없었지만 일거리가 있을 때조차 극히 낮은 보수를 받을 뿐이었다(신발과 의복을 만드는 일인 경우 하루 임금은 15센트에 불과했다). 제약 혹은 화장품 시험은 이와 대조적으로 한 달에 10달러에서 30달러 사이의 금액을 보상금으로 받을 수 있었고, 임상연구 보조원은 40에서 50달러를 받았다(Hornblum 1998 : 5). 그렇지만 죄수들은 그들의 연구 참여로 인한 위험과 관련된 어떠한 배상도 받지 못했다. 또한 감옥 바깥 세계보다 훨씬 낮은 비용으로 임상시험이 실시될 수 있다는 점도 알고 있었다. 1968년에 펜실베이니아 필라델피아에 있는 홈즈버그 주립 교도소에서 온 죄수 집단이 펜실베이니아주 교정청을 상대로 소송을 제기했다. 그 내용은 임상시험 의뢰 기업들이 수십만 달러의 노동을 공짜로 가져갔다는 것이다(Hornblum

1998:103). 이들뿐만 아니라 다른 죄수들도 임상시험으로 인한 상해에 대해서 소송을 제기하려고 시도했다. 하지만 그들은 자신들이 고지된 동의 양식에 서명을 하면서 모든 법적 권한을 포기했었다는 사실을 뒤늦게 알게 되었다(Hornblum 1998:5).

1960년대 FDA 규제에 대한 케포버-해리스 개정 법안은 죄수 대상의 1상 임상시험이 증가하는 의도치 않은 결과를 낳았다. 우리가 살펴보았듯이, 1962년의 가이드라인은 건강한 사람을 대상으로 하는 1상의 안전성 시험과 3상의 환자 대상 임상시험이 포함된 임상시험 과정을 의약품이 시장에 출시되기 전에 반드시 수행하도록 권고했다. 이 규정으로 당시까지 임상시험에 필요했던 환자들의 숫자만으로 불충분한 상황이 도래했다. 앨런 혼블럼이 지적하고 있듯이, 주 관할 교도소들은 산업 규모의 노동과 표준화된 임상시험 요구 지침 ─ 고도로 통제되어 있고, 일상의 생활 조건으로부터 고립되어 있으며, 계급과 인종 면에서도 고도로 계층화되어 있는 데다, "값싸고 이용 가능하며 감금되어 있는 노동력"이라는 조건 ─ 에 모두 적합한 완벽한 조건을 제공해주고 있었다(Hornblum 1998:108).

이와 같은 기간에 의과대학이나 교육을 겸하는 대학병원, 그리고 병원에 긴밀하게 연계되어 있는 학과들로 구성된 복합기관인 대학 학술보건센터(이하 AHC)는 환자 대상의 2상과 3상 효험 연구를 수행하는 중심지로 정립되기 시작했다. 1960년대 동안 의학 훈련 분야에 국립보건원 연구 지원금과 연방 차원의 지원금이 집중되면서, AHC들의 재정 규모가 빠르게 성장했다. 엘리 긴즈버그는 "1950년에 미국 전체 의학 연구 분야 지출은 1억 6천만 달러에 불과했으며, 연방 재단이 여전히 주요한 기부자였다. 그러나 그 직후로 재조직화되고 확장된 국립보건원이 생의학 연구로 투입되는 새로운 재정적 물줄기가 되었다.

보건원에서 나가는 지원금 대부분이 AHC로 전환하기 시작했던 의과대학들에게 투입되었다"고 서술한다(Ginzberg 1990 : 60). 1965년 메디케어와 메디케이드 법률 제정안이 통과되면서, 이러한 연구 자금의 새로운 흐름이 강화되었다. 이 법률은 당시 미국에서 지배적이었던 고용 기반 정책으로 포괄하지 못했던 노년층과 저소득층들이 장기간 병원에 체류할 경우 비용에 대한 배상을 가능하게 만들었다. 다수의 도심 AHC들이 저소득층에게 무료로 건강 돌봄 서비스를 제공하기 시작했다. 긴즈버그가 서술했듯이 이러한 새로운 형태의 사회 보장의 도입으로 저소득층 및 무보험 환자들이 재정적으로 책임을 져야 하는 존재liability에서 재정 자산asset으로 전환되었다(Ginzberg 1990 : 61). 이러한 환자들에게 입원이 권장되었고, 그들은 임상 병원에서 손쉽게 유용할 수 있는 연구 피실험자로 공급되었다.

현재 AHC에서 수행하는 의약품 시험은 민간 영역의 연구가 주도적인 상황에서 주변화되어 있다. 그렇기 때문에 과거 대학의 연구 조건들을 낭만적인 시각에서 보고자 하는 경향이 존재한다. 그러나 대학 연구병원을 연구하는 역사가들은 한때 과거의 그곳에도 공공 병동 환자와 대학 보건 전문의 사이에 "암묵적 계약"이 존재했다고 지적한다. 이 계약은 공공 병동의 가난한 환자들이 의약품을 무상 제공받고 정부로부터 건강 돌봄 서비스를 지원받는 대신 임상연구의 대상이나 교육용 재료가 되는 것이 '공정한 교환'이라고 가정한다(Ehrenreich and Ehrenreich 1970 : 25 ; Byrd and Clayton 2002 : 330). 그러나 1960년대 후반 AHC는 민간 임상 환자와 공공 병동 환자들 모두 임상시험 대상이나 교육용 재료로 강제 징집할 수 있을 정도까지 확장되었다(Rogers 1998 : 206 ; Opdycke 1999 : 108~109). 이 무렵 공공 병동의 메디케어 및 메디케이드 환자들은 민간 임상 환자와 계급적으로 구분되었고, 이러한 구분이 연구 종류에 반영되기 시작했다. 연구는 어떤 환자들이 할당되느냐에 따라 종류가 구분되었다. 버나드 바버와 동료들은 대학 연구병원의 현장에 있는 생의학 임상의들이 부딪히는 전문가 딜레마에 관한 초기의 사회학적 연구에서 임상의들은 과학적으로 엄격하고, 상당한 정도의 치료적 이점을 제공하는 연구에 민간 환자들이 훨씬 더 많이 참여할 수 있는 기회를 제공했다고 기록한다(Barber et al. 1973:55). 바버와 동료들은 병원 연구를 지배하는 노동 분업에 관해 다음과 같은 결론을 냈다.

> 따라서 우리의 자료들은 다음을 밝혀주고 있다.… 다수의 생의학 연구자들이 갖고 있는 〔하나의〕 가정, 의학 지식이 발전하기 위해서는 몇몇 사람들이 위험하지만 중요한 연구의 대상으로 역할을 해야만 한다는 가정이 있다. 여기서 가정하고 있는 사람들은 의학 돌봄을 무료 혹은 낮은 비용으로 공급받는 공공 병동과 민간 임상 환자들이어야만 한다. 적은 비용의 돌봄에 대한 대가로 이들은 의학 지식을 발전시키기 위한 핵심적인 요소를 제공한다. 피실험자에게 가장 낮은 위험 대비 이익 비율을 보이는 연구에는 더 합리적인 위험 대비 이익 비율을 보이는 연구에서보다 더 자주 공공 병동과 민간 병원 환자들이 참여하고 있으며, 이는 앞선 가정에 모순되지 않는다. 그러나 우리의 자료에서 이 가정의 나머지 부분이 함축하고 있듯이, 연구자들이 환자들에게 중요한 과학적 혹은 다른 이득을 제공하기 위해 희생할 것을 의도적으로 요구하고 있는지를 자료로부터 분명히 알기는 어려웠다. 공공 병동 환자와 임상시험 환자를 민간 환자들과 다르게 취급하는 윤리의 문제를 의학 연구 전문가들은 적절히 다루지 않았다. 이것은 도덕적으로 부적절하다. 도덕적 부적절성이 현재 정립된 의학적

돌봄에 대한 지불 시스템에서 전적으로 기인한 것은 아니다. 물론 때때로 이런 일이 일어나고 있는 것은 사실이다. 이미 정립되어 있는 시스템에서 생의학 연구자들은 적어도 의학적인 대우라는 관점으로 모든 환자들을 완전히 동등하게 대우할 수 있어야 한다(Barber et al. 1973:57).

1960년대 초부터 1980년대 초까지 미국에서 이루어진 대부분의 임상연구는 감옥(1상 시험) 혹은 대학 연구병원(2상과 3상 시험)이라는 제도적 맥락에서 이루어졌다. 이 기관들 모두 우리가 포드주의적 실험양식이라 정의하는 것에 이상적인 환경을 제공해 주었다. 포드주의적 실험양식이란 연구 피실험자들을 지속적으로 공급하고, 신뢰성 있는 데이터에 접근할 수 있으면서, 값싸거나 무료로 노동력이 공급될 수 있고, 표준화된 생활 조건과 임상시험 처리과정을 감독할 수 있는 고도로 중앙집중화된 공간에서 이루어지는 실험을 의미한다. 하지만 1981년 FDA는 감옥 기반 임상시험의 실행이 불법이라고 공식적으로 선언한다. 이와 동시에 감옥과 대학병원의 공공병상 기반 시험은 갑작스런 종말을 맞게 되었다.[20] 이후로 10여 년간 1상 임상시험은 대학 연구센터나 거대 제약기업의 자체 실험실에서 수행되었다.

의약품 시험의 제도적 맥락은 최근 들어 다시 한번 이동했다. 이번에는 대학 연구병원과 R&D 병원의 실험실로부터 대학 바깥의 민간

---

20. 금지에 관한 상세 내용은 미국연방규정집(Code of Federal Regulations 1981)의 21 식품의약, 50항 44, 죄수들이 참여하는 임상 조사에 관한 제한을 참고하라. 1970년대 동안 일련의 조사와 언론 탐사 보도들이 있고 나서 감옥 기반 시험에 대한 공식적인 금지가 나왔다. 원래 『아틀란틱 먼슬리』에 발표되었던 제시카 밋포드의 탐사 저널리즘이 감옥 기반 시험에 대한 여론의 반대를 동원하는 데 특히 영향력을 미쳤다. 밋포드의 기사들은 이후 책의 형태로도 출간되었다(Mitford 1973).

의료 영역으로의 이동이었다. 1990년대 중반 이후 공공 건강보험 보장 범위를 축소시키려는 시도가 있었다. 일종의 건강 돌봄 합리화 철학을 의미하는 "관리의료"Managed Care 개념이 점점 영향력을 갖기 시작했다. 이와 함께 대학 연구센터에서 수행되는 임상연구 프로그램이 황폐화되었다. 과거 대학병원에서는 상당수의 메디케이드와 메디케어 환자들을 수용하고 자신들의 임상연구 재정 지원의 근거로 삼았다. 대학 연구센터의 임상연구 재정은 입원환자 돌봄 프로그램과 장기 입원 환자들에게 주로 의존했다. 입원 환자들은 대학병원에서 쉽게 이용할 수 있는 인간 연구 대상으로 공급되었다. 1980년대 후반 관리의료 개혁이 입원을 억제하기 시작했다. 여러 주에서 메디케이드 및 메디케어 환자가 대학 연구센터와 같은 고비용 의료 서비스 공급자를 자유롭게 선택할 수 없게 제한하는 규정을 도입함에 따라 인간 연구 대상을 공급할 수 있는 조건이 위협받기 시작했다(Ginzberg 1990:57~59). 때마침 대학 연구센터들이 쇠퇴할 것을 예상하고 새로운 종류의 민간 연구 기업이 부상해 대학 연구센터의 빈자리를 차지했다. 민간 연구 기업은 대개 대학에 있던 전임자들이나 제약기업에 고용되었던 사람들이 설립했다(Browning 1995). 1991년에 제약 산업이 사용한 연구 자금의 80%가 대학 연구센터로 들어갔다. 1998년에는 이 숫자가 40%로 떨어졌다(Goldner 2008:21). 1990년대 중반까지 지배적이었던 산-학-감옥 연구 복합체는 이미 정착되어 있던 제도적 역량들이 민간 조사 장소로 재배치되고, 일련의 민간 서비스 제공자에게 위탁되면서 서서히 수직 해체되기 시작했다. 대학병원을 대체한 새로운 시험 장소들은 임상 행위들을 수행하는 소규모 개인 전문 병원에 위치했다. 한편, 새로운 대형 시험 장소들은 전적으로 임상연구만 수행하도록 설계되었고 대규모 임상시험 계약들을 관리하였다. 이 과정에서 인간 연구 대상들은 이제 더는 갇혀 있는 대상(죄수 혹은 가난한 공공 병원 환자)이 아니라 더 독립적인 계약자로 설명되었다. 그리고 이들의 정체성은 직업적인 1상의 "기니피그" 혹은 무보험의 환자로 형상화되기 시작했다.

현재 대부분의 1상 시험은 병원과 연구적 생산 현장 사이의 흥미로운 혼성체로 표현된 전용 사설 연구 클리닉에서 진행된다.[21] 이러한 시험 장소의 제도적 구성과 인프라는 병원과 구별되지 않는다. 이곳에 갇힌 연구 대상들은 건강 돌봄을 받는 환자가 아니라 임상 데이터를 생산하는 생산자이다. 하지만 이들은 갖춰진 병상들이 열을 지어 놓여 있는 병동에 수용되거나 화학 요법 처치실과 유사한 곳에 일렬로 앉혀진다. 모든 임상연구 단위들은 역효과가 일어날 경우를 대비하여 집중치료실을 갖추고 있다. 장기간의 병원 체류가 예외적인 상황이 되었고, 탈수용화가 기본이 되고 있는 시대에 1상 연구 대상들은 며칠에서 몇 달에 걸친 장기간의 수용 상황을 의무적으로 받아들여야만 한다. 연구 대상들의 식사는 표준화되고 엄격하게 통제된 식사 시간을 지켜야 한다. 최근 임상시험 부문의 발전은 병원을 생산 현장으로 재구성했다. 재구성된 병원은 조직적 측면에서 포드주의적 현장 표준화 원칙을 모델로 삼는다. 그럼에도 불구하고 비공식화된 계약과 같은 포스트포드주의적 방법을 활용하고 있다. 포드주의 산업 생산이 노동권이 결여된 주변 경제로 밀려나고 있는 것처럼, 1상 연구 단위들은 고위험 작업자들의 압도적으로 불확실한 노동력을 수용하기 위해 포드주의 병원의 통제된 건축구조를 적용하고 있다. 많은 수의 1상 연구 피실험

---

21. 그러나 예를 들어 새로운 세포 치료처럼 상당 수준으로 복잡한 시험들은 대학 기관 무대에서 진행되고 있다.

자들은 계약에 따라(혹은 고지된 동의에 따라) 이 시험에서 저 시험으로 빈번하게 옮겨 다니며 순환하는 삶을 살고 있다. 스스로 자신들을 "전문 직업 기니피그들"로 부르는 이들은 미국의 다른 임시 노동자들과 마찬가지로 눈에 띄게 "조직화되어" 있다. 그것도 전통적인 노동조직 이해로는 이해하기 어려운 방식으로 말이다. 아주 활발한 웹 기반 정보 사이트와 채팅방들이 앞으로 진행될 시험들에 대한 자세한 정보를 제공한다. 예를 들자면, 시험 장소에 관한 내부 정보, 여행, 숙소와 카풀 제안들, 어떤 장소를 회피해야 할지에 관한 조언, 시험을 어떻게 견뎌낼 것인지, 때로는 세척 기간을 피하는 방법과 같은 "속임수"를 쓰는 방법들이다.

2상과 3상의 효력 시험들 또한 외주화되고 있다. 전적으로 임상시험만 하는 연구 단위에 외주를 주는 것이 아니라 일반적인 의료 행위를 하는 소규모 개인 전문 병원과 개인 내과의들에게도 외주를 준다. 관리의료로 제한된 예산은 민간 병원의 의료행위 수행을 압박했다. 대부분의 민간 의료 행위자들은 점점 줄어드는 의사 전문직의 수입을 충당하기 위해 의약품 시험의뢰자로부터 위탁 계약을 따내기 위한 경쟁에 돌입한다(US Department of Health and Human Services 2009:15). 민간 의료 행위자들은 자신들이 얼마나 많은 환자들을 담당하고 있으며, 환자 데이터베이스가 얼마나 광범위한지, 또한 등록자 비율은 얼마나 높은지 홍보한다. 이런 내용들은 중간 계약자를 통해 의약품 시험 의뢰자들에게 전달되며, "자신들이 제공할 수 있는" 서비스가 무엇인지 알려준다. 임상연구가 주립 교도소와 대학연구 병원이라는 제도의 울타리 밖으로 이주하면서 점점 더 많은 수의 민간 내과의들이 제약 산업을 위한 의료 행위자이자 독립적인 계약자라는 이중의 역할을 맡기 시작했다.

이런 변화를 촉진하는 것이 질적으로 새로운 종류의 민간 서비스 제공자인 임상시험수탁기관(이하 CRO)이다. CRO들은 임상연구 의뢰자들(대형 제약회사들)과 민간 임상의학 센터들 간의 중개자로 행동한다. CRO는 한때 R&D 과정에서 주변적인 역할을 하였으나 이제는 모든 외주화된 임상연구들을 책임지고 있다. 그리고 신약품 발견은 물론 전前 임상시험과 임상시험 마케팅, "생명윤리 서비스"에 이르기까지 모든 의약품 개발 과정을 포괄하겠다는 포부를 갖고 있다(Mirowski and van Horn 2005). 다수의 산업 관련 문헌에서 CRO는 경직된 대학 연구센터와 대학병원들이 상용화 속도에 충분히 발 빠르게 대응하지 못하고 있으며, 임상의들에게 돌아가는 노동 비용이 지나치게 비싸기 때문에 부상한 것으로 분석된다. CRO들은 과거에 대학병원에서 공식적으로 수행되었던 훨씬 표준화되고 수급 가능한 작업들을 자신들의 일로 만들어 왔다. CRO는 임상시험과 관련된 작업에서 전문직 노동 비용을 낮출 수 있었다. 그뿐만 아니라 CRO는 상이한 종류의 연구 조직들을 감독하기 위해 고안되었던 규제의 요구사항들을 대부분을 회피하고 있다(Mirowski and van Horn 2005:513; Shuchman 2007).

R&D가 계약 작업으로 변화하는 경향은 제약 산업 자체가 수직적으로 해체되고 있다는 징후 중의 하나이다. 제약 산업은 최근에 꾸준히 내부 연구 투자를 줄여왔고, 전문 노동 비용을 더 값싸고 숙련도가 덜한 계약 연구 제공자들에게 이전하는 외주 방식을 채택해왔다. CRO들은 시험을 민간 전문병원이나 연구센터에 "배치할" 책임이 있다. 이들 병원과 센터에서는 의료 행위자들이 임상연구자의 역할을 맡고 있다. 이들은 시험에 적합한 환자를 모집하는 작업에도 관여하기 시작했다(실제로 환자모집조직PRO으로 불리는 몇몇 CRO들은 적

절한 피실험자들이 어디에 있는지 알아내고 모집하는 업무에만 전적으로 종사하고 있다). 스티븐 엡스타인에 따르면, 환자 모집 수준이 저하되면서 "모집학"recruitmentology이라는 분야는 그 자체로 일종의 유사 연구가 되었고, 점점 더 많은 비용을 임상시험 예산으로부터 사용하고 있다. 전문화된 환자 모집은 CRO들이 잠재적인 실험 자원자들이 어디에 있는지를 알아내고, 이들을 선별하고, 유지하기 위해 점점 더 복잡한 방법을 사용하고 있다는 것을 보여준다(Epstein 2008). 여기에는 텔레비전과 신문 광고를 통한 직접적인 마케팅, 임상시험 전용 긴급 모집 장소(이러한 장소는 점점 증가하고 있다)에 붙여 놓은 쪽지, 집중적인 데이터베이스 검색, 후기 임상시험에 참여할 환자 지지그룹을 겨냥한 광고, 때때로 1상 연구 대상 급구 이메일을 발송하는 모집 웹사이트들이 포함된다. 계약 모집 조직들이 적합한 환자 프로파일을 지닌 신입 모집대상들의 위치를 찾아내고자 도입하고 있는 방식들은 여러 면에서 마케팅 회사들이 수행하는 인구통계학적 소비자 연구와 구별되지 않는다. 그러나 CRO들은 새로운 모집대상들이 시험에 참가할 수 있게 동기를 부여하는 요소들을 지속적으로 강구해야 한다. 이러한 요소들에는 건강보험 미가입, 문서화되지 않은 이민자로서의 지위, 또는 단순히 돈을 벌고자 하는 욕구 등이 포함된다. 이런 점에서 CRO들은 임시직 노동자 모집 기관들이 사용하는 인구 통계적 표적화 방법을 다수 이용한다.

연구 피실험자들은 그들이 참여하는 임상 단계에 따라 달라지는 몇 가지 분명히 구별되는 범주들로 분류할 수 있다. 여기에는 1상 연구에 정규적으로 참여하는 환자들이 있다. 그들은 대학생, 중범죄 전과자들, 예술가, 불법 거주자, 일일 노동자와 기타 여러 종류의 불안정한 일을 하는 사람들이다(Abadie 2010). 2008년 미국에서 일어난 서

브프라임 모기지 사태 이후 지속된 경기 침체로 1상에 참여할 잠재적인 신규 모집대상들의 계층 서열이 상당히 상향 조정되었다. 여기에는 전직 교수들, 정규직 퇴직자들과 최근 실직자들까지 포함된다(ABC News 2008; Mosedale 2009; Zaragoza 2009; O'Brien 2011). 그럼에도 불구하고 임상노동력은 서로 구분되는 인종, 계급, 젠더 계층을 반영하고 있다. 미국에서 임상시험 산업의 현황을 심층적인 경험 연구로 분석한 질 피셔는 1상 신규 모집대상들의 대다수가 저소득 소수자 남성이었다고 서술하고 있다. 이렇게 상대적으로 높은 비용을 지급받는 연구 참여는 노동으로 분류되지 않기 때문에 체류 자격에 구애받지 않는다. 따라서 상당수 등록되지 않은 이민자들이 1상 시험에 관심을 갖고 있다(Fisher 2009: 131). 1상 시험은 환자들에게 병원에 입원하여 며칠에서 수주에 이르는 기간 동안 머무를 것을 요구한다. 입원한 환자들은 집중적으로 약물의 부작용을 모니터링 받는다. 그리고 필요할 경우 적절한 처치를 받기도 한다. 일반적으로 이들 시험은 민간 시험 센터에서 진행되는데, 이들 센터는 특정 종류의 연구와 환자 모집 프로파일을 바탕으로 특화되어 있다. 이와 대조적으로 특정한 질병으로 고통을 겪는 환자들을 겨냥한 실험 약품들의 효력을 시험하는 2상과 3상 연구들은 백인 중산층 여성들을 높은 비중으로 모집하는 경향이 있다. 이들 중 대부분은 보험에 가입하지 않았거나 보장성이 낮은 보험에 가입한 사람들이다. 반면에 가난한 여성들은 신뢰도가 떨어지는 전 임상과정에 참여하고 있다. 이러한 연구들은 시험에 참여하는 기간 동안 모집대상들이 민간 병원에 자주 방문하게 만든다. 그렇기 때문에 유연성 있고, 신뢰할 만하며, 이동 가능성이 높은 참가자들을 요구한다(Fisher 2009: 130). 피셔는 약품과 의료적 돌봄 서비스에 접근하기 위해 임상시험에 참가하고 있는 중산층 여성들의 대다수가 자신들의 참여를 일종의 이타주의 혹은 자원봉사로 묘사하고 있다고 분석한다.

임상시험 참가자들의 인구 구성은 지속적으로 재구조화하는 산업의 역사에 따라 계속 변화할 것이다. 하지만 현재 참가하고 있는 인구의 속성들이 미국 노동력의 하위 계층과 수렴하고 있다는 점이 중요하다. 임상시험 계약이 가장 거래의 성격을 강하게 띠는 건강한 피실험자들에 대한 1상 시험은 미국 경제에서 높은 위험에 노출되어 있고, 비공식적이며, 이주한 노동력이 과대 대표하고 있는 인구 집단을 모집 목표로 삼고 있다. 이러한 인구집단들은 "생물학적 시민권"biological citizenship의 접경에 위치하고 있다(Rose and Novas 2004). 이들은 문자 그대로 미등록 이민자들이거나 미국의 감옥 체계에서 역사적으로 과대 대표되어 온 이들이다. 이런 점에서 1970년대까지 지속된 감옥 기반 임상노동 체제와 현재 상황 사이에 현저한 불연속성을 강조하기보다는, 동일한 기간에 일어난 임상시험 노동과 감옥 노동의 동시 변형에 주목하는 것이 현재 상황을 이해하는 데 도움이 된다. 장기 지속이라는 역사적 관점에서 살펴보자면, 일상적인 감옥 노동에 대한 규제와 감옥 내 임상시험에 대한 규제가 서로를 계속해서 대체하거나 서로를 전제로 삼는 방식으로 공진화해왔음을 알 수 있다. 1930년대 이전에 미국 감옥에서는 산업 노동이 기본이었다. 하지만 뉴딜 기간 동안 노동조합들은 값싼 죄수 노동으로 인한 불공정한 경쟁에 저항하기 시작했고, 감옥에서의 산업 노동은 엄격한 제한 대상이 되었다(H. A. Thompson 2011). 감옥 노동을 폐지하지는 못했지만 일정한 한계를 설정했던 '제한들'은 1970년대 후반까지도 지속되었다. 하지만 이 제한의 범위는 전통적으로 일종의 일(노동)로 여겨지지 않던 임상시험으로까지 확대되지 못했다. 그 결과, 감옥 내 상업적 활동이 제한되었던 시기 동안 임상시험은 완벽한 날개를 단 산업 복합체로 성장할 수 있었다. 위에서 살펴보았듯이, 수감자들은 제약 시험에 스스로 참여하는 것과 자신들이 감옥에서 수행했던 다른 종류의 저임금, 위해성 노동을 거의 구분하지 않았었다(그래서 수감자들은 불법적인 임상시험 참여를 이유로 미국 교정 본부에 대한 소송을 제기했지만, 자신들이 한 "노동"의 대가를 지불받지 못했다). 실제로 감옥 기반 임상시험의 정치적 문제화는 1970년대 내내 미국의 감옥 내외부에서 발생한 노동 투쟁들을 넘어서는 더 넓은 의미의 운동으로 볼 수도 있다. 이 시기 동안 죄수들(압도적인 다수로 아프리카계 미국인)은 노동조합을 조직하여 미국 전역에서 파업을 조직했다. 그들은 1970년대 후반 죄수 노동조합이 금지되고 죄수 운동이 진압될 때까지 노동자들에 대한 배상과 최소 임금을 요구했다(H. A. Thompson 2011). 이 시기 포드주의적 대량 생산의 중심지였던 디트로이트에서는 자신들의 유해한 노동 조건들과 노동자들의 빈약한 배상권에 반발한 아프리카계 미국인들이 주도한 일련의 살쾡이 파업들이 발발했다(Georgaski and Surkin 1975). 〈블랙팬서당〉Black Panther Party은 임상연구 프로그램을 다수의 아프리카계 미국인 정치범들이 수용된 캘리포니아 배커빌 교도소로 확대하는 계획에 반대하는 운동에서 이러한 경제들(임상 경제, 산업 경제, 감옥 경제) 사이의 관계를 짧지만 날카롭게 표현했다(Nelson 2011 : 167~169). 감옥의 안팎에서 가장 사고 위험이 높은 노동들이 인종적 소수자들에게로 돌아갔다.

광범위하게 연속적으로 일어난 감옥 개혁이 감옥 노동과 임상시험 작업 사이의 관계를 전복시켰다. 1979년 감옥 노동을 제한하는 뉴딜 법규가 부결되었고, 새롭게 열린 감옥 기반 산업은 오늘날까지도 지속되고 있다(Wacquant 2009). 한편 감옥 기반 시험은 얼마 지나지 않아 금지되었다. 감옥에서 이루어지던 시험은 교정 병원이라는 감옥 공간에서 대학 연구 병원 혹은 제약회사 임상시험실로, 그리고 최근에는 민간 1상 연구 단위로 이동했다. 일상적인 감옥 노동과 임상시험 노동의 공간적 관계는 뒤바뀌었지만, 저임금 노동력의 계급이나 인종적 구성면에서 중요한 변화는 일어나지 않았다. 대규모 투옥은 산업과 임상시험 두 부문 모두에서 사용할 수 있는 노동력을 증가시켰을 뿐이었다. 약품을 둘러싼 투쟁, 영구적인 산업 일자리들의 해외 이동, 1970년대 말부터 치솟기 시작한 실업률과 같은 요소들이 결합하면서 미국 감옥에 수감된 아프리카계 미국인 노동력에 대한 수요도 가파르게 증가했다. 그 후 수십 년에 걸쳐서 여러 주들이 미국 서비스 영역에서 부족한 저임금 노동자들 벌충하기 위해 감옥 노동을 재차 인정하기 시작했다. 대규모의 젊은 아프리카계 미국인들을 감옥으로 보냈었던 정치경제적 전환은 마침내 이러한 청년들을 임시 노동력으로 준비시킬 수 있었다. 그리고 그들은 새롭게 진화하는 후기 산업 서비스 경제에 투입될 수 있게 되었다. 범죄학자 로버스 웨이스는 감옥 노동과 외부 세계의 "자유로운" 임금노동 간의 관계는 유동적이라고 평가했다. "죄수들을 임시 노동력으로 보태는 것은 기업을 감옥으로 옮겨 놓는 것일 뿐만 아니라 석방 후 프로그램을 통해서 감옥을 사회 전체로 확장시키는 것"일 수도 있다(Weiss 2001 : 254). 임상시험은 감옥이라는 제도적인 공간 내부에서 외부라는 반대 방향으로 이동했을지 몰라도 감옥 노동과 유사한 진화 과정을 겪었다. 1980년대 초반의 체제 전환기에 감옥 기반 임상시험은 금지되었다. 하지만 현재 분산화된 계약 기반의 노동 범주를 통해 점차 재조직되고 있다. 이러한 임상시험은 미국 감옥에서 민간 계약 작업에 고용된 사람들과 동일한 하층계급이 우선적으로 수행하고 있다. 예비 취업 후보자들을 조사하는 데 범죄 기록 검사가 널리 사용되고 있다는 점은 전과자들도 불법 이민자들과 마찬가지로 정식 고용에서 소외된다는 것을 의미한다. 1상 시험 작업은 범죄 기록 검사나 시민권 증빙(비록 시험 참가에는 사회 보장 번호를 필요로 하지만)을 필요로 하는 활동이 아니다. 감옥 노동, 미등록 이민 노동자들과 해외 노동력 사이에는 긴밀하지만 종종 경쟁적인 관계가 존재한다. 이 모든 노동들은 일반적인 임금 수준을 낮추기 위해 서로 대립하는 것처럼 조작될 수도 있다. 노동 사학자 알렉스 리히텐슈타인이 서술하고 있듯이, "해마다 노동 시장으로 석방되어 나오는 50만 명의 죄수들은 '초과로 착취할 수 있는 대규모의 주변부 노동자들'을 구성한다. 이들은 임시의 불안정한 고용에 이상적이다. 이는 본질적으로 감금으로부터 자유를 향해 국경을 넘어 이동하는 불안정한 노동자들, 즉 언제나 본국으로 송환될 위험에 처해 있는 외국인 노동자 프로그램과 유사하다. 감옥 상태의 노동 시장이 갖는 규율적인 기능은 또 다른 극단에서, 특히 연방 교도소 제도와 이민세관 집행 기관의 기능이 보다 통합되었을 때 잘 작동"한다(Lichtenstein 2011 : 11). 아마도 이와 유사한 방식으로 1상 연구의 계급적 동학을 생각해 볼 필요가 있다. 미국 임상시험 연구 시장 내에서 신규 모집대상 중, 아프리카계 미국인과 라틴계 미국인은 유사한 위치에서 경쟁하고 있다. 그들은 잠재적으로 다국적 1상 시험이 도입되기 시작한 중국과 같은 미국 외 장소에서의 1단계 모집에 반대할 것이다.

1상 시험 참가자들 다수에게 약품 실험에 수반되는 위험들은 그들이 살기 위해 매일 노력하는 과정에서 겪을 수 있는 연속된 위험의 일부이다. 수당이 지급되는 HIV 예방 시험에 참여한 아프리카계 미국인 마약 복용자에 관한 한 연구는 시험 참가자들이 제약 시험 피실험자 모집을 마약 구입을 위해 도둑질을 하거나 성매매를 하는 일보다 덜 위험한 것으로 여긴다고 밝혔다. 이들은 어떤 선택을 해도 자신들이 투옥될 것이라고 판단했다. 이 연구자들은 "연구 참여에 대한 대가 지불이 경제적으로 불리한 공동체에서의 '비공식 경제'의 일부로 여겨지고 있음을 관찰할 수 있었다. … [이 경제]에는 불법 거래들(예를 들어서 몇몇 사람들이 '지하 경제'로 부르는 마약 거래, 매춘 등)과 물물교환 시스템이 포함된다. 인터뷰 대상자들은 연구에 참여하는 것을 돈을 버는 더 위험한 방법에 대한 대안으로 보고 있었다"고 보고했다(Slomka et al. 2007 : 1408). 규모는 작지만 생각할 거리를 남긴 이 연구는 임상연구 사슬의 하부에서 생산자로 활동하는 이들에게 불법적이며 합법적인 약물 경제가 긴밀히 연결된 한 쌍이라는 점을 잘 보여준다. 마약과의 전쟁으로 불법 마약 사용자는 중범죄자가 되었고 그로 인해 증가한 수감률은 생계를 위해 "위험 노출"risk exposure로 보상을 받는 사람들을 위한 (합법적이면서도 비공식적인) 노동 시장도 만들었다.

그간 이루어진 후기 임상 단계의 효력 검증 시험에 참가하는 부보험 환자들의 모집은 미국에서 노동과 복지 사이에서 진화하는 상관관계를 반영하고 있다. 특히 이 상관관계가 이전의 포드주의적 중간계급들의 인종과 젠더 정책에 영향을 미친다. 무보험 미국인들의 숫자 증가 — 2007년에 4,550만 명 — 는 미국의 "가구 임금"Household Wage에 대한 노동화, 계급화, 젠더화된 정책 변화에 조응하면서 나타났다. 미국에서는 역사적으로 대부분의 보험 보장이 대규모의 산업 노동자들의 지원에 의해 유지되고 있었다. 전쟁 이후의 시기에 노동조합화된 노동자들, 민간 건강보험 사업자들, 그리고 국가 간에 정략적 연합이 결성되었는데, 이로써 보조금을 지급하는 상호적인 건강보험은 노동조합이 있는 산업 부문에 영구적인 정규 계약으로 고용된 사람들에게만 제한적으로 적용되었다. 서유럽 국가 동료들과는 달리 미국은 단 한 번도 보편적인 건강보험 형식을 받아들인 적이 없었다. 대신에 "참여자의 형상을 [산업] 노동력의 일부인 백인 남성 즉 전임, 정년 노동자"로 한정하는 모델을 주조해 놓았다(Klein 2003:229~230). 반면 아프리카계 미국 남성들은 종종 불규칙한 시간제 노동과 계절제 노동을 했다는 점에서 불리했다. 한편, 절반 이상의 아프리카계 미국 여성들은 농업 노동자나 가사노동자로 일을 했고 건강보험에서 배제되었다. 중간 계급 백인 여성들에게 건강보험은 남편의 "가족 임금"이라는 매개물을 통해서 접근할 수 있는 것이었다. 산업 생산이 해외로 이전하고 더 많은 수의 노동자들이 임시적인 소규모 서비스 노동에 고용되는 상황이 되면서 건강보험의 보장 범위도 그만큼 줄어들었다. 건강보험의 붕괴는 더 이상 저소득 노동자들이나 실업자들에게만 적용되는 것이 아니었다. 고도의 숙련을 요하는 전문직, 학술, 기술직 형태의 고용에 있던 중간 소득 계약 노동자들 중에서 점차적으로 많은 수의 노동자들이, 특히 45세 이후로 고비용의 개인 보험료를 감당할 수 없게 되었다(Swartz 2006). 고용에 연계된 보험이 예외적인 것이 되자 무보험의 만성 질환의 미국인들 중에서 자신들의 건강 돌봄 비용을 충당하는 수단으로 임상시험에 참여하는 사람들의 숫자가 점점 늘어나게 되었다(Kolata and Eichenwald 1999 ; Pace et al. 2003 ; Shoemaker 2005 ; Anonymous 2008). 그러나 모든 사람에게 동일한 기회가 돌아간 것은 아니었다. 피셔의 연구(Fisher 2009)가 보여주듯이, 역사적으로 젠더화된 건강 소비와 자원활동의 특성은 이러한 후기 임상시험에 모집된 환자들의 프로파일을 결정하는 데 중요한 역할을 한다. 이러한 연구의 참여자들은 대다수 백인 중산층 여성들로, 이들은 교통수단을 소유한 것으로 추정되며 주중의 약속에 참석할 수 있을 만큼 유연하게 시간을 쓸 수 있다. 피셔의 언급에 따르면, 비백인 여성들은 신뢰할 만하지 않다는 인식이 있기 때문에 일상적으로 배제되고 있었다 (Fisher 2009 : 142~143).

우리는 이러한 임상노동의 특수한 형식이 "노동 복지"의 한 유형으로 범주화되고 있다고 본다. 이 노동 복지에서 임상시험 노동에 대한 임금은 실물, 즉 무료 약물, 건강 돌봄과 임상시험의 형태로 주어진다. 따라서 건강 돌봄을 위한 노동은 미국에서 여성화된 임시 노동 시장이 재조직화하면서 나타난 거대한 조류의 일부이다. 빌 클린턴 대통령의 1996년 〈개인적 책임 및 취업 기회법〉이 통과된 이후 이전 복지 수급자들 중에서 점차로 더 많은 이들이 어쩔 수 없이 노동복지 프로그램에 참여해야 했고, 이 역시 재조직화의 흐름이었다. 우리는 종종 클린턴의 복지 개혁에 "건강 돌봄을 위한 노동"의 한 형식이 포함되어 있었다는 점을 잊곤 한다 ─ 이전의 복지 수급자들, 대부분이 아프리카계와 라틴계 미국인 한 부모 엄마들인 이들은 복지 혜택을 위해서만이 아니라 메디케이드(연방정부 프로그램으로 임산부, 아동, 장애인과 피선거권을 지닌 아동의 부모를 포함한 특정 저소득 계층에게 건강보험 혜택을 제공한다) 접근권을 유지하기 위해 일을 해야만 한다. 아마도 우리는 미국에 존재하는 두 부류의 "노동 복지" 혹은 "건강 돌봄 노동"을 구분해야만 할 것이다. 하나는 원칙적으로 메디케이드상의 저소득 소수자 여성들을 위한 복지이며, 다른 하나는 점점 더 중간 계급 소득의 무보험 백인 여성을 위한 것이 되어가고 있는 복지이다. 우리가 알고 있는 복지를 종식시키겠다는 (1996년 〈개인적 책임 및 취업 기회법〉으로 실증된) 클린턴 대통령의 약속은 복지와 노동의 경계를 희미하게 만드는 데 그치지 않았다. 이는 "노동 복지" 범주에 심각한 계급 및 인종적 구분을 가져왔고 (가치 재평가를 거치며 의미가 달라진) 자선 활동charitable work의 도덕적 가치를 특히 백인 여성에게로 국한시켜 버렸다. 이와 같이 모호하지만 상대적으로 특권적인 혜택을 입은 중산 계급 백인 여성들은 제약 산업 사슬의 하부에 위치한 생산자로서 활동할 때도 달랐다. 그들은 다른 이들과 달리 "건강 돌봄을 위한 노동"을 이타주의적인 자원봉사주의의 한 형식으로 이해했고, 스스로를 건강 돌봄 소비자로 여겼다.

미국 기반 임상노동 시장의 한계 : 해외로 이동한 시험을 향하여

미국에서의 임상시험 과정의 역사를 간추리면, 지난 40여 년 동안 임상시험은 주의 감옥과 대학 교육 병원이라는 고도로 중앙집중화된 맥락에서 기본적으로 민간 영역에 위치하는 계약 기반의 임상시험 노동의 훨씬 분산화된 시스템으로 옮겨갔다. 현재의 양식이 그 자체로 문제가 없는 것은 아니다. 미국 기반의 계약 임상시험 비용에 대해 언제나 한탄했었던 제약 산업의 입장에서 보아도 그렇다. 적정한 환자들을 모집하는 데 들어가는 시간도 길뿐만 아니라 환자들의 신뢰도도 낮다. 탈락자 비중도 높고 불복종 환자도 많고 임상적 명료성도 떨어진다(Tufts Center for the Study of Drug Development 2008). 임상시험을 민간 영역으로 전환시키면서 임상의의 급여 비용은 의심의 여지 없이 확실하게 절감되었다. 하지만 임상시험 조사자들의 숙련도가 떨어졌고, 연구 코디네이터들 역시 시험 과정의 비효율성에 기여하고 있는 것으로 보인다(Christel 2008). 상대적으로 소수의 민간 건강 돌봄 병원들로부터 피실험자를 모집해야 하는 후기 단계 임상시험에서는 환자 모집 과정이 너무 분산되어 있고, 우연성이 지배적이어서 점점 가속되고 있는 제약 혁신의 박자를 좇아가기 어렵다. 제약 부분은 스스로가 도급 계약 실시, 집합 노동 해체, 위험 분산화 등을 통해 유연성을 확보했다고 자만하던 순간에 과도한 유연성의 문제에 직면했다. 즉 유연성을 생산적인 결과로 돌려놓기 위한 문제이다. 아직 공언되진 않았지만, 연구 대상자 모집은 노동력 공급의 문제가 되어 버렸다. 미국의 제약 산업은 자국 내에서 외주 계약들을 강화하고 있다. 하지만 임상시험 과정을 국외로 확장시켜 추진하는 주장이 과도한 유연성 문제에 대한 단기적 해결책 중 하나로 제시되고 있다. 이런 점에서 가장 빠르게 성장하고 있는 2상과 3상 임상시험 시장의 목적지는 이전의 사회주의 경제 지역인 중국, 중부 동부 유럽, 전 소비에트 연방을 향하고 있다. 새로운 목적지들은 풍부한 재정적 지원을 받은 과거 공공병원의 제도적 잔재들, 중앙집중화, 기반시설, 그리고 전문적인 훈련 등 미국의 모집 과정에서 발생한 과도한 유연성을 상쇄할 수 있는 실현 가능한 조합을 제공한다. 또 다른 선호 목적지는 인도이다. 이곳에서 산업 노동력은 해체 중이며, 해체된 산업 노동력은 새롭게 출현한 임상시험 분야에 잠재적인 연구 피실험자 집단으로 공급되고 있다. 다음 장에서는 중국과 인도에서 벌어지고 있는 다국적 임상시험 확대를 살펴보고, 초국가적 임상시험이라는 현상이 미국의 임상시험 시장 내부 변화와 신흥국이 스스로 채택한 최신 혁신 전략에 어떻게 적응하고 있는지 살펴볼 것이다.

7장

투기적 경제, 우연적 신체들

중국과 인도에서의 초국적 시험

    인간 피실험체에 대한 약물 시험 사업은 지난 20여 년간 광범위한 재구조화를 겪어 왔다. 대부분의 임상시험은 아주 최근까지도 감염 질병을 위한 약품들의 경우를 제외하고는 서구 유럽, 미국과 일본에서 수행되었다.[1] 그런데 1990년대 중반 이후로 만성 혹은 급성 상황

---

1. 여기서 대개가 아시아, 아프리카와 라틴아메리카에서 수행된 초국적 임상시험들은 오랫동안 감염 질병 연구를 위한 생의학적 예방 시험에서 일반적인 표준이 되고 있었음을 언급해야만 한다. 이들 실험은 그 역사적 시원이 "'열대 의학과 세계 보건 서비스, 섬국가들에서의 실험'과 2차 세계대전 이후 아프리카, 아시아와 라틴아메리카에서의 국제 개발로 거슬러 올라간다. 월터 리드가 1960년대에 쿠바와 모리셔스에 설립한 황열병 위원회에서부터 현대 AIDS와 말라리아 백신 연구와 임상시험에 이르기까지 대부분의 시험에 정부 지원이 들어갔고 종종 연구 실험과 보건 서비스 제공 사이의 경계가 애매했다"(Petryna 2009: 215). 지금은 이들 정부가 후원하는 연구 프로그램들이 국제 보건 파트너십(Global Health Partnerships)과 빌과 멜린다 게이츠 재단과 같은 자선 재단들에 의해 보완되고 있다. 30여 년 이상이나 홀대를 받아온 후로 지난 10년간 감염병용 백신, 항균제와 항바이러스제를 시험하고 개발하기 위한 생의학적 예방 실험들이 수직 폭발적으로 증가했다. 예를 들어 다음을 참조하라. Nguyen 2010; Rushton and Williams 2011; McGoey et al. 2011; Pollock 2011: 106~118; and Peterson 2012. 이 실험들은 때때로 "공중 보건 실험"으로도 불렸다. 그런데 이들이 받는 후원의 특성으로 인해 이 실험들은 "인도주의적" 실험이라고 표현하는 것이 더 적합할 것이다. 영리 목적의 제약 산업과 이 새로운 인도주의적 건강 돌봄 복합체의 관계는 생의학 혁신에서 일어난 하나의 중요하고도 새로운 발전을, 그리고 임상시험 활동의 경계가 확장되고 있는 한 측면을 보여주는 것이다. 그런데 지면상의 이유로 우리 연구에서 임상시험 기업이 보

(특히 암)에 대한 시험 비중이 점차 늘어나면서 임상시험이 역외, 새롭게 탈식민화되거나 혹은 해방된 경제 국가인 인도, 중국, 동아시아, 라틴아메리카, 중부유럽, 동유럽과 전 소비에트연방으로 옮겨갔다(Sunder Rajan 2007, 2008 ; Petryna 2009 ; Prasad 2009 ; Kuo 2012). 미국과 서유럽은 계속해서 1상 임상시험의 상당 부분을 국내에서 수행하고 있지만 이는 미국에 등록된 모든 임상시험의 5분의 1에 해당할 뿐이고 그중의 대다수가 2상과 3상 시험이다. 임상시험들은 이제 중부 및 동부 유럽, 라틴아메리카와 아시아에서 이루어지고 있다(Thiers et al. 2008). 오늘날 시험들은 변동하는 피시험자 모집 수요와 비용 거래 계산에 따라 전 세계 다수 지점에서 동시에 수행될 수 있다. 미국에서 주도적으로 시행되고 있으나 모집자 목표 달성에는 실패한 후기 단계의 임상시험들은 마지막 순간에 "적합한" 환자 인구를 발견할 수 있는 역외 구역으로 옮겨가 실시됨으로써 "구원받을" 수 있다. 특히 지난 수년 동안 중국과 인도는 실험 인프라를 구축하는 노력을 공동으로 기울이고 규제를 국제화함으로써 임상시험 비율이 엄청난 속도로 성장했다고 보고한 바 있다. 이런 시장 팽창 과정은 항시적으로 지속되고 있는데, 이는 제약 기업이 한계를 극복하고, 제도 및 규제 장벽을 철폐하거나, 실험 연구 피험자들의 원천이 계속 확장될 수 있는 새로운 규제가 수립될 수 있도록 열정적으로 분투하고 있기 때문이다. 중국과 인도에서 설립된 지 겨우 10여 년 남짓 된 제약회사들은 이미 중국의 지방 및 베트남과 스리랑카에 시장을 열 기회를 기대하기 시작했다. 미국에서 제약사들의 수직적인 분할을 촉진했던 임상시험수탁기관(이하

여주는 이 특별한 측면을 다루지는 못한다. 대신에 우리는 만성 질환 혹은 생활방식 질환 혹은 감염 질환의 만성 치료에 관한 "전통적인" 임상시험에 초점을 둘 것이다. 이들 임상시험은 아주 상이한 정치경제 내에서 조직화되고 있다.

CRO)이 초국가적 임상시험에서도 주요 중개자로 부상하였고 꾸준히 제약 시험 의뢰자와 역외 임상연구 부지와 환자 인구 사이를 매개하며 특정한 연구의 수행에 필요한 비용 면에서 가장 효과적인 지역을 물색하는 활동을 해왔다.

여러 측면에서 이들 새로운 시장으로의 약물 시험 확장은 〈국제의약품규제조화위원회〉(이하 ICH)가 만들어낸 인공물이다. ICH는 〈국제제약제조사협회연맹〉IFPMA의 명령으로 1995년에 창설되었다. ICH 산하에서, 서유럽·미국·일본의 규제 당국과 제약 산업은 각국의 경제와 약물 개발 과정을 조화시키는 좋은 실험 실습Good Laboratory Practice, GLP과 좋은 임상 실습Good Clinical Pratice, GCP 가이드라인을 설계했다(Abraham and Reed 2002 ; Daemmrich 2004 : 151~166).[2] 이후 전 세계의 규제 당국들이 신약을 다수의 시장에 등록하고 팽창된 상업 기회들을 활용하기 위해서 가이드라인을 채택하기 시작했다. 약물 시험의 조화를 추구한 이 기준들은 세계무역기구(이하 WTO)의 GATS와 TRIPS 승인에 뒤이어 만들어졌다. GATS는 (임상시험을 포함하여) 건강 서비스들의 국경을 초월한 이동과 무역을 인가해준 조약이며 TRIPS(또는 '무역 관련 지적재산권에 관한 협정')는 특허받은 제약 물질들에 대한 보호를 전 지구적으로 강화한 협정이다(Drahos and Braithwaite 2002 ; Sell 2003 ; Saxena 2011). 이와 함께 전 지구적인 기준을 만들고자 한 이러한 노력들은 임상연구의 실험 결과들을 완벽하게 교환 가능한 데이터들로 변형시켰는데, 이들 규제 경계와 약품 소비

---

2. ICH를 비판하는 목소리에 따르면 ICH에서는 일반적으로 현존하는 규제 기준에서 가장 규제 정도가 낮은 공통분모를 선택해왔다고 한다. 예를 들어, 인체 임상시험의 선행 요건으로서 동물 대상 독성 시험을 최소한 6개월간 시행하도록 하는 매우 낮은 최솟값 기준을 채택했다(Abraham and Reed 2002).

자 시장을 가로지르는 데이터의 번역 가능성은 가능한 한 유연하게 만들어져야 했다. 규제 조화의 결과로 약품 회사들은 "전 지구적으로 공존하는 등록" 모델로 확산되었다. 이 모델은 몇몇 국가에 걸쳐 확산되어 있는 다수 시험 부지에서 생산되는 데이터들을 동시 등록할 수 있게 만들었다. 그리고 전 세계 다수의 소비 시장에서의 판매 승인을 얻을 수 있었다.

이 과정이 추진되면서 미국에서는 환자 모집에 동반된 문제들이 점점 증가해갔다. 그럼에도 불구하고 미국은 다른 모든 국가와 비교하여 가장 많은 수의 임상시험을 계속해서 유치하고 있다. 고효율 스크리닝 기술HTS과 조합화학combinatorial chemistry 같은 소위 합리적 의약설계 기술을 최근에 받아들여 제약회사들이 이용할 수 있는 약물 화합물 후보 수가 엄청나게 증가해왔다. 미국에서 1상 임상시험에 들어간 약물 숫자는 1990년 386개에서 2000년 1,512개로 증가했으며 지금도 지속적으로 증가하고 있는 상황이다(J. P. Walsh et al. 2003). 하지만 시험관 상태의 약품 혁신을 상용화 가능한 생체 실험 결과로 번역하는 일은 속도가 매우 느리다. 그 사이 임상시험 과정의 길이와 복잡도 역시 증가했다. 시험 의뢰자들은 점점 더 "미투"me-too 약품 시장을 확보하기 위해 통계적으로 더 미세한 차이들을 얻으려고 한다. 또한 FDA에서는 통계적 종료 점을 맞추고자 더 상세한 환자 선택 기준을 요구하고 있다. 시험 의뢰자들이 성공적으로 시험 결과를 환수하는 데 필요한 연구 피실험자들의 모집 지역을 선정하고, 그곳에서 피실험자들을 모집하고, 이들을 지속적으로 유지하는 일은 점점 더 어려워지고 있다. '터프츠 약품 연구개발센터'는 연구 피실험자 선택 비율이 1999~2002년 75%에서 2003~2006년 59%로 하락했다고 추정한다. 그뿐만 아니라 피실험자 보유율 또한 현저하게 떨어졌다(Tufts Center for the Study of Drug Development 2008). 적합한 인간 피실험자 모집은 이제 제약 신약의 임상 개발 단계에서 발생하는 가장 중요한 비용을 차지하고 있다.

연구 피실험자 모집에서 발생하는, 처리가 곤란한 문제들이 가장 큰 원인이 되어 임상시험 의뢰자들이 해외로 이동하고 있다. 시험 의뢰자들은 미국과 서부 유럽이 아닌 지역들에서 정규적인 승인 시간은 더 느려졌지만 모집 시간을 6개월까지 줄였다고 보고하고 있다. 환자에 대한 보상과 현지 인력(시험 조사자, 임상연구 보조와 통계학자들)의 임금에 들어가는 비용 역시 상당히 낮다. 시험 적용 과정에서의 행정적 지체가 중국과 인도 같은 나라들에서 문제로 남아있기는 하다. 이 국가들에서는 규제 기관들이 최근에야 거대 규모의 시험 승인 부담을 갖게 되었기 때문이다. 그러나 적어도 당분간은 환자 모집 속도와 저비용이 이 문제들보다 훨씬 중요한 점으로 부각될 것이고, 강한 중력의 힘을 발휘하여 다국적 약물 시험 의뢰자들을 끌어당길 것이다. 상대 국가인 미국과 비교하여 인도와 중국의 환자들은 전형적으로 의약품을 훨씬 적게 소비하기 때문에 임상 결과를 흐릿하게 만들어버릴 수 있는 중복된 약물들 간의 상호작용에 덜 민감하다. 산업계 어법으로 하면 인도와 중국의 환자들은 "고분고분(실험계획과 연구 시간표를 잘 지키는 태도)"하고, 치료적으로 천진난만(약물 노출이 상대적으로 적다는 것은 시험 데이터가 "더 깨끗하고" 읽기도 쉽다는 것을 의미한다)하기 때문에 칭찬을 받는다. 인도와 중국 소비자 시장은 게다가 어지러울 정도의 속도로 빠르게 성장하고 있다. 다국적 시험의 영향력이 이들 국가에 뻗치면서 제약회사들은 지역 시장에 빠르게 접근할 수 있게 되었다. 이렇게 새로운 축적의 부지들을 지배하기 위한 경쟁 압력으로 인해 업계의 주요 행위자들은 시험 부지들을 점점 해외로 옮길 수밖에 없는 상황이다.

이전 장에서 우리는 세계에서 여전히 최대인 미국 임상시험 시장의 최근의 진화와 현재 지위를 검토해보았다. 우리는 또한 계약 임상시험의 분산화에 동반된 문제들 몇 가지 — 제약 영역으로 하여금 해외 잔여 병원들과 제조 인프라를 찾아보도록 압력을 행사하는 문제들 — 를 탐색해보았다. 이 장에서는 세계에서 가장 빠르게 성장하는 임상시험 허브의 두 국가인 중국과 인도에서 부상하고 있는 임상시험 시장을 자세히 들여다볼 것이다. 우리는 특히 계약 임상시험이 중국의 수도(상하이와 베이징)에 위치한 대형 도시 병원들로 팽창해가는 현상에 관심을 갖고 있다. 또한 인도의 계약 임상시험의 수도로 여겨지는 구자라트주 아마다바드 등의 도시에서의 민간 및 공공 영역 시험들의 부상에도 관심이 있다.

여러 측면에서 이들 지역에서의 임상시험 시장의 부상은 아드리아나 페트리나가 획기적인 저서(Petryna 2009)에서 라틴아메리카와 구 소비에트 연방을 대상으로 밝혀 놓은 임상시험 시장 팽창 과정과 비교할 만하다. 그럼에도 우리는 아마다바드와 중국 도심에 초점을 두기로 하였는데, 이는 구소련 연방의 국가들과 달리 인도와 중국 정부는 모두 스스로를 생의학 혁신과 전 지구적 지적재산권 시장에서의 경쟁자로서 인식하고 있기 때문이다. 1980년대와 1990년대 초반까지 중국과 인도는 1980년대 초반 미국이 채택한 후기 산업 지식경제 체제에서 탈법적인 문외한으로 여겨졌었다. 두 국가는 세계 경제 시스템의 훨씬 지식 집약적인 지역에서 발생한 정교한 소프트웨어와 제약 물질들에 대한 값싼 모조품을 생산하는 국가로 비난받았었다. 무역 자유화를 채택하고 지적재산권 보호에 관한 WTO 규정에 동의함에 따라 인도와 중국 정부는 과거와는 현저하게 달라졌다. 심지어 몇 가지 위협적인 전략을 받아들이면서 미국이 처음으로 채택했던 후기 산업경제의 혁신 체제에 대항하기보다는 혁신 체제 안에서 경쟁했다. 이런 전환은 의심의 여지 없이 명확하거나 종결된 것도 아니었다(특히 인도는 여전히 상표등록으로 법적 보호를 받고 있지 않는 약품들에 대량으로 투자를 하고 있는 국가로 남아있고 계속해서 다국적 제약회사들의 터무니없는 특허 주장에 강력하게 반대하고 있다). 그럼에도 불구하고 우리가 여기서 관심 깊게 보는 것은 후기 식민주의 혹은 탈사회주의 국가의 과학기술을 향한 열망과 계약 임상시험 노동에 종사하는 임시 노동력 사이에서 나타나고 있는 긴장 관계이다. 이 긴장은 주로 동일한 정부에 의해 추동되었다. 바꾸어 말하자면, 우리는 투기적 혁신경제와 "위험 노출"을 거래 가능한 서비스로서 조직하는 노동시장 사이의 구조적 상호의존성을 이해하고자 한다.

보건에 관한 비판적 문헌들은 대개 마치 시험의 초국가화가 경제 자유화에 동반되는 전 지구적 노동 재구조화라는 일반적인 역학과는 완전히 분리되어 있는 것으로 간주하고, 전 지구적 임상시험의 정치경제적 문제들을 인권과 개정된 윤리적 범주라는 프리즘을 통해 다루려고 한다. 예를 들어 아드리아나 페트리나는 "윤리 기준들이" 지정학적으로 "변동성을 띤다"는 점에 입각하여 초국가적 시험에 대한 비판을 전개하면서 보건 상황의 위기를 지적하였다. 이 위기 조건이 가난한 환경에서 시행되는 위약 시험의 통제군에 대한 치료 보류를 정당화하는 근거로 작동했을 수도 있다(Petryna 2009:35).[3] 그러나

---

3. 페트리나(Petryna 2009:33)는 인권에 대한 비판적이고 사회민주주의적인 이해를 바탕으로 확장된 생명 윤리 개념을 주창하는 이들 중에 가장 세련된 인물이다. 폴 파머(Paul Farmer)의 작업을 바탕으로 하는, 보건 윤리에 대한 그녀의 관점은 순전히 자유주의적인 개인화된 권리 개념을 넘어선다. 그녀는 건강권에 대한 사법적 개념들이 상업적 확장이라는 목적에 이용될 수 있는 방식들을 인지하고 있다.

이와 같은 비판들이 윤리 기준에 대한 해석의 "변동성"에 의존한다는 점은 명확해 보이지 않는다. 실제로 순데르 라잔(Sunder Rajan 2008)이 지적하고 있듯이 임상시험에 대한 예외적인 의료적 개입을 보증하는 것은 생명윤리 기준의 변동성이 아니라 일반화이다. 그리고 인간 피험자 연구를 교환 가능한 영리 서비스로 변형시킨 것은 윤리의 표준화였다. 게다가 페트리나가 보여준 예외적 실행들은 개발도상국에 위치한 임상시험 부지에 국한되지 않는다. 예를 들면 미국에 있는 무보험 피험자들은 정기적으로 무작위 시험에 맡겨지곤 하는데, 이 시험에서 그들은 어느 시험 군에 할당되느냐에 따라 위약을 받을 수도 있다 (Larkin 2000).

인권이라는 틀에 호소하는 국제 보건에 관한 이론가들은 GCP 가이드라인 — 전 세계 임상시험들에서 받아들이고 있는 윤리적 감독의 표준 양식 — 에 담긴 권리에 관한 제한적인 이해를 넘어서고자 한다. 위험을 택할 수 있다는 고전적인 자유주의적 권리 개념을 대신하여 생명 윤리를 옹호하는 이론가들은 신체, 건강, 생명 그 자체에 대해 사회민주주의적인 보호를 받을 권리를 옹호한다(Farmer 2005 ; Mills and Singh 2007 ; Petryna 2009 : 33). 가장 엄격한 형식의 현대 인권 담론은 한 국가의 시민을 **보편적인**universal **생물학적 시민**으로 대체하여 시민권과 치외법권 사이에 존재하는 모순을 극복하게 해준다. 한나 아렌트(Arendt 1973 : 270~302)는 이 모순을 20세기 중반 인권 담론의 아포리아aporia로 규정하였다. 주디스 버틀러(Butler 2004)는 윤리적 주체라는 개념을 소환한다. 이 주체는 자신의 생물학적 실존 자체만으로 "권리를 가질 수" 있고, "생명의 불안정성"과 신체의 "취약성"을 모든 인권의 공통적인 기초로 만든다. 버틀러의 불안정성 철학은 최근의 인권 담론이 지향하는 것과 놀라울 정도로 일치하고 있다. "취약성"에 대한 호소는 생명윤리와 인간 피험자 보호를 비판적으로 이해하고자 하는 문헌 어디에서나 찾을 수 있다. 인권을 치외법권적 개념으로 이해하는 이 확장된 이해 방식은 탈식민주의 세계에서 복지 서비스의 제1공여자였던 국가를 자선 재단과 NGO들이 대체했던 역사적 순간에 나타났다 (Dezalay and Garth 2002; Moyn 2012). 그런데 인권과 관련된 생명윤리는 맑스(Marx 1970)가 인간의 권리에 대해 취한 입장과 동일한 비판을 받을 수 있다. 생물학적 시민들 사이의 형식적 동등성과 신체적 취약성에 근거한 평등성을 인정하는 인권 담론은 현재의 건강 돌봄 조직과 임상시험을 만드는 실질적인 사회관계의 물신화된 형태로 여겨질 수 있다. 고전적인 권리 담론과 마찬가지로 인권은 정치학을 대표 혹은 중재의 영역으로 한정해놓고, 마치 위로부터 정해진 법률로 임상노동 관계 속에 비대칭적으로 분포되어 있는 위험 구성 요소들을 해결할 수 있는 것처럼 보이게 만든다. 대신에 우리는 자본주의적 노동관계(현재 상황에서 특정 신체가 무보험 위험에 노출되는 것에 결정적으로 의존하는 노동관계) 그 자체의 본질에 직면할 것을 제안한다. 그렇지 않다면 의료의 소비와 생산을 계속 형성하는 지속적인 불평등을 효과적으로 해결할 수 없을 것이다.

우리의 연구에서 강조하고자 하는 것은 임상노동 시장을 가로질러 일어나는 협력 작용synergy의 정도가 상당하다는 점이다. 임상연구의 초국가적 조직은 임상 단계와 치료 표적에 따라 고도로 계층화되어 있으며, 이러한 계층화는 국경을 가로질러 일어난다. 예를 들어 잘 알려진 1상 CRO는 임상 병원의 장소를 미국-멕시코 국경 지대, 스페인의 마드리드, 문서상으로는 상하이 공공 병원에 위치한 민관 협력체에 두고 있다. 또 다른 주요 CRO들은 전 세계에 존재하는 다수 지역들을 감독하고 있다. 여기에는 멕시코, 베이징과 아마다바드에 있는 실험 부지들이 속한다. 각 지역마다 1상 모집자들은 임시 일용직 노동자와 계약 일용 노동자 신분의 도시 이주민과 지방 출신 이주민 하층계급에 속하는 경우들이 많다. 이들 일용 노동자들은 생계를 위해 정기적으로 고위험의 노동을 수행한다. 2상과 3상 시험 참가자들은 보장성이 적은 보험을 들었거나 혹은 보험에 가입되지 않은 만성적인 질환자들인 경우들이 많다. 이들 실험 장소들의 차이는 이러한 장소들이 전 세계로 산재되어 있고, 서로 시간대가 맞지 않는 제도 개선의 역사를 가졌다는 점에서 두드러진다(미국에서는 계층화된 건강 돌봄 모델이 오랫동안 존재해왔고 중국과 인도에서 시장 자유화가 일어난 것은 최근이다). 각국의 상이한 역사는 사회주의 발전 국가의 잔존물을 특수한 제도적 인프라(중국의 대형 도시 병원, 인도의 상표등록 없는 약품 생산 영역)들로 탈바꿈했다. 잔존물은 선택적으로 부활할 수 있고, 미국에서의 분산된 시험 연구로 인한 결핍 문제를 해결하는 데 이용될 수 있다. 각각의 사례들에서 최근의 임상시험 개혁의 방향들은 서로 수렴하고 있고 구조적으로 위험에 노출(즉, 적절한 건강보험의 부재)된 피험자 집단을 양산하고 있다. 이러한 위험에 노출되었다는 것은 피험자들에게 [자기 자신에] 책임져야 할 일liability이면서도 새로운 상황 속에서는 자산asset이 되기도 하는 것이다. 미국에서와 마찬가지로 "신규 인력이 될 준비가 된" 해외의 연구 피험자 집단 동원은 최근의 탈산업화 역사(인도), 노동의 비공식화(중국과 인도), 그리고 복지 개선(중국)과 밀접하게 연계되어 있다. 이렇게 과도하게 위험에 노출된 피험자의 노동은 미국에서 무보험으로 불안정하게 고용되어 있는 인구 집단의 노동과 언제나 교환 가능하다.

아래에서 우리는 신체적인 위험이 교환 가능한 서비스와 노동의 새로운 생산적 형태가 되어가는 상황 조건들을 이해하기 위해서 중국의 도시와 아마다바드에서의 노동, 복지와 건강 돌봄의 최근 역사를 전개해나갈 것이다.

자주혁신과 인적자본 : 후진타오-원자바오 시기의 탈사회주의 과학

2006년 1월에 열린 중국 제4차 과학기술 국가회의 개회식 연설에서 후진타오 주석은 "중국만의 특징을 지닌 혁신의 새로운 길에 매진할 필요성과 혁신 지향 국가를 건설할 필요성"에 대해 언급하였다 (Salter 2009a : 402). 후 주석의 연설은 개혁 기간 동안 중국이 추진해온 30여 년간의 장기적인 과학적 현대화 과정을 근본적으로 다시 생각하겠다는 것을 의미했다. 그의 메시지는 세계 경제 내에서의 중국의 지위에 대한 중국인 자신들의 변화된 관점과 일치하고 있었다. 중국이 치열하게 경쟁하고 있는 인도 같은 나라들 그리고 부상하는 다른 동아시아 경제국들 사이에서 자신의 지위를 유지하고자 한다면, 대부분의 산업 노동력들이 받고 있는 저임금에서 나오는 규모의 경제에만 더 이상 의존할 수는 없었다. 저임 노동과 외국의 혁신의 대량 재생산에 기초한 경제 성장 시대가 종언을 고하고 있었다. 따라서 중국은 자신의 "자주혁신"自主創新 역량을 개발하고 싶었다. 또한 첨단 기술 특허들의 전 지구적인 경제 안에서 경쟁하는 법을 배우고자 했다. 후 주석의 자주혁신 전략은 이후 2006년의 "국가 중장기 과학기술 발전계획 요강"—"자주"혁신의 측면에서 중국이 국제 특허와 국제 과학 학술지의 인용 세계 5위권에 안착하는 것을 목표로 하는 15년간의 청사진 — 에 반영되었다(Jacobson 2007 : 4). 제약 R&D를 포함하는 생의학 혁신은 신규 계획이 목표로 하고 있는 영역 중에서 가장 중요한 자리를 차지하고 있다.

지역적인 관점에서 보자면 중국의 새로운 과학기술 정책은 중국이 1980년대와 1990년대에 동아시아 이웃 국가(싱가포르, 한국, 태국, 말레이시아)들이 추구해온 개발 전략에 크게 불만족했다는 점을 보여준다. 이들의 전략은 이미 성숙 단계에 있거나 혹은 누구에게나 알려져 있는 소비 시장에 들어가는 상품들을 저렴하게 그리고 대량으로 생산하는 데 초점을 두었었다. 이 국가들이 WTO에 가입하고 WTO의 지적재산권에 대한 규제(TRIPS)를 받아들이게 됨에 따라 보호주의 정책들은 장기 성장 전략으로서는 불필요하게 되었다. 이웃 국가들을 따라 중국은 이제 값싼 상품들이 거래되는 성숙단계의 대량 소비자 시장에서, 고도로 불확실하고 위험한 실험 상품인 생명과학 신기술과 같은 상품 시장으로 눈을 돌리기 시작했다(Salter 2009b : 50). 중국은 해외 산업 상품 생산 주도국으로서 역할하는 것으로는 더는 만족하지 않고 자신들의 지적재산권으로 미래 시장의 예언적speculative 가치를 확보하길 바란다. 그리고 후기 산업 혁신 경제국으로서 미국, 일본, 유럽과 경쟁할 수 있기를 염원한다.

"화해사회"和諧社会 정책 기조하에서 후진타오-원자바오 행정부는 중국이 전문직 노동자들과 고수입 소비자들로 구성된 중간층을 만들어내기 위해서 "인적자본" 노동력을 양성해야 한다는 아이디어를 대중화시켰다(Greenhalgh 2009). 중국 사회과학원이 2002년에 발간한 기념비적인 보고서에 따르면 중국의 미래 중간층(계급이라는 단어가 빠진 것이 눈에 띈다)에는 이상적으로 "지식 기반 노동을 수행하며 월급을 받고, 상대적으로 고임금을 받고, 노동 환경과 조건이 좋은 직업을 발견할 능력을 지녔을 뿐만 아니라 소비와 여가 생활을 즐길 수 있는, 질 높은 삶을 유지하는 능력 또한 지니고 있는 사람들"이 속한다(Chinese Academy of Social Sciences 2002 : 252). "화해사회"는 덩샤오핑의 직계 주석들과 관련되어 있는 정치경제적 실험과 관련된 순수하게 경제적인 담론과는 미묘하지만 결정적인 차이를 보였다. 화해사회는 계급 계층화 자체의 문제를 다루지는 않으면서 개혁기의 혹독하고 거칠었던 사회적 대우의 완화를 약속하는 새로운 사회 계약을 구상하고 있었다. 화해사회의 비전은 과도한 경제 자유화를 비판하고, 악명 높은 사회적 적대관계를 완화한다는 분명한 목표를 내세우고 있었다. 하지만 화해사회라는 어젠다는 사회주의 시대의 위험 대비책이었던 집단화된 보험으로의 회귀를 주장하지는 않는다. 대신에 후진타오-원자바오 행정부는 적어도 하나의 시민 계급이 자신들의 위험을 개인적인 계약을 기반으로 하여 관리할 수 있도록 고안된 일련의 사법적, 정치적 개혁을 실행했다(이는 노동 계약법 도입을 포함하며 그 외에도 국가 차원의 성문 불법행위법 도입 그리고 진행되는 와중에 있는 보편적 기초건강보험 추진이 있다). 중간층은 국가로부터 최소한의 지원을 받으면서도 위험을 감수하고, 손실을 관리할 수 있는 능력을 지닌 계층으로 정의된다(Hai Ren 2010 : 122~128). 리사 로펠(Rofel 2007)이 지적하고 있듯이 이와 같은 중간층의 실험 의지는 중국의 새로이 부상하는 중간 계급 자체를 규정하는 특징이 되었다.

실험 실시 또한 실험 의지와 마찬가지로 중간 계급 노동이 지니는 지위를 규정하고 있다고 우리는 주장할 것이다. 하지만 이러한 지위들은 중국의 미래 중간층이 갖게 될 이상의 중심부에서 주변부로 점차 이탈하고 있다. 이러한 계급들에게 실험할 자유는 극히 임시적인 형태의, 종종 위험을 동반하는 일을 수행해야 하거나 혹은 건강 돌봄에 필요한 비용 지불이 어려운 상황에 놓이는 위험을 어쩔 수 없이 부담해야 한다는 점을 의미한다. 중국의 실험 연구 피험자들 계급만큼 위험 부담 의무가 가중되어 체화된 집단은 세계 어디서도 찾을 수 없다.

이들 계급은 중국의 1상 연구 단위에서 계약 임상노동을 하거나 혹은 건강 돌봄을 받는 대가로 대학병원의 시험에 참여하고 있다. 이러한 연구 대상자들에게 혁신적 약물의 소비는 생산적 노동의 한 형태이다. 동시에 이들이 감수하는 실험적 혁신의 위험은 체내적인visceral 위험이다.

투기적 약품 혁신과 실험 노동자 : 중국의 임상시험 산업

중앙정부의 경제 진작정책으로 중국 국내의 건강 돌봄 서비스 소비는 놀라운 속도로 증가해왔다. 2011년에 중국은 미국과 일본에 이어 세계에서 세 번째로 큰 처방약품 시장이 되었고, 2020년이 되면 두 번째로 큰 시장이 될 것으로 예상하고 있다(Ribbink 2011). 중앙정부가 처방 약품 비용 일부를 보조할 수 있도록 고안된 일련의 실험적 건강 보험 기획을 공개했기 때문에 앞으로 수십 년 안에 신 중간층 소비자 시장이 거대 시장으로 부상할 것이라 기대하고 있다. 이들 경향을 예상하며 대부분의 거대 다국적 제약회사들이 중국에 주요 R&D센터들을 설립하거나 앞으로 수년 내에 설립할 계획을 세우고 있다. 중소형 생명공학 기업들도 이런 상황을 자각하고 대형 기업들을 따르고 있다(Goodall et al. 2006 ; Humphries et al. 2006 ; Hughes 2010). 베이징에 있는 중관춘中關村 생명과학단지와 상하이 푸동에 위치한 장장張江 바이오제약 단지와 같은 기술 단지들이 다국적 연구 기지들의 고도 집중화를 주도하고 있고 민간 기업과 연대해 미국 제약 경제를 보조하고 있는 지역 연구 클러스터들과 경쟁(적어도 규모 면에서)하고 있다(Cao 2004 ; Zhou 2005 ; Scott 2011 ; Zhang and Wu 2012). 주요 제약회사들 중 몇 곳에서는 중국이 기획하고 있는 미래 소비자 시장을 전적으로 겨냥하여 R&D 프로그램을 진행하고 있다(예를 들어 아스트라제네카는 최근에 2억 달러를 들여 장장 바이오제약 단지에 아시아 질병 국제 R&D 센터를 세웠다). 중국적 맥락에서의 신약품 화합물 개발이 의미하는 것은 다국적 회사들이 중국 병원에서 최초 인체 대상 1상 시험을 수행할 수 있다는 것이다 – 새롭게 부상하는 소비자 시장에 새 상품을 정착시키고자 하는 회사에게 이는 전략상 중요한 단계에 해당한다.

그러나 지금까지 중국 생명과학 연구기관은 특허 의약품을 생산할 수 있는 방식이 거의 없었다. 중국은 유전체학을 포함한 기초 생명과학 및 생명공학 연구 분야에서 많은 주요 연구센터를 보유하고 있으며, 원료의약품 제조 분야에서 높은 세계 시장 점유율을 차지하고 있다. 하지만 최근까지 상업적 의약품 혁신 분야에서만은 동아시아의 경쟁자들에 뒤처져 있었다. 그렇기 때문에 중국 정부는 국내 과학 실험실들을 장려해 신약 개발에 참여하길 바랐다. 또한 다국적 제약회사들과 국내 실험실을 벤처 연구로 결합시켜 현재의 상황을 타개하고자 한다(Liang et al. 2010 ; Qi et al. 2011). 11차 5개년 계획(2007~2012)에는 주요 10대 질병 범주에 쓰일 혁신 약품 개발 재정에 투입할 "주요 신약 창출" 예산이 포함되어 있다.[4] 해외에서 중국으로 귀환한 중국 과학자들에게 지금까지 특권을 부여했던 프로그램들이 12차 5개년 계

---

4. 원칙적으로 이러한 이니셔티브는 중국 생명과학 분야를 현재의 저비용 서비스 제공자 지위에서, 전 지구적 특허 체제의 어엿한 참가자로 격상시킬 목적으로 고안되었다. 여기에서 나오는 이익이 중국의 연구 영역으로 귀속될지, 아니면 다국적 제약회사로 귀속될지에 대한 문제는 앞으로 지켜봐야 한다. 확실한 것은 다국적 제약 부문이 중국 정부의 투자로 인해 상당한 보상을 받았다는 점이다. 몇몇 외국 기업들이 중국 국내 제약 연구 기업들을 인수하거나 합작 투자를 했고, 이를 통해 혁신 신약을 개발을 위한 1상 시험의 허가를 받았다(Hughes 2010 ; Ribbink 2011).

획(2011~2015)이 실시됨에 따라 더욱 확대되었고, 중국인과 외국의 파트너들이 연합한 조인트 벤처들까지 특권의 수혜를 받기 시작했다. 중국 정부는 제약 연구의 초국가적 요소로 인한 고비용과 불확실한 미래(새로운 분자 물질에서 임상시험을 실시할 준비를 마친 신약으로 향하는 길)를 인지했고, 중국 중앙 정부와 지방 정부가 연속적으로 프로그램을 주도해 연구 초기 단계에 벤처 자본을 투자했다(Salter 2009a). 이러한 투자 프로그램이 시작한 시기는 중국 신기술벤처투자공사(실리콘밸리에서 민간 벤처 자본이 하는 역할을 복제할 목적으로 만들어진 국가 소유 기업)가 창설될 때인 1986년으로 거슬러 올라간다. 투자공사의 형태는 여러 차례 반복되어 만들어졌고 성공 수준도 공사마다 다양했다. 수도에 위치한 첨단 기술 단지들은 대개 자체 연구 개발 기금을 관리한다. 중국에서 가장 집약된 생명 공학 클러스터의 시발점인 상하이 장장 바이오제약 단지는 임상시험 단계 동안 R&D 재정 지원을 위한 교부금 제도와 제약 개발 초기 단계에 투자하는 벤처 자본 보조제도를 모두 운영하고 있다(Interfax 2009, 2010). 미국에 필적할 정도로 강력한 민간 투자 영역이 존재하지 않기 때문에 이 정부 프로그램들은 새로운 형태의 국가기금 기반의 (혹은 일부 재원을 국가기금 지원으로 충당하는) 투기적 자본 투자를 대표하고 있으며, 점차 늘어나고 있는 중국 생명과학 기업들이 상하이 주식 거래소에서 기업공개IPO를 하는 데 도움을 주었다.

이러한 투기적 성격의 투자들은 중국의 "자주혁신 전략"의 한 단면만을 보여준다. 중국 정부가 자국 내 과학 실험실들을 첨단 기술 혁신의 중심이자 지적재산권IP 시장의 경쟁자로 탈바꿈하고자 노력하고 있지만, 또 다른 한편으로는 중국의 병원들이 자국의 제약 시험 의뢰자들과 외국 제약 시험 의뢰자들에게 임상시험 부지를 제공하고 실험 서비스의 잠재적인 공급자로 기능할 수 있도록 장려하고 있다 (Bailey et al. 2007 : 58). 최근 몇 년에 걸쳐 중국 정부는 중국을 다국적 임상시험의 매력적인 종착지로 변화시키고자 하는 일치된 노력을 기울여왔다. 중국 정부는 국제 기준에 적합한 약품 승인 제도와 GCP 규정을 마련하였다. 병원 내 임상시험 부지의 인가 시스템을 구축하였고 임상의에 대한 특별 훈련 센터, 임상시험수탁기관을 위한 특별 기술 구역을 만들었다(베이징 중관춘 생명과학 단지와 상하이 장장 바이오제약 단지). 또한 정부는 고위공직자 부정부패 사건으로 국가 식약청SFDA 5의 전 청장을 조사했다(이 조사로 청장은 사형선고를 받고 사형에 처해졌다). 특히 규제를 통한 개입이 중국을 국제적인 임상시험 부지로 변모시키는 데 결정적인 역할을 했다. 2003년 이전에 신약은 유럽과 미국에서 시장거래 승인을 받고 나서야 중국에서 판매될 수 있었다. 또한 중국 시장에서 신약의 소비 승인을 받기 전에 중국 내에서 3상 시험을 실시해야만 했다. 2003년 국내 규정 변화들이 일어나면서 중국은 시간적인 지체 없이 다국적 약품 시험이 가능한 지역에 포함될 수 있게 되었다(Humphries et al. 2006). 결과적으로 중국에서 수집된 임상시험 데이터는 현재 미국에서 이미 판매되는 약품들에 대한 자국 내 승인을 위해 활용되고 있을 뿐만 아니라 국제 시장에 출시되는 신약 개발 플랫폼에서도 이용되고 있다. 중국에서는 거대 제약회사, 병원에 소재하는 임상시험 센터, 중국 식약청CFDA 사이에서 중개 역할을 하는 국내외 CRO들이 빠르게 증가하고 있다. 또한 부상하고 있거나 이미 기반을 갖춘 임상시험 시장의 연간 성장률도

---

5. * SFDA는 중국 국가식약청(State Food and Drug Administration)의 약자로 CFDA(China Food and Drug Administration, 중국식약청)의 전신이다.

세계에서 가장 높은 수준이다(Thiers et al. 2008 : 2).

탈사회주의 병원은 다국적 제약 시험 의뢰자들에게는 매력적인 생산 부지이다. 그 이유는 이러한 병원들이 적어도 사회주의 노동 단위 혹은 단웨이單位 6의 특징 중 일부를 여전히 유지하고 있기 때문이다. 숙련도가 높은 노동력, 집중화, 대규모의 담당 건수, 특수 병동에 환자 프로파일을 수집해 놓는 것 등 감옥 기반 임상시험과 유사한 특징들을 보유하고 있다. 미국의 경우와는 대조적으로 모든 중국 임상시험(1상, 2상과 3상)은 대형 도심 기반의 정부 병원에서 수행되고 있고 종종 의과대학이 병합되어 있으며 중국 식약청으로부터 인가를 받아야만 한다.7 지역보건의GP 시스템을 만들고자 하는 최근의 노력에도 불구하고 병원은 여전히 치료적 선택의 종착지로 남아 있다. 환자들은 임상시험이 실시되는 병원을 방문하기 위해 의사 추천서를 받을 필요가 없으며, 대형 도심 병원에서나 찾을 수 있는 숙련도가 높은 의사들의 진찰을 받기 위해 시골 오지로부터 정기적으로 이동해 온다. 이들 병원들은 다수의 전문 분야를 갖추고 있으며 1,000상에서 2,000상 사이의 환자를 유치할 수 있고, 현재 민간 내과 진료실에서 수행되는 미국의 후기 임상시험 모델보다 훨씬 효과적으로 임상시험을 수행할 수 있다. 2011년 중국 식약청은 278개 임상시험 기관들에 인가를 내주었는데, 이 숫자는 1990년대 후반에 승인해준 숫자의 두 배에 달했다(Djali 2011). 중국에서의 1세대 다국적 시험은 주로 2상과 3상에서 이루어졌다. 반면, 최근에 중앙 정부는 1상 시험에 필요한 인프라에 집중적으로 투자를 해왔고, 외국 시험의뢰자들을 유인하기

---

6. * 중국 국영기업의 작업 단위.

7. 1990년대 후반부터 CFDA(이전의 SFDA)로부터 인가를 받고 국제 GCP 규정을 따르는 병원 센터와 전문병원만이 임상시험을 수행할 수 있는 권한을 갖게 되었다.

위해 현존하는 1상 시험 단위들 중 거의 절반에 교부금을 배정하였다(실제로는 몇몇 보도에 따르면 정부가 과도한 투자를 했던 것으로 나타났다. 최첨단 임상시험실들은 대개 지역 약품 생산자들이 이용하지 않는다. 지역 약품 생산자들이 준비한 실험계획들이 복잡한 약리적 실험까지 확대되어 있지는 않았기 때문이다)(Zhu et al. 2011).[8] 중국에 있는 모든 1상 단위들은 병원에 기반을 두고 있으며 병원 의료진에 의해 수행되거나 민간 CRO나 '임상시험실시 지원기관'Site management organization, SMO(현장에서 시험을 실시하는 것에 특화된 CRO)과 협력하여 조직된다(D. Zhang 2011). 예를 들어 상하이 임상연구센터는 쉬후이Xuhui 중앙병원 안에 위치해 있고 65병상을 갖고 있는 임상시험 단위이다. 미국에 있는 유사 기관들과 마찬가지로 이 임상시험 단위에도 12개의 병상, 시험 피험자들을 위한 오락 공간, 채혈실, "부작용 사례"를 대비한 응급실, 최첨단 근전도 검사와 심전도 검사 설비를 갖춘 집중 관측 병동이 있다. 이 단위의 웹사이트에는 신규 피험자 모집 페이지가 있는데 이 페이지는 파스텔 톤으로 뿌옇게 처리한 웃고 있는 가족들의 사진으로 꾸며져 있다. 이러한 가족사진에는 푸른 나무들을 배경으로 엄마와 두 아이가 등장한다. 사진 아래 있는 문구에는 "이곳에서 더 나은 미래를 만드는 데 기여하세요!"라고 쓰여 있다.[9] 다른 단위들은 정부 관할의 병원에 위치해 있지만, 전 세계의 전략적으로

---

8. 중국에서 1상 임상시험이 빠르게 팽창하고 있는 것은 다국적 회사들이 중국 영토에 약품 R&D 시설을 설치하고 있다(그리하여 이 다국적 회사들은 중국에서 발견된 화합물에 대해서만 지역에서 시험할 수 있다는 규칙을 우회할 수 있다)는 사실의 징후이다. 그런데 이는 또한 중국 국내 과학 실험실들이 자체적으로 새로운 화학 물질을 생산하고 있으며 다국적 제약회사들과의 집합적 연대로 접어들었다는 표시이기도 하다.
9. "SCRC의 자원자들", http://www.scrcnet.org/Volunteers_en.asp (2012년 2월 15일 접속).

유리한 장소에 있는 유사한 1상 시험 단위 체인점들을 전문적으로 관리하는 국제 1상 집단들에 의해 관리된다. 이런 부류의 회사가 미국에 소재하고 있는 '프론티지랩'이며 이들은 72병상을 갖춘 1-2a상 시험 단위를 뉴저지주에서 운영 중이다. 프론티지랩은 정저우 ^州 대학 제1부속병원에 소재하는 130병상의 병원 기반 1-2a 임상시험 단위를 보유하고 있다. 정저우 대학 제1부속병원은 6,000병상을 갖춘 전문병원으로 중국 최상급 병원 중의 하나다. 또 다른 미국 소재 임상시험 기업으로 스타트START가 있다. 이 회사는 이미 상하이에서 가장 큰 암센터인 후단 대학 암센터에서 1상 시험 단위를 운영하고 있다(Carlson 2011). 후단 대학과 스타트뿐만 아니라 중국 지방 정부와 중앙 정부 후원을 받은 건강 투자 기금인 '세노바 벤처스'와의 민관 파트너십도 존재한다. 이러한 기관 운영은 중국에서 유일무이하다. 이는 새로운 제도 형태를 실험하고자 하는 중국의 의지를 증명하는 것일 뿐만 아니라 1상 노동 시장들 간의 초국가적 협력 작용 효과를 입증해준다. 이모든 것을 종합해보면 중국에서의 다국적 투자 사례들은 임상연구에서 출현하고 있는 전 지구적 생산 사슬을 대표적으로 보여주는 예시이다. 생산 사슬은 민간과 공공 병원들, 내과의들의 진료실과 병원 병동으로 구성되는 주 7일, 일 24시간[연중무휴] 네트워크의 지렛대 효과를 이용하여 다수의 규제 기관들에 제출할 데이터를 생산할 수 있다. 규제 기준과 임상 윤리기준을 조화시킴으로써 CRO는 전 세계에 소재하는 다수의 전략적 임상시험 장소들에서 시험을 실시할 수 있다. 또한 CRO는 개별 특수 의료 기관(민간 의사 진료실이나 사회주의 병원)이 지닌 역사적 유산들을 재이용할 수 있다. 그리고 변화하는 사회경제적 조건을 개별적으로 활용해 임상시험을 실시할 수 있다. 규제와 임상 윤리 기준의 조화로 인해 해당 지역 인구들은 보상금이 수반된 고위험 작업 또는 건강 돌봄 등, 소위 복지-노동의 잡종으로 유입되고 있다. 따라서 우리는 임상시험을 위해 모집된 중국과 미국의 피실험자 집단들 사이에서 상당한 유사성을 어렵지 않게 발견할 수 있었다.

특히 의과대학 부속 병원들에 소재하고 있는 몇몇 1상 단위들에서, 대부분의 1상 피험자는 의과대학 학생들로 구성되며 그들은 부족한 소득을 보충하고자 시험에 참여한다. 그런고로 미국과 마찬가지로 최근 중국에서도 "직업적인" 연구 대상이라는 도시 노동력이 출현하고 있는 것이다. 이 피험자들은 임상시험 노동을 하면서, 때때로 다른 형태의 임시적이고 비공식적인, 높은 위험에 노출된 노동을 번갈아 가며 하고 있다(Liu Zuoxiang 2008). 이 연구 피험자들은 병원과 의과대학 구내, 신문, 웹상에 게재된 광고를 통해 모집되고 또한 연구 병원을 대신하여 중개인으로 활동하는 전문 채용 기관들을 통해서도 모집되는 것으로 알려져 있다(Wemos 2010 ; Lin 2011 ; 인터뷰 2013). 미국에서와 마찬가지로 1상 임상시험에 참가하는 이들은 다른 종류의 저숙련 노동자들과 비교하여 상대적으로 높은 보상금을 받는다. 몇몇 연구 피험자들은 1개월간의 감금에 대한 대가로 수천 위안까지도 모을 수 있다고 주장하기도 한다. 이는 중국의 평균 수입보다 높은 수준이다(Liu Zuoxiang 2008). 따라서 당연하게도 중국 국내 임상시험 영역은 국외의 의뢰인들이 미국에 남겨두고 왔다고 생각하는 문제들과 동일한 것들을 마주하기 시작했다. 한 산업 회의에서 우리는 중국 임상시험 영역에서 활동하는 저명인사가 "직업적인 기니피그" 문제를 언급하는 것을 들은 적이 있다. 이 기니피그들은 한 시험이 끝나고 다른 시험을 준비하기 위한 30일간의 세척 기간을 고려도 하지 않고, 이 시험에서 저 시험으로 옮겨 다니고 있다는 것이다(Zhu et al. 2011). 또 다른 회의 참가자는 연구 피험자들이 오직 돈 때문에 시험에 참가한다고 불평했다. 한 논의에서는 지역 CRO가 1상 연구 피험자들의 데이터베이스를 구축하는 데 협조해야 하는지에 대해서 격론이 벌어졌다. 이 데이터베이스는 시험 조사자들로 하여금 순수한 의미의 "자원지"와 "직업적 기니피그"를 구분할 수 있게 해주는 것으로 여겨졌다. 이 회의장에서 직업적 기니피그처럼 높은 동기를 부여받은 시험 피험자들 없이는 임상시험 산업 전체가 더는 존재할 수 없다는 사실을 제대로 인식하고 있는 사람들은 거의 없었다.

후기 임상 단계의 효력 시험(2상과 3상)은 지표에 따라 외래환자 혹은 병원 내부 환자 기반으로 실시할 수 있다. 효력 시험에서는 보험 보장의 실패가 환자들이 참여하는 핵심 동기가 된다. 중국에서는 시험 대상 프로파일의 무작위화가 일상적으로 실행되고 있지는 않기 때문에 시험 참가는 미국에서보다 건강 돌봄을 받을 수 있는 확실한 방법이 될 수도 있다. 중국은 화해사회 어젠다의 일부로서 최근 시험적인 기초 의료 보험 프로그램을 시작했다. 중국은 이 프로그램을 중국 인구 전체로 확장할 계획이다. 그러나 이 보험의 보장 범위는 최소 수준에 머물러 있고 제한적인 필수 약품 목록에 대해서만 지급받을 수 있다(Duckett 2010). 화해사회와 같은 새로운 체제가 중국에서 전개 중이지만, 부유한 국가들에서 공공 보험 보장을 받는 환자들에게 기본적인 돌봄이라고 간주할 수 있는 수많은 약품과 처방전이 중국의 환자들에게는 현금 지급이 아니면 접근조차 어려운 수준이다. 돌봄 기준에서의 이런 차이는 제약 산업의 임상적 (그리고 상업적) 확장에 대한 전략적 기회를 의미한다. 이런 상업적 기회를 보여주는 두 가지 사례가 유방암과 전립선암이다(Limbach 2010). 두 가지 질환은 중국에서는 상대적으로 낮은 비율로 발생하지만 공공예방 프로그램이 부재하기 때문에 환자들은 발병이 한창 진행되고 나서야 암 환자로 진단받곤 한다. 부유한 국가들의 보험 가입 환자들에게는 표준적인 처방이 되는 약품도 중국의 기초 의료보험은 지급할 수 없게 되어 있다. 이러한 제한적인 보장 수준으로 인해서 시험 의뢰자들에게 제공되는 것은, 포기할 "표준적 돌봄"이 없기에 유일하게 희망적인 치료인 임상 단계의 새로운 암 치료제 시험에 기꺼이 참가하는 새로운 환자 인구를 발견할 기회이다. 시험 의뢰자의 관점에서 임상시험은 임상의들로 하여금 그 신제품의 활용에 익숙해지게 만들고, 신제품 상업화를 시작할 잠재적 시장을 창출하는 유용한 수단이다. 신약 실험계획을 보장 수준이 낮은 보험을 지닌 환자 인구에게 시험하는 것은 또한 시장을 확장시키는 전략적 통로이다. 그렇다면 초국가적 규제들과 건강 돌봄의 지리적 배치들 사이를 통과하며 길을 찾는 데 있어서 제약 경제는 실험 약품 접근성에 대한 수요를 만들어내는 건강 보장의 불평등에 의존하고 있다고 볼 수 있다. 다시 말해, 미래 제약 시장의 투기적 가치는 전 세계 인구에 대한 위험 예방 및 개선 전략의 부재에 의존한다. 또한 어떠한 현실적 대안도 존재하지 않아 시험되지 않은 제약적 화합물의 우연성에 스스로를 노출하려는 실험 대상자의 의지에 달려 있다. 이러한 노출의 경제에서 보험에 들지 않은 환자의 신체는 부담해야 할 것liability이면서 동시에 거래 가능한 자산asset이 된다. 이러한 자산은 돈이나 건강 돌봄을 받는 대가로 위험을 유지하고, 그러한 위험을 데이터로 변환할 수 있는 능력으로 구성된 노동의 한 형태이다. 여러 가지 측면에서 보자면, 연구 피험자로 '모집될 준비'가 된 인구 집단이 발생한 중국의 조건이 특별한 것은 아니다. 하지만 중국에서 이러한 조건들은 상대적으로 최근에 생성되었다. 다음 절에서는 중국 도시 지역을 다국적 임상시험의 신흥 종착지로 변형시킨 건강 및 노동 개혁의 역사를 조사하려고 한다.

탈사회주의 병원 : 단웨이에서 실험적 수출 구역으로

건강 돌봄의 자유화는 1978년 덩샤오핑이 취한 가장 포괄적인 최초의 시장 개혁 중의 하나였다. 그 효과는 무엇보다 울림이 컸다. 전통 의학과 서구 의학의 결합, 예방적이고 기본적인 건강 돌봄 개입, 그리고 공영화한 건강보험으로 공공 건강을 개선한다는 중국 공산당 시대의 캠페인이 놀랍게도 성공했기 때문이다. 1949년 중화인민공화국 PRC(이하 중국) 설립 이후 수십 년간 중국은 감염병 발생을 상당히 감소시켰고, 기대 수명을 평균 35세에서 1970년대에 60세 이상으로 늘려 놓았다. 1970년대에 WHO는 중국의 건강 돌봄 체계를 모든 개발도상국에 대한 모델로 찬양했었다(Wang 2004;Zhan 2011). 1949년 이후로 도시 병원은 도심에 위치한 다른 노동 공간에서와 마찬가지로 단웨이로 조직되었다. 단웨이는 상대적으로 안정적인 내부 노동력에게 작업을 할당하고, 이를 관리하는 행정 단위였다. 그리고 복지나 가족계획을 마련하고 피고용인들의 건강 문제를 대비하는 일도 도맡았다(Bray 2005). 1966년에서 1976년까지의 문화대혁명 직후 몇 년 동안의 도시 병원에 관한 연구에서 게일 헨더슨과 마이런 코헨은 병원 단웨이가 복지 분배와 교육 기회의 공유라는 평등주의 원칙을 "봉건적 신분제가 연상되는" 수직적으로 통합된 행정당국의 구조와 결합시켰다고 기록한다(Henderson and Cohen 1984:143). 그들이 보기에 문화대혁명 이후에도 승진은 "평등주의적"으로 이루어졌지만, 바로 그 때문에 승진은 직업적 보상이라기보다는 정치적 결정에 가까웠다. 의사와 다른 직원들은 조직 간에 이동할 기회가 전혀 없었다. 이런 제한에도 불구하고 중앙에서 재정 지원을 받았던 병원 단웨이는 공산주의 시기 내내 어떤 식으로든 모든 계급의 인구에게 상대적으로 저렴한 건강 돌봄 서비스를 제공해 왔다. 하지만 1978년 중앙 정부가 의료 서비스 책임을 지방 정부에게 점진적으로 이전하면서 이 모든 것이 바뀌었다 (Blumenthal and Hsiao 2005). 1978년의 개혁은 적어도 기금 부족을 보충하기 위해 조세 수익을 이용할 수 있었던 몇몇 해안 및 도심 지역과 그런 수익 대체 자원을 찾을 수 없었던 빈곤한 오지 시골 지역들 사이의 격차를 지속적으로 증가시켰다. 고도로 중앙집중화된 보건 시스템의 중심인 대형 도시 병원조차도 개혁의 여파를 피하지 못했다. 대형 도시 병원은 사회주의 작업 단위 혹은 단웨이의 집합주의 원칙을 포기하고 건강 돌봄 "서비스"라는 기업가형 모델로 전환했다(Zhan 2011).

중앙 정부는 병원 개혁을 통해 공식적으로 공공 건강관리에 대한 지원금을 제한했고, 병원으로 하여금 자체적으로 운영비용을 조달할 책임을 부과했다. 그 대신에 병원에 의약품이나 진단 시험과 같은 건강 돌봄 서비스를 판매하여 수익을 창출할 수 있는 자유를 부여했다(Gu and Zhang 2006). 이러한 개혁은 대부분 노골적인 민영화 형태를 취하기보다는 소위 새로운 공공 관리 모델에 입각한 제도적 시장화 형식을 취했다(Urio 2012). 중국은 1980년 의학 분야에서 민간 개업의의 복귀를 승인했고, 그 후 소수의 민간 병원들이 설립되었다. 하지만 공공병원들은 여전히 병원 영역에서 주요 행위자로 남아 있다 (Tam 2010:64). 그러나 공공병원들은 중앙 정부가 이들에게 과거 "비생산적"이었던 건강 돌봄 서비스를 돈벌이가 되는 상품으로 전환하고 공공의 공간을 임대 수익을 올릴 수 있는 자산으로 변환할 수 있게 허가함에 따라 내적으로 급격한 변화를 겪고 있다. 헨더슨과 코헨 (Henderson and Cohen 1984)은 시장화 과정에서 수직으로 통합된 가부장주의적인 병원 단웨이의 변화를 생생하게 묘사했다. 단웨이는 개인 병동, 서비스, 임상의들과 다양한 외부 고객들 사이에서 형성된 수평적 계약 관계를 기반으로 복잡하게 배열된 병동으로 변화했다. 병원 경영진은 이제 개별 부서들에 대한 수익 목표를 고정시키고 기관 내 서로 다른 부문들 간에 서로 경쟁하도록 했고 의료진에게는 수익 향상 능력에 따라 보상을 해주고 있다. 대중 매체에서 탈사회주의 병원의 이상 신호를 포착하며 과도하게 영리를 추구하고 점점 적대적으로 변화한 의사-환자 관계가 문제라는 비판이 나왔다. 심지어 정말로 잘못된 것은 개혁 과정 그 자체라는 말도 있었다. 성과 연계(혹은 "유동적인") 임금 도입으로 의료진은 이제 고객으로부터 요금을 추출할 수 있는 능력에 따라 임금을 지불받는다(Bray 2005 ; Yang 2006 ; Tam 2010 : 66). 이와 관련된 국가의 규제는 역효과를 내고 있다. 가격에 어느 정도 제한을 두고자 하는 노력에서 위생부 生部는 "기초 서비스" 요금을 규제하고 있지만, 병원이 의약품(때로는 현지에서 제조된)이나 초음파검사와 X선 촬영과 같은 첨단 진단에 대해 엄청난 비용을 청구할 수 있도록 허가해주고 있다. 결과적으로 중국 병원들은 일상적으로 과도한 처방을 하고 과도한 제약 비용을 청구하고 있다. 또한 환자들은 불필요한 검사를 받을 수밖에 없는 상황이다. 환자와 의료 전문가들 사이의 관계가 초래한 결과는 오싹할 정도다. 재정 지원을 덜받는 기관들의 의료진은 건강 돌봄 제공자이면서 동시에 수익 증진을 추구하는 이중의 역할을 수행하면서 환자들을 저비용 환자와 고비용 환자로 선별할 수밖에 없다. 보장 수준이 낮은 보험을 든 환자들이 최소한의 건강 돌봄을 제공받기 위해서는 의사들에게 뇌물을 주어야 한다는 증거들이 드러나고 있다(그리고 아마도 더 중요한 것은 부정적인 인식이 널리 퍼져있다는 점일 것이다)(Yang 2006). 하지만 비공식적이고 때때로는 명백히 불법적인 계약 관계는 이미 병원 공간 안으로 침투했으며, 의사와 환자의 직접적인 관계 너머로 널리 확장되고 있다. 예를 들어 웨이컹 탐(Tam 2010 : 68~69)에 따르면 위생부의 규제 노력에도 불구하고 1990년대 이후 모든 임상 부서들이 외부 계약자에게 수시로 임대되고 있다. 그 밖의 기관들도 더 많은 금액을 지불할 의사意思가 있는 환자들에게 개인 병실과 전용 화장실, 그리고 독점적으로 사용할 수 있는 쾌적한 설비들을 제공하는 VIP층 만들기에 열중이다(Cong and Hu 2005).

지난 10여 년간 계약 임상시험은 재정 지원을 낮게 받고 있는 중국 병원들에게는 대체 수입처, 심지어는 수지맞는 수입원으로서, 또한 환자와 의료진 사이 계속해서 발생하고 있는 충돌을 해결하는 비공식적인 수단으로서 부상해왔다(인터뷰 2008b). 중국 대도시의 임상의들은 고도의 훈련을 받아 출중한 능력을 자랑하지만 다른 도시 전문직종에 비하면 급여가 상당히 낮다. 이들은 제약 산업에서 의뢰한 의약품 연구에 중요한 조사자로서 활동하고 꽤 큰 금액의 보너스 혹은 "유동 임금"을 받을 뿐만 아니라 저명한 국제 의학 저널에 논문을 발간할 기회도 갖게 된다.[10] 다른 한편에서 보험을 들지 않았거나 보장 수준이 낮은 보험을 보유한 환자들은 적어도 상대적인 이득을 얻는다고는 말할 수 있는데, 외국에서 제작되었고(따라서 중국에서 제작된 것보다 "안전한" 것으로 평가받는) 비용도 무료인 약품을 공급받을 뿐만 아니라, 동시에 시험이 진행되는 동안 무료로 건강 돌봄을 받을 수 있는 여건이 마련되기 때문이다. 이제는 병원들에게 짐이 되

---

10. 인터뷰 자료에 따르면 전형적으로 약 70%의 임상시험 예산이 병원으로 가고 30%가 내과의 진료실 혹은 개인 전문병원(clinic) 조사자에게 할당되고 있다고 한다. 그러나 지급액 배분은 병원들 사이에서 차이가 날 수 있다(인터뷰 2008b).

고 있는 수익 향상이라는 정언 명령으로 인해 임상시험은 중국 건강 서비스 분야 전체 — 의료진이라는 저비용의 전문 노동과 실험 연구 피험자들의 신체적으로 임시적인 형태의 노동을 확산시키는 수출 서비스 시장 — 에 기본적인 수익원이 되고 있다.

병원의 재구조화와 더불어 특히 1990년대의 주요한 시기 동안 건강보험의 핵심 내용을 지속적으로 제도에서 적출해냄으로써 임상연구 시장이 번성할 수 있는 이상적인 조건이 만들어졌다. 사회주의 중국에서 시골 지역의 건강보험은 언제나 도시 거주민보다 비싸지 않았다. 그런데 중국이 1970년대 후반에 농업 집단 체제를 포기하자 시골 지역 거주자들은 협동조합이 보장해주던 의료 시스템에 대한 모든 접근성을 잃어버리게 되었다. 단웨이의 제도적 구조가 해체되고 일 자체가 점차 일용직 노동으로 불확실해지기 시작했다. 건강보험 권리가 정규직 고용 형태와 밀접히 연결되어 있던 도시 거주자들은 그나마 형편이 조금 나았다. 1948년에 임시 정책으로 도입되어 1951년에 전국 노동보험규정으로 성문화되면서 중국의 도시 복지 체계는 구성원들에게 요람에서 무덤까지의 사회 보호를 제공해주었고, 이러한 행정 체계는 개별 산업의 기업체나 단웨이가 담당했다. 서부 유럽의 사회 복지만큼이나 범위 면에서 포괄적이었던 중국의 사회 보험 체제는 건강 돌봄 비용에서부터 의료 사고, 노동자들의 보상금, 퇴직 연금, 출산과 아동 돌봄에 이르기까지 모든 것을 망라하고 있었다(Bray 2005 ; Guthrie 2008 : 137). 도시 의료 보험은 두 가지 공식 기획을 통해 공식 노동자들을 넘어 모든 "생산적인" 사회 구성원들에게까지 확대되었다. 이 공식 기획 중 하나가 (노동 보험 의료 돌봄인) 노보의료勞保醫療이다. 이 보험은 국영기업 피고용인들에게 모든 것을 보장해주는 한편, 직계 가족들에게도 일부를 보장했다. 또 다른 보장제도가 공비의료公費

醫療, 즉 공공 기금 의료 돌봄 제도로 공무원들이나 대학 노동자들과 신체장애를 가진 군 장교들과 학생들을 보장했다. 개혁 기간 동안 노동 단위가 점진적으로 해체되면서 전부는 아니었지만 많은 도시 거주자들이 사회 복지에 대한 접근권을 잃어버리게 되었다. 1995년 〈노동법〉의 공표는 법령상의 평생 고용(소위 "철밥통")이라는 단웨이 체제의 종언을 고하는 것이었고 이를 계약 노동관계로 대체했다. 계약 노동관계는 여러 곳에서 작동 중이었는데, 심지어는 전통적인 노동 단위의 제도적 범주 안에서도 작동하고 있었다. 건강 돌봄에 대한 영향은 파괴적이었다. 21세기가 시작할 무렵에 대부분이 공식 영역 노동자들이었던 도시 거주민의 절반만이 의료 보험의 보장을 받았다. 노동자들의 부양가족, 자영업자와 비공식 노동자들, 도시-시골 이주민들은 전혀 보장받지 못했다(Yip and Hsiao 2009).

도로시 솔링거(Solinger 2009)는 중국에서 나쁜 건강 수준이 도시 하층계급의 부상과 얼마나 밀접하게 연계되어 있는지를 기록하였다. 그러고는 1990년대 후반의 대량 해고 이후 일이 없는 채로 남겨진 도시 하층계급들을 낮은 교육 수준과 연령대(대부분이 35세 이상) 그리고 열악한 건강 상태로 구별할 수 있다고 서술한다. 과거의 노동계급은 현재 최소 생계 보장 혹은 디바오低保(최저 수급)를 받는 가구를 뜻하는 디바오후低保戶(기초생활수급)로 전락했다. 과거 노동계급 전체가 급작스럽게, 그리고 극적으로 탈프롤레타리아트화한 것은 대부분이 영속적인 의료 문제들의 영향 때문이었다. 심지어 국영 기업들에 자리를 보장받은 이들에게도 건강 악화나 의학적인 부주의를 경험하게 되면 직업 보장은 심각하게 위협받을 수 있게 되었다. 1986년에 중국 국무원에서는 고용주들이 작업과 관계없는 장애를 입은 피고용자를 해고할 수 있게 허용한 법규를 도입하였다. 결과적으로 점점 더 많은 수의 고용주들이 의료 문제들을 경험한 노동자들에게 평생의 경제적 지원과 돌봄을 더는 제공하지 않았다. 1995년의 〈노동법〉은 이 정책을 모든 고용주와 노동자에게로 확장시켰다(Harris and Wu 2005 : 461). 중국 도시 노동 시장의 새로운 경제 상황은 적응하기 어려워 보인다. 그럼에도 불구하고 이 새로운 복지 수혜자들은 의무적인 노동 복지에 참여할 것을 요구받고 있다. 노동 복지의 대부분은 공동체 서비스 노동으로 도로 청소, 정부 홍보지 배포와 교통 모니터링과 같은 질이 낮은 일들에 해당하는 것이었다(Solinger 2009).

건강 돌봄은 규모가 큰 "유동" 인구 집단인 시골-도시 이주민들에게는 훨씬 불안정하다. 이주민들은 자주 이동했고 이들은 고도로 거주지 중심적인 중국 행정 체제로서는 책임질 수 없는 인구 집단이 되어버렸기 때문이다. 도시 거주hukou, 戶口인으로서의 지위에서 배제됨으로써 규정되는 영구적인 하층 노동계급인 유동 인구들은 압도적으로 비공식 건축과 서비스 영역에 종사 중이며, 최근에는 중국에서 새롭게 재구조화되고 있는 국가 기관들(병원, 대학과 국영 기업)에 단기 계약 형태로 고용되고 있다. 공식 통계에 따르면 도시-시골 이주민들은 작업장 사고, 장애 사고나 치명상에 아주 높은 비율로 노출되어 있지만 이들은 어떤 형태의 사고 보험이나 건강보험으로도 보장을 받을 가능성이 가장 낮은 집단이다(Zhao Tiechui 2005). 후진타오와 원자바오 집권기에 복지 정책의 공식적인 수사는 새로운 복지 기획의 확대로 도시와 시골 지역 인구 사이에 존재하는 불평등을 완화하자는 것이었다. 하지만 지금까지 이러한 정책들은 유동하는 빈곤층의 극히 잦은 이동성을 빌미로 배제되거나 실제 실행되지 못하고 있다(H. X. Zhang 2012). 노동 이주민들은 안정적인 거주자 지위를 갖고 있지 못하기 때문에 현재 이동을 하지 않는 도시 빈곤층과, (몇몇 경우에는) 시골 지역의 빈곤층을 보호하고 있는 최소 생계 보장 혹은 기초생활수급으로부터도 배제되어 있다.

결국 이런 상황들이 점점 더 많은 중국인을 강제적으로 임상시험에 내몰리게 하는 구조적 조건들이다. 1상 임상시험에 참여하는 건강한 참가자들에게 시험에 신규로 참가하는 것은 고위험이지만 상대적으로 수지가 맞는 임시 노동의 한 형태를 의미한다. 이 노동은 도시의 비공식 경제 영역에 있는 다른 형태의 불안정한 노동과 교환 가능하다. 이런 방식으로 이해되고 있지는 않지만, 이 노동 시장은 적합한 연구 피험자들을 찾아내어 선택하는 과정에서 비공식 신규 모집 기관으로 활동하는 SMO에 의해 중개되고 있다(Wemos 2010; Lin 2011). 후기 단계 시험(2상과 3상)은 또 다른 신규 계급을 끌어들이고 있다. 그들은 치료를 받을 수 없거나 임상시험에 참여하지 않는 한 계속될 수 없는 치료를 시작한 환자들로, 이들은 보험에 들지 않았거나 보장이 낮은 보험을 든 이들이다(Berton 2006; Xu et al. 2006:371; Vaidya et al. 2007:23; 인터뷰 2008a, 2008b). 많은 환자들이 실험 의약품 접근 대신다른 대안이 없는 까닭에 약품의 치료적 유용성을 결코 보장할 수도 없고, 이중맹검의 무작위 시험에서 실제로 의약품을 배당받을 수 있을지 조사자와 환자 누구도 장담할 수 없는 상황에서 임상시험에 참가하고 있다.

환자와 병원 사이에 맺어진 이와 같은 새로운 실험적 관계를 어떻게 이해해야 하는가? 환자들은 국가 보장 건강 돌봄을 대신하여, 실제 계약 관계는 아니지만 함축적으로는 유사한 노동관계로 들어가고 있다. 이 노동관계는 제약회사에 유리한 생산 서비스 형태를 띠고 있고 노동의 대가로 (결코 보장되지는 않을) 적절한 건강 돌봄을 받을수 있으리라는 희망을 참가자들에게 심어주고 있다. 바로 이 지점에서 소비와 생산의 경계가 모호해지고 있다. 시험을 거치지 않은 약품을 실험적으로 소비하는 것은 환자들에게는 극히 임시적이며, 물건으로 주는 "임금"과 같다. 반면 제약 산업 관점에서 보면 이것은 생산(데이터를 생산하는) 노동 형식을 의미한다. 이전 장에서 우리는 이런 관계를 새로운 형태의 "노동 복지" — 이 표현을 위해 우리는 "건강 돌봄을 위한 노동"이라는 표현을 사용했다 — 로 해석할 수 있다고 주장했다. 미국에서 확인한 것처럼 중국에서도 위태로운 복지, 경제, 건강보험, 고용 등의 문제와 "신규로 모집될 준비"가 되어 있는 피험자들로 구성된 잠재적 계급들 사이에 상호 규정적이고 긴밀한 관계가 존재한다. 최근 중국 정부는 탈사회주의적 복지 개혁이 가져온 폭력적 특성을 완화하고자 노력을 하고 있다. 하지만 불충분한 건강보험으로 인해 개혁 시대의 혁신 어젠다에서 구조적으로 존재할 수밖에 없는, 그래서 보장 수준이 낮은 보험에 가입한 환자-소비자들은 전 지구적 제약 경제의 하층에 위치한 생산자가 되고 있다.

탈사회주의 병원은 단웨이 혹은 사회주의적 노동 단위의 집단주의 모델을 포기했다. 병원은 이제 사회주의 건강 돌봄 복합체라는 이전의 구조를 다국적 민간 연구 영역과 인위적으로 결합시켜 장소만 그대로 유지한 일종의 하이브리드 기관으로 살아남았다. 데이비드 스타크(Stark 2001)가 구소련 연방에 대해 주장하였듯이 탈사회주의의 신자유주의 성장 모델로의 전환은 실제로는 모든 부문을 아우르는 급속한 시장 개혁의 이행과 사유화를 동반하지는 못했으며, 이러한 전환이 순수한 사회주의 경제라는 미개척지에서 일어난 것도 아니었다. 전반적인 사유화의 도입과는 달리 탈사회주의 개혁은 조직 형태, 합법화 원칙과 평가 기준들 사이의 경계를 흐릿하게 만들었다. 그리고 마침내 민간 소유와 공적 소유를 분간할 수 없게 만들었다. 스타크는 모호한 자산의 성격으로 인해 하나의 병원 기관이 여러 목적으로 기반시설을 배치시킬 수 있게 되었다고 지적한다(Stark 2001:82). 탈사회주의화된 중국의 병원은 이와 같은 "조직적 위험회피hedging"11 전략의 완벽한 사례이다. 집단적인 공공 건강 돌봄이라는 일반적인 정당성의 원칙 내에서 작동하면서도, 중국 병원은 스스로를 실험 수출 구역으로 변환시켜 환자 인구를 실험 자산과 영리 목적의 데이터 원천으로 이용했다. 그런데 임상시험 산업의 경우, 스타크의 명제는 더 확장될 필요가 있다. 탈사회주의 병원의 제도적 모호성뿐만 아니라 동시에 시민-환자이자 실험 피험자로 존재하는 탈사회주의 "시민"의 사회적 모호성도 중요하기 때문이다. 시민-환자와 실험 피험자는 둘 다 새롭게 구성된 건강 돌봄 "서비스들"의 "소비자"이자 실질적인 생산자이다. 여기서 중요한 것은 소유property 형태와 다종다양한 정당성 규범들이 재조합되고 있다는 것뿐만 아니라 정치적으로 또한 법적으로 개인에 대한 규제 방식이 잡종화되고 이에 따라 이들의 위험과 복지의 연관성 또한 변화하고 있다는 점이다. 사회주의 단웨이의 위험 보호 역할이 선택적으로 제거됨에 따라 위험 노출 자체가 거래 가능한 서비스가 되었다. 그리고 모순적이게도 몇몇 사람들에게는 건강 돌봄에 접근할 수 있는 대안 수단이 되어버렸다.

계속해서 변화하는 공공 위험 관리의 특성에서 우리는 최근 중국 전문 병원들이 생명윤리를 담론과 실천으로 받아들이고 있는 상황을 이해할 수 있었다. 중국 위생부와 식약청CFDA은 국제 제약 영역의 요구에 대응하여 임상시험심사위원회(기관윤리위원회), GPC 규

---

11. * 환율, 금리 또는 다른 자산에 대한 투자 등을 통해 보유하고 있는 위험자산의 가격 변동을 제거하는 일.

정과 생명윤리 기준의 활용을 강화하기 위해 노력하고 있다(Döring 2004; Xu et al. 2006; Li and Cong 2008; Wang and Henderson 2008). 임상 데이터를 국제적으로 교환하기 위해서는 임상시험 수행 과정에서 피험자 대우 등등의 윤리 기준을 엄격히(비록 순진히 형식적이기는 하지만) 준수할 필요가 있다. 생명윤리 학문 분야가 생긴 지 겨우 20여 년밖에 안 되었지만 중국에서 생명윤리가 번성하고 있는 것은 놀랄 만한 일이 아니다. 중국까지 생명윤리가 팽창해 들어온 것은 독특한 발전이라기보다는 오히려 동일한 시기 노동, 건강, 복지에 관한 시민 행정 거버넌스에서 일어난 폭넓은 변화의 연장으로 봐야 한다. 예를 들면 1995년 노동계약법의 실행이 도시 중국 노동자를 개인 계약자로 재구성해놓았고, 사회주의 노동 단위 혹은 단웨이라는 집단주의 모델의 토대를 허무는 데 유용하게 작동했다. 불법행위법과 계약의 역사적 연관성을 감안할 때, 민간 불법행위법 규정은 중국에서도 등장했고 특히 의료과실 분쟁에 대한 대응으로 두드러졌다(중국의 개혁 시기 사회 쟁점 중에서 가장 폭발적인 논쟁 중의 하나였다). 중국 병원에서 의료과실과 사고들이 점점 증가하는 상황에 대응하여 2002년에 만들어진 규정에는 사고법에서 책무 면제를 위한 표준적 수단인 "고지된 동의"에 관한 조항이 포함되어 있었다(Harris and Wu 2005; Ding 2012). 이와 함께 이러한 법적 혁신은 작업장과 병원에서 집단 사고 보험을 보장해주는 제도적 형식이 되었고 점차 단웨이를 대체했다. 사법 혁신들은 그 자체로 법적 주체인 개인을 만들었는데, 이 개인은 전적으로 개인의 차원에서 위험을 감수하고 위험 소송을 할 수 있는 권한을 부여받았다. 이러한 개인을 우리는 법의 실험적 주체로 설명할 수도 있을 것이다.

그런데 1980년대와 1990년대 시기 동안 중국이 취한 사회 개혁이

라는 극도의 실험적 모델은 부분적으로 성공을 거두었고 결과적으
로 탈사회주의 국가의 안정성을 위협하기 시작한 정치적 위험을 발생
시켰다. "사고" 문제가 현대 중국 생활에서 중대하게 느껴지고 있다. 대
부분 시골에 위치한 작업장에서 일하는 건설 노동자들과 탄광 노동
자들에게 일어나는 산업 사고들이 크게 증가했다. 그리고 급속한 도
시 개발에 동반된 도로 사망 통계가 극적으로 늘어나고 있다. 또한 일
상에서 사람들이 "생명을 구하는" 의약품들을 포함해서 결함 있는 위
험한 독성 상품들과 조우하는 일들이 증가했고, 의료과실 사고들이
만연하면서 이와 같은 사고 문제에 직면할 수도 있다(Wright 2004; Hu-
man Rights Watch 2008; Suttmeier 2008). 구조적으로 과도한 위험 노출이
널리 알려졌고, 이에 대한 대응으로 시위, 폭동, 그리고 군체성 사건^群
^{体性 事件}이라 불리는 것이 증가했다. 의료 사고와 의료 과실 사건이 알
려진 후에 일어난 군체성 사건이 우리에게 좀더 익숙한 노동 분쟁의
형태나 살쾡이 파업에 그치지 않고 병원에 대한 대중 시위(그리고 의
료진을 겨냥한 폭력적인 공격)로 번졌다는 점은 현대 중국에서 건강
돌봄이 극도로 정치화되고 있음을 보여준다.[12]

　　1970년대 후반까지도 중국은 사고(의료, 산업 혹은 생명을 위협하
는 위험)에 따른 사회, 경제 비용 문제를 다루고자 집단 보험 모델을 도
입하고자 했고 이에 의거했었다. 덩샤오핑과 그의 후계자들이 취했던

---

12. 2000년에서 2003년 사이에 베이징에서만 이런 폭력 행동들이 발생했다는 보도가
500건을 넘었다. 이들 사례들 중의 90여 건에서 건강 돌봄 노동자들이 상해를 입었고
영구적 장애자가 되었다. 자세한 내용은 해리스와 우(Harris and Wu 2005)를 참조하
라. 다른 지방들에서는 건강 돌봄 노동자들이 죽임을 당했고 폭력 행위 전체 숫자는
더 높았다. 작업장은 중국 의사들과 병원 의료진에게 아주 위험한 장소가 되어 많은
병원들에서 환자들의 분노로부터 이들 의료진을 보호하기 위해 정규 보안 담당 인력
을 고용해왔다.

개혁이 위험을 재계층화하고 개인화해서 극히 소수 비율의 도시 인구 집단만이 과거 단웨이 시스템의 복지 보장 수준을 유지할 수 있게 되었다. 결국 중국은 최근까지도 민사소송 의뢰 이외에는 어떠한 대안도 제공하지 않은 채, 점진적으로 위험 보험의 국가 행정 모델을 포기해왔다. 다음 절에서 우리는 군체성 사건이라는 정치적 위험을 완화하기 위한 중국의 정책적 노력들을 검토할 것이다. 또한 이 정책들이 임상연구 기업들의 발전 구조에서 어떤 의미가 있는지 살펴볼 것이다.

화해사회에서 위험을 통제하기 : 11차 5개년 계획

2006년 10월 후진타오와 원자바오 정부는 새로운 사회 정책 어젠다로 화해사회를 추구한다고 공표했다. 현대 중국 사회를 괴롭히고 있는 것으로 추정되는 "불화" 요소들 중에서 중국 공산당 중앙 위원회는 도시와 지방 사이의 심각한 불균형을 목록에 올렸다. 이와 함께 환경과 인구 문제의 심화, 실업 연금, 교육, 건강 돌봄, 주거, 직업 건강과 안전, 공공질서를 포함한 국가적 복지 제공의 실패, 민주주의적이고 합법적인 개혁의 느린 진전, 공직 관료들의 부패 등이 이러한 목록에 포함되었다. 개혁 시기 동안 공식 국가 담론에서 "화해사회"和諧社會가 중국 미래 계획 과정에서 "경제 발전"에 앞선 위치를 차지하게 된 것은 이때가 처음이었다. 논조의 변화는 수사적인 표현을 넘어섰다. 새로운 담론은 중국의 사회 조직에서 점점 심해지고 있는 불평등이 어지러울 정도로 빠른 경제 성장의 토대를 무너뜨릴 정치적 위협으로 실현될 수 있다는 점을 인정했다. 제7차 5개년 계획은 계획의 성공을 위해 중국의 개혁 과정에서 나타난 사회적 잡음들을 정부가 선택적으로 개입해 완화시켜야 한다고 인정했다. 이 지점에서 중국 정부는 과거 마오주의 국가가 제공한 완전한 사회 보험과는 다른 복지 제도를 고민해야 했다. 하지만 화해사회의 교리는 "중국적 특성"을 띤 제3의 정책 비슷한 것을 제안했고, 이는 마오쩌둥의 계급투쟁 철학과 덩샤오핑의 순수 경제성장 강조 논리의 중간쯤에 있는 것이었다(L. Zhang 2010 : 215).

위험을 관리하는 노력들이 화해사회 프로그램의 핵심에 자리 잡았다(Greenhalgh 2009). 2005년 9월에 국제위험통제회의가 조직한 회의 연설에서 중국 국가안전생산감독관리총국SAWS의 장관 리이중은 중국의 경제 개혁은 중국을 "자연, 경제와 정치에서부터 인간의 건강, 안전과 환경에 이르는 모든 영역에서 점증하는 위험과 도전들"에 노출시킬 수밖에 없었다고 언급하였다(Li Yizhong 2005). 따라서 "위험 규명과 통제"는 "화해사회를 구축하는 노력 가운데에서도 가장 핵심적인 노력을 기울여야 할 이슈 중의 하나"가 되었다.[13]

화해사회라는 정치적 비전의 핵심은 중국 전역의 도시들에 기본 의료 보험 제도를 실험적으로 도입하는 것이었다. 현재 보험 프로그램으로 보장을 받지 못하는 이들에게 명목적인 수준의 보장을 목적으로 고안된 이러한 보험 제도는 2011년까지 약 90%의 인구에게 적용될 것으로 예상되었다(Duckett 2010). 이와 같이 대상이 명확했던 건강 보험체계 개혁과 더불어 중앙 정부는 이미 마련되어 있는 불법행위법과 계약법에 포함된 부분 조항들을 강화하고 공고히 하는 일에도 개입했다. 2008년에 중국은 1995년에 확립해두었던 노동 규정(대개 고용주에게 유리하다고 생각했던)을 고용주와 고용인의 계약 관계에

---

13. 이런 입장을 확증하고자 일련의 학술 논문들이 울리히 벡의 위험 사회(Beck 1992) 명제가 현대 중국의 "전환 경제"에 대해 갖고 있는 중요성을 조사했었다.

필요한 통일된 국가적 요구사항들을 세부적으로 기술한 새로운 국가 노동계약법으로 대체하였다(Wang et al. 2010). 법의 본문에 따르면 새로운 노동계약주의는 고용주와 노동자들 사이의 "화해" 관계를 장려할 목적으로 고안되었으며, 단기 계약의 지속적 사용을 제한하고, 중국 정부가 지원하는 노동조합에 더 많은 집행 권한을 부여하여 "노동자들에게 법이 보장한 권리와 이익"을 보호하기 위한 것이었다(Order of the President of the People's Republic of China 2008). 실제로 이 법은 노동자들에게 지방 법정 혹은 고용 중재국들에 법적 소송을 할 수 있도록 하는 권한을 부여해줌으로써 고전적인 계약법의 투명한 활용을 강제한 것에 지나지 않았다. 동시에 이 법은 지난 몇십 년간 중국의 지도층을 괴롭혔던 파업, 시위, 거리행진 및 기타 통제되지 않은 대중 시위들을 강력하게 억제해 버렸다. 최근 중국에서는 포괄적인 불법행위법을 제정하였다. 새로운 법은 건강 및 의학을 포함한 특정한 경제 영역에서의 불법행위와 관련해 성문화되었고 현재 법령으로 확대되었다(Neumann and Ding 2010; Ding 2012).

이러한 개혁의 목적은 위험을 관리하기 위해 공산주의 시대를 대표하는 국가 기반의 집단 행정으로 회귀하자는 것이 아니었다. 그 대신 새로운 종류의 주체성에 대한 법적 지위로 개인을 상정했고, 개인의 지위를 위험 담지자이자 개별 서비스 계약자로 공식화했다. 따라서 모든 이들에게 건강 돌봄을 제공해줄 것이라는 약속에도 불구하고 정부가 시범 실시했던 새로운 건강보험 제도는 최소한의 건강 돌봄을 보장했을 뿐 그 이상을 제공하지는 못했다(Duckett 2010). 대신 정부는 민간 불법행위 및 계약법에 따라 개별 계약자가 의료 과실 또는 노동 분쟁에 대해 소송할 수 있는 권리, 그리고 충분한 보험 보장을 받지 못하는 환자가 새로운 불법행위법에 기술된 고지된 동의 조항으로 "보호를 받는" 임상시험에 참여할 권리를 공고히 하기 위해 고안된 여러 건의 법안들을 비준한 것이다. 중국에서 현대 생활의 가혹한 위험 노출을 완화하기 위한 노력의 일환으로 후진타오-원자바오 행정부는 위험의 입법화를 선택했다. 입법화는 위험 보상을 위한 법적 통로를 제공하는 동시에, 소송과 같은 과정에서의 부담은 개인에게 직접적으로 전가하는 해결책이다. 이러한 개혁의 장기적 효과로 최근 노동현장과 병원 모두에서 문제가 되고 있는 군체성 사건 같은 시위들은 범죄가 될 수도 있다. 정부는 대대적인 법적 개혁을 통해 시위의 긴급성을 해소했다고 주장하지만, 시위는 결국 화합사회 그 자체에 대한 거부를 의미하는 것은 아닐까? 장리가 서술하고 있듯이 "화합에 우선순위를 부여함으로써 잠재적으로 논쟁의 장을 미리 닫아버릴 수 있게 되고 따라서 해고 노동자들, 이주민들과 농민들의 사회적 투쟁을 불법화하고 낙인찍을" 수 있다. 여기에 우리는 보장의 수준이 낮은 보험에 가입한 병원 환자들이나 실험 피험자들도 포함된다고 덧붙이고자 한다(Zhang 2010:214). "화해사회"는 개별 중국 시민에게 위험을 감수하고, 계약을 체결하고, 경쟁할 수 있는 권리를 부여함으로써 잠재적으로 모든 위험과 관련된 집합적 논쟁을 사회 질서에 대한 "불화"不和적 위협으로 재정립하게 될 것이다.

인도의 임상시험 : 복제약generics 생산에서 계약연구서비스로

중국과 달리 인도는 오랜 기간 자리 잡은 국내 제약 산업이 있다. 그리고 현재 새로운 상업적 환경을 조성해 제약 산업 인프라를 부흥시키고자 노력하고 있다. 로히트 초프라는 "독립 후 인도에서는 과학이 '국가의 이성'으로서의 권위를 인정받았다. 과학에 대해서는 유사 종교적인 의무감에 투자가 이루어졌다라고 말을 해도 과언이 아닐 것이다"라고 서술하고 있다(Chopra 2008 : 14). 자와할랄 네루의 통치하에 인도의 과학적 '국가 이성'은 중앙집중화된 계획, 국가 재정 지원을 받는 교육과 국가 보호주의라는 이상에 기초하고 있었다. 국가 보호주의는 수입 대체와 엄격한 관세 통제 정책을 통해 달성할 수 있었다(Prakash 1999 : 187~200). 복제약 생산 산업은 독립 이후 〈국민회의당〉이 육성한 가장 성공한 산업 중의 하나로 여전히 그 지위를 유지하고 있다. 국민회의당은 집권과 동시에 국가 소유의 제약품 제조사(이들 중에는 '힌두스탄 항생제 유한책임회사'와 '인도 제약 유한책임회사'가 있다)들의 네트워크를 정착시켰고 이러한 네트워크로부터 아주 성공한 민간 스핀오프 창업사들이 다수 만들어졌다(이들 중에서 가장 유명한 회사 중의 하나가 '닥터 레디스'이다). 이 네트워크로부터 또한 제약학에 특화된 전문 국가 연구 기관들도 다수 설립되었다(Reddy 2007 : 58). 국가 건강의 핵심에 위치한 중요한 산업으로 명명된 제약 영역은 국가 보호 부문으로 선정되어 보호를 위한 두 개의 특별 규정이 수립되었다. 하나는 제약회사의 이익을 제한하고 시장 판매되는 과반수 이상의 약품의 가격을 결정한 1970년에 제정된 〈약품가격통제명령〉이었고, 다른 하나는 약품에 대해서는 상품 특허를 불허하고 공정 process 특허에 대해서 7년의 만료 기간을 둔 1972년 〈특허법〉이었다(Chaudhuri 2005). 이 규정들은 이후 수십 년 동안 인도에서 제약기업의 형태를 결정했으며 APIS(원료 의약품으로 사용되는 활성 제약 성분들)의 대량 생산에 기반한 국내 시장이 성장할 수 있게 만들었다. 또한 역공학reverse engineering과 같은 대안적 공정을 활용하여 특허 약품들을 복제약으로 대량 생산하는 방식이 자리 잡도록 해주었다. 인도의 제한 입법들이 통과됨에 따라 다국적 기업들이 대량으로 시장을 떠났다. 그리고 인도의 제약 기업들은 전적으로 복제약의 생산과 제약 원료약품의 생산에 집중하고, 신약 개발과 거리를 두면서 국내 시장을 지배하게 되었다. 1990년대 초 경제 자유화 정책으로의 전환 이후 인도 제약 기업들은 전혀 다른 기업가적 미래주의 전망에 따라 재구조화를 해야 했다.

자유화의 여파에도 과학에서 기인했던 유사 종교적 특성이 퇴색하지는 않았고, 특히 새로 득세하기 시작한 힌두 근본주의Hindu Right, Sangh Parivar에게서 두드러졌다(Chopra 2008). 그러나 경제 자유화로 인도의 과학 기업은 근본적인 변화를 맞이했다. 힌두 근본주의의 문화 민족주의는 현재 국가 무역 장벽의 해체, 전문 지식 노동자의 대량 이주, 과거 국가에 의해 보호되었던 의료 및 통신과 같은 서비스의 국제 무역 등을 전제로 하는 새로운 경제 전략과 긴장 중이지만 작동에 문제없는 관계로 공존 중이다. 경제 자유화는 보호무역주의 시대의 정점에 세워진 기관들에도 영향을 미쳤고 새롭게 민영화된 과학 모델이 선호되기 시작했다. 세계은행과 함께 과학산업연구위원회의 사무총장은 지적재산권과 영리적 수익을 추구하는 미국 대학 모델을 표본으로 공공부문 과학을 재조직하는 데 앞장섰다(Lofgren and Benner 2011 : 168). 인도 상공부에서는 WTO 가입으로 전 지구적 경쟁에 들어갈 수밖에 없는 새로운 상황에서 바이오 제약을 성공 가능성이 높은 토착 혁신 산업 중 하나로 정의했다. 그 와중에 (일찍이 1986년에 과학 기술부 내 하부조직으로 만들어진) 생명공학국은 2007년 OECD와 유럽연합의 생명경제 정책 모델에 가까운 '국가생명공학기술 발전전략'을 발표했다(Lofgren and Nenner 2011 : 165, 169 ; Department of Biotechnology 2007). 인도 정부는 1990년대 소프트웨어 산업에서 기술 단지와 통신 인프라에 공적자금을 투자해 성공에 기여했고, 현재는 과거 소프트웨어 산업의 개발 경로를 생명과학 연구개발에서 모방하기 위해 경제특구 조성에 많은 투자를 하고 있다(Vaidynathan 2008).

WTO 회원국으로서 인도는 수입 제한을 해제하고 제약 상품 거래에 붙는 관세를 낮추어야만 한다. 또한 인도는 2005년 이후 TRIPS 협정에 따라 WTO의 특허 보호에 관한 특별 규칙들을 준수하고 있다(Reddy 2007). 이러한 완화 조치가 제약 산업에 미치는 영향은 심각했다. 인도의 제약 기업들은 더 이상 특허받은 약품에 "역공학"을 할 수 없고 지금은 해외 시장에서 특허가 만료되어야 복제약을 대량 생산할 수 있다. 예상대로 인도의 WTO 가입으로 다국적 기업이 인도의 국내 시장으로 다시 들어오게 되었다. 그러나 이는 또한 인도 제약 산업의 초점과 국내 소비자 시장의 윤곽을 변화시켰다. 인도는 여전히 복제약 시장에 전념하고 있다. 하지만 아이러니하게도 현재 많은 주요 블록버스터 의약품이 특허가 만료될 예정이고 인도의 제약 기업들은 서구 소비자 시장에 복제약 수출을 늘리는 데 목표를 두고 있다. 같은 기간 인도 내부의 특허 의약품 시장이 상당히 성장할 것으로 예측되고 있다. 한때 백신과 감염 방지용 약품이 국내 시장을 지배했지만, 지금은 만성 질환 약품들이 판매의 4분의 1을 차지하고 있다. 이 시장은 인도 국내 제약 기업과 다국적 제약회사 모두에게 수익이 많이 나는 중간 계급 소비자 시장이 될 것이다. 그 결과, 상대적으로 성공한 인도의 제약회사들(란박시, 닥터 레디스, 글렌마크, 피라말 헬스케어)은 자신들이 소유한 특허 신약을 임상시험할 목적으로 신약 후보군 개발에 투자하고 있다. 한편, 다른 제약회사들은 다국적 제약회사들과 라이선스 연대를 강화해 초기 단계의 실험적 화합물을 개발하고 있다(Reddy 2007 : 66~67). 적어도 수사적인 측면에서, 인도 제약기업들의 목표는 복제약의 대량 생산으로부터 의약품 연구개발과 특허 보호에 근거해 축적하는 새로운 전략으로 확장되었다. 그럼에도 불구하고 아직까지는 새로운 전략의 물질적 성과는 아주 제한적인 수준이다(Sarioa et al. 2012).

한편, WTO가 관장했던 GATS 의정서는 인도를 다국적 임상시험의 주요 종착지로 변모시키는 수단이 되었다. GATS 의정서는 합법적으로 거래할 수 있는 상품의 확장된 목록 내에서 의료 관광과 임상시험 같은 소위 건강 서비스를 포함한 서비스 거래에 있어 가장 예외적인 제한을 제외한 모든 제한을 금지한다(Saxena 2011). 인도 정부는 열정적으로 인도를 임상시험의 목적지로 홍보하고 있다. 정부가 실시한 가장 중요한 개입은 인도에서의 임상시험 실행과 관련된 시간적 제한을 와해시킨 것이었다. 인도에서의 임상시험 규제는 인도 의약품통제국DCGI이 강화시켜 놓은 약품 및 화장품에 대한 '스케줄 Y' 규정[14]을 따른다. 2005년까지 이 규제는 외국 약품에 대해 수행하는 임상시험에 단계적 지연을 요구했다. 인도에서 외국 약품의 2상 시험은 해외에서 3상 시험을 수행한 이후에야 실행할 수 있었다. 2005년 1월 〈의약품 및 화장품법〉이 개정되었고 다국적 시험의 동시 수행이 허가되었다. 이제 미국에서 수행 중인 2상 시험을 인도에서 동시에 할 수 있게 된 것이다(Srinivisan and Nikarge 2009:6). 인도에서 개발된 임상시험용 신약은 1상 임상시험을 거쳐야 한다. 〈의약품 및 화장품법〉은 현재 외국에서 개발된 약품이 인도 지역에서 중요한 의약품이 아닐 경우 1상 시험을 허가하지 않는다(이와 같은 이유로 HIV/AIDS와 종양학 약품들은 규정에서 예외적이다). 하지만 해외에서 이미 진행 중인 1상 시험

---

14. * Schedule Y는 판매용 혹은 임상시험용 신약의 수입과 생산에 관련된 요건과 가이드라인으로 임상시험을 규제한다.

을 반복하는 시험은 허가를 받을 수 있으며, 이 법은 이런 시험의 범위를 모호하게 설정하여 제약회사들이 기본적으로 인간 대상 1상 연구를 수행할 수 있도록 허용하고 있다(Prasad 2009 : 10). 퀸타일즈, 파렉셀, 피알에이 인터내셔널, 아이콘 유한책임회사 같은 대부분의 대형 다국적 CRO는 현재 인도에 정착하고 있다. 한편으로 다수의 인도 국내 CRO들이 1상 시험과 생물학적 동등성 연구를 자국의 복제약 생산자들에게 제공하고 있다(Drabu et al. 2010 ; Chin and Bairu 2011 : 143 ; Sariola et al. 2012).

다국적 임상시험을 장려하는 인도 정부의 전략은 자유화 이후 건강 돌봄에 투입되는 기금이 감소하고 있는 맥락을 고려해야 이해할 수 있다(Qadeer et al. 2001 ; Baru 2005). 공공 병원들에 대한 재정 지원의 열악함은 심각한 수준이고 다수 병원들이 현재 항구적인 예산 부족을 보완할 목적으로 의료 관광 서비스를 제공하거나 다국적 임상시험 수행 계약을 따내기 위해 입찰에 참여하고 있다. 1980년대 이후로 노동력이 빠르게 비공식화되고 있다는 사실은 건강보험의 보장 수준이 수직 낙하했다는 것을 의미한다. 인구의 10% 이하만이 어떤 형태로든 건강보험의 보장을 받고 있다. 다수의 환자들은 공공병원에서조차 건강 돌봄 서비스 비용을 지불할 여력이 없다. 공공병원은 환자들에게 특정한 절차나 시험과 약품에 대해 비용을 요구하고 있다. GATS의 건강 서비스 거래 자유화 의무는 공공병원이 다국적 임상시험 계약 입찰에 참여할 수 있도록 허가했고, 자금원이 고갈되어가던 공공 보건 영역에 대안적인 수입원이 투입될 수 있게 만들었다. 임상시험에 참여하는 보험이 없는 공공 병원 환자들은 임상시험 참가가 아니었다면 장기간 대기해야 받을 수 있거나 자신들이 감당할 수 없는 치료를 제공받는다(인터뷰 2012a, 2012b, 2012c). 대부분의 2상 및 3상 다국적 시험(당뇨병 및 심혈관 질환을 표적으로 하는 약물은 2상에서 많이 나타나고 3상 시험에서는 지배적이다)은 표적 치료 영역에서 치료 이력이 거의 없는 인도 환자를 대상으로 공공 대학병원에서 수행된다(Frost & Sullivan 2012 : 28). 그러나 (국내 및 전 지구적 중산층 시장을 공략하는) '아폴로 앤 포티스' 등의 일부 대형 민간병원 기업들도 임상시험 시장의 일부, 특히 암 치료제나 줄기세포 치료제 등 복잡한 실험을 유치하기 위해 노력하고 있다(이러한 시장에서 환자는 치료의 약속적 성격에 높은 개인 투자를 한다)(Patra and Sleeboom-Faulkner 2009 ; Shukla 2010).

몇몇 1상 시험들은 병원에서 진행되고 있다. 인도는 중국과 달리 병원 시스템 바깥에 위치해 있는 민간 1상 전문병원 네트워크가 대규모로 발달되어 있다(인터뷰 2012b, 2012c). 이들 전문병원들 다수가 지역 제약 생산자들이 생산하는 복제약과 관련된 생동성 연구들을 수행하고 있다. 그러나 이들 중에서도 몇몇 병원은 환자들에게 심대한 위험을 끼칠 수 있는 인체 종양학 1상 시험과 같은 좀 더 복잡한 시험 수행에 종사하고 있다. 인도는 빠르게 다국적 기업들이 선호하는 암 치료제 임상시험의 목적지가 되고 있다. 2012년 전체 CRO 수입의 20%가 암 임상시험에서 나왔고, 1상 시험 수익의 최대 원천이 되고 있다. 이는 어떤 사전 치료도 받지 못하는 대다수의 환자들이 다양한 시험 단계에 존재하고 있기 때문이다(Frost & Sullivan 2012 : 19, 28).

인류학자 카우식 순데르 라잔은 자신의 연구에서 봄베이의 임상시험 시장이 부상하고 있는 상황을 잘 묘사하고 있다. 그는 어떤 조건에서 한때 동일한 장소에서 번성해 다수 노동력이 존재했던 섬유 산업을 의약품 시험 노동이 대체할 수 있었는지 연구했다(Sunder Rajan 2008). 순데르 라잔의 분석은 모범적이었는데 그의 분석은 임상노동을 규정하는 요소로서 위험 노출을 지적하고 있을 뿐만 아니라 임상 시험 시장의 부상을 산업 전환 과정의 결과이자 징후로 보고 있기 때문이다. 임상시험 신규 참가자는 "'자신을 위한 지속적인 노동'을 하지도 않고, '효율적이거나 융통성' 있지도 않고, 단지 '위험에 처해 있는 주체'일 뿐"이다(2008 : 160~161). 산업 전환의 과정은 섬유 공장의 대량 산업 노동에서 시작해 산업 노동을 수익성이 없게 만든 투기적인 토지 투자를 거쳐, 육체적 위험 그 자체가 투기의 대상이 되는 새로운 형태의 노동으로 이동했다. 산업과 투기 그리고 임상 경제의 교차점에서 성장한 제약 서비스 분야의 새로운 노동 시장은 과거의 공장 노동자들과 주변부 노동자들을 신약 연구의 새로운 대상으로 모집하고 있다. 이러한 의약품 연구는 국내와 다국적 제약 기업들에게 필요한 임상 데이터 시장의 성장을 촉진시키고 있다.

노동 개혁, 위험 경제, 그리고 임상노동의 부상 : 아마다바드의 사례

아마다바드의 사례는 순데르 라잔이 개괄한 노동 전환 과정의 예시이다. 서부 구자라트주에 위치한 이전의 섬유 생산 중심지 아마다바드는 20세기 동안 산업 재구조화의 선두에 있었고 1980년대 노동 개혁을 겪은 최초의 도시 중의 하나다. 아마다바드는 20세기 인도의 "충격 도시"로 묘사되곤 했다. 1947년 인도 독립 이후 아마다바드는 네루식 현대화의 모델이 되었고 섬유 생산에 탁월한 도시가 되었으며, 화학과 제약 생산에서 최초의 다국적 벤처 기업이 설립된 곳이다. 아마다바드는 간디에게서 영감을 받은 〈섬유노동자연합〉의 고향이기도 했다. 〈섬유노동자연합〉은 파업 대신에 타협과 중재를 선택했고 회원들에게 보험, 은행, 교육 서비스를 포함한 광범위한 사회 보장 네트워크를 제공했다. 1960년대까지 아마다바드는 인도에서 가장 산업화된 도시였고, 도시의 남성 인구 3분의 1이 섬유 공장에서 일했다. 그들 중 대부분이 아마다바드 〈섬유노동자연합〉 회원이었다(Spodek 2011 : 6). 그러나 아마다바드는 인도에서 탈산업화를 경험한 최초 도시 중의 하나이기도 했다. 1991년 라지브 간디가 공식적인 자유화 정책을 수용하기 전인 1980년대 중반에 구자라트주는 노동의 비공식화를 촉진한 새로운 경제 체제를 선택했다(Breman 2004 : 144, 235). 1982년 봄베이 공장 파업의 실패 이후, 곧이어 인도 전역에서 급격히 가속화된 공장 폐쇄가 발생했다. 섬유 공장의 이탈로 가장 광범위한 사회적, 경제적 영향을 받은 곳은 바로 아마다바드였다. 1990년대 말 총 125,000명이 공식 부문에서 일자리를 잃었고 셀 수 없이 많은 인원이 계약직으로 섬유 생산 산업에 투입되었다. 2001년 이후 논쟁의 중심에 있었던 구자라트주 총리 나렌드라 모디는 힌두 민족주의와 경제 자유주의가 세속적인 연합을 체결하는 과정을 감독했다. 이 연합은 지역 노동 시장 재구조화를 지속적으로 강화시켰다.

어떤 측면에서 인도의 "탈산업화"는 산업 노동의 비공식화를 표현하는 완곡한 용어라고 할 수 있다. 이전에는 거대 혼합 공장에서 수행되던 전문적인 업무들 다수가 사라졌고 대신에 이 업무들은 소규모 작업장에 외주 형태로 옮겨졌다. 이 작업장에서 노동자들은 작업장 규제 혹은 노동법의 적용을 받을 수 없었다(Breman 2004 : 144, 235). 한편, 복합 공장의 붕괴 이후 다른 종류의 비공식적인 산업 노동이 번창해 왔다. 여기에는 석유화학, 플라스틱, 제약, 시멘트, 데님 산업의 계약 노동과 다이아몬드 절삭 및 광택 작업장의 임시 노동이 포함된다. 그러나 다른 곳과 마찬가지로 아마다바드의 섬유 공장 폐쇄는 공식적인(종종 전문적이고 과학적인) 노동력과 비공식적이고 매우 임시적인 서비스 노동으로 구성된 경제 중심지의 일반적인 변화를 반영했다. 섬유 생산이 구조조정을 거치면서 아마다바드는 수십 개의 CRO로 구성된 새로운 "임상 서비스" 부문을 전개하기 시작했다. 그리고 공식적인 전문 인력(임상시험 조사자, 생물통계학자, 데이터 관리자, 간호사 등)과 비공식적인 연구 대상 인력 모두를 고용하게 되었다.

섬유 공장의 폐쇄는 가장 숙련된 사무직 노동자들을 제외한 모든 사람에게 급속한 탈프롤레타리아트화를 초래했다. 모든 공장 노동자가 계약 기반 정규직으로 고용된 상태인 것도, 섬유 직종의 모든 일자리가 마찬가지로 계약 기반 정규직 조건을 갖춘 것도 아니었다. 그러나 (대개 배타적으로 남성 노동자였던) 정규직 계약으로 고용된 근로자들은 "영구적이고 숙련도가 높은 노동, 상대적으로 높은 임금, 안락한 여가, 질병과 다른 위험에 대비한 보험, 재정적으로 여유분을 축적할 가능성, 이자율이 낮은 대출 접근성, 집단행동으로 자신들의 이해관계를 지켜낼 수 있는 가능성, 집단행동과 함께 뒤따르는 정치의식" 등을 누릴 수 있었다(Breman 2004:218). 몇몇 예외가 있기는 했지만 퇴출된 노동자들은 이후로 엄청나게 낮은 급료를 지급받는 임시 서비스 노동, 계약 산업 노동 혹은 외주로 파편화된 노동을 통해 조직된 도시의 비공식 경제로 이동했다. 이들은 복합 공장에서 자신들의 벌던 임금의 절반도 받지 못했고, 비숙련 노동의 경우는 구자라트 주정부가 정해놓은 최소 임금보다 훨씬 낮은 임금을 받았다(Breman 2004:184). 이전의 공장 노동자들은 인력거 노동자, 거리 노점상, 수선공, 경비가 되었다. 그리고 이제 막 성장하고 있는 임상연구 경제에서 신규 임상시험 모집대상이 되었다.

건강과 사고 보험에 관한 노동자 권리가 갑작스럽게 중단되면서 노동자들은 실험용 약품의 소비자이자 생산자로서 임상노동 시장에 내몰리게 되었다. 1980년대 대량 정리해고 전에는 공공과 민간 영역 공장 노동자들은 자동으로 고용국가보험제도(이하 ESIS) 회원이 되었는데, 이 보험제도는 노동자 질병, 사고 혹은 장애 발생 시 보상비용을 충당해주었다(Breman 2004 : 208). 독립 정부 이후 1948년에 만들어진 ESIS는 구역 병원 시스템을 감독했고, 구역병원에서 퇴직 전후의 고용인들과 그의 가족들은 임금에서 상대적으로 적은 비용을 지불하고 그 대가로 의료적 돌봄을 공급받았다. 하지만 이 모든 것은 공장의 대거 폐쇄와 함께 사라졌다. 공장 노동자들이 퇴직이 아니라 정리해고를 당했기 때문에 공장 노동자들은 더는 보험의 혜택을 받을 수 없었다. ESIS 병원에 접근할 수 없는 과거의 공장 노동자들은 이제 아마다바드 시민 병원에 갈 수밖에 없었다. 시민병원에서 무료로 검사를 받을 수는 있었지만, 약품 비용은 지불을 해야 했다. 하지만 대폭 줄어든 낮은 임금으로는 이제 감당할 수 없게 되었다.

인도 노동력의 비공식화는 노동자들의 저축과 투자 기회를 빼앗았다. 건강 위험은 도시의 가난한 이들이 마주하는 주요 부채 중 하나로 전환되었다. 과거 남성 섬유 노동자들은 그들의 정기적인 수입과 확실한 고용을 담보로 노동조합이 운영하는 협동조합 은행의 융자를 낮은 이율로 사용할 수 있었다. 그러나 노동의 비공식화는 노동자들을 아주 나쁜 조건의 대출로 이끌었다(Berman 2004 : 215). 따라서 신용도는 고용의 예측가능성과 더불어 추락했다. 한 세대도 지나지 않아서 노동조합에 가입되어 있었던 노동자들은 신중한 저축 체제를 버렸다. 그들은 하루하루를 위태롭게 살면서 가장 세속적인 우연에 노출되길 바라며 투기성 짙은 일일 투자 체제로 이동했다. 건강 돌봄 지출은 가장 빈번하게 일어나고 심각한 손상을 주는 개인 부채의 원인 제공자였다(Cumber and Kulkarni 2000). 임상연구가 이런 조건에서 성장하는 것은 놀랄 일도 아니다. 건강 위험의 부채를 자산과 수익원으로 바꾸어 주기로 약속하는 계약 임상시험은 노동에 위험 노출을 옮겨 놓는 한 가지 방식이다. 동시에 임상시험 노동은 신체적으로 우연적인 사건을 생산적인 것으로 만드는 방식이다.

구자라트주 정부는 아마다바드의 탈산업적 전환에 결정적인 역할을 했다. 힌두 민족주의 〈바라티야 자나타당〉[현 〈인도 인민당〉]의 나렌드라 모디의 집권기 동안 주 정부는 "활기찬 구자라트" 투자 정상회의를 해마다 유치했고 대개 비판적이지 않은 외국 파트너들과 점점 더 많은 국제 계약을 체결해왔다.[15] 벵갈루루와 같은 다른 인도 도시와는 달리 아마다바드는 비즈니스 과정을 외주화하거나 백오피스[16] 콜센터를 개발하는 데 주력하지 않았다. 대신에 주정부는 이미 존재하는 제약과 화학 생산 공정 기술들을 활용하여, 이러한 제약 산업 분야가 자유화된 임상 서비스 거래 시장에 진출할 수 있도록 허용했다. 2004년에 구자라트주 정부의 과학기술부는 구자라트 생명공학 미션을 만들어 주관할 구역의 모든 제약적 가치 사슬에 있는 산업체들을 모두 지원하기로 했다. 아마다바드에는 이미 1970년대와 1980년대에 중소 제약품 생산 회사들로 구성된 클러스터가 만들어져 있었다. 이 회사들은 소비에트 연방과 아프리카 국가들에 복제약을 수출하고 있었다(Spodek 2011 : 127, 231~232). 최근에 와서 이러한 제약회사들은 대형 다국적 임상시험 공급 공장으로 변모했고, 이 지역에 최초로 진출한 '써모피셔 사이언티픽'뿐만 아니라 다수의 국내 CRO와 다국적 연

---

15. http://www.vibrantgujarat.com (2012년 2월 20일 접속).
16. * 일선 업무 이외에 후방에서 일선 업무를 지원하고 도와주는 부서 또는 그것과 관련된 업무.

구조직들과도 연합했다(Bharadwaj Chand 2008 ; Nair 2009 ; Dave 2010). 구
자라트 생명공학 기술 미션에서 핵심 경제 행위자로 규정해 놓은 다
수의 제약회사들은 특별경제구역의 대상으로 보호를 받고 있다. 이
회사들은 수출 수입에 있어서 5년간의 면세 혜택을 포함한 폭넓은 세
제 혜택을 받고 있다. 구자라트 생명공학 기술 미션은 이 지역에서의
임상연구 성장을 촉진하기 위해 그 밖의 몇몇 선도 사업을 벌이고 있
는데, 신규기업들에 대한 종자 기금 제공에서 아마다바드에 바이오
기술 단지 조성과 기타 도시 센터들을 설립하는 사업들을 예로 들 수
있다. 아마도 이 미션의 가장 중요한 기여는 시브라쓰 우수 임상연구
센터SCECR의 설립인데, 이 센터는 지방 CRO 산업에 필요한 우수한
임상 연구진을 육성할 목적으로 설립되었다. 아마다바드는 지금은 인
도의 계약 임상연구 중심지로 여겨지고 있고 이 뒤를 뭄바이, 벵갈루
루, 하이데라바드, 첸나이와 뉴델리가 바짝 쫓고 있다(Dave 2010 ; Frost
&Sullivan 2012 : 64).

2010년과 마찬가지로 아마다바드에는 12개 이상의 CRO가 소재
하는데 이들 중 다수가 자체적으로 현지에 1상 시험 전문 병원을 갖
추고 있다고 홍보 중이다.[17] 일반적으로 1상 연구는 병원 부문 바깥
의 임상시험 전용 개인 클리닉에서 수행된다.[18] 아마다바드에 토대를
두고 있는 다수의 CRO들은 이전의 복제약들에 대한 생동성 연구
경험을 갖고 있었고, 지금은 국내 제약회사와 다국적 제약회사 모두
를 고객으로 모든 종류의 1상 시험을 수행하고 있다. 거의 모든 다국

---

17. 구자라트주 생명공학 미션은 다음 지역에 10여 개에 이르는 주요 CRO를 유지하고 있
다. http://btm.gujarat.gov.in/btm/pharm-bio-clinical-research.htm (2012년 2월 11
일 접속).
18. 근래 들어 몇몇 다국적 CRO가 인도의 신규 민간 병원들에 1상 단위를 만들고 있다.

적 제약회사들이 현지의 의약품 개발에 참여하고 있는 중국과 비교해 인도에서 인간 대상 1상 연구가 일상적이지는 않다. 그럼에도 불구하고 소수의 1상 센터들은 높은 위험성을 지닌 종양학과 HIV/AIDS 약품의 최초 인간 대상 연구를 전문으로 하고 있다. 병원에서와 달리 1상 단위들은 직접 피험자를 모집하지 않고 중개인(대개 CRO로부터 대가를 지불받았던 이전 연구 피험자)을 이용하여 도시의 가난한 구역과 게토 지역에서 시험 대상자를 물색해 공급하고 있다(Jenkins 2010; Parmar 2012). 중국과 미국과는 달리 아마다바드 1상 부문에서는 다수의 여성 피험자들을 모집하고 있고 몇몇 지역의 1상 단위에서는 여성을 위해 병상을 보유하고 있다. 이는 1상 부문에서 어떤 종류의 실험들이 실시되고 있는지(유방암 관련 실험과 폐경 후 여성을 대상으로 하는 표적 약품 관련 시험이 상당히 많이 시행되고 있다)를 보여줄 뿐만 이 지역의 특수한 노동 역사를 반영하는 것이다(이 지역에서 여성들은 산업 부문뿐만 아니라 비공식 부문의 서비스 노동에도 오랫동안 참여해왔다)(Outsourcing Pharma 2010; SIRO Clinpharm 2012). 연구 피험자들은 한 번의 시험 참가로 현재 7,000에서 10,000루피 정도의 돈을 벌고 있고, 본 시험에 앞서 초기 평가 테스트(2011년 4월 이후로 인도에서의 최소 임금이 하루 115루피라는 점을 상기하면 이 테스트가 갖는 상대적 가치를 알 수 있다. 물론 많은 비공식 부문 노동자들이 실제로 받는 임금은 이보다 훨씬 낮다)에 대한 대가로 105인도 루피를 받는다(Jenkins 2010; Parmar 2012).

2상과 3상 시험은 도시에 소재하는 대형 의과대학 부속병원에서 시행되는데, 이곳에서는 임상의들이 일주일간 수백만 명의 환자를 보곤 한다. 인도 병원에서의 임상시험 부문은 중국과 아주 유사한 방식으로 발전했다. 부분적으로는 미국보다 더 중앙집중화되어 있고, 신규 피험자 모집 규모도 더 크다. 이는 다국적 시험 의뢰자들의 수요에 대응한 결과이다. 또 다른 한편으로는 인도의 병원 부문에서 재정 지원 예산액을 크게 삭감해 공공 병원을 빈곤의 나락에 떨어지게 만들고, 병원으로 하여금 의료 관광이나 임상시험으로 대체 수입원을 찾아 나서게 한 결과라고도 할 수 있다(인터뷰 2008b). 중국에서와 마찬가지로 다국적 계약 임상시험은 인도 병원 인프라에 통합된 한 부분이 되었고, 점점 늘어나는 환자들의 주요한 건강 돌봄의 공급원이 되었다. 대규모의 지방 인구들에게서 과거의 무상 의료 돌봄과 보험 보장을 받을 수 있는 고용에 기반한 권리가 박탈되면서 임상시험에 대한 환자들의 수요가 엄청나게 증가했다. 따라서 경제 자유화는 과거의 노동계약에 내재되어 있던 위험 보호의 폐지만을 의미하지 않는다. 이것은 근본적으로 전혀 다른 새로운 형태의 노동이 도입되었다는 점을 의미한다. 새로운 형식의 노동은 보험으로 보장되지 않고, (아마도 장기적으로는) 보험을 들 수 있는 가능성이 없는 위험 노출을 전제로 한다.

임상시험 신규 피험자의 프로파일은 경제 자유화가 이루어지고 폭력적인 힌두 민족주의 정책들이 부상한 이후로 진행된 지방 인구의 계급, 카스트, 젠더와 인종/종교 계층화에 따라 변화를 겪었다. 과거의 섬유 공장 노동자들만이 종종 계약 노동 형태 혹은 건강 돌봄을 받을 수 있는 노동 형태로 임상시험 노동에 참여하고 있는 것은 아니다. 다른 부문의 계약 노동자들 또한 일상적으로 엄혹한 경제 시기에 경제적 간극을 메우기 위한 수단으로 임상시험에 유입되고 있다. 예를 들면 새롭게 번창하고 있는 다이아몬드 연마 부문(세계적인 다이아몬드 가공 도시인 인근 수라트로부터 수입되어온 다이아몬드 연마 산업)의 노동자들도 2008년 경제 위기 이후 고용이 드물게 일어나자 대거 1상 임상시험으로 돌아섰다(Rahman 2009). 아마다바드의 1상 임상시험 부문은 또한 특이하게도 상당히 높은 비중으로 여성 피험자를 모집하고 있다. 이는 의심할 여지 없이 여성들이 비공식 부문에서 두드러진 역할을 하고 있음을 보여준다. 1980년대 성세 개혁은 다수의 조합에 가입된 남성 노동자들을 강제적으로 비공식 부문으로 몰아냈을 뿐만 아니라 간디주의 섬유 노동조합들에 의해 정착되었던 젠더에 따른 노동 구분을 확실한 정도로 뒤집었다(그리고 어느 정도는 시정했다). 서부 유럽의 국가들과 마찬가지로 간디주의 〈섬유 노동자연합〉은 가족 임금을 주요한 요구사항 중 하나로 내세웠다. 결과적으로 1930년대와 1940년대에 있었던 섬유 생산의 합리화는 노동자 연합의 소란이 거의 없이 대다수 여성 노동자들을 가정과 비공식 경제로 되돌아가도록 강제할 수 있었다(Breman 2004:212~213). 그러나 경제 자유화의 여파로 여성들이 비공식 노동 경제 부문의 주요한 행위자로 되돌아왔다. 1상 시험 노동이 공식 경제의 가장자리에서 번성하면서 여성들은 그곳에서 다수를 차지하게 되었다. 구자라트에서 섬유 공장 폐쇄와 힌두 민족주의의 부상으로 아마다바드의 도시 공간에 다시 인종분리segregation가 도입되면서 어떤 인구 집단이 계약 임상시험 노동으로 강제로 추방되었는지 상기해야 한다. 힌두 민족주의자들은 1992년과 2002년에 구자라트주의 이슬람 인구를 집단학살했다. 이 집단학살로 아마다바드 무슬림 집단은 주하푸라로 추방되었다. 주하푸라는 도시 외곽의 게토로 고용 기회가 거의 없는 곳이었다. 주하푸라에 살고 있는 무슬림 여성들은 대다수가 이 폭동으로 미망인이 되었고 그들에게 얼마 남지 않은 수입원은 1상 임상시험이었다(Kaur 2008). 정도는 각기 다르지만 노동의 비공식화, 건강보험 상실과 도시 공간 공동체의 인종분리로 인해서 건강 위험은 도시 빈민에게 책임져야 할 무거운 짐liability(이자 거래 가능한 자산asset)의 일종이 되었다.

임상시험을 재구조화하기 : 전 지구화된 시험으로 혹은 전 지구화된 시험을 넘어서?

이번 장과 이전 장에서 우리는 최근 미국에서 일어나고 있는 임상시험 산업의 공생적 발전과 부상하고 있는 인도와 중국의 해외 임상시험 소재지들을 조사했다. 우리는 임상시험의 전 지구화가 환자 모집 과정에서 위기감을 느낀 제약회사들이 도입한 하나의 해결책이었다는 의견을 제시했다. 그런데 최근에 제약 산업은 약품 혁신 과정에서 위기가 발생한 것으로 보고 이에 대한 새로운 내부적 해결책을 찾기 시작했다. 상품 산출이 늦어지기만 하는 약품 R&D 파이프라인, 빠르게 만료되어가는 특허들, 줄어드는 R&D 투자 수익과 적정 약품 가격에 대한 압박 증가 등으로 제약 산업의 위기는 점차 분명해졌다. 제약 산업은 상시적으로 위기를 환기해 왔다는 사실에 주의를 기울일 필요가 있다. 미국에서는 제약 산업이 위기를 구실로 삼아 약값을 올리는 일이 자주 있었다. 그러나 2차 세계대전 직후 새로운 제약 혁신들이 급증한 이후로 제약 산업계는 지속적으로 하락 중인 신약 개발 비율을 경험하고 있다. 대부분의 신약은 이미 존재하는 화학 공식에 약간의 수정을 가하거나 대체 처방 조건에 맞춘 의약품의 시장 출시를 허가하여 유통되는 "미투 약물"에 불과했다. 제약 산업은 약품 혁신의 쇠퇴를 어느 정도 효과적으로 설명하는 다양한 방법을 발전시켜 왔다. 다음 장에서 우리는 표준 임상시험 과정 자체가 진정한 의미의 실험을 이행하는 데 장애물이 되고 있다 ─ 그리하여 혁신에 있어서도 장애물이 되고 있다 — 고 지적한 임상의들과 제약 산업계 대표들에 주목해볼 것이다. 이들은 현재 임상시험의 최적 기준인 RCT가 실질적인 혁신(즉, 실험적 놀라움)을 허용하지 않고, 연구자가 이미 존재하는 화학 성분만을 시험해볼 수 있도록 할 뿐이라는 비판적인 주장을 했다. 이들은 또한 실험 기반의 약리학과 임상 사이에 존재하는 현재의 분업이 "중개의학"[19] — 즉, 체외 혁신에서 임상적으로 실행 가능한 혁신으로의 통로 — 을 소홀히 다루게 만든다고 주장했다. 요컨대 현재 임상시험의 프로토콜로는 임상에서 충분히 실질적인 실험을 수행할 수 없다는 것이다. 이런 결론은 잠재적으로 위험성이 높았지만 미국 식품의약국, 미국 국립보건원, 유럽 의약품청으로부터 상당한 지지를 받았었다. 미국과 유럽연합의 국립 연구위원회들 모두 실험실과 임상 사이의 더 긴밀하고 생산적인 상호작용을 장려하면서 "중개의학"으로 관심을 돌렸고, 재정 지원의 흐름도 이러한 의학 영역으로 향했다. 한편 FDA에서는 훨씬 위험하고 신체적으로 침습성이 높은 연구를 용인하거나 혹은 진행 과정에 따라 시험 설계를 수정할 수 있게 하는, 더욱 실험적인 신규 시험 방법(0상 시험, 유연 시험 디자인)을 지원해야 한다고 주장했다. 그 사이 제약 산업은 FDA 승인 없이 처방되거나 절반만 규제받는 약품을 소비하는 환자들을 추적하는 수단으로서 소셜 미디어의 가능성을 탐색해오고 있다. 여기서 중요한 것은 제도적인 임상으로부터 약품을 소비하는 대중의 "분산된 임상"으로 약품 개발 과정이 외주화되었다는 것이다. 바로 이것이 다음 장에서 우리가 조사하고자 하는 새로운 형태의 외주화이다.

---

19. * translational medicine. 최근 의학 연구 분야에서 많이 사용하고 있는 중개 연구는 기초의학연구 성과를 임상연구로 연결하는 연구를 뜻하는 용어로 이행성 연구로도 불린다.

8장

분산된 실험 노동

사용자 생성 약물 혁신

실험experiment이란 무엇인가? 과학사가 한스 외르크 라인버거(Rheinberger 1997a, 1997b)는 우리가 과학적 실험으로 여기는 대다수의 것이 시험test으로 이루어져 있다고 주장한다. 칼 포퍼는 "이론가는 실험가에게 확실하고 분명한 질문을 던지고, 실험가는 다른 어떤 질문에 대해서가 아니라 바로 이 질문에 그의 실험을 이용해 결정적인 답을 이끌어 내고자 한다. 모든 다른 질문들은 배제하고자 한다"고 주장함으로써 실험의 고전적 공식이 시험이라는 제안을 하였다(Popper 2004 : 89). 이와 대조적으로 라인버거에게 참된 실험의 증명은 오래된 것의 접합, 재조합, 또는 이종교배로부터 완전히 새로운 질문을 생성할 수 있는 실험의 능력에 놓여 있다. 그의 표현대로 "실험 체계는 과학적 참신함novelties을 생산하기 위한 장치, 즉 우리의 현재 지식을 넘어서는, '놀라움의 생성자'generators of surprise로서 행동할 수 있기 위해 '차별적인 복제'를 할 수 있어야만 한다"(Rheinberger 1997b : 3).

"실험은 고유의 생명을 지닌다"는 주장(Hacking 1983 : 150)을 받아들이면서, 라인버거는 과학적 발명에 관한 "사변적 유물론자"의 관점을 발전시킨다. 그의 인식론은 실천의 물질성에 엄격하게 주목하고,

동시에 실천의 짜임새 내부로부터의 비환원적 "사건"의 생산에 특별한 관심을 기울인다. 라인버거는 실험의 복잡한 하부구조는 과학의 창조적 정신에 물질적 한계를 부과하지 않으며, 오히려 과학 지식의 생산 과정에서 새로운 연결들이 생겨나도록 한다고 주장한다. 이런 의미에서, 실재the real는 모든 진리의 근거가 아니라, "물질이 무엇을 할 수 있는지"에 대한 우리의 기대를 간섭하고 당혹스럽게 만드는 능력을 지니는 것이다. 라인버거의 말에 따르면, "우리는 적절하게 분석을 하게 되면, 실천의 세부사항들과 특별한 것들이 우리 지식에 제한을 주는 것이 아니라 과학 지식을 성취하기 위한 수단을 제공하며, 세부사항들은 과학 지식을 성취하기 위한 전제조건임을 인지해야 한다. 특히, 과학적 사건들이 실현되는 것은 적절하게 '조정된' 실험 시스템의 구조 내에서이다. … 새로운 것들은 항상 시공간적 특이성singularities의 결과이다. 실험 시스템은 정확히 과학자들에게 인식론적 시공간 특이성을 만들 수 있게 해주는 배열이다. 실험 시스템은 연구자들이 전례 없이 놀라운 결과에 도달할 수 있게 해준다. 이런 의미에서, 실험 시스템은 말하자면 일반적인 실재보다 '더 실재적'이다"(Rheinberger 1997a:S245~s246). 라인버거에게 궁극적으로 시험을 포함한 다른 모든 검증 모델과 실험을 구별해 주는 것은 실험 시스템의 물질적 놀라움을 일으키는 능력이다. 시험 장치가 불확실성의 정도를 재현하고 측정하는 것을 목표로 하는 곳에서 참된 실험만이 그 자체의 불확실성을 생성할 수 있다.

라인버거의 실험 철학은 하버드 경영대학원에 소속된 이론가들에 의해 입증되고 있는데, 이들은 비록 신시장 창출과 더 많은 이윤이라는 훨씬 제한적인 목표 아래에 있기는 하지만 실험적 놀라움을 현대 사업 전략의 핵심에 두고 있다(Pine and Gilmore 1999;Thomke 2003).

이런 이론가들에게 포스트포드주의적 혁신 방식modus operandi은 응고된congealed 상품 형태에서 경과된 시간을 축적하는 대신, 예상치 못한 사건을 이끌어내고 포착하는 것을 목표로 삼는다는 점에서 실험적이다. 이런 혁신 경제를 구별 짓는 것은 예상치 못한 것에 대한 지향뿐만 아니라 생산과 소비, 소비자 대중과 노동 시장 간의 전통적 경계에 대한 무관심이다. 가치는 더는 표준화된 형태의 대량 재생산을 통해 생성되지 않는다. 대신, 가치는 경험을 새롭고 예상치 못한 방식으로 배치하고자 하는 지속적인 갈망으로부터 나온다. 이 이론가들의 말을 빌리자면, "시행착오 실험으로 실험자에게 제공된 새로운 정보는 사전에 연구자가 알지 못했거나 알 수 없었던, 또는 예견하거나 예측할 수 없었던 결과의 양상들 — 즉, 오류the error — 이다"(Thomke et al. 1998: 316).

과학 발명의 본질에 대한 이러한 이론적 성찰로부터 임상 약학의 실제적 실천으로 관심을 돌려보면, 바로 떠오르는 것이 라인버거의 실험 패러다임이 여기에는 거의 적용되지 않았다는 것이다. 아주 최근까지 의학 연구에서 실험 설계의 최적표준은 이중맹검double-blind 무작위 대조군 연구(이하 RCT)였다. 이 방법은 라인버거가 정의한 실험보다는 시험에 훨씬 가깝다. 20세기 중반 개발된 이래, RCT는 불확실성의 점진적 측정을 통해 (가설로서 체계가 만들어진) 과학적 질문에 대한 답을 찾고자 했다. 20세기 중반, 대부분의 위험 관리 전략과 같이 RCT는 "위험"이 표준화될 수 있을 것이라는 가정하에서 운용되었다. RCT의 목표는 불확실성의 확률론적 분포를 설정하고 가설을 확정하거나 폐기하는 것이었지 그 자체의 새로운 불확실성을 생성하는 것은 아니었다.[1]

그러나 최근, 확립된 임상시험에 대한 협약들이 제약 부문에서 약물 개발의 상승하는 비용과 줄어드는 수익의 원인으로 지목됨에 따라 점점 조사 대상이 되는 경우들이 늘어가고 있다. 이번 장은 제약 기업과 규제당국에서 임상시험을 개혁하는 방식을 보여주고, 이런 발전이 인간 대상 실험의 역학에 상당한 변화가 일어나고 있음을 보여주는 것임을 주장할 것이다. 이번 장의 첫 부분에서 우리는 실험 연구실 기반 과학과 임상 사이의 접점을 재고하기 위해 최근의 노력들("중개의학" 담론과 연관된 노력들)을 조사할 것이다. 우리는 또한 (0상 시험과 유연 시험 기술을 포함하는) 새로운 실험 설계의 적용을 통해 실험적 놀라움의 요소를 임상시험 과정에 재도입하기 위한 노력들을 상세히 살펴볼 것이다. 이러한 개혁 모두는 실험실 기반 과학과 임상적 돌봄 사이의 장벽을 무너뜨리고자 분투했으며, 임상의학 그 자체를 예측할 수 없는 위험 ─ 실험적 놀라움 ─ 에 개방시켜 버렸다. 이번 장의 두 번째 부분에서 우리는 실험적 임상으로부터 우리가 분산 실험이라 부르는 것으로 이동할 것이다. 여기서 우리는 제약적 혁신을 소셜 네트워크 소프트웨어를 이용하여 분산된 환자 대중에게로 외주화하려는 노력에 초점을 맞출 것이다. 이러한 플랫폼들은 규제되지 않은 약물 소비가 이루어지는 분산된 임상에서 일어나는 실험적 실천들을 추적함으로써 약물 개발자들이 전통적 임상시험의 한계를 벗어날 수 있게 해준다. 경영학 연구에서 이러한 상품 개발 양식은 "사용자 생성

---

1. 여기에서 우리의 논거 중 하나는 인식론적인 것이다. RCT는 주어진 과학적 문제 또는 가설에서 발생한 통계적 불확실성을 측정하도록 설계된 것이지, 불확실성으로 가득 찬 완전히 새로운 문제를 생성하도록 설계되어 있지 않다. 하지만 RCT가 현장 실제적으로 불확실성을 생성하지 않는다는 것은 아니다. 이와 대조적으로 암스트롱(Armstrong 2007)이 주장했듯이, 증거기반 의학은 불확실성을 RCT의 실질적 수행에서 통계적 데이터 해석으로 재배치하는 경향이 있다. 또한 맥고이(McGoey 2010)가 분석했듯이, 이러한 해석의 불확실성은 추가적인 RCT 수행을 요구한다.

혁신"user-generated innovation으로 알려져 있다(von Hippel 2005). 이는 종종 페이스북, 마이스페이스, 그리고 위키피디아 같은 소셜 네트워킹 사이트의 사업 모델을 참조한다. 이들은 무보수의 기술적 기여, 무료로 공유되는 데이터, 사용자들의 신상명세 등을 통해 가치를 생성한다. 그런데 제약 부문 또한 ⟨페이션츠라이크미⟩PatientsLikeMe와 같은 환자 기반 소셜 네트워킹 사이트를 통해 점점 "사용자 생성 혁신" 양식을 실험을 하고 있다. 맑스주의의 자율주의 전통을 따르는 이론가들은 디지털, 창조, 미디어 경제에 "사용자 생성" 가치를 만들어주는 분산된 비물질 노동의 역할을 충분히 기록해왔다(Lazzarato 2002; Terranova 2004). 그러나 이 장에서는 환자들이 약학적 가치의 공동생산에 ─ 스스로in corpore ─ 참여하는 방식을 탐구함으로서, 사용자–생성 약물 혁신이라는 잘 알려지지 않은 과정을 조사할 것이다.

사용자 생성 혁신 이전의 역사를 조사하면서, 우리는 혁신 과정에의 환자 참여 양식의 선례를 1980년대 후반 AIDS 행동주의에서 찾을 수 있었다. 당시 ⟨액트 업⟩ACT UP에 관여하고 있던 활동가–환자들은 고도로 실험적이었고 잠재적으로 고위험을 지닌 새로운 항레트로바이러스 약물에 대한 접근성을 요구하였다(S. Epstein 1996). 이들은 AIDS의 과학적 연구에 조예가 깊었고, 의사들과 긴밀한 정치적, 임상적 동맹을 맺고 활동을 하면서 환자, 실험 대상, 그리고 연구자 간의 경계를 허물었다. AIDS 행동주의 모델은 여타 소수자 운동(페미니스트와 반인종주의)과 공명했다. 이 소수자 운동들은 "표준"(백인, 성인, 남성) 실험 대상을 넘어선 임상연구 프로토콜의 확장을 요구해 왔다(S. Epstein 2003). 이 집단들은 제약회사와는 아무런 연관을 맺지 않고 독자적으로 임상시험 과정의 규제와 표준화에 대항하는 캠페인을 벌였다. 그들은 고도로 실험적인 연구와 비표준적 치료에 비표준적 대상으로 참여할 수 있는 민주적 "권리"를 호소했다. 이사벨 스탕제와 디디에 질의 표현을 빌려 우리는 새로운 건강 기반 운동이 "위험을 감수할" 권리를 분명히 표명해 왔다고 말할 수도 있다(Stengers and Gilles 1997).

하지만 오늘날, 이러한 포함inclusion 과정의 양가성이 점차 뚜렷해지고 있다. 임상연구의 "민주화"는 또한 새로운 약물 소비자 시장(예를 들면, 청소년용 기분장애 약물, 노년층 틈새시장, 또는 특정 민족을 겨냥한 약물 등)과 새로운 임상노동 시장을 확장시키는 수단으로 기능했다. 약물 발견율의 하락이 두드러진 시대에 제약회사는 환자 활동가들의 도전을 받았고, 그들을 분산된 자기-실험 노동self-experimental labor망의 형태로 혁신 과정 자체에 통합시키는 방식으로 대응했다. 한때 은밀했던 자기 실험적 약학의 실천은 이제 상업적 약물 생산의 참신한 방법으로 장려되고 있다. 이는 장기적으로 제약 개발의 형세를 근본적으로 바꿀지도 모른다.[2] 사용자 생성 약물 혁신

---

2. 이러한 혁신은 RCT의 법칙을 따라 "구식"으로 계속해서 수행되고 있는 대량 제약 임상시험과 비교하자면, 양적인 측면에서 여전히 소수로 남아 있다. 제약 산업이 중국, 인도, 구소련, 라틴아메리카 등의 저렴한 목적지에 위탁하는 임상시험의 비율이 증가하면서, 증거기반 의학은 전례 없는 수준으로 지구화되고 동시에 확장되고 있다. 그러나 제약 산업이 임상시험을 해외로 이전하도록 이끄는 힘은 제약 산업계 내부의 다수 관계자들로 하여금 임상시험의 인식론적 전제에 대해 다시 생각하게 만들고 있다. 이 장에서 논의한 혁신 중 일부는 전 세계 임상시험의 정례적인 구성요소로 채택되고 있다(예를 들어 인도와 중국의 새로운 임상시험 시장에 도입되고 있는 4상 시험과 적응형 시험). 반면 사용자 생성 약물 혁신 모델은 주로 미국에 국한되어 도입되고 있다. 비록 지리적으로 제한적일지라도 미국 식품의약국이 전 세계 제약 규제에 불균등한 영향력을 행사하고 있다는 점을 감안하면 이러한 발전이 지역주의를 띠고 있다고 하기는 어렵다 (Carpenter 2010). 우리는 약물 개발의 미래 진화를 예측하지 않는다. 분산된 실험이 20세기 중반 임상시험 패러다임을 대체할 수 있을지는 여전히 열려 있는 질문이다. 우리는 여기서 공식적인 임상시험 과정 주변에서 생성되고 있는 새로운 노동 형식을 조사하는 데 그쳤고, 오픈소스 혁신의 비즈니스 모델을 떠나지 않고 있는 새로운 정치적 긴장을 지적했다.

은 (아직 수적으로는 미미한 규모이지만) 임상시험 과정을 새롭게 재조직화하는 최근의 방식 중 하나로서, 후기 포스트포드주의 노동 이론가들이 묘사한 분산된 노동 형태와 유용하게 비교될 수 있다. 후기 포스트포트주의 노동은 예를 들자면, 전매특허 게임에 (보수가 지급되지 않는) 고-가치의 수정 작업을 더해주는 취미를 즐기는 게이머의 "유희 노동"playbour(Küklich 2005)과 상당한 공통점을 갖고 있다. 오픈 소스 소프트웨어 개발과 기타 공동 디지털 생산 형태에서의 "자유노동"(Terranova 2004), 그리고 가장 적절한 사례로 신체 조직과 의료 데이터를 국가 바이오뱅크에 기부하는 자들의 분산된 노동과도 공통점을 갖고 있다(Waldby and Mitchell 2010). 그러나 분산된 실험 노동은 체내, 대사에 영향을 줄 수도 있는 혁신 위험과도 관계가 있다는 점에서 기타 분산된 노동 형태와는 다르다. 임상시험 대상의 역할은 투기적인 의료적 혁신의 약속이 그것의 가치를 실현시키려면, 섭취 노동과 대사적 자기 변형으로 체화되어야 한다는 점을 우리에게 상기시킨다. 바로 이 부분에서 최근의 자율주의자 이론이 지닌 인식적 편향이 한계를 드러낸다. 이 주제에 관해 우리가 제안하는 관점은 노동을 물질적 추상화의 과정으로 개념화한다. 즉 노동은 사변적 사건speculative event이 신체적 변형의 순간으로 경험되어야만 하는 과정이라는 점이다.

게다가 "위험을 감수할" 권리를 표현하는 것은 복지 단체, 불법행위법, 그리고 책임법 등에서의 큰 전환과 완전히 일치한다. 팻 오말리(O'Malley 2009)가 언급했듯이 개별 고용계약 양식의 일반화는 우리가 후기 19세기의 위험, 부상, 손해 개념으로의 일부 회귀를 목도하고 있음을 의미한다. 우리는 또한 신자유주의적 법철학에서의 '동의 후 책임 없음'volenti non fit injuria 원칙의 재출현을 목격하고 있다(Goodin 2006). 동의 후 책임 없음 원칙은 자가 실험이 상업적 목적으로 전도되었을 때조차 자유로 선택된 것으로 가정하고 있고 한층 더 강력한 이유로 특별한 국가 보호를 받을 가치가 없어졌음을 함축하고 있다. 그러나 포스트포드주의적 작업장이 그러하듯이 진료소가 사회 전체와 일치할 정도로 확장되어 버렸다는 사실로 인해 동의 후 책임 없음 원칙으로의 회귀는 매우 복잡해졌다. 이런 질문은 이번 장의 결론 부분에서 논의할 것이다.

중개의학 : 실험적 임상에서 분산된 실험으로

지난 30여 년간, 제약 산업은 실현 가능한 새로운 약물 발견과 정말 참신한 약물 혁신 업적들의 절대적 수치 하락을 경험해 왔다. 이러한 생산성 둔화는 임상시험에 대한 과도한 규제에서부터 충분히 합리적으로 관리되지 못하는 약물 발견과 임상시험을 위한 모집률의 점차적인 감소에 이르기까지 여러 가지 요인들로부터 기인한다고 지적된다(Wurtman and Bettiker 1995 ; Pisano 2006). 비록 보다 합리화된 새로운 약물 발견 기술(결합 화학, 고속 다중 스크리닝, 그리고 합리적 약물 설계라 부르는 것)과 새로운 생명공학기술의 사업적 약속에 대한 대대적인 선전이 계속되고 투자 물결이 지속되었음에도 불구하고, 지난 30여 년간 신약 발견(즉, 입증된 효능을 화학적으로 결합시킨 새로운 화학적 혼합물의 발견)은 상당히 지체되고 있다. 혁신은 순전히 투기적[사변적]speculative인 것으로 남아 있는 것으로 보이고 인간의 신체 내부로 주입되었을 때 유효한 치료제로 기능할 수 있도록 물질적으로 구현되지 못하였다.

이러한 위기 인식에 대한 반응으로 대학 연구소, 규제기관, 연구지원 기관 등이 임상연구에서 그동안 무시되었던 연구 영역, 기초연구와 임상연구 간의 또는 생체 내와 생체 외 과학 간의 "중개" 순간으로 여겨지는 영역으로 그들의 관심을 돌렸다. 미국에서 국립보건원NIH은 2003년 의료 연구를 위한 로드맵의 일환으로서 세 가지 신규 주제 영역을 시작했다. 그중 하나는 임상에서의 "중개 연구"에 새롭게 초점을 맞추어 "임상연구 사업의 리엔지니어링"에 몰입하는 것이었다. 임상 과학의 연구 잠재성이 평가 절하되어 왔다는 것과 기초 과학자와 임상의의 상호작용이 점점 원거리에서 일어나고 있었다는 점을 인정하고 연구지원 기관은 "중개의학"의 제도적 지위를 연구실 기반 연구에 버금가는 정도로 격상시키고자 했다. 또한 적어도 몇몇 임상의들이 환자 서비스 대신 연구 작업을 택하는 방향으로 전환이 일어날 수 있도록 임상 과학을 재전문화시키는 일도 필요했다(Zerhouni 2005). 영국에서는 2006년 재무부의 의뢰로 발간된 영국 건강 연구 지원금 보고서에 따르면, 과도한 임상시험 규제와 응용 연구에 대한 무관심 때문에 제약 기업이 영국에서 투자를 줄이고자 한다는 사실이 알려졌다(Cooksey 2006). 보고서는 다른 것들 중에서도 "중개의학"으로의 더 많은 연구기금 할당과 새로운 '중개의학 연구기금 위원회'의 창설을 제안했다. 2008년 영국 보건 연구원은 임상연구와 실험연구 사이의 인터페이스를 제도적으로 개설할 목적으로 12개의 병원 기반 임상연구단에 대한 기금 지원을 발표했다(Adams 2008).

중개의학 분야가 빠르게 제도적 형태를 갖추는 동안, 많은 이들이 '중개'translation라는 용어 사용에 의문을 제기하고 이것이 임상에서의 연구 특수성과 예측불가능성을 불투명하게 만들고 있다고 주장했다. 새롭게 창간된 『중개의학 학회지』의 편집자가 지적했듯이, 대부분의 사람들은 체외에서 체내로의 중개를 "〔실험실-기반〕 실험을 통해 개발된 새로운 인간 치료 전략으로 시험을 실시하고자 하는 단방향적 노력"으로 이해했다(Mankoff et al. 2004 : 14). 즉, 중개라는 바로 그 개념이 체외 실험실-기반 실험, 전임상 동물 모델, 그리고 초기 단계 인간 대상 임상시험 결과들 사이의 단순한 예측적 관계를 시사하고 있는 것처럼 보였다. 이러한 모델에서 체외 연구 결과는 점진적으로 규모가 확대되고 체내 연구로 개선될 수 있지만, 이 과정 속에서 어떤 중대한 단계 변화를 겪지는 않는다. 그러나 비판적 시각을 보이는 이들은 이런 중개 개념이 실상에서 동떨어져 있음을 지적한다. 인간의 대사과정은 예측 불가능하기로 유명하다. 실험실에서 동물연구, 임상으로의 "중개"에서는, 각 단계마다 완전히 기대치 않은 결과가 나올 수도 있다. 그러나 일반적으로, 중개의학을 장려하는 노력들은 임상에서 실험실의 기초 생의학 연구로 정보가 역통행하는 상황을 구상하지는 않는다.

또 다른 이들은 제약적 혁신의 부족은 발명(그리고 참된 실험)은 실험실로, 시험은 임상으로 귀속시키는 노동의 제도화된 분업 때문에 생긴다고 주장한다. 이런 분업이 벨몬트 보고서와 같은 생명윤리 조약에 명시되어 있는 것이 사실이다. 벨몬트 보고서는 임상 치료는 근본적으로 연구와 구별되어야 하며, 모든 임상적 혁신은 적절한 연구 프로토콜(National Commission for the Protection of Human Subjects of Biomedical and Behavioral Research 1978) 안에서 실시되어야 한다고 강조했다. 생명 윤리 원칙과는 별개로 이러한 구별은 RCT 임상연구의 최적표준의 조항에도 또한 기입되어 있다. RCT는 자체의 새로운 불확실성을 생성하는 것이 아니라, 제한된 수의 가설적 불확실성에 대응하고 측정하기 위해 고안되었다(Gelijns et al. 1998 : 693). 전통적인 임상시험은 단지 가설을 검증하거나 파기할 수 있을 뿐이다. 임상시험의 경우 연구 진행 동안 새롭거나 예상치 못한 질문을 식별할 여지가 없다.

여기서 문제는 이런 기대치 않은 사건이 실제로는 유의미한 실험적 혁신의 원천이 된다는 점이다. 그러면 임상의들이 혁신을 하지 않는다기보다(미허가 약물 사용과 치료적 개입의 범위는 상당히 넓다)는, 오히려 임상시험에 대한 현재의 규제가 합법적 실험 시행 범위로부터 이와 같은 혁신이 배제되도록 한다는 것을 의미한다. 현재 상황에 대한 비판에 따르면, 임상적 혁신이 형식적인 연구 프로토콜에 반영되지 않은 채, 완전히 규제되지 않은 방식으로 진행되고 있는 역설적인 결과가 발생하고 있다는 것이다. 그러나 역사적으로 새로운 약물의 절대다수는 임상에서의 혁신을 통해 발견되어 왔다(Gelijns et al. 1998 : 693 ; Ghaemi and Goodwin 2007 : 4).

"중개의학"에 대한 더 큰 규모의 투자 요청과 함께, 다수의 비판가들은 보다 급진적인 생의학 실험의 개혁을 요구하고 있다. 그들의 관점에서, 효과적인 새로운 연구 패러다임은 임상 돌봄과 임상연구 사이의 경계를 흐리게 만들기 위해 분투해야 할 뿐만 아니라, 임상실험을 보다 투기적인 노선을 따라 개조해야 한다(Johnston and Hauser 2007 : A7). 임상과학은 중개의 효과적 수단 이상의 것이 되기를 갈망해야만 한다. 임상과학은 그 속에서의 혁신과 동시에 그 자체의 혁신을 생성해 내야만 한다. 저명한 보건정책 분석가의 말을 빌리자면, "우리는 임상적 개입의 '예기치 않은 효과를 포착하는 방식'을 찾을 필요가 있다"(Gelijns et al. 1998 : 693).

이런 복합적인 개혁에 대한 요청을 배경으로 (종종 제약 기업과 긴밀히 연계되어 작업하는) 임상 과학자들은 다수의 새로운 임상시험 방법을 개발하기 시작했다. 이러한 새로운 방법 중에서 가장 두드러진 것은 "0상 시험"phase 0과 "유연" 시험 설계이다. "유연" 또는 "적응" 시험은 베이지안Bayesian 통계 기술을 활용하여, 연구자가 시험 도중에 축적되는 결과를 확인하고, 그에 따라 시험 설계를 변경할 수 있도록 해준다. 전통적 시험 설계는 새로운 가설을 정식화하기 전에 시험을 끝까지 진행할 것을 요구하지만, 여기에서는 "기대치 않은" 사건이 시험의 원래 질문 형식을 바꾸는 방식으로 시험 과정 속으로 통합된다(Scott and Baker 2007). 0상 시험(탐구 연구적 신약 혹은 IND 시험으로도 알려진)은 미리 규정된 가설에 응답하는 것이 아니라 가능한 한 많은 효과를 스크리닝하여 새로운 가설을 생성하고자 한다는 점에서 전통적인 1상 시험과는 다르다(Garner and Lippin 2006 ; LoRusso 2009). 0상 시험에서는 소수의 실험적 대상들이 가능한 결과들을 집중적으로 스크리닝하는 과정에 들어가기 전에 극미량의 연구 물질을 투여받도록 관리된다. 여기서 관건은 상당히 집중적으로 진행되는 스크리닝 과정을 통해 조사자들이 세간의 주목을 받을 수 있는 예상 밖의 결과들, 즉 전통적 임상시험의 실시로 이어질 수 있는 단서들을 찾을 수 있느냐이다. 또한 0상 시험의 집중적인 정보 수집은 연구자들이 해당 실험 약물로 더 실험을 진행하지 말아야 할 경우를 알게 되는 데도 유용하다. 여기서 언급한 두 가지 혁신 모두 유럽 의약품청EMA, 미국 식품의약국FDA 같은 규제 기관으로부터 지원을 받아왔다.

규제 당국이 임상에서의 의료 실험의 본질을 다시 생각하기 시작했다면, 다른 이들은 아주 다른 전략을 추구해왔다. 그중 하나는 제도적 병동 장벽 밖의 실험을 소비자 대중의 분산된 병동으로 옮기려는 것이다. 소셜 네트워킹 소프트웨어의 사례를 좇아 약물 개발자들은 병동 밖에서 일어나는 새로운 양식의 약물 소비를 추적하고 포착하기 위해 "사용자 생성 혁신" 모델로 향하기 시작했다. 위에서 논의한 개혁 방법과는 달리, 사용자 생성 혁신 개념은 제약 산업 밖에서,

지난 수년간 약물 개발 과정에서의 급진적 변화를 요구해 왔던 환자 -활동가 집단의 실천에서 유래되었다고 할 수 있다. 사용자 생성 혁신에 대한 보다 확장된 논의를 진행하기에 앞서, 우리는 우선 AIDS 치료 행동주의가 생의학 연구에 대한 소수자들의 비판을 정식화하는 데 남긴 유산을 살펴볼 것이다. AIDS 치료 운동은 HIV/AIDS 역병이 정점이던 시기에 부상했다. 당시는 미국 연방 임상시험 규제가 상대적으로 강하던 시기였다. 연방 약물규제에 대한 AIDS 활동가들의 비판은 그 이후 때로는 전도된 방식으로 제약 혁신의 새로운 모델을 촉진하기 위해 채택되었다.

AIDS 치료 행동주의 : 죽음 앞에서Extremis의 실험

1930년대 이래로 제약 산업은 다양한 관리 형태의 대상이 되어 왔으나, 가장 엄격한 규제는 1960년대 제약 호황의 절정기에 수립되었다. 6장에서 우리는 1962년 케포버-해리스 수정안이 시판 전 3단계 시험 모델, 의무적 기관윤리위원회IRB 감독, 그리고 표준화된 윤리적 안전조치들을 중심으로 FDA 약물 허가 과정을 급격하게 재구조화하였음을 서술한 바 있다. 탈리도마이드 참사의 여파 속에서 약물 개발 비율이 느려진 것은 안전 표준을 향상하기 위해서는 치러야 할 대가라는 점이 어느 정도 받아들여졌다.

제약 부문이 FDA가 행사하는 점점 증대해가는 규제 권력에 대항하리라는 예측은 의심의 여지가 없었다. 현재 FDA에 대한 제약 부문의 일반 표준적인 비판들이 되어버린 당시 특정 불만들의 다수가 이미 1972년에 공식적으로 표현되었다. 1972년에 조지 스티글러의 후견을 받아 시카고 경제학파는 신약 규제의 효과에 관한 회의를 조직했다(Landau 1973 ; Nik-Khah 2014).[3] 그들은 이 회의에서 그리고 이어진 논문들에서 시간 소모적 약물 시험 요구조건들이 혁신을 지체시키거나 방해하고 "약물 지연"drug lag으로 이어질 것이라 주장했다. 이런 주장은 이후 십수 년 동안, 보수적 경영 인론돌을 통해 크게 메아리처럼 반복되고 있었다(Peltzman 1974, 1988〔1973〕). 그러나 FDA 규제와 감독에 대한 반대가 전적으로 제약 기업과 보수적 경제학자들로부터 나왔다고 주장하는 것은 잘못된 것이다. 실은 수립된 임상시험 규제에 대한 가장 효과적인 캠페인이 AIDS 환자 연합과 활동가들에 의해 시작되었다고 말할 수도 있다. 이들은 AIDS 역병 초기 몇 년간 AIDS와 함께 살아가야만 하고 이로 인해 죽음을 맞이하는 사람들의 절실한 요구에 응답하여 운동을 조직했다(Edgar and Rothman 1990 ; S. Epstein 1996, 2003). 이 활동가들은 시한부 환자에게 시험 절차가 끝나기 전에 실험적 신약을 투약하는 것을 금지하고, 무작위 근거로 치료가 분배되도록 되어 있는 임상시험에 강제적으로 환자를 참여하게 하고, 환자들로 하여금 그들 선택에 따라 치료법들을 조합하는 일을 금지한 국가의 무사안일주의에 격분했다. 치료 선택권이 극도로 제한된 상황에서, 소비자 보호를 보장하기 위해 계획된 연방 규제가 믿기 어려울 정도로 무자비한 것으로 보이기 시작했다. (상당수의 의사들이 포함된) AIDS 치료 운동은 실험적인, 미허가된 약물을 불법적으로 수입하고 그들만의 비밀 시험을 조직하여 이러한 장애물을 피해가는 방법을 찾았다.

케포버-해리스 시기가 보인 특징 중의 하나가 약물 소비와 관련해

---

3. 연방 약물 규정에 대한 시카고학파의 비판에 대한 2차적 설명은 카펜터(Carpenter 2010)와 니가(Nik-Khah 2014)의 분석을 참고하라.

서 좌파들이 당시 확실히 양가적인 입장을 보였다는 것이었다. 한편에서는 미국 공중의 보다 진보적 부문들이 약물 대중 시장을 엄격히 규제할 것을 요구했고, 또 다른 한편에서는 이러한 입장이 쾌락주의, 심지어는 오락적 약물과 관련된 실험적 에토스와 공존하고 있었다. 게이 공동체 내에서 기꺼이 실험하고자 하는 의지는 약물을 언제, 어떻게 그리고 누구와 투약할 것인지와 관련된 돌봄의 특정 대항문화가 발전하는 것을 방해하지 않았다(Stengers and Gilles 1997 ; Race 2009). 많은 이들이 AIDS 창궐 이전 시기의 오락적 약물 문화와 그것에서 성장한 행동주의 사이에서 연속성을 발견했다. AIDS 치료 운동이 연방의 약물 허가 과정이 보이는 장황함과 지리함에 대항하여 캠페인을 시작했을 때, 이 운동은 치료적 소비라는 질문을 실험적 약품 사용에 관한 문화적 윤리라는 논리로 대했다.

AIDS 치료 운동은 공식적 약물규제를 개혁하려는 활동에서 주목할 만한 성과를 이뤘다. 1987년 5월, FDA는 말기병 환자에게 임상시험용 신약IND의 판매를 허가하는 새로운 규칙을 발표한다. 개혁은 시장 출시 이후에도 시험 후원 기업이 약물 효과를 지속적으로 평가할 수만 있다면 2상 시험 초기 결과가 유망하게 나오면 바로 시장에 내놓을 수 있음을 의미하는 것이었다.[4] 속도가 빨라진 약품 승인과 뒤따른 시판 후 감시를 이제 말기 환자들에게 필요한 제한된 등급의 약물에 적용하는 것이 가능해졌다. 1987년 개혁에 이어 1988년 10월 중증 및 고위험 질병 대상 약물 그리고 기타 치료 제품들에 대한

---

4. 이에 앞서 FDA는 중증 질병 각각의 사례별로 IND(연구용 신약)의 동정적 사용 면제를 허용했다. 이 프로그램은 환자의 주치의가 공식적으로 요청해야 했으며, 관료주의적이기로 악명이 높았다. 새로운 "치료적 IND" 프로그램은 FDA가 모든 종류의 약물에 확장된 접근을 허용하였고, 주치의의 중재를 우회할 수 있게 만들었다.

평가를 신속 처리fast-track할 수 있도록 하는 일련의 추가적 개정들이 이루어졌다. 약품 승인 허가 과정의 가속이 약물 생산자와 FDA가 임상시험 과정의 실질적인 설계에 긴밀하게 협조함으로써 달성될 수 있었기 때문에 이들 규칙은 FDA가 약물 산업계와 전통적으로 유지하고 있었던 거리를 둔 관계에 종지부를 찍었다. 1988년 AIDS 개정안은 FDA와 환자 사이에 새로운 종류의 급진적 관계를 만들어냈다. 개정안은 대조군 임상시험controlled clinical trials에 관한 공적으로 접근 가능한 정보 데이터 뱅크 창설을 지시했고, AIDS 환자들이 당시 실험 중이었던 치료적 약물들 모두에 대해 정부가 임상시험을 실시할 것을 의무화시켰다. 한때 불법 게릴라 경제였던 공동체 기반 시험은 이제, 최소한 부분적으로나마 공식 약물 개발 과정에 통합되었다(Edgar and Rothman 1990 : 127~133). AIDS 치료 행동주의에 대한 공식적 반응은 미국 약물규제 역사에 전환점을 기록했다. 그러나 이 운동의 장기적 결과를 검토하기 전에 우리는 먼저 제약적 보호주의의 전형적인 형상에 여성 및 소수자 활동가들이 제기한 특수한 도전에 관해 논의할 것이다.

보호주의에 맞서 : 여성, 소수자 그리고 HIV/AIDS 행동주의

FDA 규제에 대항한 가장 급진적 도전은 AIDS 치료 운동 내부에서 활동해 온 여성과 소수자 이익단체caucus로부터 나왔다고 할 수 있다. 이들 집단이 임상시험에서의 여성 배제뿐만 아니라 HIV/AIDS로 고통을 겪는 다수의 여성들이 빈곤하고, 유색인종이며, 보험 미가입자라는 점을 우려하고 있었기 때문이다. "잠재적 가임 여성"을 위해 마련된 특별 보호의 역사, 상당 부분 여성들보다는 태아를 보호하기 위

해 고안된 보호를 생각해보면, FDA 규제에 대한 그들의 반대는 놀라운 것이 아니었다(McCarthy 1994; Baird 2011). 1970년대 초반, 제약 기업은 탈리도마이드와 DES(또 다른 임신 관련 약물로, 유산을 예방하기 위해 여성에게 투약되었다. 이후 DES는 청소년기 여성들에게 질암을 유발할 수 있음이 발견되었다)에 영향을 받은 아이들로 인한 장래의 소송에 대한 두려움 때문에, 임상시험에서의 여성 배제를 주도했다. 이러한 자기규제의 선제적 형태는 후일 '생의학 및 행동 연구의 인간 대상 보호를 위한 국가위원회'에 의해 위로부터 다시 한번 강화되었다. 위원회는 1975년 임신 여성 및 태아를 위한 추가적 보호안을 공표했다. 1977년, FDA는 임신 여성과 "잠재적 가임 여성"의 1상 임상연구 참여를 금지시킴으로써 그 뒤를 따랐다. 매카시는 이들 조치를 해석하면서, 제약 기업이 일상적으로 지나치게 주의를 기울여서 실제로 폐경 전 여성을 실험적 연구에 거의 참여시키지 않았음을 발견하게 되었다. 그는 "대조군 실험에서 임신 여성과 잠재적 가임 여성들에게 한 번도 시험된 적이 없었던 처방약의 섭취로부터 더 큰 잠재적 피해와 책임이 있을 수 있음이 전혀 고려되지 않았다"고 지적했다(McCarthy 1994:697). 이런 금지의 결과로, HIV/AIDS 치료 시험에 참여할 수 있었던 여성(여성들이 심지어 불임이었거나, 피임약을 복용했거나, 자녀를 원치 않았을 때에도)의 수는 극히 적었다(Christensen 2011:61~62). HIV/AIDS 감염 여성들 대다수가 유색인종으로 애초에 보건의료에 접근할 수 없었고 질병이 한창 진행되고 나서야 의사 진료실에 나타나곤 했다는 사실이 문제를 더욱 악화시켰다. AIDS 행동주의가 중간계급 백인 게이 남성이 직면한 문제에 과도하게 집중하고 있던 시기, 〈액트 업〉 내부의 여성과 소수자 이익단체는 AIDS 운동이 젠더, 인종, 계급의 얽힘entanglements을 검토하도록 문제제기를 하였다.

그들은 HIV/AIDS 신약 임상시험에 여성과 소수자들을 포함시키기 위해 싸웠다. 그뿐만 아니라 그들은 당시 여성들에게 가장 공통적으로 발견되는 지표 질병을 통합할 수 있도록 HIV/AIDS의 정의도 확대할 것을 요구했다. 많은 사례에서, HIV 감염 여성은 진단되지 않았거나 또 HIV/AIDS 검사를 받아보도록 장려되지도 않았다. 왜냐하면 그들의 특수한 증상과 기회감염[5]이 질병통제예방센터(이하 CDC)의 공식 증후군 분류 기준에 공식적으로 기입되어 있지 않았기 때문이다. 이런 배제의 결과 중 하나는 AIDS 공식 통계에 끔찍한 결함이 있었다는 사실이다. 또 다른 하나는 HIV를 겪고 있는 여성에게 보다 직접적인 결과였는데, 여성들이 보건 혜택에 접근할 수 없었다는 점이다 (Christensen 2011 : 62~65). AIDS 치료 행동주의를 한계까지 밀어붙이면서, 1990년대 초반 FDA와 CDC에 맞서 벌인 직접 행동 시위를 포함해 〈액트 업〉의 여성과 소수자 이익집단이 표적으로 삼은 개입은 소기의 성공을 거둔다. 1993년, 그들은 CDC를 설득하여 여성에 영향을 주는 지표 질병의 범위를 공식적으로 인정하게 만들었고, 사회보장국이 이러한 증상을 메디케어와 장애급여 배당 근거로 활용할 수 있도록 설득했다(Christensen 2011 : 66~67). 여성과 소수자 이익집단은 또한 임상시험 참여 기준을 수정시키고자 애썼다. 〈액트 업〉 내의 여성 이익집단과 유방암 운동을 중심으로 한 광범위한 여성 보건 운동 모두의 압력 아래, 1990년 국립보건원(이하 NIH)은 NIH 지원 임상연구에 여성 참여율을 향상하도록 하는 특별 지시와 함께 여성보건연구국을 설립하는 데 동의했다. 이들 규제는 이내 1993년 NIH의 〈건강

---

5. * 건강한 사람에게는 감염 증상을 유발하지 않지만 극도로 쇠약하거나 면역기능이 감소된 사람에게 감염증상을 일으키는 것.

증진법)에 조항으로 명시되었다. 이 법의 조항으로 NIH의 지원을 받는 모든 임상연구는 연구 대상으로서 여성과 소수자들을 포함시킬 것을 요구받게 되었다. FDA는 민간 부문 연구를 관리하는 규칙 수정으로까지는 나아가지 않았다 — 오늘날까지 실험적 약물 시험에 잠재적 가임 여성을 포함시키는 것에 대한 노골적인 금지가 해제(1977년 이후)되었음에도 불구하고, 민간 부문은 모든 연구 단계에서 여성의 참여를 요구받지 않는다(그리고 우리가 살펴본 바와 같이, 최소한 미국에서만큼은 1상 연구에서 여성의 존재는 여전히 아주 적다)(Baird 2011:40~42). 현재 NIH와 FDA는 연구자에게 성별, 민족성, 연령에 따라 인간 대상을 범주화시키고, 비표준 대상에 대한 약학적 차이를 보고할 것을 요구한다.

NIH의 〈건강증진법〉은 스티븐 엡스타인이 임상연구에서 "포함과 차이"inclusion-and-difference의 패러다임이라고 부른 것을 시작했다. 점차적으로 "정체성 중심의 미국 생의학 연구 재정의"는 별개의 신체적 하위 유형들에 관심을 기울였고, 젠더, 인종, 그리고 연령에 따른 선천적인 생화학적 차이의 존재를 가정했다(S. Epstein 2007:6). 전직 NIH 원장이었던 버나딘 힐리는 여성과 소수자들은 표준 백인 남성을 대상으로 수행되는 임상연구의 대표 가치에 대해 타당한 비판을 정식화한 것이라고 보았다. 여성과 소수자들의 체계적 포함은 임상연구에서 "동일성의 정설과 평균 정설"의 폐지를 약속하는 것이었다(S. Epstein 2007:1에서 인용). 그런데 백인 남성 대상이 표준 실험 대상을 구성하고 있다는 의견은 사실과 거리가 멀다. 기껏해야, 백인 남성 대상은 대다수의 수요가 많은 치명적 질병의 후기 단계 치료 시험에서 과잉 대표되었을 뿐이다. 초기 단계 비치료적 시험에서 압도적으로 다수의 실험적 대상은 빈곤한 아프리카계 미국인 또는 이민자 남성들이다. 반면 중산층 비보험자 여성은 비구명약물^{non-life-saving drugs} 후기 단계 시험에서 과대 대표되고 있다(Fisher and Kalbaugh 2011). 주장과 실제 사이의 이러한 불일치에도 불구하고 "포함과 차이" 패러다임의 확장이 환자 모집 규범과 기준을 이해하는 데 심대한 효과를 미쳤다. 이어질 부분에서 우리는 미국 약물규제에 미친 AIDS 치료 운동의 양가적인 장기 영향을 검토하고 "틈새 표준화" 명령이 어떻게 제약 산업에 필요한 새로운 시장의 창출에 중요한 역할을 하게 되었는지를 서술할 것이다. 놀랄 것도 없이, 소비자 활동가들과 환자 대변 집단의 개입에 극렬히 반대했던 시카고학파 이론가들은 이제 FDA 간섭주의에 맞서 환자의 자유를 대변하는 투사를 자처하고 있다.

보호주의를 넘어서 : 시판 전 검사에서 시판 후 감시로

AIDS 치료 운동의 전략이 굉장한 성과를 이뤘다는 것을 부정하는 이는 아무도 없을 것이다. 하지만 1990년대 초반, 약물 허가 과정의 탈규제화는 원래 AIDS 행동주의가 요구했던 것보다 더 나아갔다(Abraham 2007 : 53). 제약 산업의 압력 아래, 이후의 개혁은 AIDS 약물에서 비치명적인 만성적 또는 생활 습관적 상태를 겨냥한 신약에까지 신속 허가 과정을 일반화시켰다. 1992년 〈처방약물사용자 수수료법〉과 1997년 〈FDA 현대화법〉은 산업 수수료와 (일부 사례에서는) 약물 출시 후 4상 시험을 실행하겠다고 서약하는 것을 대가로 모든 약물 등급에서 심사 시간을 줄일 것을 약속했다(Abraham and Davis 2005 : 890). 때때로 약물부작용모니터링 시험^{pharmacovigilance}으로 불리는 4상 시험은 소비자 대중에게서 약물의 장기효과를 추적하고, 수천 명의 대상을 포함시키도록 설계되어 있다. 이런 거대 통계집단(코호트) 때문에, 4상 시험은 시판 전 첫 3단계 검사에는 포함되지 않았던 특정 하위인구(아동, 노년)에게서 약물 부작용을 감시할 수 있는 잠재성도 갖고 있다. 그러나 〈FDA 현대화법〉(1997)에 따르면 FDA는 4상 시험을 강제할 권한을 지니고 있지 않다. 그리고 놀랍지도 않게 다수의 약속된 시험들 역시 계류 중에 있다. 이러한 개혁의 효과 중 하나는 소비자 대중에게 시험 위험이 부분적으로 이양되어 왔다는 점이다. 심지어 비치명적 약물에서도 말이다. FDA는 현재 모든 신약물 등급에 대해 더 위험하고 단축된 시험을 허용하고 있고 위험한 부작용 또는 "이상반응"adverse events 모니터링 대부분을 약물 시판 이후로 미루고 있다. 그러면서 4상 시험과 자발적 보고의 조합이 규제 감독에서의 부족을 보완해줄 것으로 기대하고 있다(Abraham and Davis 2005). 과학철학자 니클라스 랭글리츠(Langlitz 2009 : 399~400)는 시판 후 감시의 대두가 위험 약물규제의 방향을 지도하는 원칙이 위험 예방에서 대비태세의 전략으로 전환되었음을 나타낸다고 썼다. 여기에서 대비태세의 전략이란 예상치 못한 사건이나 예측 불가능한 위험이 소비자 시장에서 출현하면 그때 그것에 주의를 기울이는 방식을 말한다. 엄격한 제품 테스트를 실시한다고 하더라도, 제품이 출시되기 전에 제품과 관련된 모든 잠재적 위험을 더는 피할 수 없다고 가정된다. 그러므로 시장 그 자체가 검사 장소로서 기능해야 하며, 소비 과정에서만 가시화될 수 있는 위험들은 생산자에게 다시 보고되어야만 한다. 아서 댐리치의 표현대로, "데이터 수집은 임상시험에서 시장으로 이동했다. 이와 동시에, 시장은 어쩔 수 없이 2, 3단계 시험의 확장 형태로 재배치되었다"(Daemmrich 2004 : 118). 제약 기업이 시판 후 위험에 충분히 경각심을 갖고 있는지, 또는 그것을 보고하는 데 양심적이었는지의 여부는 논쟁의 대상이다(McGoey 2009). 어떤 경우에서도, 약물규제의 초점은 시판 전 검사에서 여전히 진화 중인 시판 후 감시 체계로 이동했고, 약리적 화합물의 소비는 자연스럽게 보다 실험적인 것이 되었다.

흥미롭게도, 정확히 이 시기에 실험적 약물을 복용할 분명한 권리를 주장하는 요청들이 제기되었다. AIDS 행동주의 운동은 반쯤은 비밀주의적인 상태에서 상당 부분 작동했었고 자신들의 때때로는 불법적인 실천에 대한 국가의 감시를 불러올 수도 있는 민주주의적 포용이라는 권리-기반의 언어를 피해 왔었다. 약물 허가 과정이 완화됨에 따라 환자 집단이 자가 실험에 대한 권리를 공식적으로 인정해줄 것을 요구하게 된 것은, 단지 최근 몇 년간에 일어난 일이었다. 한때, 후기 단계 치료적 시험에서 배제되었던 대상들(여성, 소수자, 그리고 아동)은 임상시험에서 대표되길 바랐고, 비표준 대상에 대한 역사적 편향에 의해 주장되었던 것들을 시정하도록 NIH와 FDA에 즉각적인 개입을 촉구하였다. 반면, 다른 이들은 표준 임상시험 과정 자체로부터 공식적으로 면제될 방법을 모색했다. 이어진 절에서 우리는 표준 임상시험 과정 면제의 모범적 사례로 ─ 정상적 임상시험의 합법적 폐지가 가능한 상황을 재정의하기 위한 노력에 있어서 그 누구보다도 앞서 나갔던 환자 권리 단체 ─ 〈애비게일 동맹〉을 논할 것이다.

자기 실험 권리 : 〈애비게일 동맹〉, 법경제학 운동, 동의 후 책임 없음의 회귀

2006년, 〈개발 중 약물에 대한 더 나은 접근을 위한 애비게일 동맹〉은 중증 질병 환자가 1단계 검사 중에 있는 미허가 약물을 투약할 수 있는 "헌법적 권리"를 인용하여 FDA에 소송을 제기했다

(Dresser 2006; Okie 2006; Romano and Jacobson 2009; Schüklenk and Lowry 2009). 〈애비게일 동맹〉은 프랭크 버로즈에 의해 2001년에 만들어졌다. 버로즈의 딸 애비게일은 머리와 목에 생긴 편평세포암squamous-cell carcinoma으로 이 동맹이 만들어진 해에 사망했다. 버로즈는 당시 임상시험 중이었던 두 개의 새로운 약물을 얻기 위해 노력했으나 실패했다. 이 새 약물들 중 어떤 것도 두부 및 경부 암에 시험되지 않았다는 이유로 접근 역시 거부되었다. 그런데 이들 중 하나는 그 증상에 대해 승인을 받은 상태였다. 프랭크 버로즈의 법적 소송과 미디어를 이용한 행위는 〈워싱턴법률재단〉과 같은 우파 자유주의자들에게서 지지를 받았다. 이 재단은 동의 후 책임 없음 원칙을 동정적 사용 프로그램compassionate-use programs에 재도입시키기 위해 활발한 로비를 펼쳤다. 많은 이들은 이 활동이 소비자 보호 모델로 요약되는 1960년대에 확립된 모든 약물규제를 약화시키기 위한 최초의 노력이라고 본다.

6장에서 우리는 FDA의 위임 권한이 어떻게 시판 후 제소와 개별 생산자 제재로부터 시판 전 규제로 이동했는지를 살펴보았다. 1962년 케포버-해리스 수정안 이전에 FDA는 독성 물질 또는 호도된 광고 상품에 대한 연간 수천 건의 범죄를 기소하고 압수하여 (오늘날에 이 수치는 20에서 30개 사이로 훨씬 낮아졌다) 재판에 넘겼다(Hutt 2007). 높은 기소율은 시판 전 규제가 부재함으로 인해 어쩔 수 없이 생겨난 대가였다. 케포버-해리스 수정안이 통과된 이후, 제약 기업에 대한 불법행위 소송은 오로지 이상 반응에 배상해주는 보충 형태로서만 존속되었다. 사회화된 위험 및 예방적 규제의 소비자 보호 모델이 점차 우위를 차지함에 따라 위험에 대한 자발적 책임의 원칙(또는 동의 후 책임 없음 원칙)은 규제된 소비 시장과 과학연구자들의 전문가 에토스 모두에서 점차적으로 주변화되어 갔다. 여론이 소비자 규제 모델에 유리하게 견고해지던 1953년에 NIH가 조직 내 연구자들에게 자기 실험을 금지시키는 공식적 제안서를 발행한 것은 결코 우연이 아니었다(Halpern 2004:128). 19세기 후반과 20세기 초반의 가장 유명한 약물 발견은 개별 연구자들의 자기 실험 결과였다는 점은 잘 알려져 있다. 조직된 임상시험 없이, 그리고 공식적 임상시험 개시에 앞서, 과학자들은 그들 자신의 신체를 연구의 1차 도구로 활용했다(Altman 1998). 그러나 소비자 보호 모델의 강화와 함께, 자발적 위험 책임의 원칙은 공식 연구 프로토콜의 제한된 맥락 ─ 통계적으로 통제된, 무작위화된 임상시험 ─ 밖에서는 금지되었다. 시판 전 검사 체제 아래에서, 알 수 없는 실험의 위험은 그것들이 (전문 과학자 및 평균 소비자와는 분명히 다르다고 여겨지는) 사회적 주변인의 형상을 한 연구 대상에 귀속될 경우에만 합법적인 것으로 여겨졌다. 이들 주변인 연구 대상들의 공식적 위험 책임은 고지된 동의 형식과 같은 법적 장치에 의해 승인될 필요가 있었다. 그러나 오늘날, AIDS 행동주의가 열어 놓은 논쟁 공간이 동의 후 책임 없음 원칙의 주변화에 도전하고 있다. 사건의 흥미로운 회귀 속에서 이제는 소비자-환자가 알 수 없는 위험을 책임질 권리와 표준 약물 허가 규칙으로부터의 부분적 면제를 동시에 요구하고 있다. 헌법적 권리로서 동의 후 책임 없음 원칙을 공식화하기 위한 노력에 가장 몰두해 온 이들이 〈애비게일 동맹〉이다.

〈애비게일 동맹〉과 〈워싱턴법률재단〉이 함께한 개혁 노력은 어느 정도 성공을 거뒀다. 2006년 컬럼비아주 연방 순회 항소 법원(고등법원)의 세 명의 배심원단이 중증 질병 환자는 1상 시험에는 통과했지만 아직 FDA 허가를 받지 못한 실험적 치료에 접근할 수 있는, 헌법적으로 보호된 권리를 갖는다고 결정했다.[6] 그들의 결정을 지지하며 재판관은 "개인은 그의 생명을 연장시킬 수 있는 약물을 복용함에 있어서, 어떤 고지된 또는 미지의 위험에 대한 책임을 질 것인가를 스스로 결정할 자유가 있다"고 주장하며 동의 후 책임 없음 원칙을 환기시켰다. 그리고 정부 개입으로부터 자유롭게 자신의 생명에 대해 결정할 수 있는 환자의 권리를 주장했다.[7] 2007년 8월, 대법원은 이러한 결정을 번복했고, 중증 질병 환자들은 심의 중인 약물에 접근할 기본 권리를 가지고 있지 않다는 입장을 유지하였다. 한편, 2008년 초에 연방 대법원은 〈애비게일 동맹〉의 추가적 항소 진정을 기각했다. 그럼에도 불구하고 2006년 결정은 미국 내 여론과 법적 견해에 반향적인 효과를 미쳤다. 〈애비게일 동맹〉의 요구는 그 이후 몇몇 연방회의 법안에서 받아들여졌다. 그중 가장 최근의 법안이 2010년의 〈동정적접근법〉이다(HR 4732).

동의 후 책임 없음 원칙에 따라 2010년 〈동정적접근법〉은 FDA 규제에 치료적 IND(연구용 신약)와 동정적 사용 프로그램으로 제공된 기존의 면제를 훨씬 넘어서는 몇 가지 변화를 제안하였다. 현재 적용된 면제는 오직 2상 시험을 통과한 약물에 한정되어 있다. 하지만 〈애비게일 동맹〉은 1상 시험을 성공적으로 완료한 약물에 대한 접근을 요구했다. 게다가 〈동정적접근법〉은 약물 후원자가 IND의 가격을 자유롭게 설정할 수 있도록 허용하고 1상 실험 단계 약물에 접근할 기회를 얻은 환자가 그들의 임상 데이터를 수집하는 것을 허용하며, 생산자를 고소할 권리를 포기하도록 하는 규정들도 허가하고자 한다. 소송 권리 포기는 법적 책임 없이 정상적 약물 허가 과정을 가속시키

---

6. Abigail Alliance for Better Access to Developmental Drugs v. von Eschenbach, 445 F.3d 470 (DC Cir. 2006).

7. Abigail Alliance for Better Access to Developmental Drugs v. von Eschenbach, 강조체는 임의로 추가했다.

거나 우회할 수 있기를 바라는 제약 후원자들이 특히 관심 있어 하는 내용일 것이다(Schüklenk and Lowry 2009).

시카고학파의 법경제학 운동에 관계된 신자유주의적이며 자유주의적인 법학자들은 1960년대 수립된 시판 전 검사와 기업 책임성이라는 전체 프레임의 기초를 약화시키는 수단으로서 〈애비게일 동맹〉의 요구 제안들을 포착하여 활용하고자 했다. 그중에서 가장 유명한 학자는 리처드 A. 엡스타인이다. 그는 FDA에 대한 명확히 자유주의적인 비판(A. Epstein 2006a)을 작성했고 수많은 신문 기사와 보도로 〈애비게일 동맹〉을 지지해 왔다(A. Epstein 2009). 케포버-해리스 약물규제 모델은 폐지된 것은 아니었지만(전혀 그렇지 않았다), 현재는 일련의 면제, 신속 심사, 그리고 시판 후 감시 선택지들이 존재하여 소비자 보호 모델이 갖는 온전한 힘을 약화시켜 놓았다. 결과적으로 한때 연구 대상에게 보류되었던 일부 위험이 그들의 인지와 상관없이 그리고 분명 형식적 동의 없이 소비자 대중에게 전가되고 있다. 놀랍지도 않게 빠르게 이루어지는 약물 승인은 높은 비율의 시판 후 이상반응 발생으로 이어졌다(Abraham 2007). 모든 논리에서 시판 전 검사의 부분적 완화가 제약 기업, 약물 생산자, 그리고 또한 FDA에 대한 불법행위 소송 증가로 이어질 것이라 예측하는 것은 당연하다. 법적 책임으로부터 상대방을 면제시키는 동의 양식에 소비자-환자가 서명하지 않았다는 사실은 그가 잠재적으로 "합의한" 연구 대상보다 제약기업의 흥망에 법적으로 훨씬 강력한 위협이 될 수 있음을 의미한다. 이런 가능성들을 제약 탈규제화의 보수적이며 자유주의적인 대변인들은 맹렬히 회피하고자 한다. 예를 들어 시카고학파 법경제학자 중 가장 자유주의자 성향이 강한 리처드 A. 엡스타인은 IND의 시판 전 검사는 1상 시험으로 제한되어야만 하며(심지어 장기

적으로는 이것도 제외되어야 한다고 그는 보았다), 시판 후 이상반응
에 대한 제약 기업 불법행위에 대한 개별적 소송 또한 엄격히 제한되
어야 한다고 주장했다(A. Epstein 2006b ; 2009 : 14~15). 다시 말해, FDA
소비자 보호 모델에 대한 자유주의적 비판은 제약 상품에 대한 연방
규제를 폐지하고, 이와 동시에 제약 기업에 대한 개별 불법 행위 소
송을 불가능하게 만드는 것이었다. 만약 이러한 프로그램이 실현된
다면, 이 프로그램은 사실상의 소비자 대중에 대한 시판 후 검사라
는 초기 모델로의 회귀를 의미할 뿐만 아니라 이 모델 내에서의 약물
소비 위험에 대한 배상 수단 – 불법행위 소송 – 이 말소될 수 있음을
의미한다.

지금까지 〈애비게일 동맹〉이 제안한 의회 법안은 성공적이지 못했
다. 그러나 FDA는 〈애비게일 동맹〉과 다른 환자 집단의 압력에 중증
질병 환자들의 IND 신약에 대한 접근성을 크게 확대하는 것으로 응
답했다. 동정적 사용 신청 과정을 분명히 하고, 접근권 제공에 대해
약물 시험 후원자들이 제한된 비용만을 부과할 수 있게 하고 보다 폭
넓은 질병 범주를 포함하는 "중증 질환" 용어를 재정의한 새로운 규칙
이 2009년 10월 도입되었다(Korieth 2010). 〈동정적접근법〉하에서 요구
된 변화들만큼 급진적이지는 않았지만, FDA의 새로운 규칙은 승인되
지 않은 약물에 대한 요청 건수를 두 배 이상으로 늘려놓았다.

그 사이에, 제약 기업은 실험적 약물 소비를 활용하기 위한 대안적
선택지를 탐구하기 시작했다. 이어지는 절에서 우리는 이러한 선택지
를 살펴볼 것이다. 〈애비게일 동맹〉이 자기 실험에 대한 헌법적 권리로
서 주장한 것들이 빠르게 새로운 사업 모델과 색다른 노동 조건이 되
고 있다.

실험적 약물 사용의 "민주화": 사용자 생성 혁신

죽을지도 모르는 상황 앞에서 AIDS 행동가들이 요구했던 것은 정상적 약물 시험 절차와 규제를 면제해주는 것이었다. 이들 환자들은 권리를 주장하기보다는 계산 불가능한 위험을 택하기로 결정하였다. 오늘날 이해관계는 변화했다. 한때 법률 외적 결정이었던 것은 이제 권리로서 재공식화되었다. 그리고 표준 약물 시험 규칙에 예외적이었던 것이 지금은 새로운 혁신 원천을 절실히 요구하는 제약 부문의 대안 약물 개발 모델 중 하나로서 받아들여져 연구되고 있다. 최근 들어 사용자 생성 혁신 모델("오픈소스 혁신" 또는 "분산된 공동창조" 등으로 다양하게 언급되는)은 제약 부문의 생산성 고민에 대한 해답으로서 강력하게 옹호되고 있다(von Hippel 2005; Ogawa and Piller 2006; Eysenbach 2008; Allison 2009). 이러한 문헌들은 제약적 화합물과 그것들의 부작용에 관한 사용자 대 사용자 정보 교환에 의존하고 있는 약물 개발 모델을 개념화하기 위해서, 오픈소스 소프트웨어와 무보수 사용자들의 분산된 공동체를 활용한 온라인 콘텐츠 개발의 사례(리눅스, 모질라 파이어폭스, 위키피디아)를 주시한다.[8] 제약 부문은 점

---

8. 연구자와 제약기업은 제약 합성물 개발 초기 단계에 적용할 수 있는 오픈소스 혁신 모델을 또한 탐색하고 있다. 2011년 국립보건원(NIH)은 인간 시험용으로 승인되었으나 연구 단계에서 폐기된 모든 분자들에 대한 완벽한 물리적 수집을 계획하고 자유롭게 접근할 수 있는 데이터베이스를 만들기 위한 계획에 착수했다. 이 계획은 새로운 임상적 가설의 검증을 위해 폐기된 약물 화합물에 축적된 풍부한 데이터를 활용하는 약물 구제 연구를 촉진하기 위해 고안되었다. 자세한 내용은 콜린스(Collins 2011)를 참고하라. 민간 부문의 제약기업은 개발 초기 단계에 서로의 독점적 데이터베이스에 자유롭게 접근할 수 있는 상호계약을 체결했다. "경쟁 전 협업"(precompetitive collaboration) 전략으로 인해 제약 기업은 개발 초기 단계부터 데이터를 공유할 수 있게 되었다. 이 전략은 지적재산권 보호 범위를 미리 배제한 것이 아니라 약물 개발 후기 단계로 제한해 두었다. 업계의 경쟁 전 협업을 향한 움직임은 "합리적 약물 설계"(rational drug design)

점 산업적 화학의 하드웨어에 "합리적"으로 개입하기보다 실험적 약물의 "대중적" 소비 실천에서 혁신을 찾고자 하는 것으로 보인다. 이 과정 속에서 상업적 약물 혁신은 AIDS 치료 운동에 의해 개척된 오락적-실험적 약물 생산 모델에 근접해가고 있다.

지금까지 임상 과학에서 "사용자 생성 혁신"을 권유하는 데 가장 성공한 플랫폼 중 하나는 〈페이션츠라이크미〉[나와 같은 환자들]이다. 〈페이션츠라이크미〉는 파킨슨병, AIDS, 다발성 경화증에서 우울증과 불안에 이르는 16개의 개별 질병 범주로 나뉘어 있는 수천 명의 가입자를 자랑하는 소셜 네트워킹 웹사이트이다(Marshall 2008 ; Allison 2009 ; Brownstein et al. 2009). 2006년 서비스를 시작한 〈페이션츠라이크미〉는 환자가 그들의 질병, 치료 가능성, 약물 부작용 경험 등의 정보를 비공식적으로 교환하는 소셜 네트워킹 인프라를 제공한다. 사이트는 환자들의 질병을 단계별로 분류하고, 비슷한 진행 단계에 있는 다른 환자들의 존재를 알리며, 실제로 분산된 동료 환자 공동체로서 그들 스스로를 구성할 수 있도록 초대하여 사용자 간의 횡단적 커뮤니케이션을 적극적으로 장려한다. 또한 사이트는 환자들에게 그들의 증상, 그들이 선택한 약물치료, 복용량, 질병 진행 등을 기록하는 표준화된 메트릭스metrics를 제공한다. 이 메트릭스는 "무료로" 기대된 결과 및 치료 선택지를 간략히 설명하는 시각자료로 번역된다. 소프트

가 제공한 투기적 약속(대량 처리 스크리닝, 조합화학의 도입, 생명공학과의 제휴로 인해 예상되는 풍부한 새로운 치료법) 중에서 실질적으로 유효한 제품을 성공적으로 만들어낸 사례가 드물다는 점에 대한 인식으로부터 나왔다. 제약 기업들이 이러한 실패를 인식하기 시작한 것처럼, 이 실패는 다음과 같은 사실로부터 연유하고 있었다. 즉 분자 화합물이나 그 밖의 약물 생산의 기본요소(유전자 서열과 같은)에 부과된 과도하게 엄격한 특허권 보호가 제약 시장의 모든 경쟁자들에게 효과적인 혁신을 어렵게 만들고 있다는 것이다.

웨어는 임상시험에서도 발견되는 동일한 등급 척도를 사용하고 있다. 이는 환자가 보고 기록한 데이터가 환자 모집 및 데이터 수집의 전통적 방법에 수반되는 시간과 비용을 절감하는 방법으로서 이러한 사이트에 눈을 돌리고 있는 제약 기업에게는 상당한 가치가 있음을 의미한다.9 이런 회사들은 "오픈소스 혁신" 철학을 신봉하면서, 익명화된 환자 데이터를 제약 기업, 연구자 등등에게 팔 권리를 보유하고 있다. 〈페이션츠라이크미〉와 같은 사이트의 비즈니스 모델은 온라인 커뮤니티 자율 조직을 독려하거나 "부추기는"solicit 표적화된 소프트웨어를 사용하여, 상품 개발에서 마케팅, 그리고 보급 확산이라는 보편적 궤적을 효과적으로 반전시킨다. 이들 온라인 커뮤니티는 도래할 상품의 기성 소비자 시장(그리고 공동생산자)으로 활용된다. 사실상, 이는 임상시험 후원자가 약물 개발을 진행하기 위한 값비싼 결정을 내리기 전에 코호트가 비공식적으로 스스로 자가 모집하기를 기다릴 수 있음을 의미한다. 또한 기업들이 목표로 하는 소비 시장을 미리 확인하고 포착하게 되기 때문에 소수의 소비자 대중을 겨냥한 희귀약물 개발에 예산을 투자하는 것을 기업들에게 상업적으로 가능한 선택지로 만든다. 소셜 네트워킹 플랫폼은 사용자들이 직접 입력한 정보만을 활용하여 1996년 〈건강보험 정보의 이전 및 책임에 관한 법〉HIPAA에 포함된 프라이버시 규제를 교묘하게 회피해간다(Brownstein et al. 2009). "사용자 생성 혁신"이 비즈니스 모델로서 작동하기 위해서는 환자/사용자는 그가 상업적 약물 생산에 관여된 노동을 하고 있다는 사실을

---

9. 이러한 사이트의 비즈니스 모델은 시장조사, 임상시험 데이터와 모집 정보를 제약 기업, 의료 서비스 제공업체, 건강보험사에 제공하는 계약을 통해 향후의 수익원이 창출될 것이라는 가정에 근거한다. 해당 사이트는 이미 주요 제약 기업과 다양한 제휴 관계를 맺었으며, 사이트의 개설자들은 궁극적으로 그들의 목표가 새로운 치료법의 발견과 개발 과정에서 업계와 직접적인 파트너십을 맺는 것이라고 주장한다.

인지하지 못하거나 무관심해야만 한다 — 환자 집단과 제약 기업 간의 최근 논쟁의 결과가 말해주는 것이 있다면 이 환자/사용자가 노동 생산하는 약품은 생산자 스스로는 잠재적으로 이용할 수 없는 점이다 (Hayden 2007).

이 사이트에서 수집되는 환자 보고 데이터는 전통적 임상시험 과정이 다루는 범위 밖에 있는 실천과 경험에 관한 정보원으로서 기능한다. 여기에는 기존에 허가된 용도와는 다른 용도로 "오프라벨" 약물을 소비하는 것과 관련된, 그리고 어떤 약물의 장기 소비 이후 발생할 수 있는 변용 또는 부작용("이상 반응")과 관련된 소비와 실천이 포함된다. 이 두 가지는 비규제(아직 허가되지 않아서)된 약물 사용 또는 합법적 사용 사이의 회색지대에 놓여 있다. (아직 시험된 적이 없는 의료적 징후들을 위한) "오프라벨" 약물 소비는 널리 퍼져 있으나 공식적으로 규제되지 않은 행위이다. FDA는 실질적인 의료 실천에 대해서는 거의 사법적 권한을 갖고 있지 않고 정상적 표준 치료의 선택지가 소진되었을 경우 어떤 약물을 쓸 것인가에 대한 결정은 의사들이 자유롭게 하도록 내버려 두고 있다. 실제로 오프라벨 약물을 적용할 수 있는 증상들은 미국 내 총처방 중 상당 부분을 차지하는 것으로 나타났으며, 몇몇 예측치에 따르면 합법적 약물의 60% 이상이 비표준적 사용을 위해 처방된 것으로 추정되고 있다. 오프라벨 약물 사용의 형태는 매우 다양하다. 예를 들어, AIDS 혹은 암 같은 생명을 위협하는 질병을 지닌 대부분은 환자들은 적어도 한 가지 오프라벨 약물 처방을 받고 있다. 아동 또는 임산부를 대상으로 시험된 처방 약물은 매우 소수이기 때문에 이들 인구 집단에게 투약된 다수의 약물이 오프라벨로 처방된 것이다. 하지만 이와 같은 사례는 전체 오프라벨 처방에서 아주 적은 비중을 차지할 뿐이다. 개발 초기 단계에서 많은 화학적 화합물이 몇 가지 상이한 증상들에 임상적 효능의 징후를 보여준다. 약물 기업들은 정기적으로 임상시험을 수행하고 하나의 증상 - 일반적으로 증명하기 가장 쉬운 증상, 또는 생명 특허의 측면에서 가장 수지가 맞는 것(예를 들자면, 아직 치료불능이거나 또는 "희귀 질환"인 것에 대한 승인을 꾀하는 것이 보다 논리적이라 할 수 있다) - 에 대해서만 승인받기 위해 계산된 결정을 내린다. 하나의 증상에 대한 승인을 받으면 약물 기업은 그 후 시험되지 않은 다른 증상에 해당 약물을 인가받지 않고 사용하는 데 몇 가지 선택지를 갖게 된다.[10] 이들 이미 승인된 약물의 비표준적인 증상들은 또한 FDA에 새로운 약물 승인 신청 비율이 점점 증가하는 것으로 연결되는데 그 이유는 새로운 제약 화합물(상업적 약물 혁신은 수사적으로 모험적인 만큼 현실적으로는 조심스럽다)에서 성공적인 약물을 개발하는 것보다는 이미 제조되어 또 다른 용도로 시험을 거친 약물에 대한 승인을 구하는 것이 훨씬 저렴하기 때문이다(Menikoff 2008 : 1067~1073). 〈페이션츠라이크미〉는 인가받지 않은 약물 소비의 혜택(또는 그것의 부족)을 추적하는 전자 데이터 기록의 잠재력을 공개적으로 홍보한다. 이 방식은 약물 기업이 더, 완전히 무작위로 조직된 맹검 시험을 후원하도록 장려하는 데 유용한 첫 단계로 이용될 수 있다. 이 사이트와 연관된 연구자들은 지금까지 치명적 신경변성 질환인 근위축성 측상 경화증amyotrophic lateral sclerosi 환자들에게 적용한 탄산 리튬lithium carbonate 오프라벨 사용에 관한 관찰적 연구를 하나 수행했다. 이 과정에서 연구자들은 비임

---

10. FDA는 "오프라벨"(off-label) 의약품에 대한 소비자 직접 마케팅을 금지한다. 하지만, 상업적 자유 발언에 관한 권리하에서 제약기업은 "교육용" 자료를 전문의에게 배포하고 과학 학술지에 "오프라벨" 약물에 대한 학술적 연구를 게재할 수 있다. FDA의 규제를 피하기 위해 제약 산업계가 개발한 다양한 방법에 대한 분석은 퓨버먼과 멜닉(Fugh-Berman and Melnick 2008)을 참고하라.

의화nonrandomization의 혼돈 효과를 상쇄하는 특수한 알고리즘을 활용하였다. 그들이 발견한 것은 치료가 효과적이지 않았다는 것이었다. 연구자들은 이 같은 연구를 더 진행하는 것이 안고 있는 잠재력을 논평하면서, 약물 개발자들이 환자들 사이에서 "향상된 수준〔들〕의 자기 실험"을 잘 이용하는 것이 바람직하다고 제안해 두었다(Wicks et al. 2011).

이러한 비표준의 인가하지 않은 약물 소비에 주목하면서 〈페이션츠라이크미〉는 약물이 출시된 이후 발생할 수 있는 부작용 또는 "이상반응"을 추적하는 이 사이트의 탁월한 능력을 광고했다. 〈페이션츠라이크미〉가 제공하는 환자 보고 데이터는 출시 후 감시에서 유의미한 진전을 보여주는데, 이 데이터는 지금의 것보다는 더 상세한 양식의 이상반응 보고를 제공할 뿐만 아니라 표준화된 전자 데이터 형식이 통계적 데이터마이닝에 이 사이트가 더 적합하도록 해주기 때문이다. 최근 가장 눈부신 약리학적 모범들이 1차 약물 개발로부터가 아닌 약물의 장기적 소비에서 나오는 기대치 않은 "통찰"─즉, 부작용─로부터 나왔다는 점도 자주 지적된다. (최근의 역사에서 가장 악명 높은 사례는 실데나필이다. 이 약물은 원래 고혈압 치료를 위해 고안되었으나, 결국에는 비아그라가 되었다. 미국 제약 규제 전체 틀 형성에 영감을 주었던 약물, 탈리도마이드는 비교적 덜 알려진 사례 중 하나다. 1960년대 시장에서 퇴출된 이후, 탈리도마이드가 나병과 다발성골수종multiple myeloma 치료 모두에 특출나게 효과적이라는 것이 우연히 밝혀졌다. 탈리도마이드는 현재 탈로미드Thalomid라는 이름으로 앞의 용도로 시판되고 있다.) 결과적으로, 임상 연구자들과 약물 개발자들은 시판 후 이상반응 감시가 위험 관리 기능을 할 뿐만 아니라 신약을 위한 단서를 제공하는 잠재적 원천이라고 여기기 시작했다(Boguski et al. 2009 ; Pulley et al. 2010). 감시에서 혁신으로의 이동은 화합물이 치유력이든 독성이든 고유한 치료적 원자가therapeutic valence를 갖고 있지 않음을 인정하게 되었다는 것을 시사한다. "약물은 일련의 효과를 지닌 화학물질로 볼 수 있다. 어떤 효과가 유익한 것으로 의도된 것인지, 어떤 효과가 의도치 않은 이상 효과로 간주되어야 할 것인가는 약물이 사용된 증상에 달려 있다"(Jong-van den Berg 1995 : 177). 약물의 신체적 효과는 생화학이라는 경성과학이 아니라 소비의 연성과학에 놓여 있다. 더 정확히 말하자면, 생화학은 자체로 효과를 생산하는데 이 효과는 소비 예술art에 따라 달라진다.

〈페이션츠라이크미〉의 방법이 새로운 것으로 보일지도 모른다. 하지만 〈페이션츠라이크미〉는 약물 혁신에서 환자 통제 전자 건강 정보 사용을 지향하는 다양한 경향들 중에서 하나의 플랫폼을 대표할 뿐이다. 이 플랫폼들 중에서 가장 중요한 것이 전자 건강 기록 데이터 마이닝에 전적으로 의지하는 미국 시판 후 능동 감시 프로그램(US Department of Health and Human Services 2008)인데 이는 FDA가 주도하는 새로운 〈센티넬 이니셔티브〉이다.[11] 오픈소스 혁신 체계에 포착된 데이터의 양이 이 프로그램의 효과성에 결정적인 역할을 한다. 표준화된 전자 환자 기록 전국 공공 네트워크에 기반하여 〈센티넬 이니셔티브〉는 〈페이션츠라이크미〉와 같은 사설 플랫폼이 지닌 연구 잠재력

---

11. 2007년 의회는 기존의 시판 후 감시 체계를 개편하기 위해 고안된 법안(Food and Drug Administration Amendments Act, FDAAA)을 승인했다. FDAAA는 FDA에 2010년까지 최소 2,500만 명, 2012년까지 1억 명의 환자로부터 통합된 전자건강기록 시스템을 만들 것을 요청했다. 이는 시판 전 임상시험에 등록된 환자 수의 몇 배에 달하는 수치였다(Gordon 2008). 또한 FDA가 수집한 데이터를 사용해 관찰적, 장기적, 감시적 연구를 수행하기 위해 민간 및 공공 기관과 협력하거나 계약할 것을 요청했다. FDA는 이러한 요청에 응해 2008년 센티넬 이니셔티브(Sentinel Initiative)를 시작했다.

을 몇 배나 증진시킨다. 그러나 똑같은 이유로 이 플랫폼 또한 오픈액세스 정보의 표면상의 에토스와 상업적 전용의 현실 간에 존재하는 기존의 긴장을 확대시킨다(Hayden 2007). FDA의 공공적 성격과 규제적 사명을 고려하면 이와 같은 대규모 감시 프로그램을 어떤 용도에 활용할 것인가라는 질문—아직 해답이 없는—이 제기될 수 있다. 공공적으로 접근 가능하고 자유롭게 공유된 환자 건강 정보는 제약 산업에 필요한 약물 개발을 위한 단서들의 오픈소스 데이터베이스를 구성해줄 것인가? 그렇다면, 이러한 연구의 완제품은 공공이 어느 정도까지 자유롭게 사용할 수 있는 것인가? 지금까지 FDA는 플라시보가 아니면서 서로 다투고 있는 현존 치료법들을 평가하는 비교효과 연구뿐만 아니라 이상 반응에 대한 능동적 감시 연구를 실시하겠다는 의도를 비쳐왔다. 그러나 〈페이션츠라이크미〉의 비즈니스 모델이 보여주는 것과 같이, 이러한 연구는 신약에 대한 단서와 기타 상업적 가치가 있는 정보를 생성하는 데 이용될 수 있다(Tabarrok 2009). 한 논평자가 지적하듯이, FDA의 〈센티넬 이니셔티브〉는 일단 운영되면, "연속되는 대량의 사후승인 '임상시험'에 비유될 것인데 통계적으로 유의미한 결과를 찾아내는 능력에 있어서는 평균적인 4상 시험보다 수 배 규모가 크고 훨씬 섬세할 것이다"(Gordon 2008 : 303). 〈센티넬 이니셔티브〉는 건강 소비 대중 전체를 실험 인구로 구성해내고 있다. 이런 연속적이고 실시간의 실험 결과들이 결과 생산을 도왔던 이들에게 자유롭게 이용 가능할 것인가는 여전히 열린 문제로 남아 있다.

분산된 실험 노동

산업적 생의학의 포드주의적 양식은 과학 숙의 과정에서 "공공"

을 배제하는 경향이 있으며, 과학 전문가와 환자 간의 엄격한 노동 분업을 확립했다고 비판받았다. 또한 과도하게 표준화된 공공을 가정했다고 비난받는다. 그 결과로 예를 들자면, 약물 혁신은 대량 소비자 시장을 지향했고(희귀약물을 무시하는 방향으로) 오로지 백인 남성 연구 대상만을 시험하였고 비표준적 대상을 배제해 왔다(S. Epstein 2003). 이러한 비판의 결과로 생의학 과학 개혁에 대한 요구는 보다 민주주의적인 공공의 과학 참여 양식에 대한 요구에 집중하는 경향을 보였다. 이 모델의 하나가 공동체에 의한 그리고 공동체에 대한 지식의 공동생산에 소수자 공공을 포함시키는 것이었다. 사용자 생성 약물 혁신 모델은 지난 20세기 후반에 수십 년 동안 소수자 집단이 정식화한 산업적 약물 생산에 대한 다양한 비판에 조목조목 응답한 것과 다름없다는 점을 여기에서 지적해야 한다. 제안되고 있는 것은 비표준적 약물 소비 실천들과 느슨하게 규제되고 있는 공공 실험 공간들을 선택적으로 모집함으로써 임상전문가와 제약기업, 그리고 환자들이 가치를 철저하게 "공동으로 창출"하는 약물 개발 방식이다. 실제로 과학의 "민주화"는 대안적인 사업 모델을 출현시켰는데, 그중 하나가 과학 지식 공동생산에 "사용자" 또는 "소비자"로서 환자가 직접 참여할 것을 요구하는 것이었다. 오픈소스 혁신 모델은 지식 생산에 대한 대중 참여를 반대하지도, 비표준 대상의 특별한 요구를 외면하지도 않는다. 스티븐 엡스타인이 언급한 것처럼, "단일 표준 인간의 존재가 포드주의의 추정이었다면(포드의 모델 T처럼 표준화된 대량 상품 생산의 20세기 초반 시스템), 틈새 표준화는 우리를 정확히 포스트포드주의적 제조업의 세계로 — 명확하게 정의된 하위집단을 겨냥한 다양한 상품의 틈새 마케팅 — 이동시킨다"(Epstein 2007 : 178). 사용자 생성 혁신이 연구를 "민주화"하는 방식은 다음과 같다. 사용자 생성 혁신은 비표준 대상들로 구성된 새로운 환자 공동체를 동원할 뿐만 아니라, 이 "대중집단들"publics을 그들 스스로가 생산에 관여한 상품의 상업화를 맞이할 준비를 마친 다수의 틈새 시장들로서 활용한다. "대중"은 잠재적 소비 시장으로서 호명될 뿐만 아니라, 또한 소비자 약학의 세부사항에 정통한 무임금의 고도로 숙련된 노동 시장으로 설정된다.[12]

최근 몇 년간, 임상시험은 점진적 "탈제도화" 과정을 겪었다. 20세기 중반의 대량 시험(주립 감옥, 의대 부속 병원, 고아원과 같은 전체주의적 시설의 단일하고, 엄격한 생활 조건을 선호했다)은 사설 클리닉 또는 1상 시험 단위에서, 보다 최근에는 임시적으로 분산된 사용자 생성 실험 클리닉 등에서 수행되는 계약 시험으로 점진적으로 대체되고 있다. 시험 내에서의 고전적 노동 분업은 포드주의에서 포스트포드주의적 생산 양식으로의 전환을 따라 변화했다. 사용자 생성 혁신은 실험적 "작업 공정"과 임상 관리, 연구의 주체와 객체 사이의 경계를 희미하게 만들었다. 그리고 이 혁신은 연구 대상이 그들의 조건 속에서 그들 자신을 토대로 하는 실험을 관리하고 모니터링할 수 있는 전문가가 되기를 요구한다. 과학적 전문가의 특권은 더는 과학자들만의 것이 아니라, 생산자와 소비자의 개인 대 개인 네트워크로 점점 더 외주화되고 있다. 새롭게 개방된 약물 혁신의 최전선에서 개인

---

12. 이와 관련된 "사용자 생성 혁신"의 확산은 영국의 사례에서 두드러진 것과 같이 과학에의 "공공 참여"(public participation) 담론과 병행하여 발전한 것으로 이해해야 한다. 소프와 그레고리(Thorpe and Gregory 2010)는 공중 참여의 에토스와 포스트포드주의적 노동 수요 사이의 개념적 적합성을 예리하게 해석할 것을 제안한다. "이러한 자본주의의 국면에서 참여는 화폐를 획득하는 비물질 노동의 한 형식으로 이해할 수 있다. 참여는 생산과 소비, 그리고 경제와 정치 영역 또는 공적 의사소통의 영역 사이의 차이를 모호하게 만들었다. 참여는 상품의 생산과 소비, 사회적·정치적 관계의 합법화 전반에서 작동한다. 공공참여 운동은 비물질 노동이 생산적이며 정치적일 수 있는 방식의 사례를 보여준다"(Thorpe and Gregory 2010 : 274).

대 개인으로 가능해진 자기 실험이 임상노동의 패러다임이 되었다. 오로지 실험실에서만 발명이 탄생한다고 가정하는 것은 더는 불가능하다. 새로운 제약 화합물 생산이 소비 현장으로부터 구별된다거나, 오락적 약물사용과 치료적 약물사용 간의 구별은 제약 부문에서 실실적인 상품 개발 실천을 개념화하기에 적절하다는 주장을 하기가 불가능해졌다. 20세기 중반에서 후반의 제약학 현장을 형성했던 변경frontier들이 무너지고 예상치 못한 방향으로 재편성되고 있다.

이와 동시에, 클리닉 벽 바깥으로 실험이 이동하면서 "실험"의 본질도 변했다. 사용자 생성 실험은 계산 가능한 위험과 측정 가능한 불확실성에 대한 과학 및 규제적 이상을 버렸다. 실험은 말하자면 사변적[투기적]이 되었고 정규 분포 밖의 위험을 수용하기 시작했다. 위험 범위를 정하는 것도 확률을 표준화하는 것도 더는 가능하지 않았지만 완전히 예측하지 못한 사건을 혁신의 원천으로 생성할 수는 있었다. 연방 약물규제가 약물 출시 전 가능한 한 약물의 위험성을 경감시키고자 노력했던 시기(케포버-해리스 개정안이 소비자 보호 모델의 정점을 대표했던 시기)를 지나 우리는 이제 소비자 대중이 고도의 위험을 무릅쓰고 있는 실천에서 제약기업이 혁신의 원천을 찾아 헤매고 있는 상황에 놓여 있다.

그렇다면 무슨 권리로 제약기업은 그렇게 엄격하게 외주화되어 온 실험에 대한 지적 재산의 독점적 특권을 보유하고 있는 것일까? 약물 개발의 위험이 점차적으로 소비 대중의 부담으로 전가되고 있을 때 어떻게 미국 제약 시장에서의 규제되지 않은 약물 가격이 정당화될 수 있는 것일까? 임상시험을 약물 소비 대중으로 외주화한 것은 전통적인 인간 대상 실험 모델과 관련된 위험 분산 문제를 하나도 해결하지 못했고 다만 그것을 일반화시켰을 뿐이다. 실험과 전문성의 규약들은 이제 철저하게 분산되었고, 그렇기 때문에 언젠가 약물 소비자들도 (다른 이들이 이미 그랬던 것처럼) 도대체 어떤 속임수가 있어서 자기 실험의 알려지지 않은, 그리고 치명적인 위험이 투기적 이익과 접근 불가능할 정도로 높은 약물 가격의 형태로 돌아오게 되는지를 묻기 시작할지도 모른다.

:: 결론

    생산적인 관계의 집합으로서 임상노동은 포드주의적 작업장과 20세기 중반 사회국가의 주변부에서 등장했다. 가치의 실험적이며 생식적인 형태는 산업적 대량 생산으로부터 명백하게 분리되어 격리되어 있던 공간에서 − 작업장이 아니라 감옥, 고아원, 수용소 그리고 가정에서 − 발달했다. 이들 공간은 국가 경제에서 완전히 제외되어 있었으나 그럼에도 불구하고 다소 강요된 노동 형태로 국가 경제와 관계하고 있었다. 20세기 중반의 대규모 임상시험에 대한 환자와 죄수의 비자발적 참여, 남편의 임금 제공에 대한 대가로 생물학적·정서적·과업 지향적 역량을 제공하는 주부들의 강제적 증여 노동이 이 노동 형태에 속한다. 이러한 형태의 격리된 노동은 대량 생산품의 예측 가능한 제조와 백인 남성 신체에 부여된 권리와 보호를 중심으로 조직된 산업노동 과정과 정반대인 것으로 이해되었다. 격리된 노동에 종사한 사람들이 20세기 산업노동에 내재된 테일러주의의 시간 바깥에서 운용된 것처럼, 그들의 우연적이고, 우발적이며, 순환적인, 또는 탄력적인 시간성은 그들의 생산성 형태를 국가 경제 생산 계산법에서는 분명하지 않은 것으로 만들어버렸다. 실험적이며 생식적인 노동은 20세기 중반 국가경제를 지원한 사회 및 건강관리 시스템에서 필수 요소였지만, 국내 총생산량 계산 또는 노동력의 측정치에는 한 번도 등장하지 않았다.

    수직적으로 통합된 포드주의 기업과 완전 고용된 내부 노동력이

다자간 계약과 혁신 외주화와 같은 현대의 수평적 경관으로 해체되면서, 이러한 감금적이며 가족적인 기관들 또한 해제되기 시작했다. 이들 기관에 잠재되어 있던 노동력들이 빠르게 탈산업화된 경제와 탈규제화된 불안정한 노동 시장으로 해방되어 분출되어 나갔다. 여성들이 가정의 경계를 벗어나 임금이 지불되는 일자리를 찾기 시작하면서, 그들은 우리가 포드주의적 가정의 수직적 붕괴라 부른 현상을 촉발했다. 가정주부의 생식적 무급 노동은 전 서비스 부문(아동 돌봄, 음식 준비)과 이주 노동(대개 밀입국자의)에 의해 공급된 돌봄, 양육 등을 포함한 형식적 가사 서비스의 다양한 수평적 계약으로 대체되었다. 이와 동시에 생명과학 혁신이 확장하면서 대량 생산이 남겨 놓았던 경제 공간을 채우자 새롭게 탈사유화된 젊은 남성과 여성의 생식능력이 새로운 방식으로 동원되었다. 캘리포니아주와 다른 지역의 임상의와 중개업자들이 수정능력fertility에 법적·기술적으로 새로운 질서를 부여하는 실험을 지속하면서 생식능력 동원이 시작되었다.

결과적으로 포스트포드주의 가족이라는 법적 실체를 손상시키지 않은 채 생식 생명과정으로부터 특정한 기능과 과정들을 외주화할 수 있게 되었다. 보조생식기술은 친족이라는 정해진 규범 밖으로 신체들 간에 생물-기술적biological-technical 관계 맺기를 확산해갈 수 있도록 해주었다. 이와 함께 수정능력 계약은 아이에 대한 의뢰 부부의 권리가 지닌 법적 특권을 재확인하고 전통적인 가족의 법적 통일성을 다시 한번 긍정함으로써 수정능력 하청계약자의 권리나 온전성에 우선한다는 것을 강조했다. 신체의 소유권을 둘러싼 더 논쟁적이고 사유화된 관계가 존재했고 그러한 문제를 해결하기 위한 방법으로 계약을 택하고자 하는 의지가 대단히 강했던 미국에서 이와 같은 법적 형식이 처음 등장했다는 것은 놀라운 일은 아니다. 그러나 이 법적 형식들은 비즈니스 모델로서 그리고 탈국가화된 생식노동의 복잡한 함의들을 다룰 수 있도록 설계된 법적 양식들로서 다른 지역들로 수출되고 있다. 국경을 가로지르는 보조생식기술은 가족을 탈국가화하고 시공간적으로 분해시켜 버린다. 이런 상황은 판매자와 구매자가 국경을 넘나드는 난자 판매의 경우에는 덜 심각하지만, 대리모의 경우에는 점점 복잡해지고 있다. (프랑스와 호주 같은) 일부 국가는 국경을 넘어 대리로 태어난 아이의 시민권에 대해 이의를 제기하고 있다. 이에 대한 반응으로 대리모에 가장 관대한 사법적 관할 구역(캘리포니아를 비롯한 미국의 다른 주들, 그리고 잠재적으로 인도)에서는 아이를 의뢰부모 본국으로 송환하여 가족을 복원시킬 수 있도록 다양한 법적, 민사적 조치들을 취해두었다.

실험 노동의 영역에서, 1970년대와 1980년대의 시민 입법으로 감옥에 새로운 보호 규제들이 도입되고 강제 입원이 폐지되면서, 급성장 중이던 제약 산업은 제도 기관의 실험 조건들에 접근할 수 없게 되었고 다른 보다 거래적인 방법으로 실험 대상을 모집하는 방법을 개발해야만 했다. 우리가 살펴보았듯이 보험도 들지 않고 실직 상태인 탈산업화의 프레카리아트 사이에서 새로운 시험 장소가 발견되었다. 여기서 또다시 외주화와 계약화가 생체 내 능력in vivo capacities에 대한 견인력 획득에 필요한 아주 유연한 조직 기술이자 법 기술임이 입증되었다. 이는 또한 약물의 시장 출시에 필요한 유용한 실험 데이터와 약물의 부응 상태를 만들어내기 위해 인간 연구 대상을 모집하여 경제적으로 그리고 생물학적으로 위험에 노출시킬 수 있게 해주었다. 제약 실험은 임시적casualized 노동 조건이 만들어 놓은 모집 효과에 의존하게 되었다. 임시적 노동 조건은 더 광범위한 인구 부문들이 겪고 있는 불완전고용과 의료보험 부재(미국에서)로 드러나고 있다. 이 조건들이 불완전고용 노동자들을 1상 시험의 위험 노동으로 추동하고 있고 만성 질환자들을 2, 3상 참여를 통해 일시적이고 우연적인 돌봄을 찾아 나서도록 하고 있다. 이러한 역학이 미국에서 더욱 뚜렷해졌는데, 미국에서는 2008년 세계 금융 위기로 초래된 경제 침체가 실업자로 하여금 되찾은 열정으로 임상시험과 생식 노동을 찾아 나서게 했다.

우리는 유연한 생명윤리적 원칙이 법률적으로de jure 임상시험 참여를 관리하는 방식과 실질적으로de facto 생식세포 "기부"가 비공식 임상 노동 시장을 조직할 수 있는 방식을 보았다. 고지된 동의의 원칙은 복잡하고 때로는 중복적인, 대체로 기록은 되어 있지 않은 계약적 동의 행위와의 대화 속에서 역사적으로 진화해 왔다. 계약적 동의는 약속에 강제력을 발휘할 수 있도록 해주었다. 이들의 융합은 특히 미국과 인도의 생식 시장에서 명백히 드러난다. 이 시장들에서는, 난모세포의 판매자나 대리모의 동의가 의료적 절차에 대한 동의인지, 비용을 지불하고 아이를 갖고자 하는 의뢰부모의 의도를 이행하겠다고 하는 법적으로 강제 가능한 동의인지를 명확히 구분하기가 어렵다. 3장에서 보았듯이 계약 당사자들이 법으로 가면, 호르몬 및 외과적 시술을 받는 것에 대한 의학적 동의는 계약 의도가 있다는 증거로 간주되므로 따라서 계약적 동의의 증거로서 취급된다. 계약적 동의는 일부 사법권에서는 다른 경우에서라면 거의 사용되지 않는 특정이행에 의존하여 강제 집행될 수 있다. 특정이행으로 법원은 대리모에게 아이의 양도를 명령해 계약을 완수하도록 한다.

고지된 동의는 또한 정규 노동계약의 적용을 받는 (점점 더 소수인) 이들이 얻을 수 있었던 사회적 보호로부터 실험 대상과 생식 계약자 모두를 배제하는 역할을 한다. 우리는 1940년대와 1950년대 미국에서 고지된 동의 절차가 채택된 것은 임상시험 참여자들로부터의 소송 제기에 대한 공포에 대응하는 방식이었음을 보았다. 이것은 19세기 노동법에서 동의 후 책임 없음volenti non fit injuria이라는 격세유전적 원칙, 즉 노동자가 노동계약에 동의하면 작업장과 관련된 모든 위험을 감수하는 데 동의한 것과 같다는 원칙을 재활성화한다. 조직된 노동의 힘이 19세기 후반 작업장에서 동의 후 책임 없음 원칙을 제거했고, 작업자 보상과 그 밖의 사회보험이 산업 사고의 위험을 완화시켰으나 실험 대상은 임상시험 자체의 문제가 되는 위험에 동의한 것으로 여겨졌다. 1상 시험의 노동은 전적으로 실험적 사고를 견뎌내는 노동이며 이러한 상황에서의 동의는 실험 대상이 노출된 생물학적 우발성의 광범위한 책임으로부터 클리닉과 제약 기업을 면제시켜 준다.

또한 생명윤리적 보상 원칙 역시, 다양한 모집과 조달 조건에 단일하게 적용될 수 있는 것으로 드러났다. 4장에서 보았듯이 유럽연합에서 생식노동의 초국가화는 보상원칙에 대한 기회주의적 해석이 포함되어 비공식적 노동 시장을 조장했다. 소득 능력과 화폐화된 행정 사이의 첨예한 차이들은 상대적으로 낮은 보상 지불에도 불구하고 부채가 있는 학생, 합법 및 밀입국 이민자, 그리고 동유럽의 "관광객들" 중에서 상당수의 생식력 판매자 모집이 가능하게 해 주었다. 요컨대, 생명윤리적 원칙을 비공식 노동 시장의 규제라는 목적에 매우 쉽게 적응시킬 수 있다. 생명윤리적 원칙의 목표는 "부당한 유인책"으로부터 연구 대상과 조직 기증자를 보호하고, 진정한 자발적인 참여를 장려하는 것이다. 하지만 실제로는 윤리적 원칙들이 거래적 모집뿐만 아니라 노동법의 격세유전적 특징들을 관용하고 이들을 통합시켰다. 격세유전적 특징은 19세기 계약적 개인주의와 자유방임국가의 절정기에, 보호받지 못한 노동조건을 특징짓는 동의 후 책임 없음의 원칙과 특정이행이다. 우리는 생명윤리적 집행의 암묵적 계약주의, 비강제적이며 자발적인 위험 수용을 명시하는 동의 행위에 엄청난 비중이 놓여 있는 이 계약주의가 포스트포드주의적 노동 조건과 널리 퍼져 있는 일반적인 임의 고용계약 규범과 완전히 일치한다는 점을 보여주고자 노력했다. 한 국가의 경계 내에서 이루어지는 (혈액 및 고형 장기 기증을 예로 들 수 있는) 일부 영역에서는 자발적이며 선물적인 관계가 정당화될 수 있다. 하지만 이러한 관계들이 실험 및 생식노동을 필수 생계 수단으로 거래하려는 인구집단으로 확장될 경우 매우 상이한 영향력을 행사할 수 있다. 보상, 유도, 동의 등 생명윤리에서 활용되는 개념적 범주들을 현대 생명경제의 조건에 적용하려면 이들을 광범위하게 비판적으로 재평가해야 할 필요가 있다. 그리고 노동 범주와 노동의 역사에 대한 열린 대화도 필요하다. 실제로 일부 연구자들은 생명윤리적 보호가 법정 노동계약과 연관된 특징, 특히 임금 및 사회보험과 관련된 특징을 취해야 할 필요가 있다고 주장한다 (Lemmens and Elliot 1999, 2001 ; Anderson and Weijer 2002). 우리는 이러한 규범적 논쟁을 노골적으로 거부하지 않으면서, 그 대신 우리가 여기서 제시하는 것은 생산, 재생산, 그리고 복지에 대한 사회적이며 생의학적인 체제의 접점에서 진화한 계약과 불법행위 법률에 대한 비판적 역사이다. 궁극적으로 우리는 사법적 개혁보다 급진적인 정치적 비판에 따라 노동관계가 전환될 수 있으며, 사회적 보호가 노동관계의 전환을 만들었다기보다는 이러한 혼란의 결과물이라고 주장했다. 포드주의적 노동계약이 제공한 사회 및 작업장 보호조차 인종과 젠더의 엄격한 구분을 전제했으며, 이러한 구분은 1960년대 말에 급증한 반규범 정치의 물결로 붕괴되었다. 그러므로 새로운 사회보호주의에의 호소, 심지어 확장된 인권 담론의 보호주의도 이러한 규범적 권리기반 주장의 한계를 인식하고 있어야 한다.

우리는 생명과학 산업이 양적으로나 질적으로나 발전함에 따라 임상노동의 행렬의 급증도 목도하고 있다. 21세기 생명경제는 팽창을 거듭하여 포드주의적 제조 국가들이 포기한 일부 생산적 공간을 채웠다. 그리고 그 과정에서 생명경제는 산업 노동에 수용될 수도 있는 일부 비숙련 노동력을 용도 변경했다. 그 결과 보다 투기적이고, 임시적이며, 불안정한 비즈니스 모델이 경제에 도입되었다. 그리고 완전히 비공식적이고 불완전한 고용모델이 노동시장에 도입되었다. 또한 생명과학 산업의 본질이 변화하면서 클리닉, 브로커, CRO 등의 모집과 조달에 대한 부담은 더욱 커졌다. 혁신의 실험적 응용이 아닌 임상을 향한 중개의학으로의 이동은 더 높은 비율의 생체 내 노출과 실험 건수를 요구한다. 재생의학으로의 이동은 여성 조직 제공자와 보다 집중적인 협상을 요구하는데, 이 경우 제공자의 생식 조직은 장기간의 침습적 절차를 통해서만 입수될 수 있고 더 복잡하고 규제된 형태의 동의를 필요로 하기 때문이다. 이러한 협상은 초기 생명과학 혁명기, 생명과학자들의 재산권이 훨씬 단순한 방식으로 행사되던 때의, 누구의 소유도 아닌[무주물]res nullius 신체조직을 활용한 실험실 혁명과 현저히 대조된다. 한편 생식력 산업은 완전히 무한한 수요 탄력성을 갖고 확장하고 있으며, 미국과 유럽 이외의 개발도상국의 경제들이 생명과학 혁신 부문에서 경쟁하고 있다.

이러한 확장에 대응하여 임상노동의 모집은 두 가지 의미로 보다 분산적이 되고 있다. 우선 모집이 초국가적 공간으로 더욱 확장적으로 이루어지고 있다. CRO는 그들의 임상시험 모집에 도움을 주는 하위 모집단의 경제적 취약성과 질병 부담을 식별하는 데서 전문성을 가진다. 그리고 외주화의 공간적 유연성은 고도로 국제화된 부문을 낳았고 이부문에서는 중국, 인도 등의 전환경제 지역 비숙련 노동의 극단적 생활 불확실성이 이들을 실험적이며 생식적인 노동으로 뛰어들 준비를 하게 한다. 생식력을 매매하거나 임대하는 것처럼 실험적 위험을 감내하는 능력의 판매는 이러한 국가에서 상당한 부문의 도시 빈민과 하위 중산층들에게 중요한 수입원이 되고 있다. 이러한 발전은 〈국제의약품규제조화위원회〉ICH 같은 산업 주도의 기획으로 추진되거나, 세계무역기구의 〈GATS 협정〉과 의료관광 시장 육성 등의 국가 주도 기획을 통해 촉진된다. 이러한 기획들은 실험 경험, 생식세포 판매, 수태 대리모를 거래 가능한 외주화된 역량으로 만들면서 국경 이동시 마찰이 최소화되도록 보장한다. 그럼으로써 급격하게 형성되고 있는 체내 서비스의 전 지구적 임상노동 시장을 표준화하는 데 기여한다. 임상노동의 이들 개발 경제 지역으로의 수출은 노동 비용을 낮춰 생산성 수요를 충족하는 데 도움을 준다. 예를 들어, 결과적으로 생식력 서비스에 대한 수요는 더 많은 생식능력 공급과 희망 부모들에 대한 비용 절감으로 충족될 수 있다.

이와 동시에 우리는 이러한 개발도상국 경제 지역의 임상노동 모집이 계약적 개인주의의 확산을 어떻게 수반하고 있는지도 보였다. 중국에서는 노동계약과 불법행위에 대한 종합 사법私法이 도입되면서 과거 중화인민공화국의 노동자를 보호했던 집단주의 체제를 대체하고 있다. 이들 개혁으로 공식적으로 노동자의 법적 지위가 사적 계약자로 공식화되었고, 이 노동자들이 나서 서비스 노동 부문을 형성하였으며 이 부문에서는 위험은 개인화되었고 사법私法적 판결로써 다루어지고 있다. 이 개혁들은 계약 임상시험들을 위한 대규모 모집이 가능하도록 길을 열어주었고, 여기에는 유럽과 미국의 제약기업들이 외주화한 것 그리고 급성장 중인 중국의 제약 혁신 부문이 운영하는 것도 있었다. 인도의 수태 대리모 계약은 대리모를 자기 신체의 소유주로서, 그리고 자신의 위험과 생식력에 대한 합리적 계산자로서 사법에 명시된 대로 이러한 능력을 국제 시장에서 임대해 줄 수 있는 자로 부르고 있다. 동시에 계약은 의뢰부모의 양육권과 재산권을 강화하고, 이 부모들에게 그들이 의도한 가족 형태가 법정에서 확정될 것임을 보장해준다. 우리가 보았듯이 이러한 계약은 아직 인도 법원에서 시험되지 않았기 때문에 현재 그것의 법적 영향력은 명확하지 않다. 그럼에도 불구하고 우리는 이러한 계약들이 인도 여성의 생식력 질서에 계약적 재산 관계를 삽입하고, 자본화와 강탈 가능성을 도입하고 있음을 알 수 있다. 이 과정은 생식력을 억제하기 위해 노력한 이전의 국가 건설 전략과는 아주 상충되는 방식으로 이루어지고 있다.

둘째, 보다 덜 집중적인 모집 형태가 사회 전체를 가로질러 분산되고 있다. 소셜미디어의 자유노동 전략과 미국 내 일부 건강 경제학자들의 극단적인 규제 완화 수사법을 바탕으로 환자 네트워크 사이트들은 수천 명의 승인 없는 약물 투약과 부작용 데이터를 집계하고 있다. 사이트 이용자들의 자기 실험 경험은 제약기업의 신약 및 특허 모범 선례들의 원천으로 이용된다. 재생의학 분야에서 잉여 생식 조직은 민간 조직 은행 부문에 조심스럽게 축적되며, 여성들은 자신들의 제대혈과 생리혈을 줄기세포 기술에 대한 가족과 자신의 투자로 여기고 은행에 저장할 수 있다(Fannin 2011). 이러한 축적 형태에는 태아 조직, 배아, 난모세포 등을 조달하는 과정에서 요구되는 것보다는 덜 집약적인 협상이 관계한다. 일반적으로 재생의학 연구자들은 생명의 기원과 연관된 문제를 수반하지 않는 조직들에 내포된 잠재성을 식별하는 데 관심이 있다. 따라서 이들은 제대혈이나 생리혈에 포함된 조혈줄기세포hematopoietic stem cells, 보통의 신체 및 성체 조직에서 유래된 유도만능 줄기세포에 대한 열망을 보인다. 국가의 바이오 은행에서는 또 다른 광범위한 분산 형태를 발견할 수 있다. 이곳에서 인구의 부문들 데이터 전체가 유전체 플랫폼에 등록되며, 작은 유전적 차이를 식별하기 위해 기증된 혈액 샘플들이 데이터마이닝되고 기증 샘플을 기증자의 임상데이터에 연결한다. 급성장 중인 생명경제는 체내의 임상노동에 집중적으로 접근해야 작동할 수 있지만, 우리는 이러한 덜 침습적이고 분산된 전략이 보다 일반적이 되어가고 한층 독창적이 되어가며 특히 모바일 커뮤니케이션 네트워크의 집합 능력과 민간 조직 은행에 대한 사회적 갈망에 무임승차하고 있음을 볼 수 있었다. 우리는 또한 여기서 디지털 경제에서 점점 명백해지고 있는 것과 비슷한 방식으로 임상적 소비가 점점 생산과 수렴되고 있음을 알 수 있다.

마지막으로 우리는 임상노동에 의해 생성된 가치의 생명정치에 관해 논평하고자 한다. 생산의 형태로서 이러한 생명정치는 대량 실험의 논리와 생식력의 기술적 질서화ordering라는 20세기 초중반의 테일러주의적 합리화에 기반하고 있다. 그리고 이와 동시에 섭취, 신진대사, 내분비주기, 배설 및 분만의 시간성이라는 산업적 시계 시간과 상충하는 체내 시간성을 동원한다. 이러한 생명정치는 생명 과정living processes의 실험적, 재생산적, 재생적 가능성들을 교환 가능하고 협상 가능한 것으로 만든다. 즉 표준화된 실험 데이터로 계산될 수 있거나 상이한 신체들 간에 양도가 가능한 능력으로 계산될 수 있게 만든다. 이런 교환의 상업적 조건을 결정짓는 것은 주요하게는, 외주화 관행과 임상 공급자를 자기 자신의 생물학적 자본을 가진 독립 계약자로 구성하는 것이다. 이러한 법적 형태는 계약자의 생명과정적 발생을 독점적 자산으로 체계화하고 다양한 협상과 거래 형태에 개방시킨다. 임상노동이 서로 다른 종류의 임시화된 개별 서비스 노동들과 수렴하고, 인적자본의 조건으로 점점 더 일반적으로 체계화됨에 따라 임상노동은 명백히 경제적인 현상이 되었다. 그러나 이와 동시에 계약 당사자의 체내 능력은 자산 형태로 온전히 안정화될 수는 없다. 왜냐하면, 계약 자체가 이 능력과 분리될 수 없기 때문이다. 이런 불가분성은 모든 노동 형태에 필연적으로 존재할 수밖에 없는데, 모든 작업에 노동자의 신체가 어느 정도 관여되어 있기 때문이다(Pateman 1988). 하지만 이 불가분성은 관계된 노동이 계약 자체를 유지하는 생명과정과 완전히 관련되어 있을 때는 특별한 의미를 갖게 된다. 종적 존재species-being의 생명현상은 임상노동에서 가장 중요한 능력이며, 그것의 현재 형태로 계약자는 이 생명현상을 위험에 맡겨야 하고 그 결과를 떠맡아야만 한다. 이런 상황에서 생명과정의 가소적 잠재성, 즉 그것의 변성과 트라우마에 대한 개방성은 임상노동의 생산성을 가능하게 하는 조건이다. 그리고 임상노동을 수행하는 계약자는 자신의 생명체에 대한 독립적 소유주로서 다른 어떤 의지할 것도 가지지 못한다. 이 환원 불가능한 비대칭성이, 인적자본론이 말하는, 권력 관계의 외관상의 중지가 거짓임을 보여준다. 자기 자신의 소유자는 다른 [것의] 소유자들과는 다르다. 왜냐하면, 그나 그녀는 자기의 신체적 자본을 청산하여 가치를 실현할 수도 없고, 그것을 다른 더 바람직한 자산과 교환할 수도 없기 때문이다(Bryan et al. 2009). 오히려 계약 자체가 자기체현embodiment의, 그리고 그 체현이 역설적으로 살아남기 위한 방도가 될 수 있을지 모른다는 요행에 대한 기대 속에서 자신의 몸을 위험에 빠뜨리는 계산법의 담보물이다. 한 인도 대리모는, "난 내 몸을 위험에 빠뜨려 이 〔돈〕을 벌었다"(Kroløkke and Pant 2012에서 인용)고 말한다. 임상노동이 좀 더 공정한 방법으로 수행될 수 있으려면, 이런 교환 조건들은 반드시 수정되어야만 한다.

생명에 투자하세요.

주식시장에서 제약 바이오 종목은 등락 폭이 높은 종목 중에 하나다. 아직은 실험실 수준에 머무르면서 실현되지 않은 혁신들이 즐비하기 때문에 누구도 신약 개발의 성공과 실패를 장담할 수 없다. 그럼에도 불구하고 많은 투자자들이 바이오 대박 신화를 추종하며 여전히 막대한 자산을 해당 종목에 투자하고 있다. 변동 폭만큼이나 큰 수익을 얻을 수 있을 것이라는 희망 때문일까? 실제로 2019년 기준 바이오·의료 분야에 대한 벤처캐피탈VC의 신규투자는 1조 1,033억 원으로 전년(8,417억 원) 대비 약 31% 증가했다. 약 4조 3,000억 원에 달하는 2019년 전체 VC 신규투자에서 바이오·의료 부문은 총 25.8%로 2018년에 이어 연속으로 1위를 차지했다.[1] 서점에서 주식 관련 신간 코너를 살펴보면 바이오를 주제로 삼은 책들이 즐비하다. 실제로 한 경제 신문에는 다음과 같은 신규 바이오주 투자자를 위한 가이드 글이 실렸다.

바이오 주식 투자의 기본은 기업의 적정 가치를 산출하는 가치평가(밸류

---

1. 생명공학정책연구센터, 『2019년 기준 바이오 중소벤처기업 현황통계』, 생명공학정책연구센터, 2021.08.06.

에이션)다. … 문제는 상당수 바이오 기업이 매출과 이익이 없고 적자 상태여서 주가 평가에 일반적인 재무 지표를 사용할 수 없다는 점이다. … 많은 바이오 투자자가 주가가 급등할 때 섣불리 매도에 나섰다가 후회한다. 바이오 기업은 오랫동안 저평가를 받다가도 연구개발R&D에서 인정받을 만한 실적이 나오면 며칠 동안 연속해서 상한가를 찍는 경우가 많다. 바이오 종목을 장기 투자한 투자자 가운데 정작 수익률은 생각보다 높지 않은 원인이 여기에 있다. 대부분 매도 타이밍을 잘못 잡아서다.[2]

요약하면 바이오주는 아직은 실현된 혁신이 없기 때문에 가치평가를 적절히 할 수 없으며, 수많은 위험과 불확실성이 있지만 변동 폭을 잘 활용해 매도하면 수익을 올릴 수 있다는 것이다. 따지고 보면 금융화된 생명과학, 생명공학, 생의학은 투기에 최적화된 분과라고 할 수도 있다. 모든 시선이 이른바 자본주의 엘리트라고 부를 수 있는 금융 투자자본과 그들의 지지를 받는 혁신 엘리트들에게로 쏠려 있다. 그리고 혁신의 성과도 그들에게 분배된다.

혁신의 이면에는 임상노동이 있다

하지만 이 책의 저자인 쿠퍼와 월드비는 투기와 미래의 수익을 약속하는 희망으로 가득 찬 생의학적 혁신의 이면에서 보다 주변화된 존재들에 주목한다. 그리고 주변화된 존재들의 노동에서 창출된 잉

---

2. 엄여진, 「엄여진의 마켓잠망경 11 주린이를 위한 바이오株 투자서 — 실전편」, 『조선경제』 387호, 2021.03.15.

여가 생의학 산업의 성장에 기여하고 있다고 강조한다. 하지만 여기에서 언급되는 노동은 지금까지의 노동과는 다른 형식이다. 생의학 산업의 혁신은 수차례 반복되는 임상시험의 성공 결과에 전적으로 의존한다. 실험 약물이 임상시험 대상의 체내에 주입되고, 체내 반응의 결과물이 임상시험의 데이터로 기록된다. 이 과정에서 노동은 무엇이며, 누가 노동자라고 할 수 있는가? 아마도 대다수는 임상시험을 진행한 의료전문가의 노동에 주목할 것이다. 그러나 저자들은 약물을 주입받고 몸의 변화를 감내한 시험 대상의 노동에 주목한다. 바로 이 책의 제목인 『임상노동』이다.

임상노동은 애석하게도 노동이지만 노동이라 부를 수 없는 노동이었다. 이 책에서 임상노동은 생의학 혁신을 위해 신체는 물론 조직, 세포 수준에서 다양한 서비스를 제공하고 있는 사람들의 노동이라고 요약된다. 바이오 제약 분야에서는 임상시험의 대상, 생식의학 분야에서는 전통적인 대리모뿐만 아니라 정자와 난자 또는 난모세포 같은 생식세포를 공급하는 공급자가 임상노동자가 된다. 이러한 '노동'은 타인의 건강 또는 생식력을 위한 서비스를 제공하고 계약에 명시된 금전적 보상이나 치료적 접근권을 대가로 받는다. 임상노동자들은 대개 프레카리아트들precariat로 경제적으로나 정치적으로 소외된 사람들, 그래서 사회적 안전망에서 배제된 자들로 구성된다. 이 책의 전반은 임상노동자들의 불안정하고 위험하지만, 지구화된 제약 산업과 생의학 연구에서 일반화된 노동과 작업 형식을 탐구하는 데 할애되고 있다.

물론 이 책이 생명이라는 물질적 기반을 자본의 논리와 연결시킨 "생명경제"를 최초로 분석한 책은 아니다. 실제로 이 책의 서문에서 밝히고 있듯이 저자들은 다른 동료 과학기술학(이하 STS) 연구자들과 주고받은 논의 속에서 임상노동 개념을 발전시켰다. 특히 카우식 순데르 라잔의 『생명자본』(2012)은 인도의 지구화된 임상시험 시장에 주목했고, 급격한 산업구조의 변화로 경제적 기반을 상실한 노동자들의 임상시험 참여를 일종의 임상노동의 사례로 제시했다. 이 책의 저자 멜린다 쿠퍼는 그의 전작 『잉여로서의 생명』(2016)에서 현대 생의학 산업의 혁신을 위해 세포와 조직을 공급하는 하층계급 여성들의 생식노동 혹은 재생노동을 탐구했다. 하지만 쿠퍼는 『잉여로서의 생명』에서 생명과정을 기반으로 한 노동보다는 생명 그 자체의 가치를 증식시키는 특허 또는 상품화에 방점을 찍었다. 그리고 그 사례로 미국에서 형성된 전 지구적 난자 시장을 제시했지만 새로운 노동개념을 설명하기에는 부족했다.

쿠퍼의 저작은 맑스주의적 노동 개념을 견지하고 있는 STS 학자인 키언 버치와 데이비드 타이필드(Birch and Tyfield 2013)로부터 큰 비판을 받았다. 버치와 타이필드는 쿠퍼를 포함해 생명의 가치를 강조하는 다양한 개념들이 생물학적 물질을 가치의 원천으로 물화reification하고 있다는 비판을 한다. 즉 쿠퍼를 비롯한 이론가들이 상품기반 경제 과정에 너무 몰입했고, 그 결과로 재산이나 지대 등의 자산 기반 경제 과정을 제대로 분석하지 못하는 실수를 했다는 것이다. 왜냐하면, 쿠퍼가 주목한 특허법은 특허라는 일종의 자산의 독점을 보호하기 위해 만들어진 법률이며, 생명 기반 상품의 생산 또는 미래의 생산 가능성과는 무관하게 지대를 추구할 수 있는 자산 증식 수단이기 때문이다. 그리고 그 자산 증식을 위해 수탈되는 대상들이 있다는 점이 중요하다. 그들은 누구이고, 또 어떻게 수탈당하는가?

왜 임상노동인가?

생명경제 또는 생명가치와 관련된 수많은 논박 끝에 쿠퍼와 월드비는 생명경제를 분석하기 위한 더욱 이론적이고 실증적인 작업에 몰두했다. 그리고 그 결과물이 바로 『임상노동』이다. 이 책은 생명경제에서 간과된 노동과 자산 증식을 설명하기 위해 임금 계약과 자산이라는 개념을 활용한다. 저자들은 2장과 3장에서 현대 생명경제체제에서 일반화된 계약법과 계약 관계에 대한 논의를 한다. 실제로 21세기 현재의 고용 경향은 안정된 정규직이 불안정한 비정규직과 임시직으로 이동하면서 변화하고 있다. 이러한 변화와 함께 모든 사람이 프리랜서처럼 활동하는 독립적인 계약자가 되었다. 그들은 도급 계약을 맺고 건당 보수를 받는 자영업자로서 노동자와 자본가의 경계에 자리한다. 사유화된 고용계약자로서의 독립계약자들의 노동은 매우 유연하고 효율적이다. 이러한 계약은 임상시험 참가자, 대리모, 난모세포 공급자들에게도 동일하게 적용되며 생명경제가 유발한 체화된 착취를 촉진한다. 얼핏 보면 임상시험 참가자와 대리모, 난모세포 공급자는 신체 조직과 기관, 생식적 능력 등을 착취당하는 것처럼 보인다. 이것은 생물학적 자산의 착취인가 노동의 착취인가?

그들이 설명하는 임상노동은 물질적 추상화 과정을 통해 추상적인 축적 명령이 신체 수준에서 작동하는 것이다(29쪽). 체외에서 이루어졌던 생산과정이 신체 내부in vivo로 들어오고, 체내에서 생산된 물질 또는 상품이 체외in vitro에서 유통된다. 생식세포 공급자의 경우 노동자가 신체에서 직접 수확한 상품을 계약된 클리닉에 공급한다. 그녀는 오랜 기간 난포자극호르몬을 투여받고 과배란 상태를 감수하는 생물학적 위험에 노출된다. 이와 유사하게 대리모는 임신과 관련된 건강 위험을 대행하고 자신의 자궁을 통해 잉태된 아이로부터 강제 분리된다. 또한 임상시험 대상자는 체내의 약물 (이상)반응을 대행한다.

저자들이 주목하는 임상노동은 생물학적이며 생식적인 대행과 외주화라는 방식으로 실천된다. 따라서 노동의 대가 역시 여타 불안정한 노동들과 다를 바 없다. 그렇다고 모든 임상노동에 임금이라는 대가가 따르지는 않는다. 때때로 일부 조직과 세포, 생식적 서비스들은 공공의 이익을 위해 기증된다. 그리고 새로운 치료법이나 약물에 접근할 수 없는 환자들은 자신의 생명을 위태롭게 만들 임상시험에 참여한다. 따라서 '임상' 노동은 단순히 보수가 지급되는 노동 범주의 확장을 의미하지 않는다. 오히려 임상이라는 특수한 상황으로 인해 체내의 생산과정과 생산품(물)이 체외의 가치 평가 및 교환과정과 연결되고 있다는 점을 보여준다. 저자들은 이 책에서 더 이상 노동은 측정된 노동시간과 그에 상응하는 임금으로 이해할 수 없으며, 생명경제 자본의 본원적 축적을 가능케 만드는 신체적이고 생물학적인 물질의 몰수를 포함한다는 점을 강조한다. 생산수단을 몰수당한다는 점에서 이 책의 2부는 노예제와 임상노동의 역사적 연속성을 강조하고 있다.

동의 후 책임이 없다는 계약

생물학적 수단의 몰수는 오래된 인종적, 계급적, 지역적, 성차적 위계에 의존한 생식적 분업으로 실행된다. 불임이나 생식력을 치료하기 위한 생식의학은 전적으로 제3세계 혹은 주변화된 여성들의 자궁과 생식력을 필요로 한다. 또한 거대한 투기자본을 움직이게 만드는 임상시험의 결과는 전적으로 각각의 단계에 참여한 참여자들의 생물학적 위험 감수 역량에 의존한다. 그들은 왜 이런 생물학적 위험을 감수하는가? 저자들은 위계화된 분업이 정당화될 수 있는 이유를 계약에서 찾는다. 대리모와 생식세포 공급자는 출산 이후 생물학적인 친권 주장을 포기하도록 명시된 특정이행specific performance 계약을 한다. 이와 유사하게 임상시험 참여자들은 생의학적 실험에 참여하기 전, 고지된 동의에 서명하며 시험의 잠재적인 위험성에 합의한 것으로 간주된다. 두 가지 형태는 개인의 선택과 책임을 강조하는 자유주의적 계약의 원형과 유사하다. 바로 동의 후 책임이 없다volenti non fit injuria는 원칙이다. 임상노동을 둘러싼 수많은 노동계약들은 자발적 위험 부담을 전제로 실시된다. 계약적인 면에서 현대의 임상노동은 자유의지로 수행된다. 하지만 그에 대한 대가가 부재하거나 부적절하고 생물학적 노동력은 착취된다. 이 지점에서 저자들은 임상노동을 생산 요소가 아닌 일종의 자산으로 개념화하고 있다. 대리모가 자신의 생식능력을 임대할 수 있듯이, 건강보험 미가입 환자의 신체는 부채이자 거래 가능한 자산이 된다. 심지어 임상노동자들은 사용자 중심 혁신 모델의 주역이 되어 자신의 생물학적 자본을 관리하고 거래하는 자기경영하는 주체가 된다. 다양한 계약 관계는 임상노동을 실현 가능하게 만들지만, 동시에 투기적 희망으로 가득 찬 생명경제에서 가시화되지 않게 만들고 있다.

맺으며

이 책에 등장한 임상노동의 사례들은 저자들의 경험연구보다는 생명경제를 연구하고 있는 동료 연구자들의 과학기술학, 인류학, 사회학, 여성학, 법학 등의 문헌을 활용하고 있다. 동유럽, 인도, 중국 등의 장소에서 연구된 임상노동 사례들을 언급하고 있지만, 그럼에도 불구하고 이 책에서 주장하고 있는 것처럼 임상노동이 전 지구적으로 보편화된 노동인지 다양한 지역과 맥락에서 연구될 필요가 있다. 특히 임상시험 산업을 국가적으로 육성하고 있는 한국에서 임상노동은 경험적으로 검증해야 할 개념이다. 한국의 임상시험은 특허가 만료된 제네릭(복제약)의 생물학적인 동등성을 검사하기 위한 시험(생동성시험)과 말기 암 환자들을 중심으로 형성된 3상 시험에 집중되어 있다. 심지어 생동성시험은 2018년 이전까지 임상시험과 별개로 관리되어 왔다. 한쪽은 마루타 알바로 다른 한쪽은 치료법이 간절한 환자로 언급되면서 상징적으로도 명확히 구분되고 있는 상황이다.

이와 함께 이 책은 실천적인 문제들도 던져놓았다. 임상노동이 생명경제적 투기자본의 착취 대상, 몰수의 대상이라면 임상노동자들을 어떻게 보호할 것인가? 노동법의 범주에서 이들을 보호할 것인가? 임상노동자들을 일종의 직업으로 인정하고 그에 상응하는 급여를 지급해야 하는가? 혹은 치료법과 의약품이라는 공공의 이익에 기여하고 있으니 공적인 보조를 해야 하는가?

공동 역자 한광희는 몇 해 전 국내의 생동성시험과 마루타 알바를 주제로 박사논문을 기획 중이던 시절 참고자료로 이 책을 처음 접했다. 20세기 자본주의의 역사와 다양한 노동계약 관계를 생명경제로 전개시키는 저자들의 도발적인 시도에 매력을 느꼈다. 공동 번역을 한 박진희 역시 번역을 통해 글로벌 임상노동의 현황과 이에 대한 젠더 관점에서의 분석 필요성을 알 수 있었다. 두 번역자가 조금만 더 서둘 렀더라면 한국 임상노동 현실에 대한 학계의 관심을 이끌 수 있었을 텐데 하는 아쉬움이 남는다. 역자들의 게으름으로 오랜 기간 속앓이를 하셨을 갈무리 출판사의 김정연 선생님께 죄송하고 마지막 문장까지 오역을 잡아내주신 것에 또한 감사드린다. 짧은 기간에 한국어판 서문을 보내주신 저자들께도 감사의 인사를 전한다. 마지막으로 이 책을 비롯해 생명경제라는 주제로 다양한 저작들을 함께 읽었던 시민과학센터 STS 세미나의 김명진, 김병수, 김태우, 고원태 선생께 감사 인사를 전한다.

2022년 7월
한광희·박진희

:: 참고문헌

Abadie, R. 2010. *The Professional Guinea Pig : Big Pharma and the Risky World of Human Sub-jects.* Durham, NC : Duke University Press.

ABC News. 2008. Medical Trials Drawing More Unemployed after Financial Cri-sis (December). 2008년 12월 20일 검색 http://www.youtube.com/watch?v=eejTBuhR1zE&feature=related.

Abraham, J. 2007. Drug Trials and Evidence Bases in International Regulatory Contexts. *Bio-Societies* 2(1) : 45~56.

Abraham, J., and C. Davis. 2005. A Comparative Analysis of Drug Safety Withdrawals in the UK and the US (1971~1992) : Implications for Current Regulatory Thinking and Policy. *Social Science and Medicine* 61(5) : 881~892.

Abraham, J., and T. Reed. 2002. Progress, Innovation and Regulatory Science in Drug Development : The Politics of International Standard-Setting. *Social Studies of Science* 32(3) : 337~369.

Access Australia. 2008. *The Utilisation and Meaning of Human Embryos and Eggs : A Survey of Access Australia Members.* Sydney : Access Australia.

Adams, J. U. 2008. Building the Bridge from Bench to Bedside. *Nature Reviews Drug Discov-ery* 7(6) : 463~464.

Adkins, L. 2005. The New Economy, Property and Personhood. *Theory, Culture and Society* 22(1) : 111~130.

_____. 2008. From Retroactivation to Futurity : The End of the Sexual Contract? *NORA — Nordic Journal of Feminist and Gender Research* 16(3) : 182~201.

Adkins, L. 2009. Feminism after Measure. *Feminist Theory* 10(3) : 323~339.

Allison, M. 2009. Can Web 2.0 Reboot Clinical Trials? *Nature Biotechnology* 27(10) : 895~902.

Almeling, R. 2007. Selling Genes, Selling Gender : Egg Agencies, Sperm Banks, and the Medi-cal Market in Genetic Material. *American Sociological Review* 72(3) : 319~340.

_____. 2011. *Sex Cells : The Medical Market in Eggs and Sperm.* Berkeley : University of Cali-fornia Press.

Altman, L. K. 1998. *Who Goes First? The Story of Self-Experimentation in Medicine.* Berke-ley : University of California Press.

Anderson, J. A., and C. Weijer. 2002. The Research Subject as Wage Earner. *Theoretical Medicine* 23 : 359~376.

Angell, M. 2005. *The Truth about the Drug Companies : How They Deceive Us and What to Do about It*. Melbourne, Victoria : Scribe.

Anonymous. 2008. Uninsured Research Subjects Raise Multiple Ethical Issues. *Medical Ethics Advisor* 24(5) : 55~56. [강병철 옮김. 『제약회사들은 어떻게 우리 주머니를 털었나?』. 청년 의사. 2007.]

Arendt, H. 1973. *The Origins of Totalitarianism*. New York : Harcourt, Brace, Jovanovitch. [박 미애 옮김. 『전체주의의 기원 1, 2』. 한길사. 2006.]

Armstrong, D. 2007. Professionalism, Indeterminacy and the ebm Project. *BioSocieties* 2(1) : 45~56.

Arora, A., and A. Gambardella. 1994. The Changing Technology of Technological Change : General and Abstract Knowledge and the Division of Innovative Labour. *Research Policy* 23 : 523~532.

_____. 1995. The Division of Innovative Labor in Biotechnology. In *Sources of Medical Technology : Universities and Industry*, edited by N. Rosenberg, A. C. Gelijns, and H. Dawkins, 188~206. Washington, DC : National Academies Press.

Bailey, W., C. Cruickshank, and N. Sharma. 2007. Make Your Move : Taking Clinical Trials to the Best Location. *A. T. Kearney Executive Agenda* 10(2) : 56~62.

Baird, K. L. 2011. Protecting the Fetus : The NIH and FDA Medical Research Policies. In *Beyond Reproduction : Women's Health, Activism and Public Policy*, edited by K. L. Baird, D.-A. Davis, and K. Christensen, 35~53. Lanham, MD : Fairleigh Dickinson University Press.

Bakker, I. 2003. Neo-liberal Governance and the Reprivatization of Social Reproduction : Social Provisioning and Shifting Gender Orders. In *Power, Production and Social Reproduction : Human In/security in the Global Political Economy*, edited by I. Bakker and S. Gill, 66~82. London : Palgrave Macmillan.

Bangsbøll, S., A. Pinborg, C. Y. Andersen, and A. N. Andersen. 2004. Patients' Attitudes towards Donation of Surplus Cryopreserved Embryos for Treatment or Research. *Human Reproduction* 19(10) : 2415~2419.

Barber, B., J. J. Lally, J. L. Makarushka, and D. Sullivan. 1973. Research on Human Subjects : Problems of Social Control in *Medical Experimentation*. New York : Russell Sage Foundation.

Barrett, M. 1980. *Women's Oppression Today : Problems in Marxist Feminist Analysis*. London : New Left Books. [하수정 · 이향미 옮김. 『다시 보는 여성학 : 페미니즘과 마르크스주의 의 만남』. 간디서원. 2005.]

Barrett, S., and T. Woodruff. 2010. Gamete Preservation. In *Oncofertility : Ethical, Legal, Social, and Medical Perspectives*, edited by T. Woodruff, L. Zoloth, L. Campo-Engelstein, and S. Rodriguez, 25~40. New York : Springer.

Baru, R. V. 2005. Commercialization and the Public Sector in India : Implications for Values and Aspirations. In *Commercialization of Health Care*, edited by M. Mackintosh and M.

Kolvusalo, 101~116. London : Palgrave.

Baylis, F., and C. McLeod. 2007. The Stem Cell Debate Continues : The Buying and Selling of Eggs. *Journal of Medical Ethics* 33(12) : 726~731.

Beck, U. 1992. *The Risk Society*. London : Sage. [홍성태 옮김. 『위험사회 : 새로운 근대(성)을 위하여』. 새물결. 1997.]

Becker, G. S. 1976. *The Economic Approach to Human Behavior*. Chicago : University of Chicago Press.

Becker, G. S. 1981. *A Treatise on the Family*. Cambridge, MA : Harvard University Press. [생활경제연구모임 옮김. 『가족경제학』. 수학사. 1994.]

Becker, G. S., and J. J. Elias. 2007. Introducing Incentives in the Market for Live and Cadaveric Organ Donations. *Journal of Economic Perspectives* 21(3) : 3~24.

Beckles, H. 1989. *Natural Rebels : A Social History of Enslaved Black Women in Barbados*. London : Zed Books.

Beckman, K. 2008. Doing Death Over : Industrial Safety Films, Accidental Motion Studies, and the Involuntary Crash Test Dummy. *Discourse* 30(3) : 317~347.

Bergmann, S. 2011a. Fertility Tourism : Circumventive Routes That Enable Access to Reproductive Technologies and Substances. *Signs* 36(2) : 280~289.

_____. 2011b. Resemblance That Matters : On Transnational Anonymized Egg Donation in Two European ivf Clinics. In *Reproductive Technologies as Global Form : Ethnographies of Knowledge, Practices, and Transnational Encounters*, edited by M. Knecht, M. Klotz, and S. Beck, 331~356. Frankfurt : Campus.

Berton, E. 2006. More Chinese Get Free Drugs in Clinical Trials. Wall Street Journal (online), 2006년 20월 14일 검색 http://online.wsj.com/public/article /SB113988758015373215-3cIaQCU2VMtRObREr8e5Rj8AiP8_20060221.html.

Bharadwaj, A., and P. E. Glasner. 2009. *Local Cells, Global Science : The Rise of Embryonic Stem Cell Research in India*. London : Routledge.

Bharadwaj Chand, S. 2008. US Giant Picks Ahmedabad over Six Other Cities for Its Plant [Ahmedabad]. *Times of India* (New Delhi edition, online), 2008년 11월 8일 검색 http://articles.timesofindia.indiatimes.com/2008-11-08/ahmedabad /27901945_1_pharma-greenfield-facility-r-d.

Birke, L., A. Arluke, and M. Michael. 2007. *The Sacrifice : How Scientific Experiments Transform Animals and People*. West Lafayette, IN : Purdue University Press.

Blumenthal, D., and W. Hsiao. 2005. Privatization and Its Discontents : The Evolving Chinese Health Care System. *New England Journal of Medicine* 353(11) : 1165~ 1170.

Blyth, E., and A. Farrand. 2005. Reproductive Tourism — a Price Worth Paying for Reproductive Autonomy? *Critical Social Policy* 25(1) : 91~114.

Boguski, M. S., K. D. Mandl, and V. P. Sukhatme. 2009. Repurposing with a Difference. *Sci-*

ence 324(5933) : 1394~1395.

Boltanski, L., and E. Chiapello. 2005. *The New Spirit of Capitalism*. London : Verso.

Boyle, J. 1996. *Shamans, Software, and Spleens : Law and the Construction of the Information Society*. Cambridge, MA : Harvard University Press.

Braun, K., and S. Schultz. 2012. Oocytes for Research : Inspecting the Commercialization Continuum. *New Genetics and Society* 31(2) : 1~23.

Bray, D. 2005. *Social Space and Governance in Urban China : The Danwei System from Origins to Reform*. Stanford, CA : Stanford University Press.

Breman, J. 2004. *The Making and Unmaking of an Industrial Working Class : Sliding Down the Labour Hierarchy in Ahmedabad, India*. New Delhi : Oxford University Press.

_____. 2007. *The Poverty Regime in Village India*. Oxford : Oxford University Press.

Brown, N., and A. Kraft. 2006. Blood Ties : Banking the Stem Cell Promise. *Technology Analysis and Strategic Management* 18(3/4) : 313~327.

Brown, N., L. Machin, and D. McLeod. 2011. Immunitary Bioeconomy : The Economisation of Life in the International Cord Blood Market. *Social Science and Medicine* 72(7) : 1115~1122.

Brown, N., and M. Michael. 2003. A Sociology of Expectations : Retrospecting Prospects and Prospecting Retrospects. *Technology Analysis and Strategic Management* 15(1) : 3~18.

Browning, E. S. 1995. Budget Labs : Change in Health Care Shakes Up the Business of Drug Development. *Wall Street Journal*, 28 March.

Brownstein, C. A., J. S. Brownstein, D. S. Williams, P. Wicks, and J. A. Heywood. 2009. The Power of Social Networking in Medicine : Letter to the Editor. *Nature Biotechnology* 27(10) : 888~890.

Bryan, D., R. Martin, and M. Rafferty. 2009. Financialization and Marx : Giving Labor and Capital a Financial Makeover. *Review of Radical Political Economics* 41(4) : 458~ 472.

Bryant, L., N. Srnicek, and G. Harman, eds. 2011. *The Speculative Turn : Continental Materialism and Realism*. Melbourne : re.press.

The Burrill Report, 1 October 2008. Guinea Pig Zero Speaks (Podcast). 2012년 1월 12일 검색 http://www.burrillreport.com/article-guinea_pig_zero_speaks.html.

Butler, J. 2004. *Precarious Life : The Powers of Mourning and Violence*. London : Verso. [윤조원 옮김. 『위태로운 삶 : 애도의 힘과 폭력』. 필로소픽. 2018.]

Byrd, W. M., and L. A. Clayton. 2002. *An American Health Dilemma : Race, Medicine and Health Care in the United States*, 1900~2000. London : Routledge.

Calabresi, G. 1969. Reflections on Medical Experimentation in Humans. *Daedalus* 98(2) : 387~405.

Callon, M. 1998. Introduction : The Embeddedness of Economic Markets in Economics. In *The Laws of the Markets*, edited by M. Callon, 1~57. Oxford : Blackwell.

Cao, C. 2004. Zhongguancun and China's High-Tech Parks in Transition. *Asian Survey* 44(5) : 647~668.

Carlson, R. H. 2011. Start Phase I Trial Group Opens Centre in Shanghai. *Oncology Times UK* 8(4) : 6.

Carney, S. 2011. *The Red Market: On the Trail of the World's Organ Brokers, Bone Thieves, Blood Farmers, and Child Traffickers.* New York : William Morrow.

Carpenter, D. P. 2010. *Reputation and Power: Organization, Image and Pharmaceutical Regulation at the FDA.* Princeton, NJ : Princeton University Press.

Centers for Disease Control and Prevention. 2010. *2008 Assisted Reproductive Technology Success Rates: National Summary and Fertility Clinic Reports.* Atlanta : US Department of Health and Human Services.

_____. 2011. *2009 Assisted Reproductive Technology: National Summary and Fertility Clinic Reports.* Atlanta : National Center for Chronic Disease Prevention and Health Promotion (Division of Reproductive Health).

Cerny, P. 1997. Paradoxes of the Competition State : The Dynamics of Political Globalization. *Government and Opposition* 32 : 251~274.

Chaudhuri, S. 2005. *The WTO and India's Pharmaceuticals Industry: Patent Protection, trips, and Developing Countries.* New Delhi : Oxford University Press.

Cherry, A. 2001. Nurturing in the Service of White Culture : Racial Subordination, Gestational Surrogacy, and the Ideology of Motherhood. *Texas Journal of Women and the Law* 10 : 83~128.

Chief Medical Officer's Expert Group. 2000. *Stem Cell Research: Medical Progress with Responsibility: Report from the Chief Medical Officer's Expert Group Reviewing the Potential of Developments in Stem Cell Research and Cell Nuclear Replacement to Benefit Human Health.* London : UK Department of Health.

Chin, R., and M. Bairu. 2011. *Global Clinical Trials: Effective Implementation and Management.* San Diego : Academic Press.

Chinese Academy of Social Sciences. 2002. *Dangdai zhongguo shehui jieceng yanjiu baogao (Report on Social Stratification Research in Contemporary China).* Beijing : Shehui Kexue Wenxian Chubanshe.

Chopra, R. 2008. *Technology and Nationalism in India: Cultural Negotiations from Colonialism to Cyberspace.* Amherst, NY : Cambria.

Christel, M. D. 2008. Stick to the Subject. *R&D Directions* 14(5) : 18~25.

Christensen, K. 2011. Vessels, Vectors, and Vulnerability : Women in the U.S. HIV/AIDS Epidemic. In *Beyond Reproduction: Women's Health, Activism, and Public Policy*, edited by K. L. Baird, D.-A. Davis, and K. Christensen, 54~76. Lanham, MD : Fairleigh Dickinson University Press.

Ciccarelli, J. C., and L. J. Beckman. 2005. Navigating Rough Waters : An Overview of Psychological Aspects of Surrogacy. *Journal of Social Issues* 61(1) : 21~43. ciscrp (Center for Information and Study on Clinical Research Participation). 2011.

Clinical Trial Facts and Figures. 2011년 12월 1일 검색 http://www.ciscrp.org/patient/facts. html.

Clarke, A. E. 1998. *Disciplining Reproduction : Modernity, American Life Sciences, and the Problems of Sex*. Berkeley : University of California Press.

_____. 2007. Reflections on the Reproductive Sciences in Agriculture in the UK and US, ca. 1900-2000+. *Studies in History and Philosophy of Science Part C : Studies in History and Philosophy of Biological and Biomedical Sciences* 38(2) : 316~339.

Code of Federal Regulations. 1981. Restrictions on Clinical Investigations Involving Prisoners. 21, part 50, 44.

Cohen, C. 2009. Ethical and Policy Issues Surrounding the Donation of Cryopreserved and Fresh Embryos for Human Embryonic Stem Cell Research. *Stem Cell Reviews and Reports* 5(2) : 116~122.

Cohen, J., A. Trounson, K. Dawson, H. Jones, J. Hazekamp, K. G. Nygren, and L. Hamberger. 2005. The Early Days of IVF outside the UK. *Human Reproduction Update* 11(5) : 439~459.

Colletti, L. 1973. *Marxism and Hegel*. London : New Left Books. [박찬국 옮김. 『마르크스주의와 헤겔』. 인간사랑. 1987.]

Collins, F. S. 2011. Mining for Therapeutic Gold. *Nature Reviews Drug Discovery* 10(6) : 397.

Cong, Y., and L. Hu. 2005. The vip Floors. *Hastings Center Report* 35(1) : 16~17.

Connelly, M. 2008. *Fatal Misconception : The Struggle to Control World Population*. Cambridge, MA : Harvard University Press.

Cooksey, S. D. 2006. *A Review of UK Health Research Funding*. London : Stationery Office.

Cooper, M. 2002. The Living and the Dead : Variations on De Anima. *Angelaki : Journal of the Theoretical Humanities* 7(3) : 81~104.

_____. 2008. *Life as Surplus : Biotechnology and Capitalism in the Neoliberal Era*. Seattle : University of Washington Press. [안성우 옮김. 『잉여로서의 생명 : 신자유주의 시대의 생명기술과 자본주의』. 갈무리. 2016.]

_____. 2011. Trial by Accident : Tort Law, Industrial Risks and the History of Medical Experiment. *Journal of Cultural Economy* 4(1) : 81~96.

_____. 2012. The Pharmacology of Distributed Experiment : User-Generated Drug Innovation. *Body and Society* 18(3~4) : 18~43.

Coriat, B., and F. Orsi. 2002. Establishing a New Intellectual Property Rights Regime in the United States : Origins, Content and Problems. *Research Policy* 31(8~9) : 1491~1507.

Council for International Organizations of Medical Sciences. 2002. *International Ethical Guidelines for Biomedical Research Involving Human Subjects*. Geneva : World Health Organization (WHO).

Council of Europe. 1997. *Convention for the Protection of Human Rights and Dignity of the Human Being with Regard to the Application of Biology and Medicine: Convention on Human Rights and Biomedicine.* Brussels : European Commission.

_____, 1998. *Medically Assisted Procreation and the Protection of the Human Embryo: Comparative Study on the Situation in 39 States.* Strasbourg : Council of Europe.

Curran, W. C. 1970. Government Regulation of the Use of Human Subjects in Medical Research : The Approach of Two Federal Agencies. In *Experimentation with Human Subjects,* edited by P. A. Freund, 402~453. New York : George Braziller.

Daemmrich, A. A. 2004. *Pharmacopolitics: Drug Regulation in the United States and Germany.* Chapel Hill : University of North Carolina Press.

Daemmrich, A., and J. Radin. 2007. Introduction : Historical and Contemporary Perspectives on the FDA. In *Perspectives on Risk and Regulation: The FDA at 100,* edited by A. Daemmrich and J. Radin, 3~13. Philadelphia : Chemical Heritage Foundation.

Daniels, C., and J. Golden. 2004. Procreative Compounds : Popular Eugenics, Artificial Insemination and the Rise of the American Sperm Banking Industry. *Journal of Social History* 38(1) : 5~27.

Dave, N. 2010. CROs to Double Headcount in State. *Times of India* (Ahmedabad edition, online), 12월 6일 검색 http://articles.timesofindia.indiatimes.com/2010-11-06/ahmedabad/28226242_1_cros-clinical-research-clinical-trials.

Davidson, P., and K. Page. 2012. Research Participation as Work : Comparing the Perspectives of Researchers and Economically Marginalized Populations. *American Journal of Public Health* 102(7) : 1254~1259.

De Mouzon, J., V. Goossens, S. Bhattacharya, J. A. Castilla, A. P. Ferraretti, V. Korsak, M. Kupka, K. G. Nygren, A. Nyboe Andersen, and The European ivf-Monitoring(EIM) Consortium. 2010. Assisted Reproductive Technology in Europe, 2006 : Results Generated from European Registers by ESHRE. *Human Reproduction* 25(8) : 1851~1862.

Deakin, S., and F. Wilkinson. 2005. *The Law of the Labour Market: Industrialisation, Employment and Legal Evolution.* Oxford : Oxford University Press.

Delavigne, A., and S. Rozenberg. 2002. Epidemiology and Prevention of Ovarian Hyperstimulation Syndrome (OHSS) : A Review. *Human Reproduction Update* 8 : 559~577.

Delphy, C. 1984. *Close to Home : A Materialist Analysis of Women's Oppression.* London : Hutchinson in association with the Explorations in Feminism Collective.

Department of Biotechnology. 2007. *National Biotechnology Development Strategy (The Future Bioeconomy: Translating Life Sciences Knowledge into Socially Relevant, Eco Friendly and Competitive Products).* New Delhi : Government of India, Ministry of Science and Technology.

Dezalay, Y., and B. G. Garth. 2002. *The Internationalization of Palace Wars: Lawyers, Economists, and the Contest to Transform Latin American States*. Chicago : Chicago University Press. [김성현 옮김. 『궁정전투의 국제화』. 그린비. 2007.]

Dickenson, D. 2007. *Property in the Body: Feminist Perspectives*. Cambridge : Cambridge University Press.

Dickenson, D., and I. A. Idiakez. 2008. OVA Donation for Stem Cell Research : An International Perspective. *International Journal of Feminist Approaches to Bioethics* 1(2) : 125~143.

Dickert, N., E. Emanuel, and C. Grady. 2002. Paying Research Subjects : An Analysis of Current Policies. *Annals of Internal Medicine* 136(5) : 368~373.

Dickert, N., and C. Grady. 1999. What's the Price of a Research Subject? Approaches to Payment for Research Participation. *New England Journal of Medicine* 341 : 198~203.

DiMasi, J. A., R. W. Hansen, and H. G. Grabowski. 2003. The Price of Innovation : New Estimates of Drug Development Costs. *Journal of Health Economics* 22 : 151~185.

Ding, C. 2012. *Medical Negligence Law in Transitional China*. Cambridge : Intersentia.

Djali, S. 2011. Capacity Building for Global Clinical Trials. Paper presented at China- Trials 2011 : Global Clinical Development Summit, Beijing, 9 November.

Dodds, S. 2004. Women, Commodification and Embryonic Stem-Cell Research. In *Biomedical Ethics Reviews: Stem Cell Research*, edited by J. M. Humber and R. F. Almeder, 151~174. Totowa, NJ : Humana.

Döring, O. 2004. Chinese Researchers Promote Biomedical Regulations : What Are the Motives of the Biopolitical Dawn in China and Where Are They Heading? *Kennedy Institute of Ethics Journal* 14(1) : 39~46.

Drabiak, K., C. Wegner, V. Fredland, and P. R. Helft. 2007. Ethics, Law, and Commercial Surrogacy : A Call for Uniformity. *Journal of Law, Medicine and Ethics* 35(2) : 300~309.

Drabu, S., A. Gupta, and A. Bhadauria. 2010. Emerging Trends in Contract Research Industry in India. *Contemporary Clinical Trials* 31(5) : 419~422.

Drahos, P., and J. Braithwaite. 2002. *Information Feudalism: Who Owns the Knowledge Economy?* London : Earthscan.

Dresser, R. 2006. Investigational Drugs and the Constitution. *Hastings Center Report* 36(6) : 9~10.

Duckett, J. 2010. *The Chinese State's Retreat from Health : Policy and the Politics of Retrenchment*. London : Routledge.

Dumit, J. 2012. *Drugs for Life: How Pharmaceutical Companies Define Our Health*. Durham, NC : Duke University Press.

Economic Times. 2008. Surrogacy a $445 MN Business in India. 8월 25일 검색 http://www.economictimes.indiatimes.com.

Edgar, H., and D. J. Rothman. 1990. New Rules for New Drugs : The Challenge of aids to the

Regulatory Process. *Milbank Quarterly* 68(1) (Supplement) : 111~142.

Edwards, J. 2008. *European Kinship in the Age of Biotechnology*. New York : Berghahn Books.

Edwards, M. 2007. *Control and the Therapeutic Trial : Rhetoric and Experimentation in Britain, 1918~48*. Wellcome Series in the History of Medicine. New York : Rodopi.

Ehrenreich, B., and J. Ehrenreich. 1970. *The American Health Empire : Power, Profits and Politics*. New York : Vintage Books.

Ehrenreich, B., and A. Hochschild. 2003. Introduction. In *Global Woman : Nannies, Maids and Sex Workers in the New Economy*, edited by B. Ehrenreich and A. Hochschild, 1~14. London : Granta Books.

Ehrich, K., C. Williams, and B. Farsides. 2010. Fresh or Frozen? Classifying "Spare" Embryos for Donation to Human Embryonic Stem Cell Research. *Social Science and Medicine* 71 : 2204~2211.

Elliott, C. 2008. Guinea-Pigging : Healthy Human Subjects for Drug Safety Trials Are in Demand. But Is It a Living? *New Yorker*, 7 January : 36~41.

Elson, D. 1979. The Value Theory of Labour. In *Value : The Representation of Labour in Capitalism*, edited by D. Elson, 115~180. London : CSE Books.

Epstein, R. A. 1983. A Common Law for Labor Relations : A Critique of the New Deal Labor Legislation. *Yale Law Journal* 92(8) : 1347~1408.

_____. 1984. In Defense of the Contract at Will. *University of Chicago Law Review* 51(4) : 947~982.

_____. 1995. Surrogacy : The Case for Full Contractual Enforcement. *Virginia Law Review* 81(8) : 2305~2341.

_____. 2006a. *Overdose : How Excessive Government Regulation Stifles Pharmaceutical Innovation*. New Haven, CT : Yale University Press.

_____. 2006b. Why the FDA Must Preempt Tort Litigation : A Critique of Chevron Deference and a Response to Richard Nagareda. *Journal of Tort Law* 1(1) : 1~33.

_____. 2009. Against Permititis : Why Voluntary Organizations Should Regulate the Use of Cancer Drugs. *Minnesota Law Review* 94(1) : 1~30.

Epstein, S. 1996. *Impure Science : aids, Activism and the Politics of Knowledge*. Berkeley : University of California Press.

_____. 2003. Inclusion, Diversity, and Biomedical Knowledge Making : The Multiple Politics of Representation. In *How Users Matter : The Co-construction of Users and Technologies*, edited by N. Oudshoorn and T. Pinch, 173~190. Cambridge, MA : MIT Press.

_____. 2007. *Inclusion : The Politics of Difference in Biomedical Research*. Chicago : University of Chicago Press.

_____. 2008. The Rise of "Recruitmentology" : Clinical Research, Racial Knowledge, and the Politics of Inclusion and Difference. *Social Studies of Science* 38(5) : 801~832.

Ericson, R., D. Barry, and A. Doyle. 2000. The Moral Hazards of Neoliberalism : Lessons from the Private Insurance Industry. *Economy and Society* 29(4) : 532~558.

Escriva, A., and E. Skinner. 2008. Domestic Work and Transnational Care Chains in Spain. In *Migration and Domestic Work : A European Perspective on a Global Theme*, edited by H. Lutz, 113~126. Aldershot, UK : Ashgate.

European Commission. 2005. *New Perspectives on the Knowledge-Based Bioeconomy : Conference Report*. Brussels : European Commission.

_____. 2006. *Report on the Regulation of Reproductive Cell Donation in the European Union*. Brussels : European Commission.

Eurostat. 2007. Workers' Remittances in the eu27. News release, 12 November. Eurostat : Luxembourg.

_____. 2011. Regional GDP per Inhabitant in 2008. News release, 24 February. Eurostat : Luxembourg.

Eysenbach, G. 2008. Medicine 2.0 : Social Networking, Collaboration, Participation, Apomediation, and Openness. *Journal of Medical Internet Research* 10(3) : e22.

Faden, R. R., T. L. Beauchamp, and N. P. King. 1986. *A History and Theory of Informed Consent*. Oxford : Oxford University Press.

Fannin, M. 2011. Personal Stem Cell Banking and the Problem with Property. *Social and Cultural Geography* 12(4) : 339~356.

Farmer, P. 2005. *Pathologies of Power : Health, Human Rights, and the New War on the Poor*. Berkeley : University of California Press. [김주연 · 리병도 옮김. 『권력의 병리학 : 왜 질병은 가난한 사람들에게 먼저 찾아오는가』. 후마니타스. 2009.]

Feher, M. 2009. Self-Appreciation ; or, The Aspirations of Human Capital. *Public Culture* 21(1) : 21~41.

Feinberg, J. 1986. *Harm to Self (Moral Limits of the Criminal Law)*. Oxford : Oxford University Press.

Figlio, K. 1985. What Is an Accident? In *The Social History of Occupational Health*, edited by P. Weindling, 180~206. London : Croom Helm.

Finkelstein, S., and P. Temin. 2008. *Reasonable Rx : Solving the Drug Price Crisis*. Upper Saddle River, NJ : Pearson Education.

Fisher, J. A. 2009. *Medical Research for Hire : The Political Economy of Pharmaceutical Clinical Trials*. New Brunswick, NJ : Rutgers University Press.

Fisher, J. 2020. *Adverse Events : Race, Inequality, and the Testing of New Pharmaceuticals*. New York : New York University Press.

Fisher, J. A., and C. A. Kalbaugh. 2011. Challenging Assumptions about Minority Participation in US Clinical Research. *American Journal of Public Health* 101(12) : 2217~2222.

Folayan, M. O., and D. Allman. 2011. Clinical Trials as an Industry and an Employer of Labour. *Journal of Cultural Economy* 4(1) : 97~104.

Fortun, M. 2001. Mediated Speculations in the Genomics Futures Markets. *New Genetics and Society* 20(2) : 139~156.

France, L. 2006. Passport, Tickets, Sun Cream, Sperm. *The Observer* (London), 15 January.

Franklin, S. 1997. *Embodied Progress : A Cultural Account of Assisted Conception*. London : Routledge.

Franklin, S., and M. Lock, eds. 2003. *Remaking Life and Death : Toward an Anthropology of the Biosciences*. Santa Fe : School of American Research Press.

Frost & Sullivan. 2012. *Strategic Analysis of the Clinical Research Organization Market in India : Defining the Future of R&D*. Palo Alto, CA : Frost & Sullivan.

Froud, J., S. Johal, A. Leaver, and K. Williams. 2006. *Financialization and Strategy : Narrative and Numbers*. London : Routledge.

Fudge, J. 2006. Fragmenting Work and Fragmenting Organizations : The Contract of Employment and the Scope of Labour Regulation. *Osgoode Hall Law Journal* 44(4) : 609~648.

Fugh-Berman, A., and D. Melnick. 2008. Off-Label Promotion, On-Target Sales. *PLoS Medicine* 5(10) : 1432~1435.

Fumagalli, A. 2007. *Bioeconomia e capitalismo cognitivo : Verso un nuovo paradigma di accumulazione*. Rome : Carocci.

_____. 2011. Twenty Theses on Contemporary Capitalism (Cognitive Biocapitalism). *Angelaki : Journal of the Theoretical Humanities* 16(3) : 7~17.

Gal, S., and G. Kligman. 2000. *The Politics of Gender after Socialism : A Comparative-Historical Essay*. Princeton, NJ : Princeton University Press.

Gambardella, A. 1995. *Science and Innovation in the US Pharmaceutical Industry*. Cambridge : Cambridge University Press.

_____. 2005. Patents and the Division of Innovative Labor. *Industrial and Corporate Change* 14(6) : 1223~1233.

Garner, R. C., and G. Lippin. 2006. Commentary : The Phase 0 Microdosing Concept. *British Journal of Clinical Pharmacology* 339(10) : 693~698.

Gaudillière, J.-P. 2007. The Farm and the Clinic : An Inquiry into the Making of Our Biotechnological Modernity. *Studies in History and Philosophy of Biological and Biomedical Sciences* 38(2) : 521~529.

Gelijns, A. C., N. Rosenberg, and A. J. Moskowitz. 1998. Capturing the Unexpected Benefits of Medical Research. *New England Journal of Medicine* 339(10) : 693~698.

Gentleman, A. 2008. India Nurtures Business of Surrogate Motherhood. *New York Times*, 10 March.

Georgakis, D., and M. Surkin. 1975. *Detroit, I Do Mind Dying : A Study in Urban Revolution*. New York : Saint Martin's.

Ghaemi, S. N., and F. K. Goodwin. 2007. The Ethics of Clinical Innovation in Psychopharmacology : Challenging Traditional Bioethics. Philosophy, *Ethics and Humanities in Medicine* 2(26) : n.p.

Ginzberg, E. 1990. *The Medical Triangle : Physicians, Politicians, and the Public.* Cambridge, MA : Harvard University Press.

Glass, C. M. 2008. Gender and Work during Transition. *East European Politics and Societies* 22(4) : 757~783.

Glenn, E. N. 1992. From Servitude to Service Work : Historical Continuities in the Racial Division of Paid Reproductive Labor. *Signs* 18(1) : 1~43.

Golden, J. L. 2006. *A Social History of Wet Nursing in America : From Breast to Bottle.* Cambridge : Cambridge University Press.

Goldner, J. A. 2008. A Review of Current Issues in the Regulation of Human Subject Research in the United States. In *Legal Perspectives in Bioethics*, edited by A. S. Iltis, S. H. Johnston, and B. A. Hinze, 10~28. London : Routledge.

Goodall, S., B. Janssens, K. Wagner, J. Wong, W. Woods, and M. Yeh. 2006. The Promise of the East : India and China as R&D Options. *Nature Biotechnology* 24(9) : 1061~1064.

Goodin, R. E. 2006. Volenti Goes to Market. *Journal of Ethics* 10(1~2) : 53~74.

Gordon, M. 2008. Improving Post-approval Risk Surveillance for Drugs : Active Post-market Risk Identification. *Michigan Telecommunications Technology Law Review* 15 : 297~314.

Gottweis, H., B. Salter, and C. Waldby. 2009. *The Global Politics of Human Embryonic Stem Cell Science : Regenerative Medicine in Transition.* Basingstoke, UK : Palgrave.

Grabowski, H. G. 2002. Patents and New Product Development in the Pharmaceutical and Biotechnology Industries. In *Science and Cents : Exploring the Economics of Biotechnology* (Conference Proceedings), edited by J. V. Duca and M. K. Yucel, 87~104. Dallas, Federal Reserve Bank of Dallas.

Grady, C., N. Dickert, T. Jawetz, G. Gensler, and E. Emanuel. 2005. An Analysis of U.S. Practices of Paying Research Participants. *Contemporary Clinical Trials* 26(3) : 365~375.

Greenhalgh, S. 2009. The Chinese Biopolitical : Facing the Twenty-First Century. *New Genetics and Society* 28(3) : 205~222.

Gu, E., and J. Zhang. 2006. Health Care Regime Change in Urban China : Unmanaged Marketization and Reluctant Privatization. *Pacific Affairs* 79(1) : 49~71.

Gumber, A., and V. Kulkarni. 2000. Health Insurance for Informal Sector : Case Study of Gujarat. *Economic and Political Weekly* 35(40) : 3607~3613.

Guthrie, R. 2008. The Development of Workers' Compensation in China : Emerging International and Internal Challenges. *Australian Journal of Asian Law* 10 : 133~158.

Hacking, I. 1983. *Representing and Intervening : Introductory Topics in the Philosophy of Natural Science.* New York : Cambridge University Press. [이상원 옮김. 『표상하기와 개입하

기 : 자연과학철학의 입문적 주제들』. 한울아카데미. 2020.]

Hai Ren. 2010. The Neoliberal State and Risk Society : The Chinese State and the Middle Class. *Telos* 151 : 105~128.

Halpern, S. A. 2004. *Lesser Harms: The Morality of Risk in Medical Research*. Chicago : University of Chicago Press.

Harris, C. I. 1993. Whiteness as Property. *Harvard Law Review* 106(8) : 1710~1791.

Harris, D. M., and C.-C. Wu. 2005. Medical Malpractice in the People's Republic of China : The 2002 Regulation on the Handling of Medical Accidents. *Journal of Law, Medicine and Ethics* 33(fall) : 456~477.

Harris, J. 2005. Emerging Third World Powers : China, India and Brazil. *Race and Class* 46(7) : 7~27.

Hartshorne, G. 2008. Thirty Years of ivf. *Human Fertility* 11(2) : 77~83.

Hartsock, N. 1998. The Feminist Standpoint Revisited. In *The Feminist Standpoint Revisited and Other Essays*, edited by N. Hartsock. Boulder, CO : Westview.

Harvey, D. 2012. *Rebel Cities: From the Right to the City to the Urban Revolution*. NewYork : Verso. [한상연 옮김. 『반란의 도시 : 도시에 대한 권리에서 점령운동까지』. 에이도스. 2014.]

Hatton, E. 2011. *The Temp Economy: From Kelly Girls to Permatemps in Postwar America*. Philadelphia : Temple University Press.

Hayden, C. 2007. Taking as Giving : Bioscience, Exchange, and the Politics of Benefit-Sharing. *Social Studies of Science* 37(5) : 729~758.

Hazarika, I. 2010. Medical Tourism : Its Potential Impact on the Health Workforce and Health Systems in India. *Health Policy and Planning* 25(3) : 248~251.

Henderson, G. E., and M. S. Cohen. 1982. Health Care in the People's Republic of China : A View from Inside the System. *American Journal of Public Health* 72(11) : 1238~1245.

Henderson, G. E., and M. S. Cohen. 1984. *The Chinese Hospital: A Socialist Work Unit*. New Haven, CT : Yale University Press.

Herzog, D. 2009. Syncopated Sex : Transforming European Sexual Cultures. *American Historical Review* 114(5) : 1287~1308.

Hill, E. 2010. *Worker Identity, Agency and Economic Development: Women's Empowerment in the Indian Informal Economy*. London : Routledge.

Hochschild, A. 2001. Global Care Chains and Emotional Surplus Value. In *On the Edge: Living with Global Capitalism*, edited by W. Hutton and A. Giddens, 130~146. London : Vintage.

Hochschild, A. R. 1983. *The Managed Heart: Commercialization of Human Feeling*. Berkeley : University of California Press. [이가람 옮김. 『감정 노동 : 노동은 우리의 감정을 어떻게 상품으로 만드는가』. 이매진. 2009.]

Holmes, O. W. 1991 (1881). *The Common Law*. Mineola, NY : Dover. [박상수 · 다니엘 김 옮김. 『보통법』. 한국문화사. 2019.]

Holster, K. 2008. Making Connections : Egg Donation, the Internet, and the New Reproductive Technology Marketplace. Advances in Medical Sociology : Patients, *Consumers and Civil Society* 10 : 53~73.

Horn, R. V., P. Mirowski, and T. A. Stapleford, eds. 2011. *Building Chicago Economics : New Perspectives on the History of America's Most Powerful Economics Program*. Cambridge : Cambridge University Press.

Hornblum, A. M. 1998. *Acres of Skin : Human Experiments at Holmesburg Prison*. London : Routledge.

Hughes, B. 2010. China Spurs Pharma Innovation. *Nature Reviews Drug Discovery* 9 : 581~582.

Human Embryonic Stem Cell Research Advisory Committee and National Research Council. 2010. Final Report of the National Academies' Human Embryonic Stem Cell Research Advisory Committee and 2010 Amendments to the National Academies' Guidelines for Human Embryonic Stem Cell Research. Washington, DC : National Research Council and Institute of Medicine of the National Academies.

Human Fertilisation and Embryology Authority. 2005. *Seed Report : A Report on the Human Fertilisation & Embryology Authority's Review of Sperm, Egg and Embryo Donation in the United Kingdom*. London : Human Fertilisation & Embryology Authority(HFEA).

Human Rights Watch. 2008. "One Year of My Blood" : Exploitation of Migrant Construction Workers in Beijing. *Human Rights Watch* 20(3) : 1~61.

Humphries, M., D. Niese, and P. Dai. 2006. China as a Growing Research Base for Innovation in Medicines Development. *International Journal of Pharmaceutical Medicine* 20(6) : 355~359.

Hutt, P. B. 2007. Turning Points in fda History. In *Perspectives on Risk and Regulation : The FDA at 100*, edited by A. Daemmrich and J. Radin, 14~28. Philadelphia : Chemical Heritage Foundation.

Hyan, I. 2006. Fair Payment or Undue Inducement? *Nature* 442(10) : 629~630.

Idiakez, I. A. 2008. How Does Spain Manage Treatment Requests from Abroad? Paper presented at the Twenty-Fourth Annual Meeting of the European Society of Human Reproduction and Embryology, Barcelona, Spain, 7~9 July.

_____. 2010. Three Decades of Reproductive Rights : The Highs and Lows of Biomedical Innovation. In *Feminist Challenges in The Social Sciences : Gender Studies in the Basque Country*, edited by M. L. Esteban and M. Amurrio, 143~158. Reno : Centre for Basque Studies.

Indian Council of Medical Research. 2005. *National Guidelines for Accreditation, Supervision and Regulation of art Clinics in India*. GOI Ministry of Health and Family Welfare. New

Delhi : National Academy of Medical Sciences.

Indian Council of Medical Research. 2010. *The Assisted Reproductive Technologies* (Regulation) Bill — 2010. New Delhi : Goi Ministry of Health and Family Welfare.

Interfax. 2009. Zhangjiang Hi-Tech Park Establishes $146 Million Biopharma Fund. *Interfax : China Pharmaceuticals and Health Technologies Weekly*, 1 April.

_____. 2010. Zhangjiang Hi-Tech to Set Up Investment Subsidiary. *Interfax : China Pharmaceuticals and Health Technologies Weekly*, June 21.

Jacobson, L. 2007. China Aims High in Science and Technology : An Overview of the Challenges Ahead. In *Innovation with Chinese Characteristics : High-Tech Research in China*, edited by L. Jacobson, 1~36. Basingstoke, UK : Palgrave Macmillan.

Jasanoff, S. 2005. *Designs on Nature : Science and Democracy in Europe and the United States*. Princeton, NJ : Princeton University Press. [박상준 · 장희진 · 김희원 · 오요한 옮김. 『누가 자연을 설계하는가』. 동아시아. 2019.]

Jenkins, P. 2010. *Les cobayes humains*. dvd. 60 mins. arte France.

Johnson v. Calvert. 1993. 5 Cal.4th 84, 851 P.2d 776. Supreme Court of California.

Johnston, S. C., and S. L. Hauser. 2007. Clinical Trials : Rising Costs Limit Innovation. *Annals of Neurology* 62 : A6~A7.

Jong-van den Berg, L. d. 1995. Adverse Drug Reactions : More Than a Warning! *Pharmacy World and Science* 17(6) : 177.

Just Another Lab Rat. 2011. *Making a Living*. 2011년 10월 1일 검색 http://www.jalr.org/frame.html.

Kaitin, K. 2008. Obstacles and Opportunities in New Drug Development. *Nature* 83(2) : 210~212.

Kaufman, B. E. 2010. Chicago and the Development of Twentieth-Century Labor Economics. In *The Elgar Companion to the Chicago School of Economics*, edited by R. B. Emmett, 122~151. New York : Edward Elgar.

Kaur, R. 2008. Corporal Lab. *Down to Earth : Science and Environment Online*, 11월 30일 검색 http://www.downtoearth.org.in/node/5269.

Keller, E. F. 2000. *The Century of the Gene*. Cambridge, MA : Harvard University Press. [이한음 옮김. 『유전자의 세기는 끝났다』. 지호. 2002.]

Kent, J. 2008. The Fetal Tissue Economy : From the Abortion Clinic to the Stem Cell Laboratory. *Social Science and Medicine* 67(11) : 1747~1756.

Keynes, J. M. 1987. *The Collected Writings of John Maynard Keynes*. Vol. 14. London : Macmillan.

Klein, J. 2003. *For All These Rights : Business, Labor, and the Shaping of America's Public-Private Welfare State*. Princeton, NJ : Princeton University Press.

Knight, F. H. 1933. Capitalistic Production, Time and the Rate of Return. In *Essays in Honour of Gustav Cassel*, 327~342. London : George Allen and Unwin.

____. 1940 (1921). *Risk, Uncertainty and Profit*. Boston : Houghton Mifflin. [이주명 옮김. 『위험과 불확실성 및 이윤』. 필맥. 2018.]

Knoepfler, P. 2009. Deconstructing Stem Cell Tumorigenicity : A Roadmap to Safe Regenerative Medicine. *Stem Cells* 7(5) : 1050~1056.

Kolata, G., and K. Eichenwald. 1999. For the Uninsured, Drug Trials Are Healthcare. *New York Times*, 22 June.

Korieth, K. 2010. Pressure Mounts for Patient Access to Investigational Drugs. *Center-Watch Monthly* 17(11) : 1 and 10~14.

Krall, R. L. 2011. State of the Controlled Clinical Trial Enterprise in the United States. *Clinical Pharmacology and Therapeutics* 29(2) : 225~228.

Krawiec, K. 2009. Sunny Samaritans and Egomaniacs : Price-Fixing in the Gamete Market. *Law and Contemporary Problems* 72(59) : 59~90.

Kreitner, R. 2007. *Calculating Promises : The Emergence of Modern American Contract Doctrine*. Stanford, CA : Stanford University Press.

Krinsky, J. 2007. *Free Labor : Workfare and the Contested Language of Neoliberalism*. Chicago : University of Chicago Press.

Krpløkke, C. 2009. Click a Donor : Viking Masculinity on the Line. *Journal of Consumer Culture* 9(1) : 7~30.

Krpløkke, C., and S. Pant. 2012. "I Only Need Her Uterus" : Neoliberal Discourses on Transnational Surrogacy. *Nora — Nordic Journal of Feminist and Gender Research* 20(4) : 233~248.

Küklich, J. 2005. Precarious Playbour : Modders and the Digital Games Industry. *Fibreculture Journal* 5.

Kuo, W.-H. 2012. Transforming States in the Era of Global Pharmaceuticals : Visioning Clinical Research in Japan, Taiwan, and Singapore. In *Lively Capital : Biotechnologies, Ethics and Governance in Global Markets*, edited by K. Sunder Rajan, 279~305. Durham, NC : Duke University Press.

Kutcher, G. 2009. *Contested Medicine : Cancer Research and the Military*. Chicago : University of Chicago Press.

Ladimer, I. 1963. Clinical Research Insurance. *Journal of Chronic Diseases* 16 : 1229~1235.

____. 1970. Protecting Participants in Human Studies. *Annals of the New York Academy of Sciences* 169 : 564~572.

____. 1988. Protection of Human Subjects : Remedies for Injury. In *The Use of Human Beings in Research*, edited by S. F. Spicker, I. Alon, A. de Vries, and H. T. Engelhardt, 261~271. Dordrecht : Kluwer Academic.

Landau, R. I., ed. 1973. *Regulating New Drugs*. Chicago : Center for Policy Study, University of Chicago.

Landecker, H. 2005. Living Differently in Time : Plasticity, Temporality and Cellular Biotechnologies. *Culture Machine* 7.

_____. 2007. *Culturing Life : How Cells Became Technologies*. Cambridge, MA : Harvard University Press.

Landes, W. M., and R. A. Posner. 1987. *The Economic Structure of Tort Law*. Cambridge, MA : Harvard University Press.

Langlitz, N. 2009. Pharmacovigilance and Post Black-Market Surveillance. *Social Studies of Science* 39(3) : 395~420.

Larkin, M. 2000. US Food and Drug Administration Defends Use of Placebo-Controlled Trials. *Lancet* 356(9235) : 1086.

Lazonick, W., and O. Tulum. 2011. US Biopharmaceutical Finance and the Sustainability of the Biotech Business Model. *Research Policy* 40(9) : 1170~1187.

Lazzarato, M. 1996. Immaterial Labor. *Radical Thought in Italy*, edited by P. Virno and M. Hardt, 133~147. Minneapolis : University of Minnesota Press. [조정환 옮김. 「비물질노동」. 『비물질노동과 다중』. 갈무리. 2005.]

_____. 2002. *Puissances de l'invention : La psychologie economique de Gabriel Tarde contre l'economie politique*. Paris : Les Empecheurs de Penser en Rond.

_____. 2004. From Capital-Labour to Capital-Life. *Ephemera : Theory and Politics in Organization* 4(3) : 187~208.

Lee, R. 2009. New Trends in Global Outsourcing of Commercial Surrogacy : A Call for Regulation. *Hastings Women's Law Journal* 20(2) : 275~300.

Leem, S., and J. Park. 2008. Rethinking Women and Their Bodies in the Age of Biotechnology : Feminist Commentaries on the Hwang Affair. *East Asian Science, Technology and Society : An International Journal* 2(1) : 9~26.

Lemmens, T., and C. Elliot. 1999. Guinea Pigs on the Payroll : The Ethics of Paying Research Subjects. *Accountability in Research* 7(1) : 3~20.

_____. 2001. Justice for the Professional Guinea Pig. *American Journal of Bioethics* 1(3) : 51~53.

Levine, A. 2010. Self-Regulation, Compensation, and the Ethical Recruitment of Oocyte Donors. *Hastings Center Report* 40(2) : 25~36.

Li, H.-W., and Y. Cong. 2008. The Development and Perspective of Chinese Bioethics. *Journal International de Bioethique* 19(4) : 1~12.

Lin, K. 2011. Patient Recruitment in China — Real Cases Sharing. Paper presented at ChinaTrials 2011 : Global Clinical Development Summit, Beijing, 9 November.

Li Yizhong. 2005. Improve Risk Management to Ensure Intrinsic Safety. Address to International Risk Governance Council Conference, Beijing, 20 September. 2010년 7월 1일 검색 http://www.irgc.org/2005-General-Conference-Beijing.html.

Liang, H., J. Ding, and Y. Xue. 2010. China's Drug Innovation and Policy Environment. *Drug

Discovery Today 16(1~2) : 1~3.

Lichtenstein, A. 2011. A "Labor History" of Mass Incarceration. *Labor Studies in Working-Class History of the Americas* 8(3) : 5~13.

Lieberman, R. C. 1998. *Shifting the Color Line : Race and the American Welfare State*. Cambridge, MA : Harvard University Press.

Limbach, D. 2010. China : An Emerging Market for Cancer Therapeutics (Interview with Richard Wagner). PharmaVoice (podcast transcript), 30 December. 2011년 6월 1일 검색 http://www.pharmavoice.com/content/industryevents/transcriptKantarHealth_Wagner. html.

Lipschultz, S. 1996. Hours and Wages : The Gendering of Labor Standards in America. *Journal of Women's History* 8(1) : 114~136.

Liu Zuoxiang. 2008. Human Research Subjects — Health Protection Issues for a Special Class of Subjects [in Chinese]. *Politics and Law* [政治与法律] 9(160) : 129~36.

Lock, M., and S. Franklin. 2003. *Remaking Life and Death : Toward an Anthropology of the Biosciences*. Santa Fe : School of American Research Press.

Loeffler, M., and C. S. Potten. 1997. Stem Cells and Cellular Pedigrees — a Conceptual Introduction. In *Stem Cells*, edited by C. S. Potten. San Diego : Harcourt Brace and Co.

Lofgren, H., and M. Benner. 2011. A Global Knowledge Economy? Biopolitical Strategies in India and the European Union. *Journal of Sociology* 47(2) : 163~180.

LoRusso, P. M. 2009. Phase 0 Clinical Trials : An Answer to Drug Development Stagnation? *Clinical Oncology* 27(16) : 2586~2588.

Luceno, F., J. A. Castilla, J. L. Gomez-Palomares, Y. Cabello, J. Hernandez, J. Marqueta, J. Herrero, E. Vidal, S. Fernandez-Shaw, and B. Coroleu. 2010. Comparison of IVF Cycles Reported in a Voluntary art Registry with a Mandatory Registry in Spain. *Human Reproduction* 25(12) : 3066~3071.

Luciani, G. 1990. Allocation vs. Production States : A Theoretical Framework. In *The Arab State*, edited by G. Luciani, 65~84. London : Routledge.

Lutz, H. 2008. Introduction : Migrant Domestic Workers in Europe. In *Migration and Domestic Work : A European Perspective on a Global Theme*, edited by H. Lutz, 1~12. Aldershot, UK : Ashgate.

Lyerly, A. D., and R. R. Faden. 2007. Embryonic Stem Cells : Willingness to Donate Frozen Embryos for Stem Cell Research. *Science* 317(5834) : 46~47.

Magnus, D., and M. Cho. 2005. Issues in Oocyte Donation for Stem Cell Research. *Science* 308 : 1747~1748.

Majluf, L. 2007. Offshore Outsourcing of Services : Trends and Challenges for Developing Countries. In *Global Capitalism Unbound : Winners and Losers from Offshore Outsourcing*, edited by E. Paus, 147~161. New York : Palgrave Macmillan.

Mankoff, S. P., C. Brander, S. Ferrone, and F. M. Marincola. 2004. Lost in Translation : Obstacles to Translational Medicine. *Journal of Translational Medicine* 2(14) : n.p.

Marketdata Enterprises. 2009. *U.S. Fertility Clinics and Infertility Services : An Industry Analysis*. Tampa, FL : Marketdata Enterprises.

Marshall, A. 2008. Calling All Patients (Editorial). *Nature Biotechnology* 26(9) : 953.

Martin, L. J. 2010. Anticipating Infertility : Egg Freezing, Genetic Preservation, and Risk. *Gender and Society* 24(4) : 526~545.

Martin, P. A., C. Coveney, A. Kraft, N. Brown, and P. Bath. 2006. Commercial Development of Stem Cell Technology : Lessons from the Past, Strategies for the Future. *Regenerative Medicine* 1(6) : 801~807.

Marx, K. 1887 (1867). *Capital*. Vol. 1. Moscow : Progress. [김수행 옮김. 『자본론1 (상), (하)』. 비봉출판사. 2015.]

_____. 1969. *Theories of Surplus Value*. London : Lawrence and Wishart. [아침편집부 옮김. 『잉여가치학설사』. 아침. 1989.]

_____. 1970. *Critique of Hegel's "Philosophy of Right."* Cambridge : Cambridge University Press. [강유원 옮김. 『헤겔 법철학 비판』. 이론과실천. 2011.]

_____. 1973. *Grundrisse : Foundations of the Critique of Political Economy*. London : Penguin. [김호균 옮김. 『정치경제학 비판 요강 1, 2, 3』. 그린비. 2007.]

_____. 1990 (1867). *Capital*. Vol. 1. London : Penguin. [김수행 옮김. 『자본론1 (상), (하)』. 비봉출판사. 2015.]

Mason, C., and P. Dunnill. 2008. A Brief Definition of Regenerative Medicine (Editorial). *Regenerative Medicine* 3(1) : 1~5.

McCarthy, C. R. 1994. Historical Background of Clinical Trials Involving Women and Minorities. *Academic Medicine : Journal of the Association of American Medical Colleges* 69(9) : 695~698.

McDowell, L. 2008. The New Economy, Class Condescension and Caring Labour : Changing Formations of Class and Gender. *Nora — Nordic Journal of Feminist and Gender Research* 16(3) : 150~165.

McGoey, L. 2009. Pharmaceutical Controversies and the Performative Value of Uncertainty. *Science as Culture* 18(2) : 151~164.

McGoey, L. 2010. Profitable Failure : Antidepressant Drugs and the Triumph of Flawed Experiments. *History of Human Sciences* 23(1) : 58~78.

McGoey, L., J. Reiss, and A. Wahlberg. 2011. The Global Health Complex. *BioSocieties* 6(1) : 1~9.

McKay, R. 2000. Stem Cells — Hype and Hope. *Nature* 406(6794) : 361~364.

McNeill, P. 1997. Paying People to Participate in Research : Why Not? *Bioethics* 11(5) : 390~396.

Menikoff, J. 2008. Beyond Abigail Alliance : The Reality behind the Right to Get Experimental Drugs. *Kansas Law Review* 56(5) : 1045~1074.

Menikoff, J., and E. P. Richards. 2006. *What the Doctor Didn't Say : The Hidden Truth about Medical Research*. Oxford : Oxford University Press.

Mills, E., and S. Singh. 2007. Health, Human Rights and the Conduct of Clinical Research within Oppressed Populations. *Globalization and Health* 3(10) : 1~10.

Mirowski, P. 2011. *Science-Mart : Privatizing American Science*. Cambridge, MA : Harvard University Press.

Mirowski, P., and R. van Horn. 2005. The Contract Research Organization and the Commercialization of Scientific Research. *Social Studies of Science* 35(4) : 503~548.

Mitchell, R., and C. Waldby. 2010. National Biobanks : Clinical Labour, Risk Production and the Creation of Biovalue. *Science, Technology and Human Values* 35(3) : 330~355.

Mitford, J. 1973. *Kind and Unusual Punishment : The Prison Business*. New York : Knopf.

Mitropoulos, A. 2012. *Contract and Contagion : Oikonomia and Intimate Self-Management*. New York : Minor Compositions.

Morris, T. 1996. *Southern Slavery and the Law, 1619-1860*. Chapel Hill : University of North Carolina Press.

Mosedale, M. 2009. In Hard Times, Lure of Guinea Pigging Grows. *MinnPost.com*, 4월 2일 검색 http://www.minnpost.com/stories/2009/04/02/7802/in_hard_times_lure_of_guinea_pigging_grows.

Moyn, S. 2012. *The Last Utopia : Human Rights in History*. Harvard : Belknap Press.

Murray, C., and S. Golombok. 2000. Oocyte and Semen Donation : A Survey of UK Licensed Centres. *Human Reproduction* 15(10) : 2133~2139.

Mutari, E., and D. Figart. 2004. Wages and Hours : Historical and Contemporary Link-ages. In *Living Wage Movements : Global Perspectives*, edited by D. Figart, 27~42. London : Routledge.

Nahman, M. 2005. *Israeli Extraction : An Ethnographic Study of Egg Donation and National Imaginaries*. PhD diss., University of Lancaster.

_____. 2006. Materializing Israeliness : Difference and Mixture in Transnational Ova Donation. *Science as Culture* 15(3) : 199~213.

_____. 2008. Nodes of Desire : Romanian Egg Sellers, "Dignity" and Feminist Alliances in Transnational Ova Exchanges. *European Journal of Women's Studies* 15(2) : 65~82.

_____. 2012. *Extractions : Securing Borders/"Trafficking" Ova*. Basingstoke, UK : Palgrave Macmillan.

Nair, S. 2009. Gujarat CRO Industry on Growth Curve. *Express Pharma Online*, 3월 15일 검색 http://pharma.financialexpress.com/20090315/gogujarat02.shtml.

National Commission for the Protection of Human Subjects of Biomedical and Behavioral

Research. 1978. *The Belmont Report: Ethical Principles and Guidelines for the Protection of Human Subjects of Research.* DHEW Publication no. (os) 78-0012. Bethesda, MD: Department of Health, Education, and Welfare.

Nelson, A. 2011. *Body and Soul: The Black Panther Party and the Fight against Medical Discrimination.* Minneapolis: University of Minnesota Press.

Neumann, P., and C. Ding. 2010. China's New Tort Law: Dawn of the Product Liability Era. *China Business Review* March-April: 28~30.

Neumark, D., and W. Wascher. 2008. *Minimum Wages.* Cambridge, MA: mit Press.

Nguyen, V.-K. 2010. *The Republic of Therapy: Triage and Sovereignty in West Africa's Time of AIDS.* Durham, NC: Duke University Press.

Nightingale, P. 1998. A Cognitive Model of Innovation. *Research Policy* 27(7): 689~709.

Nik-Khah, E. (2014). The (Chicago) Origins of Pharmaceutical Ignorance: Neoliberal Pharmaceutical Science and the Chicago School of Economics. *Social Studies of Science* 44.

O'Brien, D. 2011. In Sick Economy, Many Taking Part in Medical Trials. *Boston Herald*, 9월 16일 검색. http://news.bostonherald.com/news/regional/view.bg?articleid=1366224.

O'Malley, P. 2009. *The Currency of Justice: Fines and Damages in Consumer Societies.* New York: Routledge Cavendish.

OECD. 2006. *The Bioeconomy to 2030: Designing a Policy Agenda.* Paris: OECD.

Offer, S., and B. Schneider. 2011. Revisiting the Gender Gap in Time-Use Patterns. *American Sociological Review* 76(6): 809~833.

Ogawa, S., and F. T. Piller. 2006. Reducing the Risks of New Product Development. *MIT Sloan Management Review* 47(2): 65~71.

Okie, S. 2006. Access before Approval — A Right to Take Experimental Drugs? *New England Journal of Medicine* 355(5): 437~440.

Ong, A. 2006. *Neoliberalism as Exception: Mutations in Citizenship and Sovereignty.* Durham, NC: Duke University Press.

Opdycke, S. 1999. *No One Was Turned Away: The Role of Public Hospitals in New York City since 1900.* Oxford: Oxford University Press.

Order of the President of the People's Republic of China. 2008. *Labor Contract Law of the People's Republic of China.* No. 65. Beijing: People's Republic of China.

Outsourcing Pharma. 2010. GVK Opens Ahmedabad Clinical Pharmacology Unit. *Outsourcing Pharma (online)*, 3월 17일 검색 http://www.outsourcing-pharma.com/Clinical-Development/GVK-opens-Ahmedabad-clinical-pharmacology-unit.

Pace, C., F. G. Miller, and M. Danis. 2003. Enrolling the Uninsured in Clinical Trials: An Ethical Perspective. *Critical Care Medicine* 31(3) (Supplement): s121~s125.

Pande, A. 2009a. "It May Be Her Eggs but It's My Blood": Surrogates and Everyday Forms of Kinship in India. *Qualitative Sociology* 32(4): 379~397.

_____. 2009b. Not an "Angel," Not a "Whore" : Surrogates as "Dirty" Workers in India. *Indian Journal of Gender Studies* 16(2) : 141~173.

Parmar, P. 2012. Clinical Trials in Ahmedabad : Ethics, Issues and Concerns. *National Consultation on Regulation of Drug Trials. 26-27 September 2011, New Delhi*, 71~72. New Delhi : SAMA-Resource Group for Women and Health.

Parry, B. 2004. *Trading the Genome : Investigating the Commodification of Bio-information*. New York : Columbia University Press.

Parry, S. 2006. (Re)constructing Embryos in Stem Cell Research : Exploring the Meaning of Embryos for People Involved in Fertility Treatments. *Social Science and Medicine* 62(10) : 2349~2359.

Pateman, C. 1988. *The Sexual Contract*. Cambridge : Polity.

Patra, K. P., and M. Sleeboom-Faulkner. 2009. Bionetworking : Experimental Stem Cell Therapy and Patient Recruitment in India. *Anthropology and Medicine* 16(2) : 147~163.

Peck, J. 2001. *Workfare States*. New York : Guilford.

Peck, J., and N. Theodore. 2000. Work First : Workfare and the Regulation of Contingent Labor Markets. *Cambridge Journal of Economics* 24 : 119~138.

Peltzman, S. 1974. *Regulation of Pharmaceutical Innovation : The 1962 Amendments*. Washington, DC : American Enterprise Institute for Public Policy Research.

_____. 1988 (1973). An Evaluation of Consumer Protection Legislation : The 1962 Drug Amendments. *Chicago Studies in Political Economy*, edited by G. J. Stigler, 303~348. Chicago : University of Chicago Press.

Peterson, K. 2012. AIDS Policies for Markets and Warriors : Dispossession, Capital and Pharmaceuticals in Nigeria. In *Lively Capital : Biotechnologies, Ethics and Governance in Global Markets*, edited by K. Sunder Rajan, 228~250. Durham, NC : Duke University Press.

Petryna, A. 2009. *When Experiments Travel : Clinical Trials and the Global Search for Human Subjects*. Princeton, NJ : Princeton University Press.

Petryna, A., A. Lakoff, and A. Kleinman, eds. 2006. *Global Pharmaceuticals : Ethics, Markets, Practices*. Durham, NC : Duke University Press.

Pfeffer, N. 2008. What British Women Say Matters to Them about Donating an Aborted Fetus to Stem Cell Research : A Focus Group Study. *Social Science and Medicine* 66 : 2544~2554.

Pine, B. J., and J. H. Gilmore. 1999. *The Experience Economy : Work Is Theatre and Every Business a Stage*. Boston : Harvard Business School Press.

Pisano, G. P. 2006. *Science as Business : The Promise, the Reality, and the Future of Biotech*. Boston : Harvard Business School Press.

Pollert, A. 2005. Gender, Transformation and Employment in Central Eastern Europe. *European Journal of Industrial Relations* 11(2) : 213~230.

Pollock, A. 2011. Transforming the Critique of Big Pharma. *BioSocieties* 6(1) : 106~118.

Popper, K. 2004. *The Logic of Scientific Discovery*. London : Routledge.

Posner, R. 1989. The Ethics and Economics of Enforcing Contracts of Surrogate Motherhood. *Journal of Contemporary Health Law and Policy* 5(spring) : 21~31.

Postone, M. 1993. *Time, Labor and Social Domination : A Reinterpretation of Marx's Critical Theory*. Cambridge : Cambridge University Press.

Pottage, A. 1998. The Inscription of Life in Law : Genes, Patents and Biopolitics. *Modern Law Review* 61 : 740~765.

Prakash, G. 1999. *Another Reason : Science and the Imagination of Modern India*. Princeton, NJ : Princeton University Press.

Prasad, A. 2009. Capitalizing Disease : Biopolitics of Drug Trials in India. *Theory, Culture and Society* 26(5) : 1~29.

PricewaterhouseCoopers. 2007. *Healthcare in India : Emerging Market Report 2007*. New York : PricewaterhouseCoopers.

Priest, G. L. 1985. The Invention of Enterprise Liability : A Critical History of the Intellectual Foundations of Modern Tort Law. *Journal of Legal Studies* 14(3) : 461~527.

Public Citizen Congress Watch. 2001. Rx r.d Myths : The Case against the Drug Industry's R&D "Scare Card" (Executive Summary). 2011년 7월 3일 검색http://www.citizen.org/congress/article_redirect.cfm?ID=6538.

Pulley, J., N. Hassan, G. R. Bernard, J. N. Jirjis, J. Schildcrout, D. Robertson, D. R. Masys, and P. Harris. 2010. Identifying Unpredicted Drug Benefit through Query of Patient Experiential Knowledge : A Proof of Concept Web-Based System. *Clinical Translational Science* 3(3) : 98~103.

Qadeer, I., S. Kasturi, and K. R Nayar. 2001. *Public Health and the Poverty of Reforms : The South Asian Predicament*. New Delhi : Sage.

Qi, J., Q. Wang, Z. Yu, X. Chen, and F. Wang. 2011. Innovative Drug R&D in China. *Nature Reviews Drug Discovery* 10(5) : 333~334.

Rabinow, P. 1999. *French DNA : Trouble in Purgatory*. Chicago : University of Chicago Press.

Race, K. 2009. *Pleasure Consuming Medicine : The Queer Politics of Drugs*. Durham, NC : Duke University Press.

Radin, M. J. 1996. *Pleasure Consuming Medicine* Cambridge, MA : Harvard University Press.

Rahman, S. A. 2009. Unemployed Turn to Drug Trials. *The National*, 2월 18일 검색 http://www.thenational.ae/news/world/south-asia/unemployed-turn-to-drug-trials.

Reddy, P. 2007. *Globalisation of the Biomedical Industry and the Biomedical Innovation System of India*. Stockholm : Swedish Centre for Business and Policy Studies.

Rheinberger, H.-J. 1997a. Experimental Complexity in Biology : Some Epistemological and Historical Remarks. *Philosophy of Science* 64 (Supplement) : s245~s254.

_____. 1997b. *Toward a History of Epistemic Things : Synthesizing Proteins in the Test-Tube*.

Stanford, CA : Stanford University Press.

Ribbink, K. 2011. Ni Hao China : A Booming Market Takes Its Place in the World. *Pharma-Voice* February : 40~43.

Ripken, S. K. 2005. Predictions, Projections, and Precautions : Conveying Cautionary Warnings in *Corporate Forward-Looking Statements*. University of Illinois Law Review 2005(4) : 929~988.

Roberts, C., and K. Throsby. 2008. Paid to Share : IVF Patients, Eggs and Stem Cell Research. *Social Science and Medicine* 66 : 159~169.

Roberts, E. 2010. Egg Traffic in Ecuador in the Context of Latin American Reproductive Policy. In *Unravelling the Fertility Industry : Challenges and Strategies for Movement Building*, edited by SAMA, 80~82. New Delhi : SAMA.

Rofel, L. 2007. *Desiring China : Experiments in Neoliberalism, Sexuality and Public Culture*. Durham, NC : Duke University Press.

Rogers, N. 1998. *An Alternative Path : The Making and Remaking of Hahnemann Medical College and Hospital of Philadelphia*. Piscataway, NJ : Rutgers University Press.

Romano, L. V., and P. D. Jacobson. 2009. Patient Access to Unapproved Therapies : The Leading Edge of Medicine and Law. *Journal of Health and Life Sciences* 2(2) : 45~72.

Rose, N. 2007. *The Politics of Life Itself : Biomedicine, Power, and Subjectivity in the Twenty-First Century*. Princeton, NJ : Princeton University Press.

Rose, N., and C. Novas. 2004. Biological Citizenship. In *Global Assemblages : Technology, Politics, and Ethics as Anthropological Problems*, edited by A. Ong and S. J. Collier, 439~463. Oxford : Blackwell.

Rothman, D. J. 2003. *Strangers at the Bedside : A History of How Law and Bioethics Transformed Medical Decision Making*. New York : Aldine de Gruyter.

Rowan, A. N. 1984. *Of Mice, Models and Men : A Critical Evaluation of Animal Research*. Albany : State University of New York Press.

Rubin, I. I. 1972. *Essays on Marx's Theory of Value*. Detroit : Black and Red. [함상호 옮김. 『마르크스의 가치론』. 이론과실천. 1989.]

Rudick, B., R. Paulson, K. Bendikson, and K. Chung. 2009. The Status of Oocyte Cryopreservation in the United States. *Fertility and Sterility* 92 (Supplement) : 187.

Rushton, S., and O. D. Williams. 2011. Private Actors in Global Health Governance. In Partnerships and Foundations in *Global Health Governance*, edited by S. Rushton and O. D. Williams. Basingstoke, UK : Palgrave Macmillan.

Salter, B. 2008. Governing Stem Cell Science in China and India : Emerging Economies and the Global Politics of Innovation. *New Genetics and Society* 27(2) : 145~159.

Salter, B. 2009a. China, Globalisation and Health Biotechnology Innovation : Venture Capital and the Adaptive State. *East Asian Science, Technology and Society : An International Jour-*

nal 3(4) : 401~420.

____. 2009b. State Strategies and the Geopolitics of the Global Knowledge Economy : China, India and the Case of Regenerative Medicine. *Geopolitics* 14(1) : 47~78.

Sariola, S., A. Kapilashrami, D. Ravindran, J. Sharma, R. Jeffery. 2012. Research Cultures in Clinical Science in South Asia. The South Asianist : *Journal of South Asian Studies* 1(2) : n.p.

Sarojini, N. B. 2010. Unravelling the Fertility Industry : arts in the Indian Context. In U*nravelling the Fertility Industry : Challenges and Strategies for Movement Building*, edited by SAMA, 46~49. New Delhi : SAMA-Resource Group for Women and Health.

Sassen, S. 2002. Global Cities and Survival Circuits. In *Global Woman : Nannies, Maids and Sex Workers in The New Economy*, edited by B. Ehrenreich and R. Hochschild, 254~274. London : Granta Books.

Saxena, K. B. 2011. Trade in Health Services Implications for People's Health. *Social Change* 41(2) : 183~213.

Schloendorff v. Society of New York Hospital. 1914. New York Court of Appeals, 211 N.Y. 125, 105 N.E. 292.

Schüklenk, U., and C. Lowry. 2009. Terminal Illness and Access to Phase 1 Experimental Agents, Surgeries and Devices : Reviewing the Ethical Arguments. *British Medical Bulletin* 89 : 7~22.

Scott, C. T., and M. Baker. 2007. Overhauling Clinical Trials. *Nature Biotechnology* 25(3) : 287~292.

Scott, G. 2011. China Fast Becoming No. 1 Market for Pharma : Interview with Gregg Scott (Podcast). 10월 27일 검색 http://mendelspod.com/podcast/chinabio#.

Scott, R., C. Williams, K. Ehrich, and B. Farsides. 2012. Donation of "Spare" Fresh or Frozen Embryos to Research : Who Decides That an Embryo Is "Spare" and How Can We Enhance the Quality and Protect the Validity of Consent? *Medical Law Review* 2(3).

Sell, S. 2003. *Private Law, Public Law : The Globalization of Intellectual Property Rights*. Cambridge : Cambridge University Press.

Shamoo, A. E., and D. B. Resnik. 2006. Strategies to Minimize Risks and Exploitation in Phase One Trials on Healthy Subjects. *American Journal of Bioethics* 6(3) : 1~13.

Shenfield, F., J. de Mouzon, G. Pennings, A. P. Ferraretti, A. Nyboe Andersen, G. de Wert, and V. Goossens. 2010. Cross-Border Reproductive Care in Six European Countries. *Human Reproduction* 25(6) : 1361~1368.

Shoemaker, S. J. 2005. *Listening in the Shadows : The Experience of Living with Chronic Illnesses for Medically Uninsured Individuals*. PhD diss., University of Minnesota.

Shuchman, M. 2007. Commercializing Clinical Trials — Risks and Benefits of the cro Boom. *New England Journal of Medicine* 357(14) : 1365~1368.

Shukla, S. 2010. Lining Up for Clinical Trials. *Express HealthCare (India)*, 8월 1일 검색 http://

healthcare.financialexpress.com/201008/market01.shtml.

Simmel, G. 1990 (1900). *The Philosophy of Money*. London : Routledge. [김덕영 옮김. 『돈의 철학』. 길. 2013.]

Simondon, G. 1995. *L'individu et sa genese physico-biologique*. Grenoble : Jerome Millon.

SIRO Clinpharm. 2012. *Conducting Breast Cancer Studies in India*. Thane, India : SIRO Clinpharm.

Slomka, J., S. McCurdy, E. A. Ratcliff, S. Timpson, and M. L. Williams. 2007. Perceptions of Financial Payment for Research Participation among African-American Drug Users in hiv Studies. *Journal of General Internal Medicine* 22(10) : 1403~1409.

Solinger, D. J. 2009. The Phase-Out of the Unfit : Keeping the Unworthy Out of Work. In Work and Organizations in *China after Thirty Years of Transition*, edited by L. Keister, 307~336. London : Emerald.

Spar, D. 2006. *The Baby Business : How Money, Science and Politics Drive the Commerce of Conception*. Boston : Harvard Business School Press. [심재관 옮김. 『베이비 비즈니스』. 한 스미디어. 2007.]

Spodek, H. 2011. *Ahmedabad : Shock City of Twentieth-Century India*. Bloomington : Indiana University Press.

Srinivisan, S., and S. Nikarge. 2009. *Ethical Concerns in Clinical Trials in India : An Investigation*. Mumbai : Centre for Studies in Ethics and Rights.

Stanley, A. 1998. *From Bondage to Contract : Wage Labor, Marriage, and the Market in the Age of Slave Emancipation*. Cambridge : Cambridge University Press.

Stanton, J. 2003. "I Have Been on Tenterhooks" : Wartime Medical Research Council Jaundice Committee Experiments. In *Useful Bodies : Humans in the Service of Medical Science in the Twentieth Century*, edited by J. Goodman, A. McElligott, and L. Marks, 109~132. Baltimore : Johns Hopkins University Press.

Stark, D. 2001. Ambiguous Assets for Uncertain Environments : Heterarchy in Postsocialist Firms. In *The Twenty-First-Century Firm : Changing Economic Organization in International Perspective*, edited by P. DiMaggio, 69~104. Princeton, NJ : Princeton University Press.

Stark, L. 2012. *Behind Closed Doors : IRBs and the Making of Ethical Research*. Chicago : University of Chicago Press.

_____. 2017. Work, welfare, and the values of voluntarism : Rethinking Anscombe's 'action under a description' in postwar markets for human subjects. *American Journal of Cultural Sociology* 5 (2017) : 181~224, https://doi.org/10.1057/s41290-016-0022-6.

Steinbrook, R. 2006. Compensation for Injured Research Subjects. *New England Journal of Medicine* 354(18) : 1871~1873.

Steinfeld, R. J. 2001. *Coercion, Contract, and Free Labor in the Nineteenth Century*. Cambridge : Cambridge University Press.

Stengers, I., and D. Gilles. 1997. Body Fluids. In *Power and Invention : Situating Science*, edited by I. Stengers, 233~238. Minneapolis : University of Minnesota Press.

Sunder Rajan, K. 2006. *Biocapital : The Constitution of Postgenomic Life*. Durham, NC : Duke University Press. [안수진 옮김. 『생명자본 : 게놈 이후 생명의 구성』. 그린비. 2012.]

_____. 2007. Experimental Values : Indian Clinical Trials and Surplus Health. *New Left Review* 45 : 67~88.

_____. 2008. Biocapital as an Emergent Form of Life : Speculations on the Figure of the Experimental Subject. In *Biosocialities, Genetics and the Social Sciences*, edited by S. Gibbon and C. Novas, 157~187. London : Routledge.

Suri, N. 2007. Offshore Outsourcing of Services as a Catalyst of Economic Development : The Case of India. In *Global Capitalism Unbound : Winners and Losers from Offshore Outsourcing*, edited by E. Paus, 163~179. New York : Palgrave Macmillan.

Suttmeier, R. P. 2008. The "Sixth Modernization"? China, Safety and the Management of Risks. *Asia Policy* 6 : 129~146.

Swartz, K. 2006. *Reinsuring Health : Why More Middle-Class People Are Uninsured and What to Do about It*. New York : Russell Sage.

Tabarrok, A. 2009. From Off-Label Prescribing towards a New FDA. *Medical Hypotheses* 72(1).

Tachibana, M., P. Amato, M. Sparman, N. M. Gutierrez, R. Tippner-Hedges, H. Ma, E. Kang, A. Fulati, H.-S. Lee, H. Sritanaudomchai, et al. 2013. Human Embryonic Stem Cells Derived by Somatic Cell Nuclear Transfer. *Cell* 153(6) : 1228~1238.

Tam, W. 2010. Privatizing Health Care in China : Problems and Reforms. *Journal of Contemporary Asia* 40(1) : 63~81.

Terranova, T. 2000. Free Labor : Producing Culture for the Digital Economy. *Social Text* 18(2) : 35~58.

_____. 2004. *Network Culture : Politics for the Information Age*. London : Pluto.

Thacker, E. 2005. *The Global Genome : Biotechnology, Politics, and Culture*. Cambridge, MA : mit Press.

Thiers, F. A., A. J. Sinskey, and E. R. Berndt. 2008. Trends in the Globalization of Clinical Trials. *Nature Reviews Drug Discovery* 7(1) : 13~14.

Thomke, S. 2003. *Experimentation Matters : Unlocking the Potential of New Technologies for Innovation*. Boston : Harvard Business School Press.

Thomke, S., E. von Hippel, and R. Franke. 1998. Modes of Experimentation : An Innovation Process — and Competitive — Variable. *Research Policy* 27(3) : 315~332.

Thompson, C. 2005. *Making Parents : The Ontological Choreography of Reproductive Technologies*. Cambridge, MA : MIT Press.

Thompson, H. A. 2011. Rethinking Working Class Struggle through the Lens of the Carceral State : Toward a Labor History of Inmates and Guards. *Labor Studies in Working-Class History of the Americas* 8(3) : 15~45.

Thomson, J., J. Itskovitz-Eldor, S. Shapiro, M. Waknitz, J. Swiergiel, V. Marshall, and J. Jones. 1998. Embryonic Stem Cell Lines Derived from Human Blastocysts. *Science* 282 : 1145~1147.

Thorpe, C., and J. Gregory. 2010. Producing the Post-Fordist Public : The Political Economy of Public Engagement with Science. *Science as Culture* 19(3) : 273~301.

Thrift, N. 2006. Reinventing Invention : New Tendencies in Capitalist Commodification. *Economy and Society* 35(2) : 279~306.

Throsby, K. 2002. "Vials, Ampoules and a Bucketful of Syringes" : The Experience of the Self-Administration of Hormonal Drugs in IVF. *Feminist Review* 72 : 62~77.

Titmuss, R. 1997 (1970). *The Gift Relationship : From Human Blood to Social Policy*. London : LSE Books. [김윤태, 윤태호, 정백근 옮김. 『선물 관계 : 인간의 혈액에서 사회정책까지』. 이학사. 2019.]

Tober, D. M. 2001. Semen as Gift, Semen as Goods : Reproductive Workers and the Market in Altruism. *Body and Society* 7(2~3) : 137~160.

Toscano, A. 2007. Vital Strategies : Maurizio Lazzarato and the Metaphysics of Contemporary Capitalism. *Theory, Culture and Society* 24(6) : 71~91.

Trounson, A., J. Leeton, M. Besanko, C. Wood, and A. Conti. 1983. Pregnancy Established in an Infertile Patient after Transfer of a Donated Embryo Fertilized in Vitro. *British Medical Journal* 286 : 835~838.

Tufts Center for the Study of Drug Development. 2008. *Outlook Report 2008*. Boston : Tufts University.

United Nations Conference on Trade and Development. 2006. *Report of the Expert Meeting on Universal Access to Services, Held at the Palais des Nations, Geneva, from 14 to 16 November 2006*. Geneva : United Nations.

Urio, P. 2012. *China, the West and the Myth of New Public Management*. London : Routledge.

Uroz, V., and L. Guerra. 2009. Donation of Eggs in Assisted Reproduction and Informed Consent. *Medicine and Law* 28 : 565~575.

US Department of Health and Human Services. 2000. *Recruiting Human Subjects : Pressures in Industry-Sponsored Clinical Research*. Washington, DC : Department of Health and Human Services.

_____. 2008. *The Sentinel Initiative : A National Strategy for Monitoring Medical Product Safety*. Washington, DC : Food and Drug Administration.

US Department of Health, Education, and Welfare (HEW). 1977. *HEW Secretary's Task Force on the Compensation of Injured Research Subjects*. Washington, DC : Department of Health and Human Services.

US Department of Labor. 1996. UCFE (Unemployment Compensation for Federal Employees) Program Coverage Ruling No. 97-1 : Human Subjects for Research Studies. United States Department of Agriculture, Agricultural Research Service.

Vaidya, A., A. Liapi, and F. Kermani. 2007. *The Chinese Biotechnology, Life Science and Pharmaceutical Industry (UK Trade and Investment Life Sciences Sector Group)*. London : UK Trade and Investment.

Vaidyanathan, G. 2008. Technology Parks in a Developing Country : The Case of India. *Journal of Technology Transfer* 33 : 285~299.

Van der Linden, M. 2008. *Workers of the World : Essays toward a Global Labor History*. Leiden : Brill.

Van Hooff, M. H., I. van der Meer-Noort, A. T. Alberda, A. Verhoef, and J. A. M. Kremer. 2010. Cross-Border Reproductive Care for Egg-Donation in Dutch Women. Paper presented at 26th Annual Meeting of the European Society for Human Reproduction and Embryology, Rome, Italy, 27~30 June.

Vatin, F. 1993. *Le travail : Economie et physique 1780-1830*. Paris : Presses Universitaires de France.

Von Hippel, E. 2005. *Democratizing Innovation*. Cambridge, MA : MIT Press. [배성주 옮김. 『소셜 이노베이션 : 소비자의 아이디어를 훔치는 혁신전략』. 현실문화연구. 2012.]

Vora, K. 2008. Others' Organs : South Asian Domestic Labor and the Kidney Trade. *Postmodern Culture* 19(1) : n.p.

_____. 2009a. Indian Transnational Surrogacy and the Commodification of Vital Energy. *Subjectivity* 28(1) : 266~278.

_____. 2009b. Indian Transnational Surrogacy and the Disaggregation of Mothering Work. *Anthropology News* 50(2) : 9~12.

_____. 2011. Medicine, Markets and the Pregnant Body : Indian Commercial Surrogacy and Reproductive Labor in a Transnational Frame. *Scholar and Feminist Online — Critical Conceptions : Technology, Justice, and the Global Reproductive Market* 9(1/2). 2012년 2월 15일 검색 http://sfonline.barnard.edu/reprotech/vora_01.htm.

Wacquant, L. 2009. *Punishing the Poor : The Neoliberal Government of Social Insecurity*. Durham, NC : Duke University Press.

Waldby, C. 1984. Socialism, Nationalism and the Place of Reproduction. *Fourth Women and Labour Conference : Papers, Brisbane, 1984*. Organising Committee of the Fourth Women and Labour Conference, St. Lucia, Queensland.

_____. 2002. Biomedicine, Tissue Transfer and Intercorporeality. *Feminist Theory* 3(3) : 235~250.

_____. 2006. Umbilical Cord Blood : From Social Gift to Venture Capital. *BioSocieties*

1(1) : 55~70.

_____. 2008. Oocyte Markets : Women's Reproductive Work in Embryonic Stem Cell Research. *New Genetics and Society* 27(1) : 19~31.

_____. 2009. Biobanking in Singapore : Post-developmental State, Experimental Population. *New Genetics and Society* 28(3) : 253~265.

_____. 2012. Reproductive Labour Arbitrage : Trading Fertility across European Borders. In *The Body as Gift, Resource and Commodity : Exchanging Organs, Tissues, and Cells in the 21st Century*, edited by Fredrik Svenaeus and Martin Gunnarson, 267~295. Sodertorn : Centre for Studies in Practical Knowledge, Sodertorn University.

Waldby, C., and K. Carroll. 2012. Egg Donation for Stem Cell Research : Ideas of Surplus and Deficit in Australian ivf Patients' and Reproductive Donors' Accounts. *Sociology of Health and Illness* 34(4) : 513~528.

Waldby, C., and R. Mitchell. 2006. *Tissue Economies : Blood, Organs, and Cell Lines in Late Capitalism*. Durham, NC : Duke University Press.

_____. 2010. National Biobanks : Clinical Labour, Risk Production and the Creation of Biovalue. *Science, Technology and Human Values* 35(3) : 330~355.

Waldby, C., and S. Squier. 2003. Ontogeny, Ontology and Phylogeny : Embryonic Life and Stem Cell Technologies. *Configurations : A Journal of Literature and Science* 11(1) : 27~46.

Walker, J. 2007. *Economy of Nature : A Genealogy of the Concepts "Growth" and "Equilibrium" as Artifacts of Metaphorical Exchange between the Natural and the Social Sciences*. PhD diss., University of Technology Sydney.

Wallace, C., and R. Latcheva. 2006. Economic Transformation Outside the Law : Corruption, Trust in Public Institutions and the Informal Economy in Transition Countries of Central and Eastern Europe. *Europe-Asia Studies* 58(1) : 81~102.

Wallace, P. A., L. Datcher-Loury, and J. Malveaux. 1980. *Black Women in the Labor Force*. Cambridge, MA : mit Press.

Walsh, A. P. H., A. B. Omar, G. S. Collins, G. U. Murray, D. J. Walsh, U. Salma, and E. S. Sills. 2010. Application of EU Tissue and Cell Directive Screening Protocols to Anonymous Oocyte Donors in Western Ukraine : Data from an Irish ivf Programme. *Journal of Obstetrics and Gynaecology* 30(6) : 613~616.

Walsh, J. P., A. Arora, and W. M. Cohen. 2003. Effects of Research Tool Patents and Licensing on Biomedical Innovation. In *Patents in the Knowledge-Based Economy*, edited by W. M. Cohen and S. A. Merrill, 285~340. Washington, DC : National Academies Press.

Wang, H., R. P. Appelbaum, F. Degiuli, and N. Lichtenstein. 2010. China's New Labour Contract Law : Is China Moving towards Increased Power for Workers? In *Globalization and Labour in China and India : Impacts and Responses*, edited by P. Bowles and J. Harriss, 84~103. London : Palgrave.

Wang, R., and G. E. Henderson. 2008. Medical Research Ethics in China. *Lancet* 372(9653) : 1867~1868.

Wang, S. 2004. China's Health System : From Crisis to Opportunity. *Yale-China Health Journal* 3 : 5~49.

Webster, A. 2011. *Regenerative Medicine in Europe : Emerging Needs and Challenges in a Global Context : Project Final Report.* Brussels : European Commission 45.

Webster, A., C. Haddad, and C. Waldby. 2011. Experimental Heterogeneity and Standardisation : Stem Cell Products and the Clinical Trial Process. *BioSocieties* 6(4) : 401~419.

Weeks, K. 2007. Life within and against Work : Affective Labour, Feminist Critique and Post-Fordist Politics. *Ephemera* 7(1) : 233~249.

_____. 2011. *The Problem with Work : Feminism, Marxism, Antiwork Politics, and Postwork Imaginaries.* Durham, NC : Duke University Press. [제현주 옮김. 『우리는 왜 이렇게 오래, 열심히 일하는가? : 페미니즘, 마르크스주의, 반노동의 정치, 그리고 탈노동의 상상』. 동녘. 2016.]

Weiss, R. P. 2001. "Repatriating" Low-Wage Jobs : The Political Economy of Prison Labour Reprivatization in the Postindustrial United States. *Criminology* 39(2) : 253~292.

Wemos. 2010. *The Globalization of Clinical Trials : Testimonies from Human Subjects.* Amsterdam : Wemos Foundation.

White, G. E. 2003. *Tort Law in America : An Intellectual History.* Oxford : Oxford University Press.

The White House. 2012. *National Bioeconomy Blueprint.* Washington, DC : White House.

Whittaker, A. 2010. Challenges of Medical Travel to Global Regulation : A Case Study of Reproductive Travel in Asia. *Global Social Policy* 10(3) : 396~415.

Whittaker, A., and A. Speier. 2010. Cycling Overseas : Care, Commodification, and Stratification in Cross-Border Reproductive Travel. *Medical Anthropology : Cross-Cultural Studies in Health and Illness* 29(4) : 363~383.

Wicks, P., T. E. Vaughan, M. P. Massagli, and J. Heywood. 2011. Accelerated Clinical Discovery Using Self-Reported Patient Data Collected Online and a Patient-Matching Algorithm. *Nature Biotechnology* 29(5) : 411~416.

Wikander, U., A. Kessler-Harris, J. Lewis, and J. Lambertz, eds. 1995. *Protecting Women : Labor Legislation in Europe, the United States, and Australia, 1880-1920.* Urbana : University of Illinois Press.

Wilmot, S. 2007. From "Public Service" to Artificial Insemination : Animal Breeding Science and Reproductive Research in Early Twentieth-Century Britain. *Studies in History and Philosophy of Science Part C : Studies in History and Philosophy of Biological and Biomedical Sciences* 38(2) : 411~441.

Witt, J. F. 2003. Speedy Fred Taylor and the Ironies of Enterprise Liability. *Columbia Law*

Review 103(1) : 1~49.

_____. 2004. *The Accidental Republic : Crippled Workingmen, Destitute Widows and the Making of American Law.* Cambridge, MA : Harvard University Press.

World Bank. 1989. Sub-Saharan Africa : From Crisis to Sustainable Growth. Washington, DC : World Bank.

Wright, T. 2004. The Political Economy of Coal Mine Disasters in China : "Your Rice Bowl or Your Life." *China Quarterly* 179 : 629~646.

Wurtman, R. J., and R. L. Bettiker. 1995. The Slowing of Treatment Discovery — 1965~1995. *Nature Medicine* 1(11) : 1122~1125.

Xu, J., B. Li, M. Qiang, H. Liu, and Y. Cong. 2006. Human Subjects Protections in Clinical Drug Trials in China : A Focus on the Institute Level. *International Journal of Pharmaceutical Medicine* 20(6) : 367~372.

Yang, J. 2006. Wage Reforms, Fiscal Policies and Their Impact on Doctors' Clinical Behaviour in China's Public Health Sector. *Policy and Society* 25(2) : 109~132.

Yeatman, A. 1996. Interpreting Contemporary Contractualism. *Australian Journal of Social Issues* 31(1) : 39~54.

Yip, W., and W. Hsiao. 2009. China's Health Care Reform : A Tentative Assessment. *China Economic Review* 20(4) : 613~619.

Zaragoza, S. 2009. More Applicants for Fewer Drug Trials. *Austin Business Journal* (online), 3월 29일 검색 http://www.bizjournals.com/austin/stories/2009/03/30/story2. html?page=all.

Zeller, C. 2008. From the Gene to the Globe : Extracting Rents Based on Intellectual Property Monopolies. *Review of International Political Economy* 15(1) : 86~115.

Zerhouni, E. A. 2005. Translational and Clinical Science — Time for a New Vision. *New England Journal of Medicine* 353(12) : 1621~1623.

Zhan, M. 2011. Human-Oriented? Angels and Monsters in China's Health-Care Reform. *East Asian Science, Technology and Society : An International Journal* 5(3) : 291~311.

Zhang, D. 2011. Phase 1 Operations in China : Opportunities and Challenges. Paper presented at ChinaTrials 2011 : Global Clinical Development Summit, Beijing, 9 November.

Zhang, F., and F. Wu. 2012. "Fostering Indigenous Innovation Capacities" : The Development of Biotechnology in Shanghai's Zhangjiang High-Tech Park. *Urban Geography* 33(5) : 728~755.

Zhang, H. X. 2012. Protecting Mobile Livelihoods : Actors' Responses to the Emerging Health Challenges in Beijing and Tianjin. *Modern China* 38(4) : 446~478.

Zhang, L. 2010. *In Search of Paradise : Middle-Class Living in a Chinese Metropolis.* Ithaca, NY : Cornell University Press.

Zhao Tiechui. 2005. Guanzhu nonmingong, cujin anquan shengchan zhuangkuang de wending haozhuan [Paying Close Attention to Migrant Workers' Occupational Health and Steadily Improving Work Safety Conditions]. In *Gonshang zhe [Victims at Work]*, edited by L. Zhen, 3~10. Beijing : Shehui kexue wenxian chubanshe.

Zhou, Y. 2005. The Making of an Innovative Region from a Centrally Planned Economy : Institutional Evolution in Zhongguancun Science Park in Beijing. *Environment and Planning A* 37(6) : 1113~1134.

Zhu, Carol, Z. Wang, J. Wu, and D. Zhang. 2011. Building Phase 1 Research Capabilities in China : Follow the Western Path or Not? Panel discussion at ChinaTrials 2011 : Global Clinical Development Summit, Beijing, 9 November.

인터뷰

모든 인터뷰는 멜린다 쿠퍼가 수행했다.

Interview. 2008a. 11월 14일 베이징에서 CRO 대표.

Interview. 2008b. 11월 18일 베이징에서 CRO 대표.

Interview. 2012a. 11월 28일 뭄바이에서 임상시험 책임자(Clinical investigator).

Interview. 2012b. 12월 11일 뭄바이에서 CRO 대표.

Interview. 2012c. 12월 11일 하이데라바드에서 CRO 대표.

Interview. 2013. 6월 25일 베이징에서 대학 1상 시험 센터 부원장.

:: 인명 찾아보기